ケーススタディ
刑法

【第5版】

Ida Makoto
井田 良
Maruyama Masao
丸山雅夫

日本評論社

第5版のはしがき──ケーススタディへの招待

　法律学を学ぼうとする人は、勉強を開始して間もなく、刑法総論の教科書を手にとり、その扉を開くことであろう。犯罪ドラマや推理小説のスリルとサスペンスを期待して刑法学の世界に足を踏み入れると、その期待は見事に裏切られるはずである。用語や概念の複雑さ・難解さにとまどい、議論の高度の抽象性に目まいをおぼえ、きびしく対立する学説の「ジャングル」の中でさまよう思いをすることであろう。

　スムーズに刑法学の世界に入り込み、その面白さを味わってみたいと思う人、教科書中心の勉強の過程で行きづまったと感じている人、そういう人にお勧めしたいのがケーススタディである。教科書の説明はしばしば平板であるために、「何のために、何をめぐって議論が行われているか」が見えにくくなっている。法律の条文や教科書に出てくる学説は、それが具体的事例にどのように適用されるか、そしてそれがいかなる解決をもたらすのかを学ぶことにより、格段にその理解が深まる。学説は理論としてはみな立派に見えるかもしれないが、それぞれを個別のケースに当てはめると、急にその優劣がはっきりしてくる。事例は「試金石」であり、法律家にとってのケーススタディは、科学者にとっての実験や観察による仮説の検証に匹敵するものといえよう。

　法律の規定も、法律学における学説も、事例を適切かつ公平に解決するためにこそ存在する。法にとって、そして法律学にとっての出発点は、条文でも学説でもなく、むしろ具体的なケースにおいて提起されるそれぞれの「問題」である。法律学の歴史の中で、人間は、さまざまな事例と問題に直面して、妥当な解決を与えるためのいろいろな理屈を考え出し、それらを相互に比較し、よりすぐれたものを選び出すという努力を繰り返してきた。法を学ぶことは、事例解決の中に堆積された人類の知恵と英知、物事についての深い洞察を学ぶことであり、それは知的興奮を与えずにはおかないことである。

本書は、裁判所の判例の読み方や判例研究の方法について説明した書物ではなく、事例問題の解き方や答案の書き方を指導する演習書でもない。この本は、具体的ケースの検討を通じて、読者に刑法総論の基礎を理解してもらうための入門書として書かれた。読者として想定しているのは、法学部で刑法をかなり本格的に学ぼうとしている学部学生や、法科大学院の法学未修コースの１年生である（ただ、法科大学院への進学を選択肢の１つに含めている社会人や、法学部以外の学部学生の諸君が、法律学がはたして自分の「肌に合う」かどうかを試すために本書を通読してみるという使い方もできるであろう）。読者があらかじめ各自の教科書の関連部分を読み通した上で本書に取り組むならば、それがもっとも効果的である。しかし、そうした余裕のない読者も多いことを予想して、前提の知識をもたずに読んでも十分に理解できるものにするため、ケースの数を少なくし、そのぶん教科書的な解説を詳しくすることにした。また、ケースはなるべく（生の素材に近い）判例からとるようにしたが、よりはっきりと問題の所在を示す事例を作って、これを検討の対象としたところも多い。このように、本書は「ケーススタディ」としては不徹底・中途半端であり、本書のタイトルも羊頭狗肉の感を与えるかもしれないが、私たちとしては、これを読み通した初学者が「刑法はわかる」「刑法はおもしろい」と感じてくれるような本にすることを何よりも優先させたかったのである。本書を手にした読者が少しでも刑法学の面白さを味わってくれれば、著者らのねらいは十二分に達成されたことになる。

　ひょっとすると、読者は、各自が使用する教科書の考え方と対立する見解に出会ってとまどいを感じるかもしれない。私たちふたりの間で見解が異なり、同じこの一冊の本の中で、ニュアンスの異なる説明が加えられている論点もあろう。しかし、結論を暗記して知識を蓄積するための勉強なのではなく、刑法が「わかる」ようになること、法的な思考と論理の力を身に付けることが大事なのだとすれば、最終的な結論の相違など些細なことである。同じ問題を解決するのに異なった論理がありうることをわきまえ、どこでどのように見解が分かれるのかについて自分の頭で考えてみること、これ以外に、

法的思考力を錬磨する近道はない。本書を読み進めながら、クイズを楽しむような感覚で、本をひとまず閉じて、ケースの妥当な解決のための論理はどのようなものであるべきかを考えていただきたい。また、ケースを素材に、あるいは本書で提起された問題をテーマに、友人たちとじっくり議論してほしい。刑法が少しわかったような気がしてきたら、本書に示した見解の不適切なところ、根拠の弱いところ、論理が矛盾しているところを探してみよう。どんな本にも絶対というものはなく、読者が自分を向上させるための手段にすぎないことを忘れてはならない。

　本書の初版は1997年11月に出版されたものであるが、これを大幅に改訂した第2版を公刊できたのは、その7年後の2004年2月のことであった。そして、そこから7年あまりが経過した2011年6月に第3版、さらにその3年半後の2015年1月に第4版を世に送り出すことができた。本書が、その初版から数えて今日まで、20年以上もの間——大きな刑法の変革の時代を乗りこえて——多くの読者に読み継がれてきたことは、著者二人にとり大きな喜びとするところである。今回の第5版では、新たな章を追加することなく全32章を維持したが、この間の法改正や判例・学説の動きに対応して、全体にわたりかなりの加筆・修正を行い、内容の改善に力を注いだ。この第5版も、これまで同様、幅広い読者に温かく迎えられ、本書により「刑法は面白い」と感じる人が1人でも増えることを私たちは心から願っている。

　第5版の刊行にあたっては、日本評論社法律編集部の鎌谷将司氏に大変お世話になった。鎌谷氏のすべての面にわたる行き届いた配慮と力強いバックアップのおかげで、きわめて効率的に改訂の作業を進めることができた。この場を借りて、心からお礼を申し上げたい。

　2019(令和元)年7月

井田　良
丸山雅夫

v

●ケーススタディ刑法〔第 5 版〕────目次

　　　　第 5 版のはしがき　i
　　　　凡例　xv

第 1 章　刑法と道徳［井田］────────1

　1　刑法は何のためにあるか　1
　　　　刑法による道徳の強制？　　被害者のない犯罪　　法益概念の内容
　2　自己決定権の限界としての反道徳性？　6
　　　　自己決定権とは何か　　被害者の同意──とくに同意傷害の違法性
　　　　自己決定権の内在的制約
　3　まとめ　11

第 2 章　罪刑法定主義［丸山］────────13

　1　法律がなければ犯罪も刑罰もない　13
　　　　罪刑の専断と罪刑法定主義　　罪刑法定主義の古典的内容
　　　　罪刑法定主義の現代的内容
　2　わが国の刑法と罪刑法定主義　18
　　　　何が問われているのか　　特別刑法における過失犯
　　　　条例への罰則の委任　　明確な規定？
　3　まとめ　24

第 3 章　責任主義［丸山］────────26

　1　責任がなければ刑罰はない　26
　　　　責任主義の意義　　責任があれば処罰される？　　責任主義の内容
　2　責任主義の徹底　30
　　　　主観的責任の原則との調和　　個人責任の原則との調和
　　　　個人責任の原則の例外
　3　まとめ　36

vi

第4章　刑法の解釈 [井田] ────────────37

1　刑法解釈の基準と刑法解釈の限界　37
　　刑法の解釈と適用　　　解釈方法の形式的分類
　　解釈選択の実質的基準　　　目的論的解釈の限界

2　ケーススタディ　42
　　逃がすことも「傷害」か　　　「公然陳列」の意義　　　胎児性致死傷

3　まとめ　48

第5章　結果無価値論と行為無価値論 [丸山] ────────49

1　「結果」が悪いのか、それとも「行為」が悪いのか　49
　　形式的違法性と実質的違法性　　　ふたつのアプローチ
　　主観的違法要素

2　結果無価値論と行為無価値論の歩み寄り　54
　　一元論と二元論　　　ふたたびケース1について
　　主観的正当化要素としての「防衛の意思」　　　偶然防衛

3　まとめ　59

第6章　刑法の適用（効力）[丸山] ────────60

1　刑法の効力が及ぶ時間的範囲　60
　　時間的適用範囲に関する原則　　　刑法の効力の発生時点
　　刑罰法規の追及効?

2　刑法の効力が及ぶ場所的範囲　65
　　場所的適用範囲に関する原則　　　犯罪地の意義
　　明文のない国外犯処罰?　　　刑罰権実現の限界とその克服

3　まとめ　70

第7章　構成要件（犯罰の型）[丸山] ────────71

1　犯罪成立の第1段階　71
　　犯罪の確認方法と犯罪論体系　　　犯罪の型と構成要件要素

2　犯罪の主体と客体　73
　　犯罪の主体　　　犯罪の客体

3　行為と結果　78

目次　vii

　　　　行為　　　結果

　4　まとめ　81

第8章　不真正不作為犯 ［井田］ ──────────82

　1　なぜ問題となるのか　82
　　　　不真正不作為犯とは　　　罪刑法定主義違反？　　　保証者説
　2　ケーススタディ　87
　　　　不真正不作為犯の成否の判断　　　保証義務の発生根拠の多元性
　3　まとめ　93

第9章　因果関係 ［井田］ ──────────94

　1　刑法における因果関係の問題　94
　　　　刑法的評価の問題としての「因果関係」
　2　前提としての条件関係　95
　　　　条件関係の公式とその適用　　　公式を修正すべきか
　3　法的因果関係論としての相当因果関係説　99
　　　　相当因果関係説とは　　　折衷説か客観説か
　　　　なぜ判例は相当因果関係説を採用しないか
　4　法的因果関係の実質的根拠　106
　　　　なぜ・いつ結果を帰属できるのか　　　危険現実化説
　5　まとめ　110

第10章　故意 ［井田］ ──────────111

　1　故意とは何か　111
　　　　故意行為を重く処罰する理由
　2　故意における事実認識の程度　113
　　　　あてはめの錯誤は故意を阻却しない　　　意味の認識
　　　　薬物犯罪における意味の認識　　　「類的認識」としての事実認識
　3　確定的故意と不確定的故意　118
　　　　故意の種類　　　3つの不確定的故意
　4　未必の故意　120
　　　　故意は意思か認識か　　　未必の故意をめぐる学説
　　　　認容説　　　実現意思説　　　盗品等に関する罪の故意

viii

5 まとめ 126

第11章 事実の錯誤(1)[井田] ━━━━━━━━━━━127

1 **刑法における錯誤論** 127
錯誤とは　　故意を阻却する錯誤と阻却しない錯誤

2 **事実の錯誤と違法性の錯誤** 131
事実の誤りと評価の誤り　　2つの錯誤を区別する理由

3 **具体的事実の錯誤** 134
法定的符合説と具体的符合説　　故意の個数？
具体的符合説の難点

4 まとめ 139

第12章 事実の錯誤(2)[井田] ━━━━━━━━━━━140

1 **錯誤が異なった構成要件にまたがるとき** 140
何が問題か　　主観面と客観面の符合

2 **学説と判例** 142
厳格な構成要件的符合説　　抽象的符合説　　法定的符合説

3 **符合の限界** 147
ケーススタディ

4 まとめ 150

第13章 過失(犯)[丸山] ━━━━━━━━━━━152

1 **不注意、過失、過失犯** 152
不注意な行為も処罰されることがある　　注意義務違反としての過失
過失(犯)をめぐる学説

2 **注意義務(違反)の認定** 156
予見義務(予見可能性)　　不注意の競合

3 **管理者・監督者の過失** 161
管理・監督過失

4 まとめ 163

第14章 結果的加重犯[丸山] ━━━━━━━━━━━164

1 **特殊な複合形態の犯罪** 164

目次　ix

　　　　犯罪類型としての特殊性　　　法定刑の加重根拠
　　　　危険運転致死傷罪の罪質
　2　犯罪形態としての特殊性に起因する問題　170
　　　　軽微な致傷の扱い　　　重い結果の故意的実現の扱い
　　　　結果的加重犯の未遂
　3　まとめ　175

第15章　違法(性)の実質 [丸山] ────────────176

　1　違法性と違法阻却　176
　　　　犯罪とその確認方法　　　構成要件と違法性・責任との関係
　　　　違法阻却事由とその一般原理
　2　実質的違法論の展開　178
　　　　実質的違法論と可罰的違法性論　　　可罰的違法性が争われる事例
　　　　違法の相対性
　3　まとめ　185

第16章　正当防衛 [井田] ────────────186

　1　違法性阻却事由としての正当防衛　186
　　　　違法性阻却事由とは　　　正当防衛と緊急避難
　　　　成立要件を比較すると
　2　正当防衛の限界　191
　　　　「正当防衛状況」が否定される場合　　　侵害の急迫性
　　　　防衛の意思　　　やむを得ずにした行為
　　　　自招侵害
　3　正当防衛と過剰防衛　196
　　　　過剰防衛とは　　　防衛行為の必要性と相当性(「やむを得ずにした行為」)
　　　　行為か結果か　　　過剰防衛と防衛行為の一連一体性
　4　まとめ　202

第17章　緊急避難 [井田] ────────────203

　1　緊急避難の法的性格　203
　　　　正当防衛と緊急避難　　　緊急避難の本質
　　　　違法性阻却事由説と責任阻却事由説　　　二分説

x

2 刑法 37 条の解釈　207

　　緊急避難の要件　　　現在の危難　　　避難行為

　　法益の均衡　　　強要緊急避難　　　自招危難

3 まとめ　213

第18章　安楽死と尊厳死、終末期医療［丸山］ ——————214

1 人の生命と刑法　214

　　生命の放棄は許されるか　　　安楽死と尊厳死

2 安楽死　216

　　どのような形の安楽死が問題なのか

　　名古屋高裁判決の 6 要件　　　横浜地裁判決の 4 要件

3 尊厳死　220

　　何が問題なのか　　　尊厳死の正当化要件

4 終末期医療　223

　　医療行為の中止　　　治療義務の限界の判断

5 まとめ　226

第19章　責任能力［丸山］ ——————228

1 責任能力、責任無能力、限定責任能力　228

　　行為者に対する法的非難の前提　　　刑法が予定する責任能力の状態

　　責任無能力・限定責任能力の規定方法と判定方法

　　裁判における責任能力の判断

2 行為と責任（能力）の同時存在　233

　　同時存在の原則は徹底できるか？

　　責任無能力状態の利用という構成　　　同時存在の原則の拡張

　　過失犯の場合

3 まとめ　238

第20章　違法性の錯誤［井田］ ——————240

1 違法性の錯誤の取り扱い　240

　　違法性の錯誤とは　　　事実の錯誤と違法性の錯誤

2 違法性の意識の具体的内容　242

　　違法性の錯誤にいう「違法性」とは

目次　xi

　　　　　反道徳性・法違反性・可罰的刑法違反性　　　科刑の予測可能性の保障
　3　違法性の錯誤の回避可能性　245
　　　　　行為の違法性と有責性　　　責任能力論との関連性
　　　　　回避可能性の具体的基準
　4　違法性の錯誤と事実の錯誤の区別　249
　　　　　区別のための判断基準
　5　まとめ　250

第21章　違法性阻却事由の錯誤 [井田] ————————251

　1　違法性阻却事由の錯誤とは　251
　　　　　何が問題か　　　事実の錯誤か違法性の錯誤か
　2　学説における議論の状況　254
　　　　　通説の論拠　　　違法だが責任はない　　　体系構成上の問題点
　　　　　厳格責任説
　3　誤想防衛の諸類型　258
　　　　　誤想防衛の3つの態様
　4　誤想過剰防衛　260
　　　　　誤想過剰防衛とは
　5　まとめ　262

第22章　実行の着手 [丸山] ————————263

　1　犯罪の実現段階と刑法　263
　　　　　犯罪の実現段階と処罰の拡張　　　予備罪・陰謀罪
　　　　　未遂犯、「実行の着手」の意義
　2　「実行の着手」の認定　267
　　　　　「実行の着手」に関する学説　　　判例における形式的客観説
　　　　　実質的客観説の採用
　3　まとめ　273

第23章　不能犯 [井田] ————————275

　1　未遂処罰の根拠　275
　　　　　既遂と未遂　　　犯罪の主観面と客観面　　　結果か行為か
　2　結果無価値論と行為無価値論　279

xii

　　　　見解の相違点　　　事前判断と事後判断　　　刑法の存在理由との関係

3　未遂犯と不能犯の区別　281

　　　　行為の危険はどのように判断されるか　　　3つの学説

4　危険判断の標準　285

　　　　誰の法則的知識によるか　　　ただの一般人か、科学的一般人か

5　まとめ　287

第24章　中止犯［井田］————————————————289

1　刑の（必要的）減免の根拠　289

　　　　中止犯とは　　　政策説　　　法律説——責任減少説と違法減少説
　　　　中止犯における理論と政策

2　中止行為の任意性　293

　　　　「自己の意思により」　　　具体例の検討

3　中止行為　297

　　　　着手中止と実行中止　　　客観説・主観説・折衷説
　　　　中止行為の「真摯性」

4　結果の不発生　301

　　　　結果の不発生と「因果関係」の要否

5　まとめ　302

第25章　正犯と共犯［井田］————————————————303

1　実行行為と正犯行為　303

　　　　実行行為とは何か　　　実行行為と危険性
　　　　正犯行為としての実行行為

2　正犯と共犯の区別　306

　　　　正犯の種類、共犯の種類　　　正犯の概念　　　危険性か支配性か
　　　　共犯の概念　　　正犯と共犯の関係

3　間接正犯　310

　　　　間接正犯とは　　　間接正犯の成立する場合　　　間接正犯否認論

4　まとめ　313

第26章　共同正犯［丸山］————————————————314

1　共同で実現した犯罪の扱い　314

目次　xiii

　　　　　共同正犯の意義と効果　　　　共同正犯の成立要件
　　　　　犯罪共同説と行為共同説
　2　共同正犯の成否が問題になりうる場合　318
　　　　　実行行為を分担しない共同現象　　　　行為の途中から介入する共同現象
　　　　　不注意の共同現象　　　　共同者間の不一致
　3　まとめ　327

第27章　共犯の従属性—共犯の処罰根拠 ［井田］ ————————328

　1　共犯の従属性　328
　　　　　いわゆる実行従属性　　　　いわゆる要素従属性
　　　　　要素従属性の緩和？
　2　共犯の処罰根拠　332
　　　　　「堕落説」と「惹起説」　　　　従属性による修正？
　3　未遂の教唆　337
　　　　　未遂の教唆とは　　　　教唆犯肯定説と不可罰説
　4　まとめ　339

第28章　従犯（幇助犯） ［丸山］ ————————————————341

　1　正犯を手助けする犯罪者　341
　　　　　従犯の意義　　　　従犯の処罰根拠　　　　促進関係
　2　さまざまな形態の手助け　345
　　　　　幇助行為の無限定性　　　　片面的幇助
　　　　　不作為による幇助　　　　間接幇助　　　　中立的行為と幇助
　3　正犯との不一致　349
　　　　　従犯における錯誤（過剰）
　4　まとめ　351

第29章　共犯の関連問題 ［丸山］ ————————————————352

　1　共犯の関連問題の二面性　352
　　　　　共犯の意義と関連問題
　2　共犯に固有の問題　353
　　　　　不作為（犯）と共犯　　　　共犯関係の解消
　3　共犯に関連する問題　357

xiv

違法性阻却事由と共犯　　　中止未遂と共犯

4　まとめ　361

第30章　共犯と身分［井田］————————————363

1　身分犯の共犯　363
　　身分犯とは　　　2種類の身分犯　　　65条1項と2項の関係
　　共犯従属性説の徹底　　　違法身分と責任身分　　　通説・判例の立場
2　身分とは何か　370
　　判例と学説　　　事後強盗罪は身分犯か
3　65条1項・2項の解釈　373
　　65条1項　　　65条2項
4　まとめ　375

第31章　犯罪の数（罪数）［丸山］————————————376

1　犯罪にも数がある　376
　　罪数の意義と判断基準　　　一罪と数罪
2　本来的一罪　378
　　法条競合と包括（的）一罪　　　包括一罪の成否
3　科刑上一罪　382
　　観念的競合と牽連犯　　　観念的競合の成否　　　牽連犯の成否
4　まとめ　386

第32章　刑罰制度［丸山］————————————388

1　わが国の刑罰制度はどうなっているか　388
　　刑罰の意義と機能　　　刑罰の種類　　　主刑　　　付加刑
2　死刑をめぐる問題　392
　　死刑と憲法　　　死刑の選択基準
3　没収をめぐる問題　396
　　第三者没収と憲法　　　没収における罪刑の均衡
4　まとめ　398

事項索引　401

凡　例

〔引用文献の略称〕

浅田	浅田和茂『刑法総論』（第 2 版・2019 年）
井田・構造	井田良『刑法総論の理論構造』（2005 年）
井田・総論	井田良『講義刑法学・総論』（第 2 版・2018 年）
井田・各論	井田良『講義刑法学・各論』（2016 年）
伊東・総論	伊東研祐『刑法講義総論』（2010 年）
伊東・各論	伊東研祐『刑法講義各論』（2011 年）
今井ほか	今井猛嘉ほか『刑法総論』（第 2 版・2012 年）
植松	植松正『再訂刑法概論 I 総論』（1974 年）
内田・総論	内田文昭『改訂刑法 I（総論）』（補正版・1997 年）
内田・概要	内田文昭『刑法概要』上巻（1995 年）、中巻（1999 年）
内田古稀	『内田文昭先生古稀祝賀論文集』（2002 年）
大越	大越義久『刑法総論』（第 5 版・2012 年）
大塚・総論	大塚仁『刑法概説（総論）』（第 4 版・2008 年）
大塚・各論	大塚仁『刑法概説（各論）』（第 3 版増補版・2005 年）
大谷・総論	大谷實『刑法講義総論』（新版第 5 版・2019 年）
大谷・各論	大谷實『刑法講義各論』（新版第 4 版補訂版・2015 年）
小野・各論	小野清一郎『新訂刑法講義各論』（第 3 版・1950 年）
香川	香川達夫『刑法講義〔総論〕』（第 3 版・1995 年）
川端	川端博『刑法総論講義』（第 3 版・2013 年）
川端古稀（下）	『川端博先生古稀記念論文集（下巻）』（2014 年）
基本講座○巻	阿部純二ほか編『刑法基本講座』第 1 巻―第 6 巻（1992 年―1994 年）
基本判例	芝原邦爾編『刑法の基本判例』（別冊法学教室・1988 年）
木村	木村亀二（阿部純二増補）『刑法総論』（増補版・1978 年）
小暮編	小暮得雄ほか編『刑法講義各論』（1988 年）
小暮古稀	『罪と罰・非情にして人間的なるもの　小暮得雄先生古稀記念論文集』（2005 年）
最前線	山口厚ほか『理論刑法学の最前線』（2001 年）
最前線 II	山口厚ほか『理論刑法学の最前線 II』（2006 年）
斎藤	斎藤信治『刑法総論』（第 6 版・2008 年）
佐伯	佐伯千仞『四訂刑法講義（総論）』（1981 年）
佐伯仁志	佐伯仁志『刑法総論の考え方・楽しみ方』（2013 年）
佐久間	佐久間修『刑法総論』（2009 年）
新争点	西田典之＝山口厚＝佐伯仁志編『刑法の争点』（ジュリスト

	増刊・2007 年)
鈴木	鈴木茂嗣『刑法総論』(第 2 版・2011 年)
争点ノート I	内田文昭編『争点ノート刑法 I〔総論〕』(改訂版・1997 年)
争点ノート II	内田文昭編『争点ノート刑法 II〔各論〕』(改訂版・1997 年)
曽根・総論	曽根威彦『刑法総論』(第 4 版・2008 年)
曽根・原論	曽根威彦『刑法原論』(2016 年)
曽根・重点課題	曽根威彦＝松原芳博編『重点課題刑法総論』(2008 年)
大コンメ○巻(2 版)	大塚仁ほか編『大コンメンタール刑法』(第 2 版・1999 年― 2006 年)
大コンメ○巻(3 版)	大塚仁ほか編『大コンメンタール刑法』第 1 巻―第 13 巻(第 3 版・2013 年―〔刊行中〕)
高橋	高橋則夫『刑法総論』(第 4 版・2018 年)
団藤・総論	団藤重光『刑法綱要総論』(第 3 版・1990 年)
団藤・各論	団藤重光『刑法綱要各論』(第 3 版・1990 年)
注釈○巻	団藤重光編『注釈刑法』第 1 巻―第 6 巻(1964 年―1969 年)
展開 I	芝原邦爾ほか編『刑法理論の現代的展開・総論 I』(1988 年)
展開 II	芝原邦爾ほか編『刑法理論の現代的展開・総論 II』(1990 年)
内藤(上)	内藤謙『刑法講義総論(上)』(1983 年)
内藤(中)	内藤謙『刑法講義総論(中)』(1986 年)
内藤(下) I	内藤謙『刑法講義総論(下) I』(1991 年)
内藤(下) II	内藤謙『刑法講義総論(下) II』(2002 年)
内藤古稀	『刑事法学の現代的状況　内藤謙先生古稀祝賀』(1994 年)
中	中義勝『講述犯罪総論』(1980 年)
長井古稀	『刑事法学の未来　長井圓先生古稀記念』(2017 年)
中森	中森喜彦『刑法各論』(第 4 版・2015 年)
中山	中山研一『刑法総論』(1982 年)
中山 I	中山研一『新版・概説刑法 I』(2011 年)
西田・総論	西田典之(橋爪隆補訂)『刑法総論』(第 3 版・2019 年)
西田・各論	西田典之(橋爪隆補訂)『刑法各論』(第 7 版・2018 年)
西田ほか編 1	西田典之ほか編『注釈刑法第 1 巻』(2010 年)
西田ほか編 2	西田典之ほか編『注釈刑法第 2 巻』(2016 年)
西原(上)	西原春夫『刑法総論(上巻)改訂版』(1993 年)
西原(下)	西原春夫『刑法総論(下巻)改訂準備版』(1993 年)
野村	野村稔『刑法総論』(補訂版・1998 年)
林・総論	林幹人『刑法総論』(第 2 版・2008 年)
林・各論	林幹人『刑法各論』(第 2 版・2007 年)
判例刑法研究○巻	西原春夫ほか編『判例刑法研究』第 1 巻―第 8 巻(1980 年― 1983 年)

凡例　xvii

日髙	日髙義博『刑法総論』（2015 年）
百選 I（○版）	別冊ジュリスト『刑法判例百選 I 総論』第 1 版―第 7 版（1978 年―2014 年）
百選 II（○版）	別冊ジュリスト『刑法判例百選 II 各論』第 1 版―第 7 版（1978 年―2014 年）
平野 I	平野龍一『刑法総論 I』（1972 年）
平野 II	平野龍一『刑法総論 II』（1975 年）
福田	福田平『全訂刑法総論』（第 5 版・2011 年）
藤木・総論	藤木英雄『刑法講義総論』（1975 年）
藤木・各論	藤木英雄『刑法講義各論』（1976 年）
堀内	堀内捷三『刑法総論』（第 2 版・2004 年）
前田・総論	前田雅英『刑法総論講義』（第 7 版・2019 年）
前田・各論	前田雅英『刑法各論講義』（第 6 版・2015 年）
牧野	牧野英一『重訂日本刑法上巻』（1937 年）
町野	町野朔『刑法総論講義案 I』（第 2 版・1995 年）
松原	松原芳博『刑法総論』（第 2 版・2017 年）
松宮・総論	松宮孝明『刑法総論講義』（第 5 版補訂版・2018 年）
松宮・各論	松宮孝明『刑法各論講義』（第 5 版・2018 年）
宮本	宮本英脩『刑法大綱』（第 4 版・1935 年）
山口・総論	山口厚『刑法総論』（第 3 版・2016 年）
山口・各論	山口厚『刑法各論』（第 2 版・2010 年）
山口・探究	山口厚『問題探究刑法総論』（1998 年）
山中	山中敬一『刑法総論』（第 3 版・2015 年）
○年度最判解	最高裁判所判例解説刑事篇○年度
○年度重判	ジュリスト臨時増刊『重要判例解説』

〔法令〕

刑法の条文を示す場合には、原則として、単に○条とした。他の法令については、原則として、一般に定着している略称を用いた。たとえば、憲法は憲○条、刑事訴訟法は刑訴○条、国家公務員法は国家○条である。

〔判例・判例集・判例掲載誌・雑誌〕　以下の略称を用いた。

最判	最高裁判所判決
最決	最高裁判所決定
最大判	最高裁判所大法廷判決
大判	大審院判決
高判	高等裁判所判決
地判	地方裁判所判決

xviii

刑（民）集	最高裁判所刑事（民事）判例集（巻　号　頁）
	または大審院刑事判例集（巻　頁）
裁判集刑	最高裁判所裁判集　刑事（号　頁）
刑録	大審院刑事判決録（輯　頁または　輯　巻　頁）
高刑集	高等裁判所刑事判例集（巻　号　頁）
下刑集	下級裁判所刑事判例集（巻　号　頁）
判特	高等裁判所刑事判決特報（号　頁）
裁特	高等裁判所刑事裁判特報（巻　号　頁）
東高刑時報	東京高等裁判所刑事判決時報（巻　号　頁）
月報	刑事裁判月報（巻　号　頁）
家月	家庭裁判所月報（巻　号　頁）
現刑	現代刑事法（巻　号　頁）
ジュリ	ジュリスト（号　頁）
判時	判例時報（号　頁）
判タ	判例タイムズ（号　頁）
法セ	法学セミナー（号　頁）

＊判例とその調べ方については、井田良『基礎から学ぶ刑事法』（第6版・2017年）の第24章を参照していただきたい。

第1章 刑法と道徳

1 刑法は何のためにあるか

■刑法による道徳の強制？──────────────■

　「犯罪」といえば読者は、殺人、放火、強盗などをイメージすることであろう。これらは、犯罪であると同時に、道徳にそむき反倫理性の高い行為である。だが、犯罪に対し刑罰が科せられるのは、その行為が道徳に反するからではない。刑法と道徳とでは存在理由が異なり、またそれぞれの内容を人々に守らせるための方法（すなわち、強制の手段）が違っており、はっきりと区別されなければならない。**刑法**は、刑罰という国家的な強制手段を用いて（なお、現在の刑法がどのような種類の刑罰を認めているかは、六法を開いて**刑法典の第9条**をみるとわかる）人々を適法な行動へと動機づけることにより、われわれの社会生活を成り立たせるための基本的な諸条件を確保・維持しよ

	存在理由	守らせるための方法	判断のカテゴリー	主たる評価の対象（関心の方向）
刑法	社会生活を成り立たせるための基本的条件を確保・維持すること	刑罰という外部的強制手段（＝他律性）	違法⇔適法 責任あり ⇔責任なし	行為の外部的側面
道徳	各個人に善なる行為を義務づけること	各人の良心や義務意識への訴えかけ（＝自律性）	善⇔悪	行為の内部的側面

うとする（イェーリング〔村上淳一訳〕『権利のための闘争』〔岩波文庫、1982年〕51頁によれば、法とは「強制という形式をとって国家権力により実現される、社会の生存条件の確保」である）。これに対し、**道徳**は、外部的な強制手段をもたず、個人の良心や義務意識に訴えて、善なる行為に導き、ひいては各人が良き人格を形成することを期待する。

　この点につき、重要な道徳上の規範（たとえば、「人を殺すな」とか「物を盗むな」といったルール）が効力をもっていることは、社会が存続するための基本的条件であり、それらは刑罰という手段に訴えてでも人々に守らせなければならないとする考え方もありえよう（以前は、このような考え方がむしろ支配的であった）。しかし、現在の通説によれば、刑法の任務は**法益の保護に限定**される（学説の転換をうながしたのは、平野龍一による『刑法の基礎』〔1966年〕や『刑法総論Ⅰ』〔1972年〕などの著作であり、それらは、今でも刑法を学ぼうとする人にとっての必読文献である）。**法益**とは、法により保護されるべき利益のことであり、個人や社会にとって価値のあるもの、たとえば、人の生命、身体・健康、自由、財産、道路交通の安全などがこれである。刑法は、これら法益の保護につとめ、それが侵害されたり、危険にさらされないようにするために存在する。道徳とか倫理とか価値観とかいったものは、刑罰を用いて強制すべきものではなく、それらに反するという理由だけで処罰してはならない。人を殺す行為や物を盗む行為は処罰されなければならないが、反道徳的な行為だからというのではなく、個人の生命や財産といった重要な法益を侵害する行為だからこそ処罰されるべきなのである。

　　●**刑法による法益の保護**——刑法は、法益保護のための「最後の手段」であり、われわれの社会生活にとってかけがえのない重要な法益のみに注目し、刑罰以外の制裁によってはその保護が不可能であるか、または十分でない場合に出ていけばそれで足りる。いいかえれば、刑法は、もっとも厳しい制裁である刑罰によって保護することが適当であり、刑罰以外の手段によっては十分に保護できないような法益の保護のために存在する。このような意味で、刑法の適用は控え目なものでなければならないとする原則のことを**刑法の謙抑性**の原則という（詳しくは、井田・総論18頁以下を参照）。

　なぜ、刑法によって道徳を強制すべきではないのか。その理由として、次の3つがあげられる。まず、①日本国憲法が予定している現在の社会は、個人主義の社会であり、価値観の多元性を許容する社会であるから、他人に迷

惑をかけないかぎり（すなわち、法益を侵害しないかぎり）、国民の多数と異なった行動基準にしたがうことも認めなければならないこと、また、②道徳とか倫理とかについては、人によって、また場所によって考え方が異なり、それは歴史的にも変化するものであり、刑罰を科す根拠としてふさわしいものではないこと、そして、③道徳とか倫理とかは、個人が自らの良心にしたがって自主的に守るべきものであり、そもそも国が強制して行わせるべきものではないことである。

■被害者のない犯罪

　ところが、犯罪として処罰されている行為の中には、他人の法益を侵害するものではなく、ただ道徳に違反することを理由に処罰されているように見えるものも存在する。その代表的なものが、いわゆる**被害者のない犯罪**である。たとえば、わいせつなＤＶＤの販売（175条1項前段のわいせつ電磁的記録記録媒体頒布罪に該当する）や、ストリップショー（174条の公然わいせつ罪にあたる）などの性風俗に関わるもの、麻薬や覚せい剤といった薬物の自己使用など（「麻薬及び向精神薬取締法」や「覚せい剤取締法」に含まれる刑罰法規により処罰される）、さらに単純賭博の行為（185条）がその例である。

━━━━━ケース1（被害のない違法行為？）

　公然わいせつ罪（174条）は、公然と、わいせつの行為をすることによって成立する。甲は、ストリップ劇場において、舞台の上で全裸となり、わいせつ行為を行った。観客はみな、そのような行為を歓迎しており、期待通りのショーに満足していた。甲の行為は、公然わいせつ罪として処罰されるべきか。

　他人に「見たくないもの」を見せつけて羞恥心をいだかせ、不快な感情を与えることは、明らかな法益侵害である。人通りのある公道で、全裸になって性器を露出し、通行人に不快な思いをさせる行為をすれば、それは法益（すなわち、「性的感情」という法益）を侵害する行為である。われわれは誰しも、意思に反してそのようなものを見せられて性的嫌悪感を抱かせられなくてすむ自由を保障されるべきだからである。そこで、そのような行為は公然

わいせつ罪にあたるとされるが、これにはおそらく読者も納得するであろう。しかし、**ケース1**のように、ストリップショーなどで舞台から（わいせつ行為を期待している）観客に向けてわいせつ行為を行うことも、判例・通説により公然わいせつ罪にあたるとされている。このような行為は、誰の法益も具体的に侵害するものでなく、したがって**被害者は存在しない**とも考えられる。「法益の保護のための刑法」という考え方を徹底するとき、この種の**被害者のない犯罪**は、処罰の対象からはずすべきだ、すなわち**非犯罪化**するべきだということになる（**立法論**としては、174条の規定を改正して、法益侵害が認められる場合のみに適用されるような規定にするか、さらに、**解釈論**としても、**ケース1**のような場合には本罪が成立しないように、同条の規定を制限的に解釈すべきことになる）。

■法益概念の内容

しかし、刑法の任務は法益保護に限定されるとする立場を前提にしても、ただちに上のような非犯罪化論に賛成しなければならないものではない。刑法174条や175条も、**社会の健全な精神的・文化的環境**という**法益**を保護するための処罰規定として理解することも可能だからである。刑法は、目に見える具体的な法益（たとえば、生命・身体・自由・財産など）を保護するばかりでなく、ニセ札を作ることにより「通貨に対する公共の信用」を害するおそれある行為を処罰するし、公務員に賄賂を贈ることにより「職務の公正に対する社会の信頼」を害するおそれある行為を処罰する。目に見えない無形の利益だから保護に値しないとすることはできない。性表現の自由化により社会の文化的環境が害されれば、その種のものを「見たくない人」の権利がしばしばおびやかされ、青少年に有害な環境が形成され、女性差別が促進・助長され、性に関する商業主義がエスカレートし、それが暴力団の資金源になるなどの問題が生じるおそれがある。このような観点から、現行の公然わいせつ罪などの処罰規定をなお維持すべきだとすることは、行為が反道徳的だから処罰すべきだと考えることと同じではない。たしかに、行為が反道徳的であるということだけでは処罰の理由とはならないが、しかし、目に見える

具体的な法益を侵害しまたは危険にさらさないかぎり刑法を適用できない、と考えることも正しくないのである。

●ヘイト・スピーチの規制——近年、ヘイト・スピーチ、すなわち特定の民族や特定の国籍の人々、特定の宗教信奉者に向けられた差別的・排斥的言論が目立つようになってきたため、2016年に、本邦外出身者に対する不当な差別的言動の解消に向けた取組の推進に関する法律(いわゆるヘイトスピーチ対策法)が制定された。ただし、それは、国や地方公共団体の基本的施策や、教育・啓発活動に関する基本的指針を定めるものであり、そこには処罰規定は設けられなかった。ドイツ刑法には、**ヘイト・スピーチそのものを処罰する規定**があるが(ドイツ刑法130条)、日本には存在しない(ある程度特定された個人に向けられた言論に対しては、刑法上の名誉毀損罪や侮辱罪の規定を適用することが可能であるが〔刑法230条以下〕、そうした人的範囲の特定を欠いた言論は、これらの罪にあたらない)。憲法学者の中には、ヘイト・スピーチそのものを犯罪として処罰する規定を設けることは憲法違反になりかねないとする見解も有力であるが、ヘイト・スピーチの規制も、性表現の規制と類似しているといえよう。精神的・社会的環境維持のための最低限のルールを示す趣旨で、ヘイト・スピーチの一定部分を犯罪とすることは、憲法違反の問題を生じさせるものではなく、立法論として十分に検討に値するといえよう。

　以上のことからもわかるように、**法益概念の内容**は、社会の実態の認識と、刑法が何をどのように保護すべきかに関する価値判断によって影響される。法益が価値判断を離れた「可視的な客観的事実」として(その内容につき各人の見解がわかれることなく、誰にでもはっきりと認識・把握可能な形で)存在すると考えることは誤りである。しかも、ある利益を刑法により保護しようとするとき、それはつねに、他のある利益を犠牲にすることをともなっている。刑法的判断は、法がその行為を放任した場合にどのようなプラス効果・マイナス効果が社会に生じるか、マイナス効果を防ぐために刑罰という手段を用いることがどうしても必要か、また適切かという判断なのである。このような判断と、道徳的・倫理的判断とは合理的な関連性がなく、道徳的・倫理的判断は、処罰範囲を拡張する方向でも、縮小する方向でも意味をもたないと考えるべきである。

●結果無価値論——学説においては、刑法の任務が法益保護に限定されるとする前提に立ち、そこから、処罰の理由づけに関する刑法的判断は「その行為がもたらす法益の侵害ないし危険」の判断に尽きると主張する見解、いわゆる結果無価値論も有力である(→第5章)。しかしながら、当該の行為の法益侵害性やその危険性に影響しない事情であっても、処罰の理由づけにあたって考慮に入れなければならない事情が存在する。ケース1において、甲の行為それだけから、「見たくない人」の権利がおびやかされたり、青少年に有害な環境が形成されたり、女性差別が促進・助長されたり、性に関する商業主義がエスカレ

ートする効果が直接・間接に生じることはないであろう。それにもかかわらず、その種の公然わいせつ行為が一般的に放任されたときに生じうるそれらの可能性を、ケース1の刑法的判断にあたって考慮に入れることは、法益保護の見地から合理的なのである。「およそその種の行為を一般的に許容したときに、社会にどのようなマイナス効果が生じるか」という考慮（このような考慮にもとづきその行為に否定的な評価を加えるとき、その評価が**行為無価値**の評価にほかならない）を抜きにしては、合理的な刑法的判断は不可能である。

2 自己決定権の限界としての反道徳性？

■自己決定権とは何か─────────────────────────■

　ある物について所有権をもつ人は、その物をこわしたり捨てたりすることもできる。誰にも「そんなもったいないことはするな」とやめさせることはできない。他人の干渉は、余計なお世話であるばかりでなく、自由の侵害でさえある。このように、個人の法益については、原則としてその法益の「持ち主」が、これを自由に放棄したり処分したり好きなように扱うことができる。たとえ、それが道徳に反する行為だとしても、法は干渉すべきではない。これが**自己決定権**の思想である（自己決定権は、刑法だけに関係するテーマではなく、法と倫理の根本問題の1つである。たとえば、山田卓生『私事と自己決定』〔1987年〕を参照）。個人の自律的な意思決定に高い価値が認められる個人主義の社会においては、自己決定権は最大限に尊重される（ただし、その者が成人であり、かつ正常な判断能力を有することが当然の前提である）。

　自己決定権の尊重は次のことを意味する。まず、①いくらその人の利益になるからといって、その人の意思を無視した「親切の押し売り」はできない。それは場合によっては犯罪となる。たとえば、医師が行う手術のような治療行為についてみると、それを行うためには、原則として本人の同意が必要である。同意なしに行われた治療行為（または同意の範囲をこえて行われた治療行為）は専断的治療行為と呼ばれ、たとえ成功して病気がなおったとしても、違法であり、民事責任を問われる（すなわち、損害賠償を請求される）。そればかりか、刑法学の通説は、それは傷害罪（204条）を構成すると考えている（た

だし、実務では、これを傷害罪にあたるとして立件・処罰したことはない。井田・総論359頁を参照）。

　次に、②法益の持ち主が同意していた場合には、いくらその人に不利益な結果が発生したとしても、それを引き起こした人およびそれに協力した人に犯罪は成立しない。たとえば、高名な画家の描いた高価なスケッチの所有者Aが、Bに対しこれを燃やしてくれと頼んだので、Bはそのスケッチを燃やしてやったという場合、Bは器物損壊罪(261条)で処罰されることはない。そのような行為を国が処罰するとすれば、余計なお世話というばかりでなく、Aの権利の不当な侵害である。

■━━━━━━━━━━━━━━━━━━━━━━━━━ケース2（同意傷害）■

　やくざの甲は、親分から不義理に対するケジメをつけるようにいわれたため「指をつめる」ことを決意し、自分で切るのはこわかったので、仲間の乙にこれを依頼し、引き受けた乙は、甲の左小指の根元を釣り糸でしばって血止めした上、出刃包丁を使って左小指を切断した。乙は、傷害罪(204条)の規定により処罰されるべきか。

　自己決定権といえども、法的な制約がいっさいない、ということではない。たとえば、生命という法益の放棄については、その人が同意しているとしても、これを殺害すれば**同意殺人罪**(202条後段)として処罰される。そればかりか、他人に自殺をそそのかしたり、他人の自殺を手助けしたりすれば、**自殺関与罪**(同条前段)として可罰的である。法は、自らの生命という法益を放棄する自殺行為そのものを禁じるものではない(自殺は違法ではない)が、他人の自殺に関与・協力したり、さらには、同意があるとはいえ人を殺すことは他人の法益の侵害であり、これを禁じていると考えられる(→第18章1)。逆にいえば、自らの法益の放棄にあたり他人の協力が得られないという限度では、自己決定権が制限されていることになる。生命に次いで価値の高い法益である身体についても、自己決定権の限界が問題となる(ちなみに、麻薬や覚せい剤などの薬物の自己使用の処罰も、自己決定権との関係で問題を含んでいる)。**ケース2**においては、まさに身体的法益についての自己決定権の限界

が問われている。

●**自殺関与罪の処罰根拠**——自殺そのものが犯罪ではないのに、これに他人が関与する行為(202条前段)がなぜ犯罪となるのか。この問題をめぐっては、**自殺の法的評価**とも関連して見解が対立している。自殺そのものは犯罪ではないが、それは少なくとも刑法規範の禁止する違法行為ではないかとも考えられる。しかし、個人の意思決定に高い価値が認められる個人主義の法体系の下では、**個人の自己決定権**は最大限に尊重されなければならない。そこで、現在の刑法は、自殺者に対してはその生命の放棄を禁止してはおらず、自殺は**違法行為ではない**と解される。

ただ、法にとり、個人の生命が失われることが望ましくないことに変わりはない。そこで、生命に関する自己決定権を制限し、自殺するにあたり他人に協力してもらうことまでは法的に保障しない(死ぬ気ならひとりで死ななければならない)とすることは可能である。また、自殺者自身に対して生命放棄を禁止することはできないとしても、**他人の自殺に協力したりこれを手助けする行為**は「他者の生命を否定する行為」であり、これを禁止することには理由がある。そのような禁止の目的は、他人の自殺に関与させないことによって、自殺者を「孤立」させ、これにより自殺がなるべく行われないようにすることであり、そのような禁止は合理的なものというべきである。自殺したいと思う人でも、自分ひとりではきっかけがつかめないという人も多いはずであるから、自殺者を「孤立」させることは間接的な生命保護に役立つと考えられる。以上のように考えるとすれば、自殺関与行為を犯罪とすることには十分の理由がある。まして手を下して他人を殺害する同意殺人行為(202条後段)は処罰されて当然であろう。

■被害者の同意——とくに同意傷害の違法性——■

個人の自己決定権の思想を基礎に置くとき、放棄可能な個人的法益については、**被害者の同意**(被害者の承諾ともいう)があれば、すなわち被害者が侵害に同意を与えることにより法による保護を拒否すれば、それは犯罪を成立させないことになる(上記②の場合)。被害者の同意による犯罪の不成立を認めるということは、個人の自由な判断を尊重し、法はそれに干渉しないことである。個人主義的な考え方を進めれば進めるほど、不干渉の範囲は拡大する。

他人の自傷行為(自分で自分の身体を傷つけること)をそそのかしたり援助する行為が犯罪にならないことについては見解は一致している。これに対し、被害者の同意を得てその身体を傷害する行為、すなわち**同意傷害**が、いかなる限度で適法とされるかをめぐっては見解が対立している(つまり、202条前段の行為に対応する「自傷関与行為」が不可罰であることに異論はないが、同条後段の行為に対応する同意傷害行為についてはその可罰性の限界に関し見解が対

第1章●刑法と道徳　9

立している）。

　判例・通説は、①個人の身体という重大な法益を侵害する行為は原則として違法であり、それが適法とされるためには、同意を得た目的、行為の手段・方法・態様、生じた結果の重大さなどを総合的に考慮した上で相当とみられることが必要だとする（最決昭55・11・13刑集34巻6号396頁〔松宮孝明・百選Ⅰ（7版）46頁〕。学説として、たとえば、大塚・総論418頁以下、団藤・総論222頁以下、福田・180頁以下などを参照）。これに対し、有力説として、②個人の自己決定権をより尊重する立場から、被害者が自由な判断で法益を「もういらない」といって放棄している以上、**原則的に同意傷害は適法**であるが、重大な傷害、とくに生命に危険がおよぶような傷害については例外的に違法だとする見解がある（大谷・総論253頁、佐伯仁志・223頁以下、高橋・329頁、内藤（中）・587頁以下、西田・総論201頁以下、平野Ⅱ・253頁以下、山中・211頁以下などを参照）。

　①は、何か積極的なプラスの価値が実現されないかぎり（たとえば、医師の手術によって健康が回復される場合などをのぞいて）違法だとする考え方であり、逆に②は、よほどのマイナスの結果が生じないかぎり適法だとする考え方である。**ケース2**において、甲の指を切断した乙は、①の見解によれば傷害罪として処罰され、②の見解によれば処罰されないことになろう（ほぼ**ケース2**と同じ事案につき、仙台地石巻支判昭62・2・18判時1249号145頁は、傷害罪の成立を認めた）。

　①の見解のはらむ問題点は、判断の基準が不明確で曖昧であるということのほかに、傷害罪の成否の判断にあたり、「被害者の身体の保護」とは別個の、**法益保護と合理的な関連性をもたない考慮**を混入させるおそれがあることである。すなわち、被害者の身体の保護のために処罰するというのでなく、およそ相当でない行為であるから、または道徳・倫理に反する行為であるから処罰するということになりかねないのである。たとえば、最高裁判例（前掲最決昭55・11・13）の事案では、甲と乙ら数人がわざと交通事故を起こして保険金をだまし取ることを共謀し、甲は車を乙の運転する車に衝突させ、乙らに身体傷害を与えたのであるが、乙らはそれに同意を与えていた。このよう

な場合に、最高裁のように、甲を傷害罪で処罰するとすれば、乙らの身体とい う個人的法益の侵害がその処罰の理由であるとはいえないであろう。むしろ 傷害罪の規定を、およそ違法な行為(この事案では保険金の詐欺に向けられた行 為)、さらにはおよそ相当でない行為を防止するために用いるものであろう。

> ●**同意傷害に関する最高裁判例**——「被害者が身体傷害を承諾したばあいに傷害罪が成立 するか否かは、単に承諾が存在するという事実だけでなく、右承諾を得た動機、目的、身 体傷害の手段、方法、損傷の部位、程度など諸般の事情を照らし合せて決すべきものであ るが、本件のように、過失による自動車衝突事故であるかのように装い保険金を騙取する 目的をもって、被害者の承諾を得てその者に故意に自己の運転する自動車を衝突させて傷 害を負わせたばあいには、右承諾は、保険金を騙取するという違法な目的に利用するため に得られた違法なものであって、これによって当該傷害行為の違法性を阻却するものでは ないと解するのが相当である」(前掲最決昭 55・11・13)。

■自己決定権の内在的制約————————————■

　もちろん、個人の自己決定権の尊重にも限界が認められなければならない。 被害者の自由な意思にもとづく同意があるにもかかわらず、その法益のいわ ば後見的保護のために刑法が干渉する必要性が生じる場合である。ただ、個 人の自己決定権を基本的に尊重する立場からは、自己決定権の限界も、自己 決定権の思想そのものから導かれなければならない。すなわち、自己決定権 を行う主体そのものを破壊するような結果になる場合にもこれを合理的な意 思決定として尊重することは、自己決定権の思想と矛盾することから、その ような場合には、刑法による干渉も許されると考えるのである(この点につき、 内藤(中)・587 頁以下、福田雅章『日本の社会文化構造と人権』〔2002 年〕71 頁以 下、352 頁以下、370 頁以下を参照)。反道徳性・反倫理性という外部的な制約 が自己決定権の限界を画するのではなく、**自己決定権に内在する制約**が、自 己決定権の行使を内側から限界づける。そこで、同意傷害については、**傷害 の程度に注目して重大な(取り返しの付かない)傷害を与える場合**についての み、同意による完全な要保護性の否定を認めない見解が妥当だと思われる (なお、傷害罪〔204 条〕の法定刑の上限は、同意殺人罪〔202 条後段〕のそれよ りも重いので、均衡上、同意傷害行為の違法性を肯定できる場合でも、その刑は 同意殺人罪より重くすることはできないと解すべきである)。**ケース 2** のような

第 1 章●刑法と道徳　11

事例においては、傷害罪の成立を認めるべきではない（なお、第27章の**ケー
ス2**も参照）。

　このようにして、②の見解が基本的に妥当だということになるが、生命に
危険が及ぶ傷害がなければ刑法的干渉は許されないと厳格に考える必要はな
いであろう（佐伯仁志・223頁以下、山中・212頁を参照）。かりに生命への危険
がないとしても、重要な四肢の部分、眼球や臓器などを特段の理由もなく切
除・摘出するような行為も、自己決定権の基礎である個人に対する、取り返
しの付かない重大な侵害であることには変わりなく、合理的な意思決定にも
とづくものとは認められないので、刑法による後見的干渉を正当化すると考
えられるのである（これに対し、たとえば、凶悪犯罪の犯人が逮捕されないよう
にするため犯人の同意を得て美容整形手術を行い、その外貌に変更を加えること
や、やくざの依頼に応じてその全身に入れ墨を彫ることなどについては、違法性
が阻却されると考えてよい）。

　　　●**非難としての刑罰**──ここで、刑事責任の本質をどのように把握するかという問題との
　　　関係についても触れておこう。**刑罰に関する応報刑論**の考え方によると、刑を科すことは
　　　行為者に対する「非難」として正当化される。処罰するのはもっぱら法益保護のためだが、
　　　違法行為への意思決定を道徳的に非難できるときにかぎって処罰は正当化される、と考え
　　　ることは矛盾ではない。道徳を強制するために刑法を用いようとするとき、それは処罰の
　　　範囲を拡大することになるが、これに対し、道徳的非難が可能なかぎりで処罰が正当化さ
　　　れるというとき、それは刑罰権の発動を制約する意味をもつ。しかし、刑罰ないし刑事責
　　　任の実体を道徳的非難と同一視することには問題があり、現在では法的非難と道徳的非難
　　　とをはっきりと区別する見解が有力になりつつある（井田・総論388頁以下を参照）。

3　まとめ

　犯罪は社会の病理現象である。病気に対しては科学的な治療が必要である
ように、犯罪に対しても科学的知識にもとづいた合理的な対応が要求される。
ところが、そのことは忘れられがちである。犯罪の多くは憎むべき反道徳的
行為であり、社会の側は犯人に対する強い道徳的非難の感情に動かされるか
らである。刑法と刑法学の存在理由は、刑罰権の行使が行きすぎないよう歯
止めをかけ、犯罪に対する科学的・合理的な対応を可能にするところにある。
刑法的判断と道徳的判断とを分離・峻別することは、刑法的判断を合理的な

ものとするための前提であり、そのための必要条件である（ただし、十分条件ではない。法的判断と道徳的判断とを分離しさえすれば、法的判断の内容がただちに明確・一義的なものとなるかのように語られることがあるが、それは誤っている。前述のように、刑法的判断は、きめ細かな利益衡量・価値衡量を内容とするものであって、機械的に1つの結論が導かれるというようなものではないことに注意しなければならない）。

［井田　良］

第2章 罪刑法定主義

1 法律がなければ犯罪も刑罰もない

■罪刑の専断と罪刑法定主義

　犯罪を行った者には刑罰が科せられなければならない。一般論として、このことに反対する者はないであろう。しかし、どのような行為が犯罪であり、それにどのような刑罰が科せられるかが明らかでないとしたら、人々の社会生活はどのようなものになるだろうか。何となく後ろめたい行為をするときにさえ、人々は、もしかしたらそれを理由として処罰されないかとおびえて生活することにならないだろうか。もちろん、刑法は道徳を強制するものではないから（→第1章）、不倫のような行為が処罰されると考えるのはナンセンスである。しかし、道徳と刑法（不道徳な行為と犯罪）が質的に異なるとしても、どのような行為が犯罪であるかが明らかでない以上、人々の社会生活は依然として不安に満ちている。

　近代市民社会が成立する前のアンシャン・レジーム期の刑法においては、何を犯罪として（罪）どのように処罰するか（刑）は国家・裁判官の判断に委ねられ（専断）、国家権力の都合によって勝手気ままな（恣意的な）処罰が行われることもあったと言われる。**罪刑の専断**と呼ばれるこうした社会にあっては、人々は、「どのような行為を理由として」、「いつ」、「どのように処罰されるか」が全く予測できない状態に置かれ、常に「不意打ち」的な処罰におびえていなければならなかった。極端な場合には、ある時期には国家から賞賛された行為でさえも、国家がそれを不都合だと感じるようになれば、事後的に、それを犯罪として行為者を処罰することさえありえた。

●アンシャン・レジーム刑法──フランス革命に代表されるヨーロッパ近代市民社会が成立する以前の、絶対主義国家における刑法をいう。罪刑専断にもとづく処罰の恣意性、刑法と宗教・道徳との未分離にもとづく過度の干渉性、身分制にもとづく処罰の不平等性、威嚇刑罰思想にもとづく処罰の苛酷性を特徴とする。イタリアの高名な啓蒙思想家ベッカリーアは、1764年に、アンシャン・レジーム刑法の克服をめざして『犯罪と刑罰』を著した。文庫版の翻訳が簡単に入手できるから、是非一読してほしい。より深く学びたい読者には、チェーザレ・ベッカリーア〔小谷眞男訳〕『犯罪と刑罰』(東京大学出版会、2011年)をお勧めする。

　これに対して、近代刑法は、国家権力による刑罰権の恣意的な行使から個人の権利と自由を守るために、**罪刑法定主義**といわれる原則を確立した。それは、どのような行為が犯罪であるかということ(罪)と、どのような犯罪に対してどのような刑罰が科せられるかということ(刑)を、法律の条文に明示すること(法定)によって人々に予告しておかなければ、いかなる行為(者)も犯罪(者)として処罰されることはないとするものである。「近代刑法学の父」と呼ばれるフォイエルバッハは、これを、「法律なければ犯罪なく、法律なければ刑罰なし」という標語で表現した(この表現は、わが国の教科書でもしばしば使われる)。近代刑法は、犯罪(処罰されるべき行為)と刑罰(犯罪に対する法的効果)を事前に法律で規定することによって、どのような行為がどのように処罰されるかの予測可能性を人々に与え、安心して行動する自由を保障したのである。

■罪刑法定主義の古典的内容────────────────────■

　「法律がなければ犯罪も刑罰もない」とする罪刑法定主義は、法律による規定の存在が処罰の前提であるとするところから、**法律主義**と呼ばれる。罪刑法定主義は、本来、法律主義を意味するものであった。しかし、以下に見るように、法律主義からはいくつかの原則が当然に派生してくるし、不意打ち的な処罰の防止だけでなく適正な処罰の実現を積極的に求めようとするところからは、さらにいくつかの制約が要請される。今日、罪刑法定主義は、法律主義という形式的原理を出発点として、そこからの派生原理とともに、実質的な内容をもった原則として理解されている(教科書では、内藤(上)・27頁以下、町野・32頁以下が特に詳しい)。

第2章●罪刑法定主義　15

　法律主義は、国民主権の考え方と結びついて、犯罪と刑罰を規定する法律は国民の意思を代表する議会において制定され、文章で表現された法律（**成文法**）であるべきことを要求する。このことから、特定の場所や特定の人々にしか通用しないルール（**慣習法**）によって行為者を処罰することがただちに禁じられる。一般論としては、慣習法も「法」としての効力をもっている（大学の「法学」などの講義では、慣習法が法源のひとつであることが教えられている）。しかし、行為者の知りえない慣習法で行為者を処罰することは、不意打ち以外のなにものでもない。刑法に関しては、慣習法の法源性が一律に否定されるのである（**慣習刑法の禁止**）。また、行為を処罰する成文法がありさえすれば法律主義の要請が満たされるというわけでもない。たとえば、行為の後に作られた法律（事後法）にもとづいてそれ以前の行為を処罰することが許されるなら、国民は、予測が全くできない処罰の危険にさらされることになる。行為の処罰を規定する成文法は行為の時点に存在していなければならず、後に作った刑法を遡って適用して処罰することはできないのである。これを、**事後法の禁止**（**遡及処罰の禁止**）という（ただし、刑法6条は、刑の変更について、行為者に有利な限りでの事後法を認める）。

　さらに、A行為を処罰する刑罰法規がない場合に、Aと何らかの共通性を持つB行為を処罰する刑罰法規があるからといって、Bについての刑罰法規を準用（類推適用）してAを処罰することは、刑法の予告機能を逸脱し国民の予測を裏切るものとして許されない（**類推解釈の禁止→第4章**）。医療業務従事者という点で医師との共通性があるからといって、患者の秘密を漏らした看護師を秘密漏示罪（134条）で処罰することは、許されない。もちろん、改正刑法草案317条1項のように、看護師を主体に取り込む形の立法論を展開することは当然に可能である。

　　●民事事件における類推解釈──私人間の紛争の適切な解決を目的とする民法（民事事件）では、類推解釈による事案の解決は当然視されている。民事裁判では、具体的な紛争における最も妥当な解決を導くにはどうすべきかという観点（裁判所が考える社会的正義の実現としての結論の妥当性）が重視されるため、法の不存在や不備を理由に紛争を放置することは許されず、厳格な文言解釈から妥当な結論が導けない場合には、条文解釈に柔軟性が求められることもある。民事事件における社会的正義の実現のために、日常的な意味を超える条文を準用（類推適用）すべき場合もあるし、慣習や条理で解決すべき場合もある。

民法における類推解釈の典型例は、民法 94 条 2 項を準用して不動産取引の安全を図ったものであるが（最判昭 29・8・20 民集 8 巻 8 号 1505 頁）、ここでは、身近で内容の分かりやすい家庭裁判所の審判例を紹介する。それは、内縁関係の一方が死亡した事案で、民法 768 条 1 項を準用して財産分与を認めたものである（大阪家審昭 58・3・23 家月 36 巻 6 号 51 頁）。民法 768 条 1 項は、法律婚（婚姻届が受理された婚姻）を前提として、協議離婚による婚姻解消の場合に財産分与の請求ができることを規定している。それは、婚姻届をしていない内縁関係（事実婚）は予定していないし、死亡による婚姻解消も予定していない。そうした条文との関係で、協議による内縁関係の解消については、768 条の準用によって財産分与請求を認めることが実務上確立していた。大阪家裁は、財産分与の本質を夫婦共有財産の清算と見る立場を前提に、こうした実務をさらに進めて、「協議『離婚』による『婚姻関係』の解消」を明示する 768 条 1 項を「『死亡』による『内縁関係』の解消」の場合に準用し、死亡した相手方の相続人に対する財産分与請求を認めたのである。
　　他方、遺産相続については、内縁関係にしかない者は「配偶者」としての法定相続人（民 890 条）にはなれないし、実務も条文通りに運用されている。この場面では、法律婚だけが保護に値する婚姻と考えられており、そのような運用で不都合がないと考えられているのである。ただ、内縁関係にも法定相続と同じ効果を認めることが適切だと裁判所が考えるようになった場合には、内縁関係に 890 条を準用する可能性は否定されない。

　刑法においては、罪刑法定主義の原則から類推解釈が禁じられ、類似条文の類推適用（準用）による事案の解決が禁じられる。このことに異論はない。しかし、罪刑法定主義を前提としても、刑法学説の多くは、刑法における類推解釈を一律に否定すべきものとまではしていない。類推解釈の禁止を、不意打ち的な処罰（被告人に不利益に機能する場面）だけを回避するものと考えれば、類推解釈による処罰の否定（被告人に有利に機能する場面）は許されると考えることができるからである。そのような例として、犯罪の実行に着手する前の段階の行為を犯罪化している予備・陰謀罪について、実行の着手を前提とする中止未遂規定（43 条ただし書）の準用（予備・陰謀の中止→267 頁）や、飼犬などが発生させた危難に対する反撃に、自然人の違法行為の存在を要件とする正当防衛規定（36 条）を準用する場合（対物防衛→189 頁）、などが一般に認められている。
　慣習刑法の禁止、事後法の禁止、類推解釈の禁止は、法律主義から当然に（直接的に）導かれる諸原則として、近代刑法が当初から強調していたものである。これらの諸原則をまとめて、**罪刑法定主義の古典的内容**という。

第2章●罪刑法定主義　17

■罪刑法定主義の現代的内容

　今日一般に認められている罪刑法定主義の内容は、すでに見た古典的な内容にとどまらず、より積極的な役割をもつものになっている。まず、国民の予測可能性をよりたしかなものとするために、刑罰法規は、どのような行為が犯罪であるのかが国民の誰の目からも容易に理解できるよう、できるだけ具体的で明確に規定されていなければならない（**明確性の原則**）。「社会にとって有害な行為」というような抽象的で曖昧な内容の犯罪を規定することは許されず、「人を殺した」（殺人罪）、「他人の財物を窃取した」（窃盗罪）などの具体的な規定方法が要求されるのである。また、不意打ち的な処罰を防ぐためには、何が犯罪であるかだけでなく、個々の犯罪について、行為者がどのように処罰されるかも明らかでなければならない。明確性の原則からは、個々の犯罪に対する刑罰の種類（刑種）と程度（刑量）が予告されているべきことが要請され、刑種と刑量またはそのいずれかが予測できないような規定方法は許されないのである（**絶対的不定刑・絶対的不定期刑の禁止**）。

> ●絶対的不定刑と絶対的不定期刑──絶対的不定刑とは、行為が処罰されることを規定しながら、それに対する刑種と刑量をともに規定しないか、刑種だけを規定して刑量を規定せずに、具体的な刑罰の決定を裁判官の裁量に委ねる場合をいう。絶対的不定期刑とは、刑種と刑量を法定刑として明示しながら、具体的な刑量の決定を行政機関に委ねる場合をいう。いずれの場合も、国民は、どのような内容の処罰を受けるのかが予測できず、不意打ち的な処罰の危険にさらされる。刑罰は、刑種と刑量を明示した法定刑にもとづいて、裁判官が刑種と刑量を確定して言い渡さなければならない。他方、刑事政策的な根拠から長期と短期を定めて言い渡す相対的不定期刑（少年52条）は、その範囲が不当に広いものでない限りで許される（なお、改正刑法草案59条参照）。

　さらに、国家の刑罰権に対する国民の権利と自由をより積極的に保障するために、刑罰法規の内容そのものが、人権を害することのない適正なものでなければならないとされる。これを、**刑罰法規適正の原則**（適正処罰の原則または**実体的デュー・プロセスの理論**）という。この原則からは、犯罪者といえども残虐な刑罰を科してはならないこと（**残虐な刑罰の禁止**）、犯罪とそれに対する刑罰がつり合うべきこと（**罪刑の均衡と差別的な刑罰の禁止**）とともに、処罰に値しない行為（非当罰的行為）の犯罪化をひかえるべきこと（適正な犯罪

化)という、具体的な制約が導かれる。耳そぎなどの身体刑(→389頁)で犯罪者を処罰することや、窃盗罪に死刑を規定すること、不倫を犯罪として処罰することは、形式的には法律主義に反しないとしても、実質的な人権保障という観点から許されないのである。

明確性の原則と刑罰法規適正の原則は、法律主義の背後にある人権保護の考え方を実質化することによって導かれるものであり、**罪刑法定主義の現代的内容**ということができる。

●**実体的デュー・プロセス**——刑罰法規適正の原則は、アメリカなどの動きを意識して、実体的デュー・プロセスの理論と呼ばれることがある。英米法(コモン・ロー)系に属するアメリカでは、刑事裁判の適正手続(デュー・プロセス)の確立を通じて人権の保障を図ってきた。それは、イギリスのマグナ・カルタ(1215年)から出発して、フィラデルフィア宣言(1776年)などを経て、合衆国憲法に実現されたといわれる。こうした観点がさらに徹底され、適正手続の確立だけにとどまらず、実体法(刑罰法規)の内容の適正が求められるようになっている。

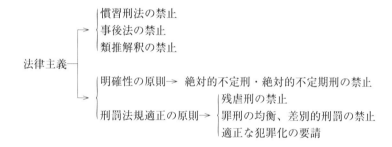

2 わが国の刑法と罪刑法定主義

■**何が問われているのか**━━━━━━━━━━━━━━━━━━━━■

罪刑法定主義は、歴史的には、全体主義国家や独裁国家において否定されたことがあり(1926年のソビエト刑法、ナチス時代の1935年ドイツ改正刑法)、比較的最近まで、特殊な政治体制の国家にはこれを認めないものもあった(1979年の中華人民共和国刑法。その後、1997年の改正で、罪刑法定主義を採用

した)。しかし、世界的には、1948 年の世界人権宣言に明記され、1976 年発効の国際人権規約 B 規約(わが国は 1979 年に批准している)で再確認されているように、すでに否定しえない刑法上の基本原理として広く承認されている。わが国も、基本法である憲法に法律主義および適正処罰の原則(憲 31 条)、残虐な刑罰の禁止(憲 36 条)、事後法の禁止(憲 39 条前段)を規定し、罪刑法定主義の原則を採用している(改正刑法草案 1 条は、一般的な宣言の規定化を提案していた)。

しかし、罪刑法定主義は、それが一般原則として承認されていれば充分だというものではない。国民の権利と自由を守るためには、その内容が個々の刑罰法規に実現されたうえで、運用上も保障されなければ意味がないからである。したがって、わが国が罪刑法定主義を尊重しているかどうかは、憲法の規定の存在を前提としたうえで、個々の刑罰法規の解釈・運用との関連で具体的に検証される必要がある。

■特別刑法における過失犯──────────────────

──ケース 1(規定のない過失犯処罰?)■

古物営業法は、古物商が買い受けた品物を帳簿に記録しなかった場合を処罰するが(16 条、33 条 2 号)、過失犯処罰は特に規定していない。買い取った品物の記録を不注意で行わなかった甲は、16 条違反の過失犯として起訴されたが、過失犯処罰を明示していない条文で処罰することはできるだろうか。

刑法は、**故意犯の処罰**を原則とし、過失犯を処罰するには、その趣旨を明示した「特別の規定」を置かなければならない(38 条 1 項ただし書)。このことは、古物営業法のような特別刑法にも妥当する(8 条参照)。ところが、特別刑法の多くにおいて、わが国は、過失犯の処罰を明示する規定がない**ケース 1** のような場合にも、過失犯としての処罰を広く認めてきた。このような過失犯処罰は、38 条 1 項との関係で、「法律なければ犯罪なし」という法律主義に反しないのだろうか。

●**刑法と特別刑法**──刑法とは、犯罪と刑罰について規定する法の総称であり、六法全書

に「刑法」(明治40年法律第45号)として収録されている刑法典(一般刑法または普通刑法ともいう)と特別刑法とに区別される。特別刑法は、さらに、刑法典の付属的・補充的性格をもつ狭義の特別刑法と行政上の取締目的のための行政刑法(行政取締法規)に区別される。ただ、特別刑法の数が非常に多く、その対象範囲も拡大している今日、狭義の特別刑法と行政刑法を明確に区別することは困難であり、実益にも乏しい。

学説のなかには、このような過失犯処罰は罪刑法定主義(法律主義)に反して許されないとするものもある(木村・79頁)。他方、古い判例の一部は、行政取締目的を確実に達成するには故意犯と過失犯を区別することなく同等に処罰するのが合理的であるとし、特別規定を置かずに過失犯を処罰することも当然に許されるとしていた(大判大2・11・5刑録19輯1121頁)。こうした考え方は、行政取締目的の達成が法律主義に優先することを率直に認めるものである。しかし、行政上の取締目的の重要性をいかに強調したとしても、そのことから人権保障原理としての罪刑法定主義に対する優越性を導き出せるわけではない。法律主義は、当罰性の高さを前提としたうえで、犯罪と刑罰を成文法に明示しなければならないとする形式的原理だからである。また、自然犯と比べて、当該行為の犯罪性を認識する契機に乏しい行政取締法規においては、法律主義の要請がより強く働くとさえ言えよう。特別刑法における過失犯処罰が特別規定では当然に認められるとするのは、やはり、法律主義に反すると言わざるをえない。

その後の判例は、問題となっている刑罰法規を具体的に検討したうえで、そこから故意犯処罰とともに過失犯処罰の趣旨が明らかに読み取れる場合に限って、その刑罰法規で過失犯を処罰することが許されるとするアプローチを採るようになった。この考え方は、直接的には故意犯処罰だけを明示する刑罰法規が過失犯処罰の趣旨をも含んでいる場合には、故意犯と過失犯がそこに一緒に規定されており、黙示的な特別規定が存在するから法律主義に反しないとするものである。最高裁も、**ケース1**(最判昭37・5・4刑集16巻5号510頁)をはじめ、多くの事案でこのような考え方を採っている(土本武司・百選I(3版)108頁以下参照)。たしかに、故意犯処罰と過失犯処罰の趣旨が明らかな刑罰法規においては、過失犯処罰についての予告機能は実質的に実現されており、国民の予測可能性が害されることはないとも言える(川

﨑一夫・百選 I（6 版）101 頁）。しかし、故意犯と過失犯が同一条文に同一の法的効果（法定刑）をもって規定されるというのは異例であり（刑法典には例がない）、解釈論としても説得的でない（本間一也・百選 I（5 版）99 頁）。また、過失犯処罰を明示する特別規定を置くことは、立法技術的に容易なだけでなく、国民の行動予測との関係でも明快である。最近では、道路交通法などにこの種の特別規定が置かれるようになってきているが、妥当な立法態度として評価することができる（松原芳博・百選 I（4 版）107 頁）。

■条例への罰則の委任

■ケース 2（福岡県青少年保護育成条例違反事件）■

甲は、相手が 18 歳未満（青少年）であることを知りながら、金を与えて 16 歳の A 女と性交し、当時の福岡県青少年保護育成条例違反で起訴された。同条例 10 条 1 項は、「何人も、青少年に対し、淫行又はわいせつの行為をしてはならない」と規定し、16 条 1 項は、その違反を「2 年以下の懲役又は 10 万円以下の罰金に処する」としていた。このような内容の条例で甲を処罰することに問題はないのだろうか。

国民主権を前提とする法律主義によれば、犯罪と刑罰は、国会が制定した「法律」に明示されていなければならない。しかし、きわめて複雑化した今日の社会生活に適切に対応するためには、刑罰法規のすべてを法律で規定することは不可能に近いし、現実的でもない。そこで、憲法 73 条 6 号ただし書は、法律が具体的・個別的に委任している場合に限って、罰則（刑罰法規）の制定を政令に委ねることができるとし、法律主義に一定の修正を認めた（**特定委任**。その限界につき、最大判昭 49・11・6 刑集 28 巻 9 号 393 頁〔猿払事件〕参照）。さらに、憲法 94 条は地方公共団体に条例制定権を認め、それをうけた地方自治法 14 条 3 項は、条例に一定範囲の刑罰を定めることを包括的に委任している（**包括的委任**）。ケース 2 の福岡県条例も、こうした包括的委任にもとづいて罰則を規定したものであつた。

憲法 73 条 6 号ただし書が特定委任のある場合に「限って」法律主義の修

正を認め、憲法 94 条も条例における罰則制定権を直接的に認めているわけではないことからすれば、地方自治法の包括的委任によって条例に罰則を設けることは憲法の趣旨に反するのではないかという疑問が生じる。しかし、法律主義を定める憲法 31 条は、犯罪と刑罰のすべてを法律そのものに規定しなければならないとするものではない。刑罰法規の創設が法律に根拠づけられているのであれば、法律の委任にもとづいて下位の法令で罰則を定めることも、法律の定める手続によるものであり、法律主義の要請を満たすものだと言うことができる。また、条例は、公選の議員からなる地方公共団体の議会で制定される自治立法であり、行政機関の制定する命令などと異なり、国民の公選した議員からなる国会で制定される法律に類似した性質をもっている(最大判昭 37・5・30 刑集 16 巻 5 号 577 頁参照)。この点では、包括的委任にもとづく条例の罰則は、特定委任にもとづく政令の罰則以上に法律主義になじむものとすら言えよう。**ケース 2** においても、法律主義との抵触は特に問題にならない。

■明確な規定？

　条例が法律に似た性質をもつにしても、地方公共団体の議会は、立法能力において、国会よりも明らかに劣っている。このため、条例における罰則には、刑罰法規の明確性ないしは内容の適正の点で問題のあるものが少なくない。条例に罰則を委任することの問題性は、特にこれらの点に現れる。**ケース 2** も、広く性行為一般を含みうる「淫行」という文言を使った規定が明確なものであるかどうかが争われるものである。

　不明確な刑罰法規は、憲法 31 条のもとで無効であるとされる(「**不明確の故に無効」の理論**)。不明確な刑罰法規は、裁判官による多様な解釈を容認せざるをえない事態を招き、罪刑法定主義の基本理念(国会立法の原則)に反するからである。ただ、わが国の最高裁は、「不明確の故に無効」の理論を一般論としては承認しながら、現在までのところ、その適用によって刑罰法規を違憲・無効としたことはない(佐伯仁志・百選 I（7 版）7 頁)。

　刑罰法規の明確性については、具体的な事件で起訴された行為者の行為が

禁止されていることさえ明らかにできるのであれば、一般的な形で禁止の範囲が明確に限定できなくてもかまわないと考えることもできる。それによれば、一般人にとっては淫行という言葉が曖昧でその限界が明らかでないとしても、金の力によって16歳の少女と性交した甲にとっては、自己の行為が青少年の健全な育成を害する性交渉であることは明らかであったのだから、明確な刑罰法規であったとされることになる。最高裁も、このような観点から明確性を判断したことがある（旧所得税法の規定に関する最大判昭47・11・22刑集26巻9号554頁〔川崎民商事件〕参照）。しかし、明確性を具体的な事件（行為者）との関係だけで判断するのは、刑罰法規の予告機能が国民一般に保障されていなければならないことを軽視するものである。そうした判断方法によれば、どのような内容の刑罰法規であっても、事後的には明確であったとされかねない。そこで、最高裁大法廷は、「交通秩序を維持すること」の明確性が争われた徳島市公安条例違反事件判決（最大判昭50・9・10刑集29巻8号489頁）で従来の態度を改め、通常の判断能力を有する一般人の理解を基準として判断すべきものした（竹内正・昭和50年度重判147頁、三井誠・百選I（2版）15頁、日髙義博「刑罰法規の明確性」新争点6頁以下、参照）。こうしたアプローチは、**ケース2**の判例をはじめ（最大判昭60・10・23刑集39巻6号413頁）、明確性の判断基準としてすでに確立したものとなっている（最決平10・7・10刑集52巻5号297頁等。井田・総論41頁以下）。

　では、「淫行」という言葉は、実際に、通常人の理解からその範囲を明確にすることができるだろうか。大法廷は、青少年の健全育成を目的とする条例の趣旨から、淫行とは、「広く青少年に対する性行為一般をいうものと解すべきではなく、青少年を誘惑し、威迫し、欺罔し又は困惑させる等その心身の未成熟に乗じた不当な手段により行う性交又は性交類似行為のほか、青少年を単に自己の性的欲望を満足させるための対象として扱っているとしか認められないような性交又は性交類似行為」におのずから限定できるはずだとした（前掲最大判昭60・10・23）。たしかに、解釈によって言葉の意味を合理的な範囲に限定できるのであれば、刑罰法規の内容も相対的に明らかなものになる。しかし、言葉の意味を合理的な範囲に限定するように解釈するこ

と(**合憲的限定解釈**)は、通常人にとって決して容易なものではないし、裁判所の解釈と国民一般の解釈が常に同じになるわけでもない。事実、**ケース2**では、裁判官の間でさえ解釈が分かれたのである。「淫行」という言葉は、通常の理解力をもった一般人との関係では、やはり不明確なものであると思われる(米沢広一・昭和60年度重判10頁、芝原邦爾・百選Ⅰ(5版)7頁参照。他方、萩原滋・百選Ⅰ(6版)7頁は、一般人の理解に適うとする)。もっとも、現行の児童福祉法は、児童に「淫行」させる行為の処罰規定を置いている(児福34条1項6号・60条1項)。最高裁による限定解釈が示された現在では、「淫行」概念は明確化されたと考えるべきだろうか。

> ●**ケース2のA女の扱い──ケース2**において、甲の性交の相手方となったA女は、条例の罰則との関係では明らかに被害者である。しかし、未成年者(少年)の健全育成を目的とする少年法との関係では(少年1条)、A女の行為が虞犯(少年3条1項3号)と評価される限りで、A女は少年法の対象となる。少年法は、20歳未満の者の犯罪(犯罪少年)については、刑法・刑事訴訟法に対する特別法として優先的に適用される(少年40条参照)。また、刑法・刑事訴訟法の対象になりえない触法少年(14歳未満の者による刑罰法令違反)と虞犯少年については、刑法・刑事訴訟法の基礎となる侵害原理とは異なり、保護原理(パターナリズム)にもとづく法的介入が認められる。少年法は、少年(20歳未満)による犯罪・触法・虞犯を「非行」と総称し、健全育成を目的とする「処遇」の対象としているのである(丸山雅夫『少年法講義〔第3版〕』〔2016年〕88頁以下参照)。

❸ まとめ

わが国は、罪刑法定主義を刑法上の基本原理として一般的に承認している。他方、わが国の裁判所は、これまで、罪刑法定主義違反が疑われるような刑罰法規についても解釈による救済を広く認め、罪刑法定主義違反を「直接的な理由」として刑罰法規の効力を「明示的に否定」したことはない。例外的に、火炎びんの使用に爆発物取締罰則1条の適用を否定した最大判昭31・6・27刑集10巻6号921頁や、一過性の事故に公害犯罪処罰法3条の適用を否定した最判昭62・9・22刑集41巻6号255頁(江藤孝・昭和62年度重判168頁以下)、最判昭63・10・27刑集42巻8号1109頁(板倉宏・昭和63年度重判159頁以下)は、実質的には、類推解釈による処罰を否定したものと見ることもできる。こうした消極的な裁判所の対応の背景には、法的安定性

への配慮があるのかもしれない。また、制定された刑罰法規については、罪刑法定主義に合致しているという事実上の推定が働いていることも否定できない(浅田和茂・百選Ⅰ(7版)4頁以下)。さらに、可能な限りの具体的妥当性を考慮した柔軟な解釈については、「日本的規範意識の結実した」ものとして肯定的に評価する立場もある(前田・総論66頁)。

　しかし、明確性が問題になった**ケース2**などに見られるように、解釈による救済も万能なわけではなく、明らかに限界がある。したがって、罪刑法定主義の内容を確実に実現するには、立法機関にこそ積極的な役割が期待されていると言えよう。この意味で、特別刑法に過失犯処罰を明示する特別規定を置く最近の立法傾向は、法律主義の徹底という観点から評価できる。また、刑法の口語化にともなって尊属殺人罪(旧200条)をはじめとする一連の尊属加重規定を削除したことは(1995年改正)、差別的な刑罰の問題を解消したものとして、高く評価できる。

　今後は、さらに、「生計の途がないのに、働く能力がありながら職業に就く意思を有せず、且つ、一定の住居を持たない者で諸方をうろついたもの」を処罰する軽犯罪法1条4号のような、それ自体の当罰性が疑わしい行為の非犯罪化が積極的に進められるべきである。また、堕胎罪(212条以下)のような、事実上ほとんど機能していない犯罪類型についても、非犯罪化を考える余地は充分にある(曽根・重点課題16頁以下〔松原芳博〕は、近時の積極的な立法動向を強く批判している)。

［丸山雅夫］

第3章 責任主義

1 責任がなければ刑罰はない

■責任主義の意義

　刑法の条文に規定されている結果が発生し(構成要件該当性の肯定)、それが社会的に許されないものであった(違法性の肯定)場合には、必ず犯罪が成立するのだろうか。ギリシャ時代などにおいては、客観的に悪い結果(法益侵害)が生じた以上は、行為者の内心と関わりなく、犯罪の成立を認めて刑罰を科すという**結果責任**(客観的責任)の考え方が支配していたと言われる。しかし、行為者の内心と結びつかない結果責任にもとづく処罰は、法益侵害に対する単なる反作用(反動)にすぎず、行為者に対して規範的に働きかける(「悪いこと」を「悪い」と認識させ、「悪いこと」から自己を遠ざける)ものにはなりえない。このような刑罰権の行使は、無目的で盲目的なものでしかない。

　近代刑法は、こうした無目的な刑罰権の行使を否定し、刑罰を科すことによって行為者の規範意識を目覚めさせ、それによって犯罪の予防を目ざすべきであると考えた。近代刑法は、刑罰によって適法行為へと自分自身を動機づける心理状態の存在を要求して、行為者を規範的に非難できる(非難可能な)場合でなければ、犯罪そのものが成立しないとしたのである。このような意味での**非難可能性**を**責任**(有責性)と言い、社会的に許されない結果(行為)であっても行為者の責任を問えない(非難可能性が存在しない)場合には犯罪が成立しないとする考え方を、帰責における責任主義(**狭義の責任主義**)と言う。一般に「責任主義」と言う場合には、狭義の責任主義のことを意味し、「**責任なければ刑罰なし**」という標語で表される。狭義の責任主義は、**厳格**

責任のような例外はあるものの、罪刑法定主義と並ぶ近代刑法の基本原理として、広く一般に承認されている。わが国の刑法も、行為者の悪しき内心（故意または例外的に過失）にもとづかない行為を処罰しないことを明示するとともに（38条1項）、規範的な非難の前提となる責任能力を欠く行為者の行為を処罰しないものとしている（39条1項、41条）。犯罪の成立が構成要件該当性判断、違法性判断を経て責任判断へと進むのも（三分体系）、単に思考経済的な観点だけでなく、狭義の責任主義を重視しているからである。

　さらに、最近は、「責任なければ刑罰なし」という原則に加えて、「刑罰は責任の量に比例しなければならない」という内容（刑の量定基準に関する原則）を重視しようとする考え方が強くなっている。これを量刑における責任主義といい、帰責における責任主義とあわせて広義の責任主義と言う。改正刑法草案48条1項が「刑は、犯人の責任に応じて量定しなければならない」とするのは、量刑における責任主義の明文化を提案したものである。

> ●厳格責任——英米法には、行政取締法規上の犯罪について、一般予防の観点から、行為者の故意・過失（内心のあり方）を問題にしないで処罰する厳格責任という概念が残されている。また、英米法には、行為者の意図の認定に際して、実際の意図の存否ではなく、客観的な基準によって意図の存在を判断（擬制）する客観的責任という観念もある。わが国でも、客観的責任の考え方による故意・過失の客観化が提案されたことがあるが（藤木英雄「故意」法セ269号〔1977年〕98頁）、責任主義に反するものとして否定されている。

■責任があれば処罰される？

　「責任なければ刑罰なし」という考え方は、責任の不存在が刑罰権の行使を妨げるとするものである。それは、刑罰権の行使を限定する消極的機能を責任に求める考え方と言ってよい。刑罰を限定する機能が責任主義の内容であることは、今日、全く異論なしに認められている。他方、こうした消極的機能を越えて、刑罰権行使の根拠という積極的機能を責任に求めることも不可能ではない。それによれば、「責任あるところには常に刑罰あり」という結論が導かれる。責任主義の内容は、理論的には、消極的機能だけに限定すること（**消極的責任主義**）もできるし、積極的機能に求めること（**積極的責任主義**）もできるのである（平野Ⅰ・52頁以下参照）。

　しかし、刑罰権行使の根拠か限定原理かという択一的な観点から責任主義

を考えるのは、適切でない。責任は、刑罰権の行使を根拠づけると同時に、刑罰を限定する機能を有しているものだからである。ここから、刑罰権の根拠づけ機能だけを強調する積極的責任主義の考え方は、否定されることになる。わが国の現行法も、執行猶予制度（25条以下）や起訴裁量主義（刑訴248条）の採用などに見られるように、積極的責任主義の考え方を前提にしてはいない。他方、消極的責任主義という考え方も、刑罰権の限定機能だけを主張するのであれば、不正確なものと言わなければならない。「責任なければ刑罰なし」という責任主義は、責任の存在が刑罰権の根拠となることを前提としたうえで、責任の不存在が刑罰権の行使を妨げることを内容とする原則として理解すべきだからである。執行猶予制度などは、刑法の謙抑性の具体化だとされるが、責任主義からの当然の帰結でもある。

●**執行猶予制度**──執行猶予とは、有罪判決において刑を言い渡した場合、情状によってその執行を一定期間見合わせ、猶予を取り消されずにその期間を経過したときに、刑の言い渡しの効力を失わせる（刑の言い渡しを受けなかったものとする）というものである（27条）。その目的は、科刑によるマイナス面（犯罪性の深化など）を避けるとともに、執行猶予期間中に新たな犯罪を行った場合や遵守すべき条件に違反した場合に刑が執行されるという心理的強制によって、行為者自身の自覚にもとづく改善更生を図ることにある。これは、刑罰の応報的効果を維持した特別予防と言うことができる。

なお、2013年の刑法改正により（平25法49）、薬物犯罪者等の積極的な再社会化を目的とした「刑の一部執行猶予制度」（27条の2）が新設され、2016年から施行されている。これは、一般の執行猶予制度に比べて、特別予防の観点を特に強調したものである。

●**起訴裁量主義**──わが国では、刑事事件として裁判所の判断を求める申立（公訴提起）ができるのは、検察官に限られており（刑訴247条〔国家訴追主義〕）、私人による起訴（私訴）は認められていない。また、公訴提起は検察官の裁量に属し、犯人の性格や年齢、犯罪の軽重といった諸事情から訴追の必要がないと判断される場合に、検察官は公訴を提起しないことができる。このような制度を起訴裁量主義（起訴便宜主義）と言い、犯罪の疑いがあって有罪の蓋然性がある限りは必ず公訴を提起しなければならない制度（起訴法定主義）と対照的である。

■責任主義の内容

行為者の責任を肯定するには、構成要件に該当する違法な結果が惹起されたという客観的事実が存在するだけでなく、責任能力および責任要素としての故意（過失）などが行為者に存在していなければならない。犯罪の成立には、犯罪事実と行為者の内心（主観）との結びつきが要求されるのである。これを、

主観的責任の原則という。なお、主観的責任の原則のうち、責任を肯定するためには故意（過失）の存在が必要であるという内容を、特に**意思責任の原則**として独立させ、結果責任に対比させるのが一般である。また、非難可能性としての責任は行為者の具体的な行為との関連で問題になることから、責任は行為の時点に存在しなければならないという原則（**同時存在の原則**）も責任主義から導かれる。

　非難可能性としての責任は、行為者の実行した行為を契機として、行為者本人についてだけ問題となる。このことから、責任主義は、**個人責任の原則**を当然の内容とすることになる。古くは、「血讐」に見られたように、血縁などの一定の人的関係を根拠に処罰する団体責任（縁坐や連坐）が認められた時代もあるが、今日ではそのような責任追及は完全に否定されている。団体責任のような印象を与える共犯も、個人責任を処罰根拠とする共働現象としてとらえなければならない。近代刑法を特徴づける個人主義の考え方は、責任主義にも当然に及んでいるのである。

```
                              ┌ 主観的責任の原則
                              │   ⇨ 結果責任の否定
            ┌ 帰責における責任主義 │ 個人責任の原則
            │ （狭義の責任主義）  │   ⇨ 団体責任の否定
  責任主義    │                 └ 行為と責任の同時存在の原則
  （広義）   │
            └ 量刑における責任主義
```

　主観的責任と個人責任というふたつの原則は、責任主義の内容として広く承認されており、この点についての争いはない。責任主義をめぐる議論は、その内容をどの程度徹底すべき（できる）かという点に集約される。具体的には、結果的加重犯における基本犯と重い結果との関係（主観的なつながりの要否）、代罰規定（転嫁罰規定）や両罰規定における事業主（業務主）処罰の根拠と内容、傷害罪における同時犯の特則（207 条）の適用範囲、38 条 1 項ただし書の「法律に特別の規定がある場合」の意味、違法性の意識（の可能性）を故意

30

または責任の要件とすべきか、といった論点として争われている。以下、典型的な論点のいくつかについて、責任主義の徹底という観点から検討していくことにする。

●**代罰規定、両罰規定**──代罰規定とは、未成年者飲酒禁止法旧 4 条 2 項に見られたように、自然人である従業者の違反行為について、事業主に処罰が転嫁されるもの(代位責任)を言う(現行 4 条は両罰規定になっている)。両罰規定とは、売春防止法 14 条に代表されるように、従業者の違反行為について、従業者本人のほか、その事業主である法人・自然人をも処罰するものを言う。また、労働基準法 121 条などは、従業者の違反行為について、従業者本人のほか、その事業主である法人・自然人とともに、法人の代表者や中間管理職をも処罰するもので、三罰規定と言われる。これらの例は刑法典には存在せず、特別刑法の規定に見られるが、大部分が両罰規定の形式になっている。

2 責任主義の徹底

■主観的責任の原則との調和

─────ケース１(結果的加重犯の成立要件)■

甲は、かねてから敵対関係にあったAを痛めつけてやろうと考え、約30分間にわたって殴る蹴るの暴行を加えた。Aが身動きしなくなったのに気づいて甲は暴行をやめたが、甲の意に反してAはすでに死亡していた。Aの死を認識していなかった甲に、傷害致死罪(205 条)は成立するだろうか。

結果的加重犯とは、一定の犯罪(基本犯)から重い結果(ほとんどの場合は死傷)が発生した場合に、基本犯の法定刑よりも大幅に加重された法定刑で処断される犯罪をいう(→第14章)。**ケース１**で問題になる傷害致死罪は、その典型である。結果的加重犯の成立について、わが国の判例は、一貫して、重い結果に対する行為者の主観的なつながりを不要とする立場(**過失不要説**)を採ってきた。この点で、主観的責任を内容とする責任主義との抵触が問題とされていた。

判例は、**ケース１**類似の事案について、「苟_{いやしく}も暴行を加ふる意思ありて暴行を加へ傷害又は致死の事実を生じたる以上は仮令_{かりに}傷害を加ふる意思なか

第3章●責任主義　31

りしとするも爰に傷害罪は成立し所謂結果犯〔＝結果的加重犯〕として罪責を負担する」としている（大判昭4・2・4刑集8巻41頁）。これは、傷害罪（204条）と傷害致死罪のいずれもが暴行罪（208条）の結果的加重犯であると解する立場を前提として、結果的加重犯の重い結果については主観的責任の原則が及ばないことを明示したものである。その根底には、基本犯（暴行罪）について主観的責任（故意）が認められる以上、責任主義は満たされており、あとは因果関係の問題にすぎないとする認識があるように思われる（最判昭32・2・26刑集11巻2号906頁等参照）。学説の一部にも、同様の考え方から、条件説による処罰範囲の拡大の可能性を相当性説（相当因果関係説）によって限定すれば足りるとするものがある（藤木・総論93頁、西原（上）・214頁）。

> ●条件説を前提とする過失不要説の判例──わが国の判例は、結果的加重犯の成立について、重い結果に対する行為者の過失を不要とするだけでなく、因果関係については条件説を前提としている。このため、結果的加重犯の成立範囲は、ほとんど限定されることがなくなると言われている。その典型は、被害者の隠れた病変が介在して重い結果が発生した傷害致死事案に見られる。たとえば、大判大14・12・23刑集4巻780頁（脳血管硬化症にもとづく脳出血による死亡）、最判昭22・11・14刑集1巻6頁（脆弱性骨質・肋膜の癒着にもとづく気胸の続発による心臓衰弱死）、最判昭25・3・31刑集4巻3号469頁（脳梅毒にもとづく脳組織の崩壊による死亡）、最判昭32・2・26刑集11巻2号906頁（心臓肥大・高度の肝臓脂肪変性にもとづくショック死）、最決昭32・3・14刑集11巻3号1075頁（脳底部動脈硬化症・脳血管の血圧上昇にもとづく蜘蛛膜下腔出血による死亡）、最決昭36・11・21刑集15巻10号1731頁（心臓肥大・心冠状動脈狭窄にもとづく心筋梗塞による死亡）、などの裁判例が指摘されている。

　たしかに、基本犯だけを問題にするならば、それとの関係では責任主義は満たされている。しかし、結果的加重犯は、基本犯と重い結果のふたつから構成されている特殊な犯罪類型であり、加重処罰の根拠も両者の密接なつながりにこそ求められる（丸山雅夫「結果的加重犯の加重根拠」基本講座2巻125頁以下参照）。基本犯との関係における責任主義の充足は、重い結果を含めた結果的加重犯全体における責任主義の充足と直結するものではない。「責任なければ刑罰なし」という原則を尊重する以上は、基本犯だけでなく重い結果との関係でも、行為者の主観的責任の存在を要求する方向が目ざされるべきである（内田浩・百選Ⅰ（6版）99頁）。ここから、通説は、結果的加重犯の成立に、重い結果の発生に対する行為者の過失を要求する（**過失説**）。

責任主義は、近代刑法の基本原理のひとつであり、できる限り徹底される
べきことに異論はない(本間一也・百選Ⅰ(7版)103頁)。その点で、過失説に
立つ通説のアプローチに基本的な正しさがある。他方、過失不要説の根底に
は、重い結果について行為者の過失を要求すると、結果的加重犯の成立範囲
が不当に狭まりはしないかという懸念があるように思われる。しかし、これ
までの裁判例で問題になった事案のほとんどは、過失説によっても結果的加
重犯の成立が問題なく認められるものであり、必ずしも過失説が不当な結論
を導くわけでもない。Aの死までは認識していない**ケース1**の甲についても、
30分間にわたって殴る蹴るの暴行を加え続ければ、Aが死ぬかもしれない
ことは当然に具体的に予見できる事態であり、過失説を前提にしても傷害致
死罪の成立は否定できない。

■個人責任の原則との調和

ケース2(両罰規定の意義)

　キャバレーPの支配人乙は、同店に大がかりな売春組織を作ってホステスら
に売春をさせていた事実により、売春防止法違反で起訴された。また、Pの経
営者甲は、乙の売春防止法違反行為について、同法14条の両罰規定により罰
金刑を言い渡された。乙の行為に全く関与していない甲を処罰する両罰規定は、
どのような処罰根拠にもとづくものだろうか。

　従業者の犯罪行為について事業主(業務主)・法人をも処罰する両罰規定は、
伝統的には経済統制法規をはじめとする行政取締法規に置かれてきたが、現
在では、売春防止法のような刑法的色彩の強い法律にも規定されることが多
くなっている。しかし、その処罰根拠は必ずしも明らかでなく、一種の団体
責任を認めるものではないかとの疑いが払拭されていない。大審院は、一貫
して、従業者の違反行為がある以上、事業主の故意・過失の有無にかかわら
ず事業主を処罰しうるという考え方(**無過失責任説**)を採っていた(大判昭16・
12・18刑集20巻709頁等)。しかし、無過失責任説は、個人責任のない事業
主について、従業者の犯罪に対する一種の連帯責任を認めるもので、責任主

義(個人責任の原則)に反すると言わざるをえない。このため、学説は、無過失責任説に立つ判例を厳しく批判し、両罰規定と責任主義とを調和させる方向を強く主張していた。そうした主張をまとめて**過失責任説**と呼ぶが、その内容は、事業主の過失を擬制した処罰とするもの(**過失擬制説**)、従業者に対する選任・監督上の過失の推定にもとづく処罰とするもの(**過失推定説**)、従業者に対する選任・監督上の過失の存在を根拠とした処罰とするもの(**純過失説**)、に分かれていた。

　第2次大戦後に、過失推定説が通説となり、立法に大きな影響を与えた。1947年制定の児童福祉法60条4項をはじめ、ただし書で、「法人又は人の代理人、使用人その他の従業者の当該違反行為を防止するため当該業務に対し相当の注意及び監督が尽されたときは、その法人又は人については、この限りでない」といった過失推定規定を設ける立法が増えていった。その後、過失推定説は最高裁にも受け入れられ、大法廷は、児童福祉法のような「ただし書」を持たない旧入場税法17条の3についても、「同条は……事業主として右行為者らの選任、監督その他違反行為を防止するために必要な注意を尽さなかった過失の存在を推定した規定と解すべく、したがって事業主において右に関する注意を尽したことの証明がなされない限り、事業主もまた刑責を免れ得ないとする法意と解する」と判示した(最大判昭32・11・27刑集11巻12号3113頁)。こうした立場は、**ケース2**の売春防止法14条の解釈(最判昭38・2・26刑集17巻1号15頁)や、外為法旧73条の解釈(最判昭40・3・26刑集19巻2号83頁)にも引き継がれ、確立されたものになった。

　このように、両罰規定は、現在では、事業主本人の責任(過失)を問題とする過失推定説によって責任主義との調和を達成している。他方、過失推定説は、事業主の過失の「存在」を検察官に証明させるものではなく、過失の「不存在」を事業主(被告人)に証明させるものとなるため(**挙証責任の転換**)、「疑わしきは被告人の利益に」の原則を前提とする刑事裁判制度との関係で、依然として不徹底なものを残している。この意味では、純過失説を前提とする立法形式こそが望ましい。しかし、純過失説の形式で規定されていた職業安定法(旧67条1項)も、現在では、売春防止法や外為法と同様の規定形式に

なっている(職安67条)。両罰規定の今後の課題は、純過失説によって責任主義を徹底できるか(村井敏邦・百選Ⅰ(4版)9頁)だけでなく、法人の刑事責任をいかに合理的に構成していくかにかかっているのである(西田典之・百選Ⅰ(6版)9頁)。

> ●**両罰規定の構成要件修正機能**——両罰規定は、「違反行為者の存在を前提として、自然人行為者と併せて、業務主としての法人の処罰が定められている〔もの〕」と定義されるように(山口・総論40頁)、自然人行為者の犯罪を媒介として、法人に処罰を拡張する機能を有する。しかし、法律のなかには、廃棄物処理法のように、禁止規範が法人に対してだけ規定され(12条)、自然人行為者を直接的に処罰する根拠規定がないにもかかわらず、両罰規定(32条)をもつものがある。このような場合にも、両罰規定の「行為者を処罰するほか」の文言を根拠として、法人に対する禁止規範を自然人行為者にも拡張し、法人の行為に対する犯罪構成要件を修正する形で自然人行為者を処罰する機能が認められている。このような構成要件修正(処罰拡張)機能は、罪刑法定主義および両罰規定の本来の趣旨からは望ましくないが、実務では広く定着しており(最決昭30・2・2刑集9巻2号157頁、最決昭55・10・31刑集34巻5号367頁、最決昭55・11・7刑集34巻6号381頁等)、学説もほぼ異論なく受け入れているところである(なお、佐藤文哉・昭和55年度最判解219頁以下参照)。

■個人責任の原則の例外

■————————ケース3(同時傷害の特則の及ぶ範囲)■

失恋直後で気が荒んでいた甲は、乙がAに暴行を加えている現場に偶然通りかかり、Aを痛めつけてうさ晴らしをしようと考え、乙との意思連絡なしにAに暴行を加えた。甲と乙の暴行の結果、Aはその場で死亡した。Aの死因は内臓破裂によるものと判明したが、甲と乙のいずれの暴行から生じたものかは特定できなかった。甲と乙の罪責はどのように判断されるか。

共同正犯(60条)の要件を充足しない場合にも共同正犯としての扱いを認める同時傷害の特則(207条)は、連帯責任を根拠とする処罰ではないかという疑問があり、責任主義との調和が問題になる。他方、共同正犯関係にない複数人による暴行においては、実務上、発生した傷害の原因となった暴行を特定(証明)することが困難な場合が多い。このような場合に責任主義を一貫すると、「疑わしきは被告人の利益に」の原則の適用によって、実際に傷害を生じさせた者を傷害罪で処罰できないばかりか、場合によっては、誰も傷害

罪で処罰できない事態すら生じかねない。そこで、207条は、推定規定(挙証責任の転換規定)を置くことで、このような不都合の回避(政策的目的の達成)と責任主義との調和を図った。こうした対応は責任主義との関係では不徹底なものであるが、学説は、理論的要請(責任主義の徹底)と政策的目的(証明の困難さの回避)を比較考量したうえで、例外的にこの特則を受け入れている。判例も、特例の及ぶ範囲が安易に拡張されることを回避するために、同一機会に行われた暴行に限って207条の適用を認める(大判昭12・9・10刑集16巻1251頁)。

　ケース3で、Aが傷害を負っただけであれば、当然に207条が適用され、甲と乙を傷害罪の共同正犯とみなして処断することに問題はない。問題は、甲と乙の特定できない暴行に起因する傷害からAが死亡した点にある。このような場合にも207条の適用が認められるのだろうか。最高裁は、ケース3のような致死事案についても、207条を適用し、甲と乙を傷害致死罪の共同正犯と同じように処断することを認める(最判昭26・9・20刑集5巻10号1937頁参照)。その理由は必ずしも明らかでないが、おそらく、傷害事案における証明の困難さは致死事案でも異ならないと考えるのであろう。その背景には、傷害致死罪の成立には基本犯と重い結果との間に因果関係があれば足りるという考え方(結果的加重犯における過失不要説)があるように思われる(ケース1参照)。こうした判例の結論は、一部の学説が支持するところでもある(藤木・各論202頁)。また、学説のなかには、それをさらに進めて、強盗致傷罪(240条前段)や強制性交等致傷罪(181条)についても207条の適用を認めるものさえ見られる(小暮編・44頁〔町野朔〕)。

　しかし、このような考え方は正しくないように思われる。前述したように、同時傷害の特則は、政策的目的と責任主義との妥協の産物であり、厳格な要件のもとに例外的に許されるものでしかない(西田・各論49頁)。したがって、それを207条が明示する「傷害した場合」を越える致死事案に拡張することは許されない。また、政策的目的との関係についても、死の結果を発生させるほどに強度な暴行であれば、傷害を惹起するにとどまった暴行と比べて、因果関係の証明はさほど困難でない場合も多いであろう。同時傷害の特則を

致死事案に拡張して適用することは、近代刑法の大原則である責任主義を形骸化してしまいかねないし、結果的加重犯と責任主義の調和という観点からも許容できない(伊藤渉ほか『アクチュアル刑法各論』〔2007 年〕47 頁〔島田聡一郎〕)。ましてや、基本犯の共犯関係にない強盗致傷罪や強制性交等致傷罪に 207 条の適用を認めることはできない(さらに、平野龍一『刑法概説』〔1977 年〕170 頁、林・各論 55 頁以下)。**ケース 3** において、甲と乙のどちらの暴行が死を惹起したのかが特定できない以上は、内臓破裂という傷害結果についてだけ 207 条が適用され、甲と乙は傷害罪の限度で共同正犯とみなされて処断されるにとどまる。

❸ まとめ

「責任なければ刑罰なし」という考え方を一般論として承認するわが国においても、それをどの程度まで徹底すべきかという点は、依然として解釈論上の問題として争われている。ただ、それらのいくつかについては、立法による解決を考えることができる。たとえば、改正刑法草案 48 条 1 項の量刑における責任主義の採用の提案は、その典型例である。また、改正刑法草案22 条は、結果的加重犯の成立要件として、結果の「予見可能性」の存在を要求している。これは、一般に相当因果関係説における客観的予見可能性を要求するものと理解されており、その意味で不徹底であるとの指摘も多いが、ひとつの過渡的な方向としては妥当なものと思われる。他方、ドイツ刑法は、結果的加重犯の成立要件として行為者の主観そのもの(少なくとも過失)を要求し(1953 年改正で新設された旧 56 条)、その態度は現行 18 条にも受け継がれている。立法によって責任主義を徹底するという対応は、解釈によって責任主義との調和を達成しようとしているわが国にとって、ただちに採用することは困難であるにしても、重要な示唆を与えてくれるものである。

[丸山雅夫]

第4章 刑法の解釈

1 刑法解釈の基準と刑法解釈の限界

■刑法の解釈と適用

　刑罰法規を現実に起こった事件に適用するためには、それに先立って法規のもつ意味を明らかにする必要がある。言葉または文章の意味内容を理解し、はっきりさせることを**解釈**というが、法を適用するためにはまず法を解釈しなければならないのである。われわれの用いる言葉や文章は、その意味がしばしば曖昧であり、不明確で、多義的でさえある（この点につき、碧海純一『新版法哲学概論〔全訂第2版補正版〕』〔弘文堂、2000年〕121頁以下が参考になる）。法律の規定についても、解釈によってその意味をはっきりさせるまでは、事実に適用することができるのかどうか迷うような事例が必ず出てくる。

> ●**法適用のプロセス**——法律家の仕事は、法を適用することにより事件を解決することである。それでは**法の適用**とは何か。その過程は、これを次の3つに分解することができる。すなわち、①**法の解釈**、②**事実の認定**、③**あてはめ**である。法の解釈は、法律の規定の存在を前提とし、その意味内容の理解を通じて、事件の解決基準となる具体的ルール（規範命題）を明らかにすることをいう。事実の認定とは、証拠により法律の規定（またはそれを具体化した規範命題）が予定する事実を確認することをいう。あてはめとは、認定された事実が、法規（またはそれを具体化した規範命題）の適用範囲に含まれる一事実であることを確認することをいう。法の解釈とは、認定事実に向けて法の内容を具体化することであり、事実認定においては、法規（規範命題）を適用できるように事実を認定しなければならない。このように、法適用のプロセスにおいては、**法規（規範命題）と事実**との間で**不断の「視線の往復」**が行われる。

■解釈方法の形式的分類

　刑法の解釈とは、刑罰法規を事件に適用する前提として、法規のもつ意味

内容を理解し明確にすることをいう。解釈の種類としては、まず、①言葉や文章の日常的なふつうの意味(すなわち、国語辞典にのっているような意味)にしたがって解釈する**文理解釈**、②日常的な意味よりも少し広げて解釈する**拡張解釈**、逆に、③日常的な意味よりも狭く解釈する**縮小解釈**がある。

　たとえば、川に古い木の橋がかかっており、あまり重いものを通すと危険であるところから「馬を渡らせてはならない」という立て札が立っていたとしよう。「馬」という言葉を少し広げて「ロバ」も入ると解釈すれば拡張解釈であり、同じ馬でも「小馬」は入らないと読むならばそれは縮小解釈ということになる。

　解釈の種類としては、これ以外にも、④規定の文言をいくら拡張しても入らない場合、すなわち、その事件について直接に適用できる規定がない場合に、類似した事例に適用される規定を用いて同じ結論に到達する**類推解釈**がある。類推解釈とは反対に、⑤ＡとＢという類似の事実のうち、法律にはＡについてしか規定がない場合に、Ｂという事実についてはＡと逆の結論を引き出すことを**反対解釈**という。先の例で、「馬」と書いてあるところを「牛」にも適用するとすれば、それは類推解釈であり、「馬」と書いてある以上、「牛」については別であり、橋を渡らせてもかまわないという結論を出すとすれば反対解釈ということになる。

■解釈選択の実質的基準

　以上のような解釈の分類は、言葉や文章がふつうに意味するところよりも広げるか狭めるか、類似の事実にもあてはめるか、逆に反対の結論を出すかという**形式的観点からする分類**である。しかし、これだけでは、いつ拡張解釈し、いつ縮小解釈すべきなのか、どのような場合に類推解釈を選び、反対解釈を行うべきなのかが明らかにならない。法の解釈にあたっては、**解釈の選択に至るための実質的な基準ないし手がかり**が必要となる。前述の解釈の種類は、一定の基準にしたがって選択した結果として、どのような解釈がありうるかを示したものであるが、ここで問題にしたいのは、どの解釈を選択するかを決定するための実質的な基準である。

●解釈選択のための実質的基準の必要性——ドイツの著名な法哲学者であり刑法学者であったグスタフ・ラートブルフ（1878-1949）は、その法学入門の教科書のなかで、次のように述べている。「待合室に……次のような掲示がしてあった。『犬の入室を禁ず』。……熊使いがあらわれて、さて彼の毛深い伴侶を入れてよいものかと迷った。彼は犬について言えることは熊にもあてはまるに違いないと考えた。もし彼が法学者だったら……この結論を……類推によって得たと主張したであろう。……しかし、なぜ彼は反対解釈によらずに特に類推を用いたのであろうか。……言うまでもなく……（反対解釈が）不合理な結果にみちびくからにほかならない。ゆえに解釈はその結果の結果である」（碧海純一訳『法学入門』〔東京大学出版会、1975 年〕182 頁）。

ラートブルフが出している事例では、類推解釈を用いるか、それとも反対解釈を用いるかが問題となる。そして、ここでは、解釈の選択のための実質的基準が必要となるのである。**結論の妥当性を確保**するという選択基準をここに適用すると、その結果として類推解釈が選ばれることになる（いいかえれば、後述の目的論的解釈の結果として、類推解釈が選ばれることになる）。なお、ドイツでは、「結果からみた解釈の種類」と「手段からみた解釈の種類」とが区別されることがある（アルトゥール・カウフマン〔上田健二訳〕『法哲学〔第 2 版〕』〔ミネルヴァ書房、2006 年〕114 頁以下）。前者がここでいう「解釈の形式的分類」に、後者が「実質的基準からみた解釈の分類」に対応する。

解釈の実質的基準となるものによって解釈を分類してみよう。まず、(a)特別な理由のないかぎり、条文の日常的な・ふつうの意味にそう解釈をすべきだということができる。その意味で、**文理解釈**が解釈の出発点である。しかし、(b)法律をつくった人、すなわち立法者が考えていたところを基準として解釈すべきだとする**歴史的解釈**、(c)その規定の置かれている場所とか、他の規定との相互関係とかを解釈の基準とする**論理的・体系的解釈**、(d)規定が果たすべき目的を考慮し、社会生活の要求に照らして妥当な結論を得ようとする**目的論的解釈**も重要である。

これらの解釈方法の間に優先順位のようなものがあるわけではないが、(d)の目的論的解釈がしばしば決定的な意味をもつとされる。犯罪は法益の侵害に向けられたものであり、刑罰法規は法益保護のために存在する（→第 1 章）。刑法における目的論的解釈とは、法益をもっとも適切に保護するためにはどうすべきかという見地から法文を解釈すること、すなわち、**保護法益を基準とする解釈**のことをいう。

●論理的・体系的解釈——(a)から(d)のうちで、わかりにくいのは(c)の論理的・体系的解釈だと思うので、1 つ例をあげておこう。**刑法 204 条**は、「人の身体を傷害」する行為を処罰の対象としている。この場合の傷害行為は、38 条 1 項の規定からすると、故意をもって行われなければならない（→**故意犯処罰の原則**。第 2 章の**ケース 1** を参照）。そこで、傷

害の故意なしに(すなわち、ケガさせるつもりはなく)相手を突き飛ばしたところ、被害者が転倒してケガをしたというとき、傷害罪の規定の適用を認めることはできないようにもみえる。しかし、204条だけを孤立させて読むのではなく、これを補充する208条とをあわせて読むとき、暴行の故意で暴行を加えた結果、人が現に傷害を負うに至ったときは204条を適用する趣旨をそこから読み取ることができる(この点につき、井田・各論55頁を参照)。

■目的論的解釈の限界

刑法の法益保護機能がもっとも適切に果たされるような目的論的解釈が望ましいとしても、**罪刑法定主義**が刑法の基本原則であることから(→第2章)、目的論的解釈にも限界がある。ここで、**刑法134条の秘密漏示罪**の処罰規定を例にとって考えてみよう。この規定は、医師や弁護士などが業務上取り扱ったことについて知りえた人の秘密を漏らす行為を処罰している。この処罰規定が「個人の秘密」という法益を保護するものだとすれば、医師が、診察したある患者の病気に関する秘密を漏らす場合と、その病院の看護師がその患者の秘密を漏らす場合とを比べると、いずれもまったく同じように被害者はきずつくのであり、医師のみを処罰し看護師を処罰しない理由はないように思われる。法益保護の見地からすれば、Aという行為を処罰するなら当然にBという行為も処罰すべきだと考えられるときには、AとBとを区別するような解釈は不当だということになるはずである。しかし、134条を読むと、犯罪の主体は「医師」らに限定されており(いわゆる**身分犯**。→第30章)、「看護師」は規定されていない以上、その看護師を本条では処罰することはできないとするのが罪刑法定主義の原則からの帰結である(ただし、注意すべきことは、「保健師助産師看護師法」の2001〔平成13〕年の改正により守秘義務の規定が追加され〔同法42条の2〕、看護師による秘密漏示行為も刑法134条と同じ重さの刑で処罰されるようになった〔同法44条の3〕ことである)。このように、罪刑法定主義は、**法益保護の見地からの処罰の要求を、法律の規定の文言でカバーできないという形式的理由によってはねつける**ものなのである。

● **改正刑法草案**——現行刑法(1907年制定)にかわる将来の刑法典とすべく立案されたのが「改正刑法草案」である。それは、法務省内に設置された法制審議会において起案され、審議・検討の結果、1974年に決定され公表された。もっとも、内容が保守的であり、処罰範囲の拡大および重罰化の傾向があるとの批判も強く、現行法となるには至らなかった。

第4章●刑法の解釈　41

その317条1項の秘密漏示罪の規定は、「医療業務、法律業務、会計業務その他依頼者との信頼関係に基づいて人の秘密を知ることとなる業務に従事する者もしくはその補助者又はこれらの地位にあった者」を犯罪の主体とし、処罰の範囲を広げている。草案としては、現行134条の規定では処罰範囲が不当に狭いと考えたことになる。

　ここでは、法益の保護という社会的要請と、刑罰権発動の予測可能性および反社会的行為を行った者の権利・自由とを天びんにかけて、どちらをどの限度で優先させるかということが問題となっている。刑法学における通説は、**「拡張解釈は許すが、類推解釈は禁止する」**という形で、矛盾する要請の間の調和をはかるべきだとする（もっとも、**行為者に有利な方向での類推解釈**、すなわち無罪にする方向または刑を軽くする方向での類推解釈は許されてよいとされている）。すでに述べたように、類推解釈とは、法規の言葉の意味を広げて拡張解釈しても、それでもその事例をカバーできないにもかかわらず、法規がもともと予定する事実と類似の事実であることを理由として、その法規を適用することをいう。罪刑法定主義は、その行為を処罰する規定があらかじめ存在しないかぎり行為を処罰できないとする原則であるから、**適用法規の不存在を前提とする類推解釈**を認めることはどうしてもできない（山口・総論14頁を参照）。もし事実が類似しているからといって刑罰法規の適用を認めるとすれば、罪刑法定主義の原則は骨抜きにされてしまうであろう。刑法の解釈としては、法規を目的論的に解釈して、場合によっては、文言を拡張して理解することは許されても、法規を類推解釈することまでは許されないということになる（→第2章1）。

　●**拡張解釈と類推解釈**──ただし、法規の文言をどこまで拡張できるかの限界ははっきりとした線を引けるようなものではなく、実際には、拡張解釈と類推解釈の限界はそれほど明らかなものではない。ある人にとっては類推解釈として許されないような解釈でも、別の人にとっては拡張解釈にすぎないということもしばしば生じる。なお、ドイツにおいては、日本の一般的な見解とは異なり、拡張解釈とは、**日常的な意味の範囲内**でもっとも広義の理解をとることをいうとされており、日常的な語義をこえる解釈はもはや類推解釈にほかならないといわれる。そのように考えるならば、拡張解釈と類推解釈の限界もかなり明確になるであろう。わが国では、拡張解釈の名のもとに、日常的な語義をこえることも認められていることから、類推解釈との区別は原理的に困難なものとなっている。しかも、日常的な語義の範囲をこえるとき、判断の実質は類推的なものとならざるをえない。

42

2 ケーススタディ

■逃がすことも「傷害」か————————————

————————————ケース1（動物傷害事件）

学生の甲は、アパートの隣室に住む女子大生Aを映画に誘ったがすげなく断られたことに腹を立て、Aが大事にしている小鳥をわざと逃がしてしまった。甲の行為は犯罪となるか。

甲の行為が器物損壊罪(261条)を構成するかどうかが問題となる。まず、小鳥などの動物も、法的には所有権等の財産権の客体として「物」であり、刑法による財産保護の対象となるから、同罪の客体である「他人の物」に含まれる。問題は、これを逃がす行為が「傷害」にあたるかどうかである(なお、261条後段の「傷害」は動物を客体として想定した文言である)。たしかに、「傷害」も「損壊」も、その**文理解釈**によれば、客体を物質的に毀損することを意味するであろう。したがって、小鳥を現実に傷つけたり殺したりしなければ、「傷害」にあたるとはいえないであろう。しかし、被害者の立場からすれば、財産が失われたという点では、殺されても逃がされても同じことである。そこで、判例・通説は、「損壊」と「傷害」の文言を**拡張解釈**して、およそ効用を害すること(使えなくしてしまうこと)が広く含まれるとしている(この見解を**効用侵害説**という)。これは、**目的論的解釈としての拡張解釈**の典型例ということができよう。判例・通説の解釈によれば、甲はAの小鳥を「傷害」したことになる。

> ●**動物は物か**——刑法上は、動物も「物」であり、その点では民法でも扱いは同じである。それは、民法や刑法にとっては、**財産権の対象であること**だけが重要であって、それ以外の性質はどうでもいいからである。液体や気体も「物」とはあまりいわないが、それでも刑法上は「物」である。ただし、動物を「損壊」するとはいえないから、261条にはわざわざ「傷害」という文言が入れられている。そこで、器物損壊罪のこの部分を**動物傷害罪**と呼ぶこともある。もちろん、法律上、動物愛護の観点が問題となるときは別であるから、「動物」と呼ばれて物とは異なった扱いがなされる。「動物の愛護及び管理に関する法律」

を参照(刑罰法規はその44条以下にある)。

■「公然陳列」の意義────────────────■

■─────────ケース2(わいせつ物公然陳列罪の成否)■

　甲は、女性のわいせつな音声を、録音再生機にデジタル信号としていったん記憶させ、ＮＴＴの有料電話サービス「ダイヤルＱ²」の回線を使用し、録音再生機と電話機とを連動させる方法により、電話をかけてきた不特定多数の聴取者に、この音声を電話回線を通じて聞かせていた。わいせつ物公然陳列罪(175条1項前段)は成立するか。

　刑法175条は、わいせつな文書、図画、電磁的記録に係る記録媒体、その他の物を頒布し、公然と陳列し、または有償で頒布する目的でこれらの物を所持する行為等を処罰の対象としている。まず、犯罪の**客体**につき検討すると、わいせつな音声そのものは客体となりえない(音声は「物」ではないから)ので、本罪の成立を認めるためには、「録音再生機」が本罪の予定する客体にあたることが必要となる。それは、わいせつな音声をデジタル信号として記憶しいつでも再生できるのであるから、「電磁的記録に係る記録媒体」にあたると解することが可能である。

　むしろ問題となるのは、**ケース2**の事例で、本罪の予定する**行為**が認められるか、すなわち、電話回線を通じて不特定多数の人々に音声を聞かせる甲の行為が、録音再生機を「公然と陳列」する行為といえるかどうかである。「陳列」とは、日常的な語義としては「人に見せるために並べて置く」ことをいう。このような文理解釈によると、わいせつな写真を目の前にならべて置いて見せると処罰され、スライドにしてスクリーンに映し出して見せると処罰されないことになるが、それは合理的な区別とはいえないであろう。そこで、判例・通説は、「公然陳列」の語を拡張解釈して、「不特定または多数の人が認識できる状態におくこと」を広く意味するとしている。映画フィルムの上映なども公然陳列行為にあたるとするのである。ここでは、陳列という言葉のもつ「並べる」という要素は無視されることになる。

●**サイバーポルノとわいせつ物公然陳列罪**──近年、インターネット上でわいせつ画像の閲覧を可能にすることが、わいせつ物公然陳列罪を構成しうるかどうかが問題とされてきた。最高裁判所は、インターネットのホームページが問題となったケースではないが、パソコン通信を開設し運営していた被告人が、ホストコンピュータのハードディスクにわいせつな画像データを記憶、蔵置させて、不特定多数の会員にこのわいせつな画像を閲覧することを可能な状態を設定したというケースについて、ハードディスクというわいせつ物を公然と陳列したことにあたるとする結論を示した（最決平13・7・16刑集55巻5号317頁〔山口厚・百選Ⅱ（7版）204頁〕）。そこでは、公然陳列とは「不特定又は多数の者が認識できる状態に置くこと」をいうとする解釈が前提とされている。

　とはいえ、**ケース2**の甲の行為を処罰するためには、もう一段の言葉の意味の拡張が必要である。すなわち、「陳列」とは主として視覚に訴える場合（見せる場合）を想定しており、**ケース2**のように、もっぱら音声を聞かせる場合はこれに含まれない、とも考えられるからである。図画などのわいせつ性の判断にあたり、音声も重要な意味をもちうることは否定できないし、またもっぱら音声を内容とするわいせつ物（たとえば、録音テープやＣＤ）も十分考えられるが、しかし、「陳列」という文言のもつ、言葉の上での制約を無視することは許されない。録音テープの再生も公然陳列にあたるとした裁判例（東京地判昭30・10・31判時69号27頁）や、**ケース2**の事案につき、「わいせつ物」たる再生機を「公然と陳列した」ことになるとした裁判例（大阪地判平3・12・2判時1411号128頁）があるが、このような解釈によれば、「陳列」のもつ語義の上での制約は大幅に無視されることになる（「並べる」必要がないというばかりでなく、「見せる」必要もないということになる）。それはもはや拡張解釈の枠をこえる類推解釈といわざるをえないように思われる。

●**刑法一部改正による175条のリニューアル**──刑法175条の規定は、2011（平成23）年の刑法一部改正により重要な手直しを施された。以前の規定は、電磁的記録（刑法7条の2を参照）を客体に含めていなかった。そこで、わいせつな画像や動画のデータそのもの（電磁的記録）をわいせつ物等の概念に含めることが可能かどうかが議論の対象となり、判例・通説は、無体物を有体物に含めて理解することは無理であることから、解釈論としてこれを否定していたのである。そこで、ファックス送信の方法でわいせつな内容の文書等を相手方に送ることはもちろん、電子メールの添付ファイルとしてわいせつなデータを送信することも、旧規定の下では、わいせつ文書や図画の販売として捉えることができず、処罰は困難とされたのであった。2011年の改正により、これらの行為も処罰することが可能になった。ただ、**ケース2**の事案については、**犯罪の客体は録音再生機という有体物**であるから、刑法一部改正の前後を通じてその扱いに本質的変化はない。

第4章●刑法の解釈　45

■胎児性致死傷

━━━━ケース３（水俣病事件）■

　甲らは、塩化メチル水銀を含む工場排水を排出して、付近の海域に生息する魚介類を汚染した。汚染された魚介類を摂取した妊婦の体内において胎児が胎児性水俣病にかかり、後にその母親から障害を負った状態で出生したＡは病変が悪化し死亡するに至った。甲はいかなる刑事責任を負うか。

　この事例のように、母体内の胎児に対し外部から傷害を与え、後に、障害を負った子を出生させ、さらにはその病変により死亡させた場合、人に対する殺傷罪(本件であれば、211条前段の業務上過失致死罪)の規定の適用を認めることができるかどうかが問題となる(これを、**胎児傷害**ないし**胎児性致死傷**の問題という。それは、薬害や食品公害のほか、後述のように、不注意で自動車事故を起こし、妊婦たる被害者に傷害を与えるとともに、お腹の中の胎児にも傷害を与えた事例においても問題となる)。

　結果として被害者たる「人」が身体に傷害を受けているという事実がある以上、「人を傷害した」(さらに死亡させるに至れば「人を死亡させた」)ということができそうである。しかし、学説では否定説が多数である(たとえば、伊東・各論26頁以下、大塚・各論9頁、大谷・各論27頁以下、西田・各論25頁以下、林・各論15頁以下、山口・各論24頁以下などを参照)。その重要な論拠は、①攻撃が客体におよぶ時点(すなわち、傷つける時点)において(法律上予定された)客体たる「人」が存在しなければ「人を傷害した」とはいえないこと、そして、②もし肯定説をとると、過失により胎児に重大な傷害を与え、ただちに母体内で死亡させれば不可罰であるのに(過失による堕胎罪は処罰されていない)、より軽い傷害を与えて出生させれば過失傷害罪になるというのはアンバランスであることの２つである。

　このうち、②の論拠に対しては、過失堕胎のように「人」たる客体がおよそ存在するに至らない場合(「人」に被害が生じていない場合)と、出生した「人」に傷害の結果が生じている本件のような場合(「人」に被害が生じている

場合)とは本質的に異なるのであり、後者の場合のみを可罰的とするのはアンバランスでも何でもない、とする反論が可能であるかもしれない。むしろ、①の論拠、すなわち**侵害ないし攻撃の作用が客体におよぶ時点**において「人」が存在しなければ「人を傷害した」とはいえないとする論拠の方がより重要である。

　ケース３の事案(熊本水俣病事件)につき、最高裁判所は、業務上過失致死罪の成立を認めた(最決昭63・2・29刑集42巻2号314頁〔小林憲太郎・百選Ⅱ(7版)8頁〕)。侵害の作用が客体におよぶ時点において「人」が存在しなければならないのではないかという点につき、最高裁は次のように述べる。

　　「現行刑法上、胎児は、堕胎の罪において独立の行為客体として特別に規定されている場合を除き、母体の一部を構成するものと取り扱われていると解されるから、業務上過失致死罪の成否を論ずるに当たっては、胎児に病変を発生させることは、人である母体の一部に対するものとして、人に病変を発生させることにほかならない。そして、胎児が出生し人となった後、右病変に起因して死亡するに至った場合は、結局、人に病変を発生させて人に死の結果をもたらしたことに帰するから、病変の発生時において客体が人であることを要するとの立場を採ると否とにかかわらず、同罪が成立するものと解するのが相当である。」

　たしかに、このように考えれば、侵害の作用が客体におよぶ時点において「人」が存在しなければならないとする立場をとったとしても、侵害の作用が客体におよぶ時点で「人」たる母親が存在することになるから、犯罪の成立を認めうるようにも思われる。しかし、問題は、「胎児は母体の一部である」とする前提が根拠のあるものであり、また、その前提から不当な結論が導かれることがないかどうかである。上の決定理由の中でも触れられているように、堕胎罪においては胎児は母体とは別個の客体として保護されている(そうでなければ、自己堕胎罪〔212条〕や同意堕胎罪〔213条、214条〕は犯罪とはなりえないであろう)。また、もし胎児を傷害することがただちに母体を傷害することを意味するとすれば、胎児に対する傷害行為そのものが(堕胎罪にあたる場合も含めて)むしろ母親に対する傷害罪としてすべて可罰的だとい

うことになるはずである。そのように解釈するとき、堕胎罪の規定の存在する意味はほとんどなくなってしまうであろう。なぜなら、傷害罪の方が堕胎罪よりも刑が重く、処罰の範囲も広いからである（たとえば、不同意堕胎罪〔215条1項〕の適用が問題となる事例では、必ず傷害罪〔204条〕が成立することになるから、より重い傷害罪の規定の適用が優先する〔ただし、刑を6月以下にすることはできない〕ということになってしまうであろう）。このようなおかしな結論が導かれるということは、その前提に無理があることを意味している（なお、最高裁は、「現行刑法上、胎児は、堕胎の罪において独立の行為客体として特別に規定されている場合を除き、母体の一部を構成するものと取り扱われていると解される」と述べているが、もし胎児が原則として母体の一部として保護されるものであれば、なぜ刑法が堕胎罪を設けてわざわざその保護を手薄にしているのかはおよそ合理的な説明が不可能なところであろう）。

●**出生後の症状悪化**——肯定説のなかには、傷害を受けた胎児が出生後、人となった時点以降において、その症状が悪化し、傷害の程度が増悪したケース（**症状悪化型**のケース）においては、そのかぎりで「人を傷害した」ことが認められるとするものがある（これに対し、**症状固定型**のケースでは否定的な結論が導かれる）。鹿児島地判平15・9・2（判例集未登載）は、不注意で交通事故を起こし、被害者の妊婦Aに傷害を与えるとともに、この傷害を原因として早期に出生したBに対しても傷害を負わせたというケースにつき、「胎児に病変を発生させることは、人である母体の一部に対するものとして、人に病変を発生させることにほかならず、そして、胎児が出生して人となった後、右病変に起因して傷害が増悪した場合は、結局、人に病変を発生させて人に傷害を負わせたことに帰する」として、Bとの関係でも業務上過失傷害罪が成立するとした（現在では、「自動車の運転により人を死傷させる行為等の処罰に関する法律」〔平成25年11月27日法律第86号〕に規定された、過失運転致傷罪〔5条〕が成立することになる）。

　ケース3の検討から明らかになることは、事例の解決は場当たり的なものであってはならず「一般化可能」でなければならない、ということである。これを**解釈の一般化可能性の原則**と呼ぶこともできよう（井田・総論60頁を参照）。そこで、刑法解釈の当否を評価するにあたっては、①その結論がどのような論理で導き出されたか、②その論理は理由のあるものであるか、③そのように解釈したとき、問題となっている事案以外に、どのような事案までその解釈の中に含まれるか、④それは妥当であるかという一連の検討が要求されることになる（この点につき、平野龍一『犯罪論の諸問題（下）』〔1982

年〕321 頁以下を参照）。

3 まとめ

　以上の 3 つのケースの検討からも明らかになるように、わが国の裁判所は、刑罰法規を柔軟に解釈し、場合によっては類推的な方法をとることもためらわずに犯罪の成立を認める傾向にある。それは、裁判所が、柔軟な解釈によって立法の不十分なところを補い、新しい時代の社会の変化に対応するという態度をとっていることを示している（もっとも、問題によっては、最高裁が限定的な解釈を採用することもある。町野朔『犯罪各論の現在』〔1996 年〕1 頁以下を参照）。その功罪を評価することはむずかしい問題であるが、いずれにせよ、わが国においては、刑罰法規のそれぞれが簡潔かつ包括的に規定されているという事情とあいまって、犯罪の具体的内容を明らかにするにあたり判例のもつはたらきがきわめて大きいことを銘記したい。刑法を勉強するときにも、判例を学ぶことが重要な意味をもつのである。

〔井田　良〕

第5章 結果無価値論と行為無価値論

1 「結果」が悪いのか、それとも「行為」が悪いのか

■形式的違法性と実質的違法性

　刑法は、犯罪を行った者に刑罰を与え、それによって社会を犯罪から守ることを究極の目的としている。罪刑法定主義の要請にもとづいて、犯罪と刑罰は刑法において具体的に予告されているから、どのような事実が犯罪とされ、どのような刑罰が科されるかは、条文を読めばただちに明らかである。犯罪とは、それぞれの刑罰法規に規定された要件を充足する事実にほかならない。しかも、犯罪が処罰されるのは、それが、社会にとって許容することのできない事象のうちでも、刑罰による非難を加えなければならないほどに重大なもの（反社会的な違法事実）だからである。したがって、違法性こそが、犯罪の中核をなすものであると言ってよい。

　形式的に言えば、違法性とは、「法（または法規範）に違反すること」である。こうした違法性の定義を、**形式的違法性**という。これは、非常にわかりやすい表現であるが（読者のなかには、このような表現で満足してしまう人がいるかもしれない）、実は、言葉の言い換えと同じものであり、何も説明していないに等しい。刑法違反の典型例である殺人事案においてすら法的に許容される場合があるように（死刑の執行や正当防衛など）、違法性の判断においては、「法に違反すること」の内容こそが問題なのである。形式的違法性の観点からは、法的見地から何が許され（適法）、何が許されないか（違法）の区別は、依然として明らかにすることはできない。

　違法と適法の限界は、形式的違法性の背後にある「違法性の実質」（**実質**

50

的違法性)を解明することによって、はじめて明らかにすることができる(→
第15章2)。ただ、犯罪が「行為」と「結果」というふたつの側面(部分)か
ら構成されていることから、実質的違法性の内容の解明に当たっては、結果
の側面を重視するアプローチと行為の側面を重視するアプローチのふたつが
考えられる。そして、このアプローチの違いが、刑法の機能や目的に対する
とらえ方の違いとなり、違法(性)判断における立場の違い、さらには個別的
な問題に対する解釈の違いとして現れる。

■ふたつのアプローチ──────────────────────■

　結果を重視するアプローチからは、刑法が保護している生活利益(**法益**)の
侵害(または危殆化)を実質的違法性の内容とみる立場(**法益侵害説**)が導かれる。
これは、社会的に許されない結果(**法益の侵害・危殆化**)の発生が違法性にと
って重要な意味をもつとする考え方(**物的違法観**)を基礎とする。殺人が犯罪
とされるのは、「人の生命が失われたこと(結果)」が社会的に許されないか
らだと説明される。法益侵害説によれば、刑法の目的は法益を保護すること
によって社会を守ることであり(平野I・43頁以下)、結果が発生したときに
はじめて刑罰権の発動が許されることになる。また、結果は客観的なもので
あるから、法益侵害説は、違法性を客観的にとらえる立場(**客観主義的違法
論**)でもある。こうしたアプローチは、「結果の無価値(悪さ)」が違法性を根
拠づけるという意味で、**結果無価値論**と呼ばれる。

　他方、行為を重視するアプローチからは、行為が法規範(ひいては社会倫理
規範)に反することを実質的違法性の内容とみる立場(**規範違反説**)が導かれる。
これは、行為者に関係づけられた行為のあり方が違法性にとって重要な意味
をもつとする考え方(**人的違法観**)を基礎としている。殺人が犯罪とされるの
は、「人の生命を奪う行為」が社会的に許されないからだと説明される。規
範違反説によれば、刑法の目的は行為の規範性を維持することによって社会
を守ることであり、反規範的な行為が行われた以上は、結果の発生をまたず
に刑罰権が発動されてよいことになる。こうしたアプローチは、「行為の無
価値(悪さ)」が違法性を根拠づけるという意味で、**行為無価値論**と呼ばれる。

また、行為の無価値は行為者の主観面に影響を受けるから、行為無価値論において、行為者の内心の悪さ(心情無価値)が違法性にとって重要な意味を有する。さらに、道徳や倫理のような前刑法的な規範も、違法性判断にあたって重視されてよいことになる。

歴史的に見れば、実質的違法性は、物的違法観を前提とする法益侵害説の立場から、結果を中心とする客観的なものとして理解されてきた。他方、行為無価値論は、第2次世界大戦後の西ドイツにおいて、ヴェルツェルを中心とした目的的行為論者によって、法益侵害説を批判するかたちで展開され、急速に広まっていった(なお、井田良『犯罪論の現在と目的的行為論』〔1995年〕参照)。「結果無価値論」と「行為無価値論」という名称は、ヴェルツェルが「対」概念としてはじめて用いたものであるが、現在では、わが国の刑法学においても完全に定着している。

●ヴェルツェル(1904年—1977年)——ドイツの著名な法哲学者・刑法学者。人の行為は「目的的な意思」に統制されたものであるとする行為概念(目的的行為論)を主張して、因果的な行為概念(因果的行為論)を批判し、行為者の主観から切り離された結果だけを重視する法益侵害説を「結果無価値論」という名のもとに批判した。ヴェルツェルは、違法性は目的的な意思をもった具体的な行為者との関係でしか考えられないとし(人的不法論)、人的行為無価値こそが犯罪の無価値であるという「行為無価値論」を主張したのである。目的的行為論は、故意の体系的地位や過失犯の構造をはじめ、刑法体系の多くの場面で、わが国の刑法学界に大きな影響を与えている(ハンス・ヴェルツェル〔福田平・大塚仁訳〕『目的的行為論序説』〔1962年〕を読めば、知的興奮を呼び起こされる)。

以下に、結果無価値論と行為無価値論の内容を図式的に対比しておく。

結果無価値論と行為無価値論の対比

	結果無価値論	行為無価値論
保護の対象	法益(生活利益)	社会倫理秩序
刑法の機能	裁判規範	行為規範
違法観	物的違法観	人的違法観
違法判断の対象	結果	行為
違法判断の材料	客観面に限る	主観面を含む
違法判断の時点	結果発生時	行為時

■主観的違法要素

――――――――――――――――――ケース 1 （違法性を左右する主観的要素？）――

(1) 友人の刑事事件の宣誓証人として出廷した甲は、友人を救うために、虚
偽内容と認識しながら、自己の記憶に反する事実を陳述した。その後、甲の陳
述した内容は真実に合致していることが判明した。

(2) 乙は、わいせつな画像の提供と引き換えにAから借金をする目的で、13
歳未満の児童相手にわいせつな行為をし、その模様を撮影した。

結果無価値論と行為無価値論は、解釈論の多くの場面で異なった結論を導
く。特に、違法性判断に影響を与える主観的要素（**主観的違法要素・主観的正
当化要素**）の存在を認めるべきかという点について、きわめて対照的な態度
を示している（振津隆行「主観的違法要素」新争点 26 頁以下参照）。**ケース 1**
(1)(2)では、主観的違法要素の存否が犯罪の成立を左右するかが問題になる。

●**他の論点における相違**――違法(性)阻却の一般原理について、結果無価値論は、法益衡
量説ないし優越利益説をとり、行為無価値論は、目的説ないし社会的相当性説を主張する
（→ 178 頁）。また、不能犯の判断基準についても、結果無価値論には客観的危険説との親
和性が見られ、行為無価値論には具体的危険説との親和性が見られる。

(1)で問題となる偽証罪（169 条）は、一般に**表現犯**と言われ、「自己の記憶に
反するという心理状態」が行為に現れた場合に成立する犯罪であるとされる。
ここから、偽証罪における「虚偽の陳述」は、客観的真実に反する陳述では
なく、自己の記憶に反する陳述であるとされる（主観説）。また、(2)で問題と
なる強制わいせつ罪（176 条）は、一般に**傾向犯**と言われ、「行為者の性的衝動
を刺激したり満足させる傾向」が行為に現れた場合に成立するとされる。し
たがって、「わいせつな行為」かどうかは、行為者の主観に左右されること
になる。表現犯や傾向犯といった類型を認める立場は、行為者の「悪い内
心」に犯罪の成否が左右されるとするもので、行為無価値論的なアプローチ
である。行為無価値論によれば、「自己の記憶に反する」ことを自覚しなが
ら陳述した(1)の甲には、偽証罪が成立する。また、「もっぱら有利な借金の

ため」だけで、性的衝動を刺激・満足させる傾向のなかった(2)の乙には、強制わいせつ罪は成立しない。

●**性犯罪関連規定の改正**── 2017年に、強制わいせつ罪をはじめとする性犯罪関連規定が大きく改正された(平29法72)。主な内容は、旧強姦罪の構成要件の拡張(強制性交罪)、法定刑の引き上げ、監護者を主体とする特別類型の創設、性犯罪の非親告罪化等である(詳細は、「特集・性犯罪改正の検討」刑ジャ55号〔2018年〕43頁以下参照)。

判例も、このような結論を認めてきた。(1)類似の事案について、証言の内容が真実と一致するかどうかにかかわらず、証人が「その記憶に反したる陳述をなすにおいては偽証罪を構成す〔る〕」とするものがある(大判大3・4・29刑録20輯654頁。なお、最決昭28・10・19刑集7巻10号1945頁参照)。また、(2)との関係では、もっぱら性的意図以外の目的で女性の裸体を撮影した事案について、「強制わいせつ罪が成立するためには、その行為が犯人の性欲を刺戟興奮させまたは満足させるという性的意図のもとに行なわれることを要し、婦女を脅迫し裸にして撮影する行為であっても、これが専らその婦女に報復し、または、これを侮辱し、虐待する目的に出たときは、強要罪その他の罪を構成するのは格別、強制わいせつの罪は成立しない」としていた(最判昭45・1・29刑集24巻1号1頁)。こうした判例の態度は、意識的であるかどうかは別にして、行為無価値論(的な発想ないしアプローチ)を前提とするものである。

これらに対し、「結果の悪さ」に違法性の実質をみる結果無価値論によれば、いずれの事案においても逆の結論が導かれる。まず、偽証罪の「虚偽の陳述」とは真実に反した陳述を意味し、その内容が自己の記憶に反していることの認識は故意を基礎づけるにすぎないとされる(客観説)。したがって、陳述内容が真実に合致していた(1)の甲には、結果無価値が欠け、偽証罪の成立が否定される。他方、強制わいせつ罪における「わいせつな行為」とは、相手方の性的自由を客観的に侵害する行為で足り、行為者の主観のあり方がそれを左右するわけではないとされる。(2)では、「もっぱら有利な借金のため」という意思内容は違法性判断にとって決定的なものでなく、13歳の児童相手(暴行・脅迫の手段は不要)のわいせつ行為を撮影した以上、当然に強

制わいせつ罪が成立する。主観的違法要素の存在を否定する結果無価値論によれば、そもそも、表現犯や傾向犯といった類型を認めること自体が妥当でないとされるのである（内田・総論 178 頁、山口・各論 108 頁）。

2 結果無価値論と行為無価値論の歩み寄り

■一元論と二元論

実質的違法性におけるふたつのアプローチは、「違法性を基礎づけるものは結果か、それとも行為か」という二者択一的な観点に立つものである。その際、結果（無価値）と行為（無価値）を排他的な関係としてとらえれば、結果無価値論は、結果無価値だけが違法性を基礎づけるとする考え方に行きつくし（**結果無価値一元論**）、行為無価値論は、行為無価値だけが違法性を基礎づけるとする考え方に行きつく（**行為無価値一元論**）。こうした一元論からは、対立的な結論が導かれるのは当然のことだと言ってよい。しかし、結果と行為が排他的関係にあることは必然的なわけではなく、結果無価値と行為無価値との相関関係のもとで違法性が基礎づけられる（総合的評価にもとづく違法性判断）と考えることもできる。こうした立場は、結果無価値と行為無価値から二元的に違法性が構成されるとするもので、**二元論**と呼ばれる。二元論は、法規範（ないし社会倫理規範）に違反する法益侵害（危殆化）を実質的違法性の内容とみる考え方（**実質的違法性についての二元説**）と結びつく。

現在、規範違反説にもとづいて行為無価値論をとる人々は、行為無価値を強調したうえで結果無価値をも考慮する二元論の立場（**二元的行為無価値論**）をとり、徹底した行為無価値一元論をとる者はないと言ってよい。他方、わが国で法益侵害説をとる人々は、結果無価値一元論でほぼ一致している。ただ、結果無価値一元論も、未遂犯のように、厳密には行為無価値（犯意）だけが存在して結果無価値（結果発生）がない場合にも、「結果発生の危険性」といった結果無価値があるとして処罰を肯定する（平野Ⅱ・310 頁以下）。その意味では、結果無価値一元論も、法益侵害の危険性に還元されうる行為無価値

的要素(行為の方法や態様)の存在を完全に排斥するものではない。結果無価値論と行為無価値論との対立は、歩み寄りの契機をもったものなのである（佐伯仁志・8頁以下）。

●**行為無価値一元論はなぜ一貫できないか**——行為無価値一元論は、違法判断においては行為無価値だけが構成的な意義をもち、結果無価値は客観的処罰条件にすぎないと主張する。ドイツにおいては、このような徹底した考え方が主張されたことがある。しかし、結果無価値を違法判断から完全に排斥する行為無価値一元論は、心情無価値だけを理由として処罰すること（**心情刑法**）に行きつくおそれがあり、罪刑法定主義の「精神」にそむくものとなる。結果無価値論が影をひそめたドイツでも、行為無価値一元論ではなく、二元的行為無価値論が通説となっている。

■ふたたびケース 1 について

偽証罪は、国家の審判作用（裁判、懲戒処分）に対する犯罪である。主観説は、偽証罪を**抽象的危険犯**と解し、証人が記憶に反した陳述をした以上は、国家の審判作用を誤らせる抽象的危険（何らかの危険）がすでに生じているとする。他方、客観説は、偽証罪を**具体的危険犯**と解し、証人が客観的真実に反した陳述をする場合にはじめて国家の審判作用を誤らせる危険が生じるとする。また、抽象的危険犯と解する立場においても、抽象的危険すら認められない場合には偽証罪は成立しないとする見解も見られる（団藤・各論102頁、大塚・各論609頁、山口・各論596頁など。ドイツでは、潜在的危険犯ないしは抽象的＝具体的危険犯として、同様の結論が導かれている。なお、山口厚『危険犯の研究』〔1982年〕）。

たしかに、記憶に反した陳述をすることは、国家の審判作用の「公正さをあやうくする」という意味では危険なものである。しかし、そのことは、国家の審判作用を「誤らせる」危険と直結するものではない。陳述内容が客観的真実と一致している場合にまで偽証罪の成立を認めることは、「証人は記憶に合致した陳述をしなければならない」という義務に違反した行為を犯罪へと格上げすることになりかねない。これは、一定の心理状態（人格態度）そのものを処罰する行為無価値一元論と同じであり、妥当でない。行為無価値を重視する立場によっても、(1)の甲に偽証罪を否定することは十分に可能である（小野・各論41頁は、この場合には行為の定型性〔構成要件該当性〕が欠け

るとする。他方、藤岡一郎・百選Ⅱ（6版）259頁は、証人の役割という観点から判例の結論を支持する。なお、松原芳博・百選Ⅱ（5版）244頁以下参照）。

> ●具体的危険犯と抽象的危険犯──具体的危険犯とは、法益侵害の現実的・具体的な危険の発生があった場合に成立する犯罪をいい、抽象的危険犯とは、法益侵害の抽象的危険の発生（擬制としての危険性）があるだけで成立する犯罪をいう。形式的には、条文上に危険の発生が要件として明示されているか否かで区別される。したがって、偽証罪についての客観説によれば、国家の審判作用に対する「具体的危険の発生」は、「書かれざる構成要件要素」ということになる。

　強制わいせつ罪は、人の性的自由を保護法益とする。このことは、行為無価値を重視する立場も認めている。(2)において、被害児童の性的自由は、わいせつ行為の相手方として画像撮影されるという客観的行為によって、すでに明らかに侵害されている。行為者の内心の悪さが違法性にとって意味をもつことは否定できないとしても、それが存在しなければ違法性が否定されるとするのは、行為無価値の過度の強調だと言わなければならない。性的な意図かそれ以外の意図かの違いは、動機としては重要であるにしても、被害者の性的自由の侵害に影響を及ぼすものではない（西原春夫・百選Ⅱ（2版）36頁以下）。患者を触診する医師に強制わいせつ罪が成立しないのは、医師にわいせつの傾向が否定されるからではなく、患者の性的自由が侵害されていないからである（正当業務行為にもとづく違法阻却も考えられる）。(2)の乙に強制わいせつ罪の成立を認める結論は、行為無価値を重視する立場からも当然に導くことができる（団藤・各論491頁、大谷・各論114頁、井田・総論117頁。なお、伊藤亮吉・百選Ⅱ（7版）31頁）。

　その後、**ケース**1(2)に関する最大判平29・11・29刑集71巻9号467頁は、わいせつ行為の判断に行為者の主観的事情（目的等）を考慮すべき場合があるとしながら、「故意以外の行為者の性的意図を一律に強制わいせつ罪の成立要件とすることは相当でな〔い〕」として、強制わいせつ罪の性格（傾向犯）を明示した「昭和45年判例の解釈は変更されるべきである」としている（木村光江・平成29年度重判157頁以下、塩見淳・刑ジャ56号〔2018年〕33頁以下。)

第5章●結果無価値論と行為無価値論　57

■主観的正当化要素としての「防衛の意思」

━━━ケース 2（防衛の意思は必要か？）

　次の甲の行為は、正当防衛（36条1項）における「防衛するため」の要件に
あたるか。
　⑴　甲は、AとBとのケンカの仲裁に入ったところ、突然Aが甲の胸ぐらを
つかんで首を絞めてきたことに憤慨して、Aの顔面を殴りつけて唇に裂傷を与
えた。
　⑵　高原の別荘に遊びにきていた甲は、日頃から敵対関係にあったAが近く
の林の中にいるのを発見し、今なら誰にも見つからずに殺害できると考え、別
荘内からAを猟銃で射殺した。Aの死体を確認に行った甲は、Aが甲の別荘に
仕掛けた爆破装置のスイッチを押す寸前であったことを発見した。

　ケース2では、行為者の主観的要素が違法性阻却事由（正当防衛）の存否の
判断に影響を与えるかが問題となる。行為無価値論は、正当防衛の成立につ
いて、すべての客観的要件の充足と、「防衛の意思」という主観的正当化要
素の存在が必要であるとする（**防衛の意思必要説**）。他方、結果無価値論は、
一般に主観的違法要素を否定することから、主観的正当化要素としての防衛
の意思は不要だとする（**防衛の意思不要説**）。
　判例は、大審院以来、厳格な防衛の意思必要説に立って、「もっぱら防衛
の意思で反撃しない限り」は正当防衛を認める余地はないとしてきた（大判
昭11・12・7刑集15巻1561頁、最決昭33・2・24刑集12巻2号297頁参照）。
これは、「防衛の意思」の内容として「防衛の意図ないしは動機」までをも
要求するもの（目的説）で、徹底した行為無価値論の結論と同じである。しか
し、こうした厳格な態度は次第に緩和され、防衛の意思と攻撃の意思が併存
する場合（半々程度の併存を想定しているようである）でもよいとする判例（最判
昭50・11・28刑集29巻10号983頁）を経て、「もっぱら攻撃の意思でない限
り」は正当防衛が成立する余地があるとするに至った（最判昭60・9・12刑
集39巻6号275頁）。現在では、防衛の意思必要説にもとづく学説も、その
内容を緩やかに解する昭和60年判決の結論を支持している（佐久間修・百選

Ⅰ（7版）51頁）。

「もっぱら攻撃の意思でない限り」という程度の防衛の意思は、突き詰めれば、正当防衛が問題になる状況に自分が直面していることの認識がある限りは肯定されることになろう（曽根威彦・百選Ⅰ（2版）77頁参照。他方、山本輝之・百選Ⅰ（4版）51頁は判例の不徹底さを指摘する）。(1)の甲については、結果無価値論からはもちろん、行為無価値論によっても正当防衛の成立を認めることができ、両者の間に基本的な対立は見られない。そのため、主観的正当化要素としての防衛の意思の要否が実際に問題になるのは、もっぱら犯罪の意思で実行した行為によって結果的に自分の身が守られたという(2)の事案（**偶然防衛**）に限られる。

■偶然防衛

(2)においては、甲にはAを攻撃（殺害）する意思しか認められないから、防衛の意思を問題にする余地はない。行為無価値論に立つ限り、防衛の意思の内容をいかに緩和したとしても、防衛の意思を全く有していない甲に正当防衛を認めることはできない（井田・総論310頁）。

他方、結果無価値論によれば、たとえ偶然防衛の場合であっても、客観的に「防衛するため」にあたる以上、その限りで、結果は無価値でないことになり（山本輝之・百選Ⅰ（4版）51頁、橋爪隆・同（5版）49頁）、甲に正当防衛を認める余地が生じる。ここから、学説のなかには、結果無価値論の立場を一貫して、ただちに甲を無罪とする結論を導くものがある（中山・281頁、浅田・235頁、大越・80頁以下、山本輝之「正当防衛における防衛の意思」新争点43頁）。しかし、Aの殺害（既遂）についての結果無価値が否定されるとしても、そのことは、違法な結果を実現する危険を生じさせた（未遂）という結果無価値の否定までを意味するわけではない。未遂犯としての結果無価値は、通常は既遂犯の結果無価値に取り込まれて評価されるが（未遂犯は、既遂犯に対して、共罰的事前行為である）、既遂犯としての結果無価値が否定される場合には表面化してくる。(2)の甲については、結果無価値論からも、殺人未遂罪の限度において、犯罪の成立を認めることができる（平野Ⅱ・243頁、西

田・総論 182 頁)。さらに、正当防衛が「不正」対「正」の関係で問題になることからすれば(→第 16 章 1 参照)、「不正」対「不正」の関係にある偶然防衛については、そもそも正当防衛を論じる余地がないとして、甲に殺人未遂罪を肯定することもできる(曽根・総論 104 頁参照)。

❸ まとめ

　結果無価値論と行為無価値論とを対比した表を見れば、両者が完全に排他的な関係にあるという印象を持ちかねない。しかし、それは「両者を徹底した場合の傾向」なのであって、具体的な場面において、常に排斥しあうほどに両者は相違しているわけでもない。**ケース 1** と**ケース 2** の検討を通じて明らかになったように、両者が歩み寄ることも可能であり、結論が一致する場面すら少なくないのである。同じことは、財産犯における領得罪(窃盗罪が典型)の成立要件として、故意を超える主観的要素(内心的超過要素)としての「不法領得の意思」を必要とすべきか、という問題についても当てはまる(詳細は、中森喜彦「不法領得の意思」基本講座 5 巻 87 頁以下参照)。

　刑法はきわめて論理的な学問だと言われるが、すべてをひとつの傾向で割り切ってしまえるほど単純なものでもない。個々の論点を議論する際に重要なのは、どのような立場が、どのような前提から出発して、どのような論理によって、どのような結論を導いているのか、を見極めることである。こうした確認作業をきちんと行った後に、はじめて、それぞれの立場を批判的に見ること(自分の考え方を確立すること)が可能になる。きちんとした確認作業ができるようになれば、「理屈っぽくてむずかしい」刑法が、「おもしろい」ものとなるはずである。結果無価値論と行為無価値論の対立こそは、こうしたものの見方・考え方に格好の題材を提供してくれている。

[丸山雅夫]

第6章 刑法の適用(効力)

１ 刑法の効力が及ぶ時間的範囲

■時間的適用範囲に関する原則━━━━━━━━━━━━━━━━━━━━■

罪刑法定主義の原則(**法律主義**)によれば、ある行為を犯罪として処罰するには、それが犯罪であることを明示する刑法が行為時に存在していなければならない(→第2章)。ただ、刑法も不変なものではないから、場合によっては、行為時の刑法と裁判時の刑法、さらには行為時と裁判時の中間時点での刑法がそれぞれ異なることがありうる。そのため、複数の時点に異なる刑罰法規が存在する場合、どの時点の刑法を裁判所が適用すべきかが問題となる。これは、刑法の**時間的適用範囲**の問題であり、**時際刑法**と言われる。

刑罰法規は、それが施行された後の犯罪に対してだけ適用があり、施行前の行為に遡って適用することはできない(**事後法の禁止**)。わが国の憲法は、「何人も、実行の時に適法であった行為……については、刑事上の責任を問はれない」と規定している(憲39条第1文)。「適法であった行為」の意味は、文字通りの適法性を要件とするものではなく、売春防止法3条のような、行為時に「違法ではあるが処罰されていなかった」行為を含む。また、事後法の禁止の趣旨は、行為時に予測できなかった不意打ち的な処罰の禁止にあるから、およそ行為時法よりも「不利益な内容」に変更された事後法についても当然に妥当する。

他方、事後法の禁止については、法律上、ふたつの例外が認められている。第1は、行為時に処罰されていた行為について事後法で刑が廃止された(不可罰となった)場合に、免訴とされることである(刑訴337条2号)。第2は、

事後法によって刑が軽くされた場合には、必ず軽い方の刑が適用されることである（6条）。これらの場合に行為時法を適用しても不意打ち的な処罰になるわけではないが、わが国は、**行為者に利益な事後法については遡及適用を認める**という態度をとっている。これらは、行為時法と裁判時法との間に中間時法が存在する場合にも妥当する。したがって、中間時法で一旦不可罰とされた行為が裁判時法で再び可罰的とされた場合にも免訴となり、各時点の刑法がそれぞれ異なった刑罰を規定している場合は、そのうちの最も軽い刑が適用される（改正刑法草案2条2項の文言はさらに明確である）。

●**免訴**──公訴が提起された事件について、確定判決の経過、事後法による刑の廃止、大赦、公訴時効の完成のいずれかに当たる場合に、判決によって言い渡される（刑訴337条）。免訴判決には一事不再理の効力が認められる（通説）。事後法による刑の廃止の場合が無罪でなく免訴となるのは、当該行為の犯罪としての性格は刑の事後的な廃止によっても変化することはなく、理論上は行為時の刑法を適用することも可能であるが、国家による処罰権の事後的な放棄が訴訟障害となるからである（平野Ⅰ・70頁参照）。

■刑法の効力の発生時点─────────────────────

────────────ケース1（事後法による処罰？）■

　甲は、1954年6月12日午前9時頃に広島市内で覚せい剤を所持していたとして、覚せい剤取締法違反で起訴された。同法は、甲の行為当日の6月12日付官報で公布された「覚せい剤取締法の一部を改正する法律」で、不法所持罪を重罰化するように改正され、改正法は「公布の日から施行する」とされた。こうした事情のもとで、甲を改正後の同法で処罰することができるだろうか。

　刑法も、他の法令と同様、施行の時点から効力を開始し、廃止によって失効する。施行期日は、具体的な規定を置いて明示されることが多いが、それを置かない場合は、「公布の日から起算して20日を経過した日」から施行される（法の適用に関する通則法2条）。ただ、**ケース1**のように、「公布の日から施行する」という形で施行期日を明示することも多く、そうした場合、どの時点で公布があったと見るかで甲の扱いに大きな違いが生じる。

　わが国は、明治初年以来、官報による法令公布の方式を採用しており、それは現在まで続いている（最大判昭32・12・28刑集11巻14号3461頁参照）。

それと関連して、法令の公布をどの時点に見るかについて見解が対立し、①公布権者が公布の意思を決定した時点(公布意思決定時説)、②法令の掲載された官報の日付の午前零時(官報日付説)、③官報の発送手続が完了した時点(官報発送手続完了時説)、④一般国民が販売所で購入・閲覧しうるようになった最初の時点(最初の購読可能時説)、⑤特定地域の住民が地方販売所で購入・閲覧しうるようになった最初の時点(地方別購読可能時説)、⑥官報がすべての地方販売所に到達した時点(到達終了時説)、とする考え方が主張されている。

> ●官報——独立行政法人国立印刷局(旧大蔵省印刷局)が発行する国の公告のための機関紙で、指定された官報販売所を通じて社会に普及される。憲法改正、各種法令、条約をはじめ、およそ官公務に関する事項が記載されている。

最高裁は、④の立場を前提として、**ケース1**について、官報の発送手続と順序を職権で調査したうえで、「一般の希望者」が閲覧・購入しようとすれば印刷局官報課または東京都官報販売所で12日午前8時30分にはそれが可能であったことを認定し、「本件改正法律は、おそくとも、同日午前8時30分までには……『一般国民の知り得べき状態に置かれ』たもの、すなわち公布されたものと解すべきである。……〔甲の行為に〕本件改正法律が適用せられることは当然」と判示した(最大判昭33・10・15刑集12巻14号3313頁)。刑罰法規が「国民一般」に向けられていることからは、法令が国民一般に知りうる状態になった時点に公布を見る④は、合理的であり説得的でもある。④を積極的に支持する学説もある(大谷・総論505頁以下)。しかし、刑法の予告機能を「抽象的な国民」との関係ではなく、「具体的な行為者」との関係でとらえるならば、行為時に広島で官報を購入・閲覧することが「事実上」不可能であった甲には、実質的に予告機能が果たされていたとは言えない。「法の不知は許さず」とするのも(38条3項前段)、このような趣旨である。④の立場は、理論的には一貫するものの、実際には、ほとんどの国民に不可能を強いる結果となる。⑤の立場にも充分な理由がある(鈴木茂嗣・百選Ⅰ(2版)19頁参照)。**ケース1**の甲に改正法を適用することは、重罰化された事後法による処罰ではないかとの疑問が残る。

第6章●刑法の適用（効力） 63

■刑罰法規の追及効？

━━━━━━ケース2（白地刑罰法規の委任にもとづく刑の廃止）

甲は、1957年10月19日に新潟県N市で、第二種原動機付自転車の後部荷台に乙を乗せて運転した。当時、この種の行為は道路交通取締法施行令41条の委任を受けて制定された新潟県道路交通取締規則8条で禁止されており、甲は同規則違反で起訴された。その後、甲の裁判係属中に同規則が改正され、2人乗りが禁止対象から外された。甲は免訴となるだろうか。

上述したように、犯罪後の法によって刑の改廃があった場合は、行為者に利益な限りで事後法が遡及適用される。しかし、あらかじめ有効期間が限定されている**限時法**との関係では、利益な事後法の遡及適用を認めると、失効の期日が近づくにつれて処罰の可能性が事実上なくなってしまい、駆け込み犯罪の放任という不都合が生じることになる。こうした不都合を回避するため、学説の一部には、限時法については当然に**追及効**を認めるべきだとするものがある（植松・84頁）。同様のことは、一般に広義の限時法と類似の性格をもつ**白地刑罰法規**についても問題となりうる。

> ●**限時法**──通常、法令には、その有効期間や失効の時点が示されることはない。ただ、なかには、あらかじめ有効期間を限定して立法される法令があり、そのようなものを限時法という。限時法には、失効期日を具体的に特定して明示するもの（狭義の限時法）と、漠然とした形で有効期間を定めるもの（広義の限時法）がある。

> ●**白地刑罰法規**──白地刑罰法規（白地刑法または空白刑法）とは、法律において法定刑だけを明確に規定し、犯罪の具体的内容の全部または一部が他の法令や行政処分に委任されている刑罰法規をいう。特別刑法、特に行政取締法規にしばしば例が見られ、**ケース2**の規則もそのようなものであった。

白地刑罰法規の委任にもとづく刑の改廃との関係で、判例には大きな動揺が見られる（西原春夫「刑罰法規の適用範囲」判例刑法研究1巻1頁以下、大コンメ1巻（3版）118頁以下〔古田佑紀／渡辺咲子〕、参照）。大審院は、この種の事案について、当初は免訴として扱っていたが（大判昭13・10・29刑集17巻853頁）、ほどなく行為時法の適用を認めるようになった（大判昭15・7・1刑

集 19 巻 401 頁)。行為時法の適用を認める立場は、最高裁大法廷判決に引き継がれ(最大判昭 25・10・11 刑集 4 巻 10 号 1972 頁等)、戦後の実務を支配していった。一連の事案で問題になった白地刑罰法規は、いずれも、戦時下の必要性から制定された経済取締法規で、限時法的な性格の強いものであった。そのため、判例は、刑の改廃が行為の可罰性の法的評価の変化による場合に追及効を否定する一方、単に事実の変化による場合は依然として追及効があるという見解を前提として(動機説)、広く行為時法の適用を認めたのである(夏目文雄・百選 I (2 版) 22 頁以下)。

　その後、最高裁は、このような態度を改め、政令で外国とみなされていた奄美大島における密輸出入による関税法違反事件において、事後の政令改正で同島が外国とみなされなくなった場合を刑の廃止に当たるとして、免訴を言い渡した(最大判昭 32・10・9 刑集 11 巻 10 号 2497 頁)。しかし、最高裁は、ケース 2 の事案で再び態度を変え、委任を受けた規則の改正があったとしても、道路交通取締法・同施行令そのものの改廃がない以上、免訴にすべきでないとしたのである(最大判昭 37・4・4 刑集 16 巻 4 号 345 頁)。その理由は必ずしも明らかではないが、動機説の立場から、道路交通取締法・同施行令そのものに改廃がない以上は、行為の可罰性の法的評価には変化がないと考えたのであろう。その後、白地刑罰法規との関係で刑の廃止を理由として免訴を認める判例は存在しなくなり、現在に至っている。

　しかし、動機説によると、可罰性に関する法的評価の変化と単なる事実の変化との区別は相対的なものでしかなく、法的安定性が害されるおそれがある。そもそもケース 2 の白地刑罰法規は、限時法的性質のものではないから、限時法理論としての動機説が当然に妥当するわけではない。一般には広義の限時法と同様の性質が認められる白地刑罰法規は、白地刑罰法規であることを理由として限時法的性格が認められるわけではないからである。また、追及効は、「失効後も罰則の適用については、従前の例による」といった規定を置くことで容易に実現しうるものであることから、学説のほとんどは限時法理論そのものを否定している。なお、学説には、委任命令の変更は「構成要件」の変更で「刑」の変更ではないとして、行為時法の適用を認めるもの

もある（木村・117頁）。しかし、行為を不可罰としたり刑を軽くする法改正は、実質的には、すべて刑の改廃にあたる。**ケース2**の甲については、免訴とすべきである。

2 刑法の効力が及ぶ場所的範囲

■場所的適用範囲に関する原則━━━━━━━━━━━━━━━━━━━━━━━■

　わが国の刑法の効力が及ぶ地域を刑法の**場所的適用範囲**といい、犯罪の行われた場所（**犯罪地**）や犯人の属性（国籍）などを基準として決定される（辰井聡子「刑法の適用範囲」新争点12頁以下）。わが国の刑法は、日本の領域（領土、領海、領空）内で行われた犯罪（**国内犯**）の処罰を原則としながら、日本国外で行われた犯罪（**国外犯**）の処罰を補充的に認めるという態度を採っている。他方、一定の社会的地位や立場にある者については、刑罰権の発動が阻害されることがある（人的障害）。

> ●**刑罰権発動の人的障害**──わが国の刑法は、その場所的適用範囲内に属する者については例外なく適用されるはずである。しかし、一定の社会的地位や立場の者には、例外的に、刑罰権の発動が全面的または部分的に阻害されることがある。国内法上の例外に、天皇・摂政（皇室典範21条参照）、衆・参両院の議員（憲50条）、国務大臣（憲75条）があり、国際法上の例外に、外国の元首・外交官・使節と日本に駐留する外国軍隊の構成員がある。

　国内犯について、1条1項は、「この法律は、日本国内において罪を犯したすべての者に適用する」と明示している。日本の領域内で行われた犯罪に対しては、犯人の国籍とは無関係に日本の刑法で処罰することが基本原則とされているのである（**属地主義**）。また、同条2項により、日本国外にある日本船舶または日本航空機のなかで行われた犯罪についても、国内犯として、犯人の国籍を問わずに日本の刑法が適用される（**旗国主義**）。

　国外犯について、3条は、現住建造物等放火罪（108条）等の犯罪を列挙して、日本国民が外国でそれらの犯罪を行った場合（日本国民の国外犯）に日本の刑法が適用されることを規定している（**属人主義**または**積極的属人主義**）。他方、日本国民が海外で犯罪被害に遭う事態が増加していることから、2003

年に、日本国民以外の者の国外犯処罰規定（3条の2）が新設された（平15法122）。また、2条は、内乱罪（77条）等が日本国外で行われた場合に犯人の国籍を問わずに日本の刑法の適用を明示し（すべての者の国外犯）、4条は、一定の公務員犯罪について、国外で日本の公務員が行った場合（日本公務員の国外犯）に日本の刑法の適用を明示している。2条および4条は、広く日本に関連する利益の保護を根拠とするもので**保護主義**と呼ばれる。保護主義には、国家それ自体を保護するためのもの（**国家保護主義**）と、国民の利益を保護するためのもの（**国民保護主義**または**消極的属人主義**）がある。また、4条の2は、世界主義の観点から、条約にもとづくすべての者の国外犯に日本の刑法の適用を認める。さらに、特別法の罰則には、個別的に国外犯処罰を規定するものが多い（民再264条、破276条など）。国外犯のうち、行為地国の国内犯として外国で確定判決を受けた者には、わが国の一事不再理の効力（憲39条後段参照）が認められず、同一行為に対して日本で再び処罰することができる（5条本文）。ただ、刑の執行場面において外国での執行実績が考慮され、刑の必要的減軽・免除（必要的算入主義）が認められる（5条ただし書）。

■**犯罪地の意義**─────────────────────────────■

■─────────────────────────**ケース3（条例違反の犯罪地）**■

　甲は、徳島県所在の自宅から香川県所在のA女方に執拗に電話し、「あんたが好きです。会ってほしい」などと繰り返し、A女に極度の不安と迷惑を与えた。甲の行為は、香川県の「公衆に著しく迷惑をかける暴力的不良行為等の防止に関する条例」10条および11条1項に該当するものであったが、徳島県にはその種の行為を取り締まる条例はなかった。徳島県で電話をかけた甲を、香川県の条例で処罰することはできるだろうか。

　場所的適用範囲について属地主義を原則とし、属人主義・保護主義を補充的に採用する刑法のもとでは、犯罪地の確定が特に重要である。犯罪地は、一般には国内犯と国外犯の区別をめぐって問題になるが、**ケース3**のように、条例との関係でも同様の問題が生じる。条例の場所的適用範囲について、最

第6章●刑法の適用（効力）　67

高裁は、新潟県でデモに参加した長野県居住者が新潟県の「行列行進集団示威運動に関する条例」違反で起訴された事案で、属地主義によることを明示した。当該条例が一定範囲に居住する住民だけを対象とすることが明らかでない限り、その効力は属地的に生じるから、新潟県に「滞在」しているだけの者にも及ぶとしたのである（最大判昭29・11・24刑集8巻11号1866頁）。他方、条例の存在しない場所での行為によって、条例が存在する場所で結果を生じさせた**ケース3**では、属地主義を前提としたうえで、犯罪地をどこに見るかという問題が残される。犯罪地の確定については、一般刑法との関係で、現在、結果の発生した場所とする見解（**結果説**）、行為の行われた場所とする見解（**行為説**）、犯罪を構成する事実の一部が存在する場所のすべてとする見解（**遍在説**または**混合説**）が主張されている。**ケース3**では、行為説による場合に限り、属地主義による条例の適用が排斥される。ただ、わが国は、明文で遍在説を採用しているドイツ刑法（9条1項）と異なり、犯罪地に関する規定を持たないため、この問題はもっぱら解釈に委ねられる。

　行為説の立場は、国家の命令規範・禁止規範の侵害を理由として刑法の適用を正当化するもので、行為無価値論の過度の強調につながりかねない。刑法の第一次的目的を法益保護に求める立場（結果無価値論ないしは結果無価値論を基礎とする二元論）からは、結果説が基本的に正しいと考えるべきである（町野・97頁）。通説・判例は遍在説を採るが、その内容は、行為の行われた場所を補充的に重視するもので、行為を過度に強調する無制約的なものではない。たとえば、国内での密輸入の正犯行為を国外で幇助した事案（最決平6・12・9刑集48巻8号576頁）や、国内で約束した贈賄を国外で実行した場合（東京地判昭56・3・30月報13巻3号299頁）、国外のプロバイダーを利用して日本国内からわいせつ画像を閲覧できるようにする行為（井田・総論72頁）などは、いずれも遍在説の立場から国内犯としての処罰が認められるが、国内での法益侵害の危険性の大きさが重視されるものである（門田成人・平成6年度重判141頁も、制限的な解釈の必要性を強調する）。

　条例は特定の地方公共団体が制定するもので、その適用は、通常、当該地方公共団体の区域内に行為と結果がある場合を想定している。しかし、**ケー**

ス3の条例は、香川県内での行為の防止は当然であるとしても、香川県内での被害の防止をも目的とするのでなければ、そもそも存在意義のないものになってしまう。この条例が県外での行為の適用除外を特に規定していない以上、徳島県での行為によって香川県で結果を発生させた甲には、香川県条例の適用が認められてよい。**ケース3**の判例は遍在説の立場から香川県条例の適用を肯定しており（高松高判昭61・12・2高刑集39巻4号507頁参照）、最高裁判例に拘束される下級審判決の判示としては理解しうるが、結果説からも同様の結論を導ける事案であった。

■明文のない国外犯処罰？

────ケース4（第二北島丸事件）■

甲は、漁業権ないしは入漁権にもとづかないで、1965年10月5日に他の乗員とともに、わが国の統治権が及んでいない国後島付近の海域で刺し網漁を行った。甲は、漁業法65条1項および水産資源保護法4条1項にもとづく北海道海面漁業調整規則違反で起訴された。甲の行為は、どのように扱われるか。

いわゆる北方四島およびその近海の領土的帰属については、周知のように、国際法との関係で深刻な議論がある。しかし、それがわが国の領域（領海）内であることが明らかでない以上、1条1項の国内犯として甲を処罰することはできない（「疑わしきは被告人の利益に」の原則の適用）。**ケース4**の事案は、外国領海で密漁をした事案と実質的に同じであり、国外犯としての処罰の可否が問題になる。もっとも、**ケース4**では旗国主義（1条2項）での国内犯処罰も考えられるが、そうした構成は、外国船をチャーターして実行した密漁の場合（1条2項は適用できない）と比べて実質的な不合理を生じる。

問題の北海道規則は、「水産資源の保護培養及びその維持を期し、並びに漁業取締りその他漁業調整を図り、漁業秩序の確立を期する」ことを目的とする（同規則1条）。水産資源の移動性が高いことなどから、この目的を達成するには、国内犯（領海内の密漁）を処罰するだけでは足りず、国外犯を国内犯と同様に処罰する必要性と合理的な根拠がある。最高裁も、**ケース4**にお

いて、「本件規則 55 条は……わが国領海内における同規則 36 条違反の行為
のほか……公海およびこれらと連接して一体をなす外国の領海において日本
国民がした同規則 36 条違反の行為(国外犯)をも処罰する旨を定めたものと
解すべきである」と判示した(最判昭 46・4・22 刑集 25 巻 3 号 451 頁)。最高
裁は、属人主義にもとづいて、国外犯としての処罰を認めたのである。しか
し、水産資源の保護培養等といった目的を強調するのであれば、国外犯処罰
の根拠は、民族主義的な考え方に由来する属人主義ではなく、保護主義に求
めるべきである。しかも、それは、わが国の国家的・社会的利益だけではな
く、地球的な規模での水産資源の保護等を根拠とするもの(世界的保護主義)
となるのが筋である(森下忠・百選 I (2 版)27 頁。他方、小暮得雄・昭和 46 年
度重判 116 頁は、構成要件的境界の考え方の必要性を強調する)。ただ、世界的
保護主義といった考え方は、当時は必ずしも成熟していなかったため、最高
裁は属人主義を根拠にしたものと思われる。

　しかし、属人主義にせよ保護主義にせよ、わが国の刑法は、処罰すべき犯
罪を限定的に列挙することによって国外犯処罰の範囲を限定している。**ケー
ス 4** の甲を国外犯として処罰するには根拠となる明文規定が必要であり、明
文のない国外犯処罰は、罪刑法定主義違反の疑いが残る。

■刑罰権実現の限界とその克服

　刑法が国外犯にも適用があるのに対し、わが国の裁判権は、原則としてわ
が国の領域内にしか及ばない。刑法の適用と現実的な刑罰権の行使は、必ず
しも一致しておらず、裁判ないしは捜査との関係で大きな限界がある(詳細
は、城祐一郎『現代国際刑事法』〔2018 年〕参照)。何よりも、国外にいる犯罪
者に対してわが国の裁判権を行使するためには、当該犯罪者をわが国に引き
渡してもらわなければならない(**国際司法共助**)。わが国からの逃亡犯罪者に
ついては、すでに 1953 年に逃亡犯罪人引渡法を制定して(昭 28 法 68)対処し
ているが、一般の犯罪人引渡については、アメリカ合衆国(1980 年)と大韓民
国(2002 年)との間に条約を締結しているにとどまり、この点での制度的担保
は依然として充分ではない。現時点では、代理処罰(逃亡先の国内法による処

罰)を要請して次善的に対応することで、中華人民共和国や大韓民国、ブラジル連邦共和国等との関係で一定の成果が見られるにとどまる。

さらに、国際的な犯罪の摘発との関係では、捜査上の国際協力(**国際捜査共助**)の必要性が大きくなっており、1980年に国際捜査共助法を制定するとともに(昭55法69)、アメリカ合衆国、大韓民国、中華人民共和国、香港、ロシア連邦、欧州連合との間に共助条約・協定を締結している。また、外国における日本人受刑者と日本における外国人受刑者の効果的な改善更生と円滑な社会復帰の促進を目的として、2002年に国際受刑者移送法(平14法66)を制定して、その実施について、欧州連合、タイ王国、ブラジル連邦共和国、イラン・イスラム共和国との間に条約を締結している。

3 まとめ

本章で確認した原則のほかに、近年、犯罪が国際化してきたこととの関係で(特に薬物犯罪やテロ犯罪、組織犯罪)、刑法の場所的適用範囲について注目すべき動き(国際刑法の問題)が見られる。それは、およそ自国の刑罰法規に違反する行為については、犯罪地や犯人の国籍と無関係に自国の刑法を適用するという考え方(世界主義)に立った積極的な犯罪者処罰の動きである。わが国の刑法は、今のところ直接的には世界主義を採用してはいないが、1987年に条約にもとづく包括的な国外犯処罰規定を追加して(4条の2)、世界主義に一歩近づいた。また、1991年の麻薬特例法(平3法94)や1999年の組織犯罪処罰法(平11法136)のように、世界主義に親和的な性格を有する立法も見られる。人の移動や社会活動のボーダーレス化にともなって、刑法の適用範囲が拡大していくことの必要性は軽視できない状況になっている。特に、世界主義との関係では、2003年に、個人の国際犯罪を裁く常設の国際司法機関として、オランダのハーグに国際刑事裁判所が設置されたことの意義が大きい(村瀬信也・洪恵子編『国際刑事裁判所〔第2版〕』〔2014年〕参照)。今後、現実的な成果が期待されるところである。

[丸山雅夫]

第7章 構成要件(犯罪の型)

1 犯罪成立の第1段階

■犯罪の確認方法と犯罪論体系————————————————————■

　犯罪成立の確認という観点から見た場合、一般に、「犯罪とは、構成要件に該当する違法で有責な行為である」と言われる。すなわち、犯罪は、問題となっている(社会的に好ましくない)「行為」が、それぞれの犯罪類型ごとに特有の型として規定されている「構成要件」に当てはまり(**構成要件該当性**)、「違法」で(**違法性**)、「責任」のあること(**有責性**)が確認された場合に成立し、それに対して刑罰という法的効果が与えられるものである。こうした表現から明らかなように、わが国では、犯罪の成立について、構成要件該当性→違法性→責任(有責性)の順に段階的に判断していくという方法が広く定着している。このような形式的な判断方法は、犯罪の実質とは何かを解明するための理論体系(**犯罪論体系**)を前提とするものである。したがって、わが国における犯罪論体系は、犯罪成立の段階的判断に対応する形で、構成要件該当性判断の前提となる**構成要件論**、違法性判断の前提となる**違法論**、責任判断の前提となる**責任論**から構成される。これが、犯罪論における**三分体系**(三分説)と言われるものである。

　構成要件該当性・違法性・責任の段階的判断は、それぞれを独立して行うこともできるし、そのような方法を主張する立場もある(内田・総論88頁以下)。しかし、一般に、わが国においては、構成要件該当性に違法推定機能と責任推定機能を認める立場が有力である。それによれば、構成要件に該当する行為は、違法阻却事由に当たることが立証されない限りは違法性がある

72

ものとされ、責任阻却事由に当たることが立証されない限りは責任があると
されることになる(→ 177 頁。堀内捷三「構成要件の概念」新争点 14 頁以下)。

●さまざまな犯罪論体系──犯罪論体系について、わが国の通説は、構成要件(該当性)・
違法(性)・責任という三分体系を採る。しかし、それ以外にも、行為、構成要件、違法、
責任の関係をどのように理解するかに応じて、異なった体系がありうる。たとえば、構成
要件論から切り離された行為に独立の体系的地位を与える、行為・構成要件・違法性・責
任という四分体系を採る立場(曽根・総論 45 頁等)や、構成要件該当性判断と違法性判断
は切り離せないとする立場から、構成要件を違法性のなかに取り込む、行為・違法性(不
法)・責任という三分体系を採る立場(西原(上)・77 頁等)などが見られる。

■犯罪の型と構成要件要素━━━━━━━━━━━━━━━━━━━━■

犯罪が成立するためには、何よりも、問題となっている行為が、犯罪の型
について規定する刑法の条文(犯罪構成要件)のどれかに当てはまらなければ
ならない(構成要件該当性の確認)。個々の構成要件は、それぞれの犯罪類型
の内容に応じた特有の型をもって規定されている。殺人罪の型は「人を殺し
た」であり(199 条)、窃盗罪の型は「他人の財物を窃取した」である(235 条)。
また、犯罪類型に応じた特有の型はいくつかの要素から構成されており、そ
うした要素を**構成要件要素**という。具体的な行為の構成要件該当性判断は、
個々の犯罪類型について論じる「刑法各論」と呼ばれる分野で個別的に扱わ
れる。しかし、構成要件要素には共通する部分も多いことから、共通部分に
ついては、「刑法総論」と呼ばれる分野で扱うのが通例になっている(「刑法
総論」と「刑法各論」は、いずれも法学部の伝統的なカリキュラムの中核である)。

構成要件要素として異論なく認められているもののうち、ほとんどの犯罪
類型に共通しているのは、犯罪の主体と客体、行為、結果、行為と結果との
つながり(因果関係)である。犯罪によっては、中立命令違反罪(94 条)におけ
る「外国が交戦している際に」や、消火妨害罪(114 条)における「火災の際
に」、水防妨害罪(121 条)における「水害の際に」のように、一定の行為事情
を要求するものもある。さらに、ある種の犯罪類型では、犯罪の成否に直接
には関係しない構成要件要素として、事前収賄罪(197 条 2 項)における公務
員への就任のような処罰のための条件(客観的処罰条件)や、親族相盗例(244
条)における一定の親族関係のような処罰を阻却する事由(刑罰阻却事由)が、

第7章●構成要件（犯罪の型）　73

例外的に明示されていることもある。本章では、構成要件要素のうち、因果
関係(→第9章)以外のものを扱う。

2　犯罪の主体と客体

■犯罪の主体

　犯罪の主体とは、構成要件に規定されている行為を行う者(行為者)のこと
で、多くの場合、「……した者」という形で規定されている。「者」とは、一
般に、自然人を意味する。ほとんどの犯罪類型においては、主体には特に制
限がなく、自然人である限りは、誰であろうと犯罪の主体になりうる(**非身
分犯**)。しかし、犯罪によっては、例外的に、主体について一定の身分の存
在を要求するものがある(**身分犯**)。

　身分犯には、収賄罪(197条)のように、行為者に身分のあることによって
はじめて犯罪が成立するもの(**真正身分犯**または**構成的身分犯**)と、尊属殺人罪
(旧200条)や嘱託殺人罪(202条後段)のように、行為者に身分があることによ
って加重または減軽された形態の犯罪が成立するもの(**不真正身分犯**または**加
減的身分犯**)の2種類がある。さらには、業務上横領罪(253条)のように、真
正身分犯(他人の物を占有する者だけに成立する横領罪〔252条〕)に不真正身分
(業務者)を要求する「二重の身分犯」のようなものもある。身分とは、性
別・国籍・親族関係・資格などに限らず、一定の犯罪行為に関する犯人の人
的関係としての特殊な地位や状態のすべてを意味する(最判昭27・9・19刑
集6巻8号1083頁参照)。嘱託殺人罪では、「嘱託を受け」た事実が身分とさ
れている。

──ケース1（法人の犯罪能力）

　(1)　法人甲は、主務大臣の許可を得ないで貯蓄銀行業を営んだとして、当時
の貯蓄銀行法違反によって起訴された。「……したる者」という形で主体を規
定していた同法18条は、法人にも適用されるだろうか。

　(2)　貿易業を営む株式会社乙は、その従業員が行った外為法27条1項3号

後段および30条3項違反について、73条の両罰規定により罰金刑を言い渡された(条文はいずれも当時)。法人の処罰を規定する73条の両罰規定は、法人の犯罪能力を認めたものだろうか。

　一般に「……した者」という形で規定されている犯罪の主体に関して、「人」を表現する「者」が自然人を意味するという点は、争いなく認められている。他方、民法などでは、「人」は、自然人とともに「法人」を含む概念として一般に用いられている(民33条・34条参照)。また、犯罪の主体として自然人を規定する刑法も、自然人を積極的に要求しているわけではない。こうしたことから、犯罪の主体である「者」には法人も含まれるのではないかが問題になる。もっとも、こうした文理解釈は、一応の可能性として認められるにすぎない。刑法の判例・学説のいずれにおいても、犯罪の主体である「者」に「自然人」と「法人」の両方を含むという形で、およそ一般的な意味で法人そのものの主体性(犯罪能力)を認める見解は存在しない。

　ケース 1 (1)の事案についても、「法人に犯罪行為能力ありや否に付ては所論の如く見解の一致せざるところなりと難も我現行法の解釈としては之を否定すべく若し法人の機関たる自然人が法人の名義に於て犯罪行為を為す場合に於ては其の自然人を処罰するを以て正当と為す」とされている(大判昭10・11・25刑集14巻1217頁)。この結論は、広く学説も支持している。また、規定の形式としても、(2)の両罰規定のように、自然人以外の事業主や法人を行為者として処罰する場合は、その趣旨が条文に明示されている。したがって、法人処罰を明示していない構成要件は、法人を犯罪主体として予定するものではないと解すべきである。法人である甲には、旧貯蓄銀行法18条を適用することはできない。

　これに対して、自然人とともに法人の処罰を明示する両罰規定については、事情が異なる。両罰規定の存在は、法人の犯罪能力を認めることによって、もっとも素直に根拠づけられるからである。しかも、この種の規定は、特別刑法のなかに数多く存在している。(2)では、この点が問題になる。法人の犯罪能力を否定する立場を一貫すれば、法人処罰を明示する両罰規定において

第7章●構成要件（犯罪の型）　75

も法人の犯罪能力は否定され、無過失転嫁責任として説明される（大判大12・2・27刑集2巻134頁参照）。しかし、最高裁は、(2)の事案で、過失推定説の立場から、乙に対する罰金刑を認めた（最判昭40・3・26刑集19巻2号83頁）（→第3章ケース2参照）。最高裁は法人の犯罪能力については正面から判示しなかったものの、従業者の選任・監督についての法人の過失を問題にしたうえで、その点の無過失を証明した場合にのみ免責されるという論理（挙証責任の転換）は、法人の犯罪能力を認めることによってはじめて導きうる（江口三角・百選Ⅰ（4版）11頁参照）。一般的な意味においては法人そのものの犯罪能力を否定する学説も、法人処罰を明示する両罰規定については、法人の犯罪能力を認めたものと理解しているのである。

　そもそも、法人の犯罪能力を否定する論拠としては、法人には肉体も意思もないことを前提に、①行為もないから、②それに対する非難もありえない、③自由刑を中心とする刑罰制度になじまない、④刑事政策上も機関としての自然人を処罰するだけで充分である、といった点が指摘されている（福田・72頁以下）。しかし、法人も機関（組織）の意思にもとづいて活動している以上、自然人の場合と全く同じではないにしても、①行為もあるし、②それに対する非難も可能である。また、③死刑や自由刑にはなじまなくても財産刑にはなじむし、それによって、④法人犯罪を抑止するという政策的目的も充分に達成しうる。さらに、立法論としては、アメリカの例に見られるように、法人そのものを犯罪の主体として正面から規定することも不可能ではない。このような根拠から、両罰規定における法人処罰は、自然人である行為者を媒介とする場合に限って、8条ただし書の「特別の規定」によって、犯罪の主体を例外的に法人に拡張したものと考えることができる（樋口亮介「法人の処罰」新争点10頁以下参照）。

■犯罪の客体

　犯罪の客体とは、構成要件の規定する行為が向けられる対象をいう。殺人罪では「人」であり、窃盗罪では「他人の財物」である。単純逃走罪や多衆不解散罪（97条、107条）などのように、犯罪の客体が想定できない犯罪も多

い。これに対して、刑法が保護している生活利益（**法益**）は、構成要件における**保護の客体**であり、犯罪の客体とは必ずしも一致しないことも多い。価値概念である法益は、構成要件のなかに直接的・明示的に規定されることはまれであり、各構成要件の解釈を通じてはじめて明らかにされる。また、犯罪の客体と犯罪の被害者は、一致することもあるが、必ずしも常に一致するわけでもない。窃盗罪の被害者は、客体である財物の占有者と所有者であり、殺人罪の被害者は、客体である被殺者とその親族等である。

> ●**法益の種類**──刑法は構成要件を媒介として法益を保護しているから、法益を欠く犯罪はありえない。法益は、その性質（担い手）に応じて、一般に、個人的法益（生命、身体、自由、私生活の平穏、名誉・信用、財産）、社会的法益（公共の安全、取引の安全、風俗）、国家的法益（国家の存立、国交関係、国家の作用）に区別される。ただ、最近の刑事立法には、クローン規制法（平 12 法 146）のように、法益を特定しにくいものも少なくない。

━━━━━ケース 2（法人に対する侮辱）

甲は、知人の交通事故の交渉を有利に進めようと考え、新宿駅前で、「A 火災海上保険会社は、悪徳弁護士 B と結託して被害者を弾圧している。責任を取れ！」と記載したビラ数十枚を通行人に手渡した。甲には、A 会社に対する侮辱罪（231 条）が成立するだろうか。

殺人罪や傷害罪（204 条）のように、自然人だけが享有しうる法益（生命や身体）を保護する構成要件においては、客体は当然に自然人に限定される。他方、名誉のような法益は、定義の仕方によっては、自然人以外（組織や団体など）にも認めることができるように思われる。**ケース 2** は、この点に関わる。**ケース 2** のビラの内容は「事実の摘示」ではないから、名誉毀損罪（230 条）は問題とならない。また、「悪徳弁護士」とされた B、および A 会社の個々の構成員（自然人）との関係では、当然に侮辱罪の成否を問題にすることができる（山本輝之・百選Ⅱ（4 版）43 頁参照）。

名誉侵害罪（刑法第 34 章）の法益である「**名誉**」の意義については、見解が分かれている（丸山雅夫「名誉の概念」新争点 152 頁以下）。名誉侵害罪全体の法益を統一的にとらえる立場からは、①人が生まれながらに持っている客観的な価値（真価）としての名誉（内部的名誉）とする見解（規範説）、②人に対して

第7章●構成要件(犯罪の型)　77

社会が与える評価(評判)としての名誉(外部的名誉または社会的名誉)とする見解(事実説)、③自己に対する本人の価値意識・感情としての名誉(名誉感情または主観的名誉)とする見解、が主張されている。他方、名誉侵害罪の歴史的沿革や法定刑の重さなどを考慮して、名誉概念の統一的な把握を放棄し、②を名誉毀損罪の法益と見ながら、③を侮辱罪の法益と考える立場(二分説)もある。①③のように考えるならば、名誉侵害罪の客体は自然人に限られるため、Ａ会社に対する侮辱罪は成立しえない(二分説においても侮辱罪の成立だけは否定される)。Ａ会社に対する侮辱罪の成立を認めうるのは、②による場合だけである。

　法人に対する名誉毀損罪の成否が問題になった事案で、大審院は、②の立場からその成立を認めていた(大判昭11・7・2刑集15巻857頁)。ただ、二分説からも同じ結論が導かれることから、その論理をめぐっては異なった理解がありえた。**ケース2**について最高裁が侮辱罪の成立を認めたことで(最決昭58・11・1刑集37巻9号1341頁)、②の立場が確認されたことになる。最高裁によれば、名誉毀損罪と侮辱罪は、それぞれの法益の内容に違いがあるわけではなく、行為態様の違い(事実の摘示の有無)によって区別される。こうした理解は、通説によっても広く支持されている。法人の活動は、その構成員(機関)としての自然人の行為を媒介とはするものの、自然人の行為と切り離して、それ自体が社会的なものとして評価されるのが通常である。法人それ自体にも、自然人の場合と同様の社会的評価を認めることができる。通説・判例のとる②からは、当然に、法人を客体とする名誉毀損罪・侮辱罪が認められる(川端博・百選Ⅱ(6版)45頁)。同様のことは、社会における活動を保護する信用毀損罪や業務妨害罪(刑法第35章の罪)にも当てはまる。他方、その成立範囲の限定を強調する立場もあるし(川口浩一・百選Ⅱ(7版)47頁)、法人に対する名誉侵害罪の成立を端的に否定する立場もある(丸山雅夫「個人的法益としての『名誉』概念」内田古稀324頁以下)。

3 行為と結果

■行為

　刑法は、犯罪の成立を契機として行為者を処罰する。刑法は、外部に現れた**行為**を手がかりとして、行為者を価値的に評価し、非難するものである。「思想に税はかからない」と言われるように、行為がなければ刑罰権の発動もない。犯罪の成否が問題となるのは、個々の構成要件に規定されている具体的な行為（**構成要件的行為**）が実際に行われた場合である。行為は、外部的な行動態様との関係で、**作為**と**不作為**に区別できるし、行為者の主観との関係では、**故意行為**と**過失行為**とに区別できる（38条1項）。

> ●**行為の種類**──作為（犯）とは、刑法の禁止に違反する積極的な身体の挙動をいい、不作為（犯）とは、刑法の命令に反する消極的な静止をいう。故意（犯）とは、犯罪を犯す意思にもとづく行為をいい、過失（犯）とは、不注意で刑罰法規に違反する行為をいう。作為・不作為と故意・過失は、異なった側面での区別であるから、それぞれの組み合わせが可能である。現行刑法においては、故意的作為を処罰するものが大部分で、例外的に故意的不作為と過失的作為を処罰し、過失的不作為の処罰は刑法典には存在しない。

━━━━━ケース3（行為概念）

　就寝中に何者かに襲われて殺されそうになった夢をみて、極度の恐怖感に襲われた甲は、半覚半睡の意識状態のもとで、相手の首を絞めて機先を制するつもりで傍らに寝ていた妻の首を絞めて殺害してしまった。甲の挙動は、刑法上の行為として評価することができるだろうか。

　行為に関しては、個々の犯罪類型における構成要件要素として問題にする前に、そもそも刑法が対象とする行為はどのようなものなのか（刑法上の**行為概念**）が、一般的な形で問題になる。**ケース3**は、この点に関するものである。行為概念をめぐって学説は対立し、①**自然的行為論**、②**目的的行為論**、③**人格的行為論**、④**社会的行為論**が、それぞれ主張されている（井田良「行為論」新争点16頁以下）。

　①は、人の身体の動静を行為とするもので、**因果的行為論**とも呼ばれる。

それは、さらに、身体の動静が意思にもとづかなくてよいとする立場（**自然主義的因果的行為論**）と、意思にもとづかなければならないとする立場（**有意的行為論**）に分かれる。②は、主観的な目的によって支配されたものだけを行為と見るもので、**主観的目的的行為論**と呼ばれる。①（特に有意的行為論）に対する批判として、1930 年代にドイツのヴェルツェルによって主張され、わが国の刑法学にも大きな影響を与えた。③は、素質と環境によって形成された行為者人格の主体的現実化と見られる身体の動静を行為とするもので、②を批判するところから主張される。④は、社会的に意味のある身体の動静を行為とするもので、**客観的目的的行為論**とも呼ばれる。刑法上の行為概念は、学説上、行為の構造やその存在論的意義、犯罪論における役割や体系的地位など多くの論点との関わりで、複雑な形で争われている（日高義博「刑法における行為論の意味」基本講座 1 巻 149 頁以下参照）。わが国では、①（特に有意的行為論）が通説的な立場であり、④も有力である。

　刑法上の行為概念そのものを問題とする判例は、**ケース 3** に関する下級審のものしかなく（実務上の例外性について、米田泰邦「刑法における行為概念の実践的意義」同『行為論と刑法理論』〔1986 年〕46 頁以下）、「行為者のある外部的挙動がその者の行為と評価され得るのは、その挙動が行為者の意思によって支配せられているからであって、右の意思支配が存しない場合には行為も存しないと言うべきであり……任意の意思に基く支配可能な行動のみが、刑罰法規の規定された構成要件該当性の有無についての判断の対象とされるべきであって、右の任意の意思を欠く行動は、行為者についてその責任能力の有無を論ずるまでもなく、刑罰法規の対象たる行為そのものに該当しないと解すべきである」としている（大阪地判昭 37・7・24 下刑集 4 巻 7 = 8 号 696 頁）。本判決は、多くの学説によって有意的行為論によるものとされるが、行為がおよそ何らかの意思にもとづいていれば足りるとするものではなく、任意の意思にもとづく支配可能な行動までをも要求しているところから、実際には主観的目的的行為論を前提とするもののように思われる。

　しかし、行為論の段階で刑法の判断対象をあまりに狭めてしまうのは適切でない。行為論を含めた構成要件論（ないしはその前段階としての行為論）を肥

80

大化させ、それに過度の役割を負わせることは、犯罪成立の段階的判断という方法論や三分体系の役割と意義を没却することにもなりかねないからである。甲による妻の殺害は、「意思に支配されてはいない」が、「意思にもとづいている」ことは明らかであるから、行為性を肯定することができる（上田健二・百選 I（2版）32頁以下）。甲に殺人罪が成立しないのは、行為性が否定されるからではなく、行為時の責任（能力）が否定されるからである。こうした結論は、①および④（場合によっては③）の立場から導かれる。

■結果

　刑法に規定されている犯罪のほとんどは、殺人罪や傷害罪のように、その成立のために一定の**結果**の発生を必要としている。このような犯罪を**結果犯**といい、一定の結果の発生が、構成要件要素（**構成要件的結果**）とされる。他方、構成要件のなかには、住居侵入罪（130条前段）や暴行罪（208条）のように、その成立に結果の発生を必要とせず、一定の行為が実行されたことからただちに犯罪の成立が認められるものがある（**挙動犯**または**単純行為犯**）。しかし、刑法が法益保護を任務とすることからすれば、法益侵害に処罰根拠を求められない挙動犯はきわめて例外的な存在でなければならない。学説のなかには、挙動犯という概念それ自体を否定すべきだとするものさえ見られる（内田・概要上巻202頁。→304頁）。

　結果犯には、構成要件的結果として、法益の現実的侵害（実害）を要求する類型（**侵害犯**または**実害犯**）と、法益に対する危険（実害の前段階としての結果）で足りるとする類型（**危険犯**）がある。また、危険犯は、建造物等以外放火罪（110条）のように、危険の発生が構成要件要素として明示的に要求されているもの（**具体的危険犯**）と、現住建造物等放火罪（108条）のように、危険発生が構成要件要素として明示されていないもの（**抽象的危険犯**）とに分類される。抽象的危険犯は、構成要件的行為の実行に結果としての危険発生が必然的に伴うと考えられて（擬制されて）いるもので、結果の発生が全く要求されない挙動犯とは質的に異なる。しかし、挙動犯の典型である住居侵入罪や偽証罪の解釈に見られるように、挙動犯と結果犯との実際的な区別は困難であり、

実益にも乏しい。

4 まとめ

　構成要件要素をめぐっては、さらに、結果無価値論と行為無価値論の争い
と関連して(→第5章)、**主観的構成要件要素(主観的違法要素)**といったものの
存在を認めるかどうかが問題となる。特に、それは、故意・過失を三分体系
のどこに位置づけるか(故意・過失の体系的地位)という問題として顕在化す
る(伊東研祐「故意の概念」新争点56頁以下)。従来、故意・過失は、行為者の
内心の問題(責任要素)として、もっぱら責任論の段階で扱われてきた。それ
によれば、被害者の死をもたらした行為について故意犯(殺人罪)が成立する
か過失犯(過失致死罪)が成立するかは、構成要件論および違法論までの段階
では区別するまでの必要がなく、責任論の段階ではじめて区別されることに
なる。これは、結果無価値論を前提とする立場である。これに対し、主観的
目的的行為論の登場を契機として、故意行為と過失行為は行為自体として構
造的に異なっており、そのことを前提として犯罪論を構成すべきだとする考
え方が主張されるようになった。これは、行為のあり方を重視するもので、
行為無価値論にもとづく主張である。このような考え方によれば、故意・過
失は主観的な構成要件要素だということになり、したがって、故意犯(殺人
罪)と過失犯(過失致死罪)は構成要件該当性(構成要件論)の段階からすでに明
確に区別されるべきことになる。
　わが国においては、行為概念としての目的的行為論は、それ自体としては
必ずしも多くの賛同を得られていないが、故意・過失を主観的構成要件要素
として位置づけるという結論は広く受け入れられている。また、新過失(犯)
論といった主張(→第13章1)なども、目的的行為論の考え方を前提とするも
のである。

[丸山雅夫]

第8章　不真正不作為犯

1　なぜ問題となるのか

■不真正不作為犯とは

作為、すなわちある一定の身体的動作をすることが処罰の対象となるのが**作為犯**の場合であり、それが犯罪のふつうの形態である。しかし、例外的に、**不作為**、すなわち一定の動作をしないことが犯罪を構成する場合がある。この**不作為犯**の中にも、条文そのものが可罰的行為として不作為を記述している場合（たとえば、「退去しな」いことを処罰する130条後段、「生存に必要な保護をしな」いことを処罰する218条後段、不告知を処罰する爆発物取締罰則7条・8条、ひき逃げのケースに適用される道路交通法上の救護義務違反の罪〔道交法117条、72条1項前段〕と事故報告義務違反の罪〔道交法119条1項10号、72条1項後段〕など）と、規定の表現の上では作為による実行を予定しているかに見える犯罪を不作為によって実行する場合（とくに、殺人罪、詐欺罪、放火罪などで問題となる）とがある。前者を**真正不作為犯**、後者を**不真正不作為犯**という。真正不作為犯については、どのような場合に不作為が処罰の対象とされるかが条文上具体的に記述されているのに対し、不真正不作為犯においては、処罰の対象となる不作為の要件が条文上まったく明らかでないことから、その成立の限界をめぐりさかんな議論がある。

> ●**保護責任者による不保護罪**──真正不作為犯については、処罰対象となる不作為が条文上具体的に記述されているのが一般であるが、ただし、保護責任者による不保護罪（刑法218条後段）については、それが真正不作為犯であるとはいえ、犯罪の主体に関し「老年者、幼年者、身体障害者又は病者を保護する責任のある者」という包括的な文言が使われており、可罰的不作為が具体的に記述されているとはいえず、**犯罪主体の範囲に関し明確さを欠く不真正不作為犯**と同じ問題が生じる。

■罪刑法定主義違反？

　不真正不作為犯とは、法文の表現の上では、作為による実行を予定しているかにみえる刑罰法規が不作為に適用される場合である。それは刑罰法規の予定していない行為を処罰するものであって、**罪刑法定主義の原則**(→第2章)に反するのではないかという疑いが生じる。

　ただ、親が赤ちゃんに授乳しないことによって餓死させるような行為は、ナイフで人を刺し殺す行為と同じく、刑法199条にいう「人を殺」す行為にほかならない。人気のない湖に甲とAの2人がボートを漕ぎ出し、湖上でふざけていて甲がAを過ってボートから水の中に転落させてしまったというとき、その時点で甲に殺意が生じ、甲がAを容易に助けることができるのにあえて助けることをせず、これによりAを溺死に至らせる不作為を「人を殺」す行為とすることにも異論はないと思われる。これらの例に示されているように、殺人罪の処罰規定は、作為ばかりでなく、一定の不作為も当然に予定しているというべきであり、そのかぎりでは罪刑法定主義違反の疑いは生じない(もっとも、どのような場合に不作為が殺人の実行行為とされるかは明白ではないので、その点は、罪刑法定主義との関係で問題となる)。

　これに対し、詐欺罪における「人を欺いて財物を交付させ」ること(246条1項)や、放火罪における「放火」(108条以下)は、文言上は、よりはっきりと作為を予定しているように思われる。たとえば、いわゆる釣り銭詐欺の事案で、店員が釣り銭を間違えて多く渡し、客がすぐその場で気づいたのに釣り銭を財布に入れて持って帰ってしまったとき、詐欺罪の成立を認める見解が多いが、「人を欺いて財物を交付させた」といえるかどうかはかなり微妙である。放火罪については、次のような事例を検討してみよう。

━━━━━━━━━━ケース1(不作為による放火罪の成否)

　甲は、Aの住む家に侵入し、机の引き出しから現金を盗もうとしたが、硬貨が床に落ちたため、紙切れを丸めて火をつけこれを照明に用いて、落ちた硬貨を拾い集めた。そのとき、火が机の上の他の紙切れに引火して燃え上がったが、甲は火事になることを容認し、消火しうるにもかかわらずこれを放置したまま

84

逃走し、Aの家は全焼した。甲はどのような刑事責任を負うか。

　甲の行為について、**現住建造物放火罪**(108条)が成立するであろうか。同罪は、犯意をもって放火行為を行い、その建造物を「焼損」したときに成立する。しかし、甲は放火の意思で火をつけたわけではなく、その意味では、故意で放火行為を行ったとはいえない。甲は、みずからの重大な落度で火を出し、簡単に消し止めることができ、また他にすぐ火を消すことのできる人はいなかったのに、そのような事情を認識しながらそのまま放置して家屋を焼損するに至らせたのであった。それは、もはや過失犯である**失火罪**(116条、117条の2)にとどまるものではなく、**最初から放火の意思で火を付けたのと変わらない**という理由で、現住建造物放火罪の成立を認めることが考えられる(広島高岡山支判昭48・9・6判時743号112頁は、**ケース1**とほぼ同じ事案で不作為による現住建造物放火罪の成立を肯定した)。それは、条文に予定されているところとは別個の行為ではあるが、それと同等に評価できるから条文を適用するというものであり、108条の規定を**類推適用**することにならないであろうか(罪刑法定主義の原則から、**刑罰法規の類推解釈**は禁止されることについては、第4章1参照)。

　　　●放火罪に関する判例──放火罪に関する大審院・最高裁判所の判例として次のものがある。①養父との喧嘩の末、これを殺害した被告人が、死体の始末について思案していたところ、喧嘩の際に養父が投げた燃木尻の火が住宅内の庭の藁に飛散し燃え上がるのを見たが、罪跡をかくすためにそのまま放置し、住宅等が焼けたという事案につき、消火すべき法律上の義務を有しかつ容易に消火できる地位にある者が、既発の火力を利用する意思をもって鎮火に必要な手段をとらない不作為は放火行為にあたる、として放火罪(109条2項)の成立を肯定したもの(大判大7・12・18刑録24輯1558頁)、②火災保険が付けられている自己所有の家屋において、神棚のロウソクに火を付けたが、そのロウソクが傾斜して神符に点火しさらに家屋に延焼する危険があることを知りながら、火災になれば保険金がとれると考えて、そのまま放置して外出し、家屋が焼けるに至ったという事案について、家屋が燃焼する危険がある場合に、その危険の発生を防止することが可能であるにもかかわらず、その危険を利用する意思をもって消火に必要な措置をとらなかったときも放火行為に該当する、として放火罪(109条1項、115条)の成立を認めたもの(大判昭13・3・11刑集17巻237頁)、③会社の事務室で残業していた被告人が、机の下に不用意に置いた火鉢から机等に引火して燃え上がっている状態を発見しながら、自己の失策の発覚をおそれて放置して立ち去ったため、営業所の建物等が焼けたという事案について、自己の過失により物件が燃えつつあるのを目撃しながら、その既発の火力により建物が燃えるのを認容する意思をもって、あえて被告人の義務である必要かつ容易な消火措置をとらない不

作為により、建物についての放火行為(108条)をなしたということができる、としたものがある(最判昭33・9・9刑集12巻13号2882頁〔吉田敏雄・百選Ⅰ(7版)12頁以下〕)。

罪刑法定主義との関係で生じるもう1つの重大な問題は、甲の不作為が放火行為にあたるかどうかの判断は**不明確**なものであることから、刑罰権発動の予測可能性を保障しようとする同原則(→第2章1)に反するのではないかということである。不真正不作為犯の場合には、真正不作為犯と異なり、**いつ誰にどのような内容の作為義務が生じるのか**が、個々の処罰規定にはまったく示されておらず、犯罪が成立するかどうかは<ruby>生<rt>なま</rt></ruby>の価値判断によって決せられるかのようにみえる。しかも、後述のように、判断基準をより明確にすることにも困難があり、たとえ不真正不作為犯が可罰的であることを法律上宣言したとしても(改正刑法草案〔→第4章1〕12条は、「罪となるべき事実の発生を防止する責任を負う者が、その発生を防止することができたにもかかわらず、ことさらにこれを防止しないことによってその事実を発生させたときは、作為によって罪となるべき事実を生ぜしめた者と同じである。」とする規定を提案していた)、この点の不明確さは解消されないのである。

> ●**不作為犯と自由の制限**——刑法による国民の自由への干渉という点から見ても、作為犯の場合であれば一定の行為を禁止するだけのことであり、禁止される側としては他にどのような行為に出ても差し支えないのであるが、不作為犯の構成要件により作為を義務づけるときは、その作為を行わないかぎり処罰されるのであり、**他の行為選択の自由はまったく排除**される。この意味において、不作為犯の処罰は、国民の自由への干渉の度合いがより高いといえる。

■保証者説

次に、不作為犯論の体系的な位置づけについて考えてみよう。犯罪は、ある行為(すなわち、作為または不作為)が「構成要件に該当」し、「違法」で、かつ「責任」を問いうるものであるときに成立する(→第7章1)。この**3段階の犯罪論体系**において、不真正不作為犯の問題はどこに位置づけられるのか。現在の通説はいわゆる**保証者説**(または保証人説)をとり、行為者が保証者的地位、つまり結果が発生しないように法的に保証する義務を負う立場にあることを(条文に書かれていない)構成要件要素とし、保証者の不作為のみが構成要件に該当すると考える(大塚・総論151頁以下、大谷・総論130頁以

下、川端・237 頁以下、内藤(上)・229 頁以下、福田・89 頁以下、山口・総論 81 頁以下、山中・237 頁以下など)。不真正不作為犯は**構成要件該当性の段階**で論じられるべき問題とされることになる。

　不真正不作為犯の成否は、構成要件にあてはまるかどうかという類型的判断で決められるというよりは、作為義務違反の不作為が、作為による実行行為と同等なものと評価できるかどうかという、すぐれて規範的な判断で決められるとすると、それは第 2 段階の違法性の判断にほかならないとも考えられる。しかし、そのように考えると、明らかに作為義務を負わない者(たとえば、行き倒れの人を見て見ぬふりをする多数の通行人)の不作為についてもひとまず構成要件該当性を肯定することにならざるをえず、**あまりに広く構成要件該当性が認められてしまうことになる**。そうすると、原則として違法とされる行為(すなわち、違法性阻却事由により正当化されないかぎり違法とされる行為)のみを捕捉する構成要件の機能(→第 16 章 1)が失われることになる。反面、「作為義務違反があったこと」を構成要件要素とすることはできない。そのことは、作為犯について「不作為義務の違反があったこと」を構成要件要素とすることができないのと同じである。このようなジレンマに直面し、これを見事に解消したのが保証者説なのであった。

　保証者説は、不作為犯の構成要件を一種の**身分犯の構成要件**、すなわち主体の範囲が(保証者的地位にある者に)限定された構成要件として理解することにより、不真正不作為犯の問題を構成要件該当性の段階に位置づけることを可能にしたのである(218 条の保護責任者遺棄罪は「保護責任者」に主体が限定された身分犯であるが、ちょうど同じような形で、不真正不作為犯の構成要件を**「保証者」に主体が限定された構成要件**として理解することになる)。

> ●**保証者説の利点**──そのほか、保証者説の利点として、作為義務があくまでも刑法上の義務であって、単なる倫理的義務やその他の法領域の義務と区別されるべきことを明らかにした点、不真正不作為犯の成否が、条理や公序良俗に反するかといった不明確な評価的判断と直結することを排除した点、作為義務違反の有無の判断が類型的判断であるべきことを明らかにし、作為義務をその発生根拠において類型化することの不可欠性を意識させたことがあげられる(西田典之「不作為犯論」展開Ⅰ・79 頁)。

第 8 章●不真正不作為犯　87

2 ケーススタディ

■不真正不作為犯の成否の判断──────────────────────■

　ここでは、少し複雑な事例を取り上げて、どのような要件があるときに不
真正不作為犯が成立すると考えるべきなのかを検討してみよう。

────────────────────ケース2（不作為による殺人？）■

　甲は、深夜、帰宅途中の人気のない路上で、ひどく酔っ払ったAから「少し
金を貸してくれ」などと執拗に迫られ、逃げようとしたところ、ののしられて
胸から首筋のあたりを手でつかまれる状態となったため、のがれようとしてA
の身体をつきとばしたが、意外にも背後に急な階段があったため、Aは階段の
下まで転げ落ちて頭を強くうって意識を失った。甲は、Aの様子がおかしいの
で、病院に連れて行くべきだと思い、Aの身体を自宅のガレージまで運んだが
こわくなり、このままではAは必ず死亡すると考えたにもかかわらず、Aをガ
レージの中に放置したままその場を立ち去った。明け方、Aは脳出血で死亡す
るに至ったが、甲がAをただちに病院に運んでいれば確実に助かったであろう
と考えられた。甲にはどのような犯罪が成立するか。

　まず、甲がAを突きとばした行為が傷害罪（204条）の構成要件に該当する
行為か、それとも、傷害致死罪（205条）の構成要件に該当する行為かが問題
となる。Aを死亡させたことについては、後に甲が重傷を負ったAを自宅ガ
レージまで運びながらそこに放置したこと（不作為）と結びつけて刑事責任を
問えば足りると考えることができるから、傷害行為と死亡結果との間の**法的
因果関係が否定**され（→第9章）、傷害罪の構成要件該当性のみが認められる。

　●**死因と因果関係**──このケースでは、甲がAを突き飛ばす行為（第1行為）により**死因が
形成**されているのであるから、その後の不救助行為（第2行為）ではなく、第1行為と死亡
結果との間でも因果関係を肯定することもできそうである（第9章の**ケース4**を参照）。し
かし、そうすると、同一の結果が第1行為と第2行為の両方に帰せられることとなり、二
重評価となってしまうという問題が生じる。このような二重評価を避けるためには、第
2行為のみに結果を帰属させることが考えられるのである。この点では、「**熊撃ち事件**」
についての最高裁の判断が参考になる。この事件の被告人甲は、熊の狩猟に従事するに際

し、山小屋の中に熊がいると軽信し、確認せずに被害者Ａを熊と間違えてＡ目がけて銃弾を発射してＡに銃創を負わせ(第1行為)、さらに苦悶していたＡを確認するや、目撃者がいないところからこれを殺害して逃走しようと考え、殺意をもって至近距離から銃弾を発射してＡを死亡させた(第2行為)のであった。最高裁は、業務上過失傷害罪と殺人既遂罪の成立を肯定した(したがって、**死亡結果を第2行為のみに帰属させた**)原判決を結論において正当であるとした(最決昭53・3・22刑集32巻2号381頁〔仲道祐樹・百選Ⅰ(7版)30頁以下〕)。

次に、甲がＡを突きとばして重い傷害を与えたことが**正当防衛**(36条1項)として違法性を阻却されるかどうかが問題となる。正当防衛が成立するためには、権利防衛行為が「やむを得ずにした行為」でなければならないが、それは「防衛のために必要かつ相当な行為」をいうとされる。判例は、**防衛行為の相当性**の判断に関し、反撃行為が「権利を防衛する手段として必要最小限度のものであること」が要求され、「反撃行為により生じた結果がたまたま侵害されようとする法益より大であっても」防衛行為の相当性は否定されないとし、学説においても、同じように考えるのが一般的である(→第16章3)。**ケース2**の事例においても、Ａを突きとばす行為それ自体が相当な反撃行為であったとすれば、たまたま運悪く背後に階段があったため重大な傷害の結果を生じたとしても、防衛手段としての相当性は否定されない。そうであるとすれば、甲がＡを突きとばした行為については正当防衛が成立することになる。

それでは、甲がＡを病院に運ばずに放置したことは、**不作為による殺人罪**を構成するであろうか(むしろ**作為による殺人罪**ではないかとの疑問も生じようが、Ａの身体を運ぶ時点では殺意がなく、場所を移したことと死亡の結果との間の因果関係も明らかでない)。前述のように、不真正不作為犯が成立するためには、行為者が、結果の不発生を保証する義務を負う地位(保証者的地位)になければならず、その場合の義務は、単なる道徳的義務では足らず、法的な作為義務、しかも**違反したときには刑法上の処罰規定に該当することを認めてよいほどの高度の作為義務**でなければならない(見知らぬ少年が川に落ちて溺れているところに遭遇したにもかかわらず放置したとしても、また人気のない路上で行き倒れの人が助けを求めているのに無視したとしても、道徳的・倫理的にはとがめられようが、刑法上の作為義務違反を認めることはできない)。

第 8 章 ● 不真正不作為犯　89

　学説上、**保証義務の発生根拠たる保証者的地位が認められる場合**としては、法令、契約、救助の引き受け、先行行為、所有者・管理者としての地位ないし支配領域性、監護者たる地位、取引上の信義誠実義務、危険共同体の存在する場合が考えられるとされている(詳しくは、井田・総論 157 頁以下を参照)。ただし、法は不可能なことを義務づけることはできないから、**作為の事実的可能性および結果発生を防止しうる事実的可能性**が前提として肯定されなければならない。

　ケース 2 においては、甲の傷害行為という先行行為があるが(もっとも正当防衛という適法行為であるから、作為義務の根拠となるかどうかは疑問である)、むしろ甲がAの救助を引き受け、自己の排他的支配下に移し、他人が手を出せない状況においたことによって保証義務の発生が基礎づけられる(すなわち、自ら救助を引き受け、他人が手出しできない状況に置いた以上、結果の不発生を保証すべきである)と考えることができる。本事例で先行行為が重要ではないのは、かりに甲が行き倒れの通行人を救護目的でガレージに運んだ場合にも同様に作為義務が発生しうることを考えれば明らかであろう。

　　●**ひき逃げと不作為による殺人**──交通事故のときのひき逃げについて不作為による殺人が成立することがあるか。学説においては、不作為による殺人が認められるためには、先行行為(たとえば、不注意ではねて大ケガをさせたこと)や、道路交通法上の義務(道交法72 条 1 項前段を参照)があるだけでは十分でなく、事故後の救助を事実上引き受け、かつ自己の排他的支配領域内においたこと(たとえば、いったん車内に収容して現場を離れたこと)が、保証的地位を肯定する上で決定的だとされている(裁判例として、東京地判昭40・9・30 下刑集 7 巻 9 号 1828 頁、東京高判昭 46・3・4 高刑集 24 巻 1 号 168 頁がある。いずれも過失により被害者に傷害を負わせ、被害者をいったん自動車に乗せて走った後、救助行為を怠った事案に関するものである)。

　さらに、不真正不作為犯の構成要件該当性が肯定されるためには、保証者の不作為が、作為による構成要件の実現と**構成要件的に同価値**であることを要求するのが通説である(大塚・総論 156 頁以下、大谷・総論 129 頁、139 頁、内藤(上)・233 頁以下、平野 I・152 頁以下、福田・91 頁以下、山口・総論 81 頁以下などを参照)。そうであるとすれば、**ケース 2** では、甲の不作為は、なお作為の殺人行為と同価値的とまでいえず、せいぜい保護責任者遺棄(致死)罪(219 条、218 条)を基礎づける保護責任が認められるにすぎないと考えること

もできる(こちらの方が常識にかなうとする見解もありえよう)。しかし、殺人罪を基礎づける作為義務違反と、生命に対する危険犯である保護責任者遺棄罪を基礎づけるにすぎない作為義務違反とを区別することには困難がともなう。また、**ケース2**のように、行為者に殺意があることを否定できない場合に、保護責任者遺棄致死罪という結果的加重犯の成立を認めることができるのかどうかも問題である。生命侵害という結果発生を防止すべき刑法上の作為義務違反が肯定でき、殺意もあることから殺人罪の成立が認められうるとする見解も十分に成り立つであろう(この点につき、井田・各論101頁以下を参照)。

> ●**不作為の因果関係**――**ケース2**の事案においては、「Aの救命が確実に可能であった」とされているので問題はないが、不作為の因果関係についても参考までに触れておきたい。作為とは一定の身体的動作をすることであり、不作為とは一定の動作をしないことである。不作為の因果関係(条件関係)を確定するときには、「(実際には行われなかった)一定の可能な作為がなされたならば、その結果は生じなかったであろう」という仮定的な判断を行い、これが肯定されなければならない(条件関係については、第9章2を参照)。しかし、作為が行われたなら結果は回避できたであろうかどうかは確率的判断であって、多くの場合、反対の可能性が何パーセントか残らざるをえない。そこで、刑事裁判において**「合理的な疑いをいれない程度に」**因果関係の証明があったといえるためには、どの程度に結果防止が確実であったことが必要なのか(100パーセントか)が問題となる(なお、刑事裁判における犯罪事実の証明については、第9章2の末尾を参照)。最高裁判例は、「十中八、九結果防止が可能であった」とされた事案について、結果防止は「合理的な疑いを超える程度に確実」であったと認められるとして因果関係を肯定した(最決平元・12・15刑集43巻13号879頁〔岩間康夫・百選Ⅰ(7版)10頁〕)。ただし、この判例の理解としては、「十中八、九」とは「ほぼ確実に」という意味であって、「100パーセント中の80〜90パーセントの可能性があれば足りる」とする趣旨ではないとされている(原田國男・平成元年度最判解385頁を参照)。

■保証義務の発生根拠の多元性―――――――――――――■

前に述べた通り、保証義務の発生根拠として、法令、契約、引き受け、先行行為……などがあげられている。しかし、それらの事情があってもただちに刑法上の保証義務が基礎づけられるものではない。考慮されるべき雑多な要素をばらばらに示すのではなく、**保証義務の根拠となる実質的・統一的な原理**を見出すことができれば、不真正不作為犯の成否の判断のためのかなり明確な指針を得ることができるであろう。そこで、最近の学説においては、

第8章●不真正不作為犯　91

実質的・統一的根拠を示そうとしていろいろな見解が主張されているが、保
証義務の大前提として、**その者に法益の維持・存続が具体的かつ排他的に依
存しているという関係**、逆からいえば、**その者が結果に至る因果の流れを支
配しているという関係**がなければならないことについてはほぼ見解の一致が
あるものの（大谷・総論132頁以下、西田・総論126頁以下、松原・95頁以下な
ど参照。ただし、溺れかけている子を、その親のほか10人が助ける気なく見てい
るという場合でも、子の生命は親の作為に具体的・排他的に依存しているといっ
てよいであろう）、一元的な実質的原理を見出すまでには至っていないのが現
状だといえよう（議論の状況については、たとえば、佐伯仁志・86頁以下を参照）。

　●保証義務の統一的根拠に関する学説──**先行行為**を強調する学説に対しては、どれだけ
　先行行為が違法な行為だとしても、そのことと以後の不作為の評価とは別問題だとする批
　判が可能である。実際的にも、ひき逃げの事例などで、不注意で事故を起こすかぎり必ず
　作為義務が生じると考えるのは行き過ぎであり、逆に、違法な先行行為はないが、自発的
　に救助を引き受ける行為があった場合に（たとえば、**ケース2**の事例で）作為義務をただち
　に否定することは妥当でない。**事実上の引き受け**に注目する見解に対しては、引き受けが
　ないかぎり絶対に作為義務の発生は認められないとすること（**ケース1**や**ケース3**のほか、
　たとえば、母親が赤ちゃんを産み落としてそのままにした場合などでも絶対に不作為犯は
　成立しないとすること）は不当ではないかという疑問がある。

┌─────────────────────────**ケース3（どろぼう事例）**■
│
│　深夜、一人住まいの甲の家に盗みに入ろうとしたAは、トイレの小窓を開い
│て頭から侵入しようとしたところ、窓が小さすぎたため途中で動けない状態と
│なった。物音に気づいて起きてきた甲に対しAは助けを求めたが、甲はこれを
│拒否した。甲は、数日後、すっかり衰弱したAを見て、このままでは確実に死
│ぬであろうと思いつつも、あえてそのまま放置し、一週間後についにAは死亡
│するに至った。甲は殺人罪の罪責を負うか。
│
└──────────────────────────────────────

　通説は、保証義務の発生根拠を**多元的に理解**し、そこから具体的事例にお
いて、刑法上の（当該構成要件が予定する）高度の作為義務が基礎づけられる
かどうかを**総合的に判断**する立場（多元説）をとっているといえよう（大塚・総
論151頁以下、大谷・総論132頁以下、団藤・総論149頁以下、内藤（上）・230頁
以下、平野Ⅰ・151頁以下、福田・91頁以下、前田・総論99頁以下など）。作為

義務の発生根拠となる要素は、たとえば先行行為と引き受けと排他的支配領域性というように「いくつかの要素があつまって、作為義務を構成する場合」が多く（平野Ⅰ・156頁）、そのとき、作為が容易であること（その一要素として、結果防止のための時間的余裕があること）が重要な判断要素として考慮されることになる。とりわけ、不真正不作為犯の構成要件該当性が肯定されるためには、前述のように、**作為義務違反が、作為による実行行為と構成要件的に同価値**であることが不可欠である。たとえば、被害者をナイフで刺し殺す行為、ピストルで撃ち殺す行為と同視できるかという基準はかなりの限定作用を果たしうるといえよう（なお、藤木・総論135頁は、不真正不作為犯が成立するためには、ただ漫然と結果の発生を予期しつつ事態を放置したというだけでは足らず、危険な状態を積極的に利用するか、少なくとも意図的に放置することが必要だとする。しかし、このような主観的要件による限定に対して、学説は一般に批判的である）。

　ケース3について検討してみよう。軽犯罪法1条18号により、自己の占有する場所内に傷病者がいることを発見した場合にはすみやかにこれを「公務員に申し出」る義務が生じるが、これが不作為による殺人罪を肯定するための作為義務を基礎づけうるものではない。しかし、甲には、家屋の占有者として、**管理者の地位または排他的支配領域性**が認められることは明らかである。さらに、甲にとって十分な時間的余裕もあることから、警察へ通報することぐらいのことであれば容易に可能なのであって、その程度の作為義務を負担させることは、失われようとしている法益の重大さとの関係で見れば、むしろ合理的である。作為による実行との同価値性を認めることも不可能ではないと思われる。そうであるとすれば、排他的支配領域性の要素が、先行行為の要素も引き受けの要素もともなわずに、作為の容易性とあいまって、一定の刑法上の作為義務を基礎づけることを認めることになる（ただし、学説の多くはこのような考え方に対して批判的である）。

　設例において否定的見解に傾きやすいとすれば、それは、Aが盗みに入ろうとした者だからであって、これが近所に住む児童であったらどうであろうか。「どろぼう」か「いたずらっ子」かで区別する合理的な根拠を見出すこ

とは困難ではなかろうか。

●**不作為の殺人に関する最高裁判例**——脳内出血で倒れた重篤な患者Ａの親族から、独自の治療である「シャクティ治療」を施すよう依頼された被告人が、その親族をして入院中のＡを病院から運び出させてホテルに運び込ませ、未必的殺意をもって、生命維持のために必要な医療措置を受けさせないまま、約１日の間放置してＡを死亡させたというケースにつき、被告人はただちに患者の生命を維持するために必要な医療措置を受けさせる義務を負っていたとして、不作為による殺人罪となるとした（最決平17・7・4刑集59巻6号403頁〔鎮目征樹・百選Ⅰ（7版）14頁〕）。この判例は、自己の責めに帰すべき事由（医師の反対にもかかわらず、Ａを病院から運び出させるという不適切な指示を行ったこと）により患者の生命に具体的な危険を生じさせた点と、被告人を信奉する患者の親族から、重篤な患者に対する手当てを全面的に委ねられた立場にあった点とを重視して、作為義務の発生を肯定している。この判断に示されているように、判例実務は、**行為者と、危険な事態に陥った法益との関係を、具体的事実に即して検討する**ことを通じて、作為義務が認められるかどうかを明らかにしようとする態度を示している。それは、最近の学説の傾向とも合致しているといえよう。

3 まとめ

　通説は、不真正不作為犯の処罰は刑罰法規の拡張解釈の枠内でカバーできると考え（この点につき、内藤（上）・226頁を参照）、**解釈により保証者的地位を類型化**し、不真正不作為犯の**構成要件の内容を明確化**することによって罪刑法定主義の要請に応えるべきだとする立場をとっている。しかし、ケース・スタディを通じて明らかになることは、不真正不作為犯の成否の判断においては、実行行為として予定された作為と、作為義務違反の不作為とを比較して、はたして同等のものとして評価できるかどうかという判断（一種の**類推的判断**）が正面に出ることである。**ケース2やケース3**の事例において、救命を怠った不作為が、作為による殺人と同視できるかどうかは困難な問題である。

〔井田　良〕

94

第9章　因果関係

1 刑法における因果関係の問題

■刑法的評価の問題としての「因果関係」

　一定の結果の発生が犯罪成立の要件とされているとき、行為とその結果との間にどのような関係があればよいかが問題となる。これを明らかにしようとするのが刑法の因果関係論である。たとえば、殺人罪(199条)においては、実行行為と被害者の死亡の結果との間に因果関係が認められなければ「人を殺した」とはいえず、殺人既遂とすることはできない(せいぜい殺人未遂にすぎない)。行為と結果との間にどのような関係があるときに「人を殺した」といえるかが問題となる(その意味で、因果関係は**構成要件該当性**の問題であり、因果関係は**構成要件要素**〔→第7章〕である)。器物損壊罪(261条)の場合であれば、結果が発生しないかぎり、犯罪そのものが成立しない(器物損壊罪については、未遂犯は処罰されていない)。ここでは、因果関係の存否の問題が犯罪の成否に直結することになる。

━━━━━━━━━━━━━ケース1(刑法的因果関係の存否)■

　甲は、自宅の居間で日頃から口げんかの絶えなかった妻Aとまた口論になり、かっとなって殺意を抱くにいたり、狩猟用のライフルをAに向け発砲した。弾丸ははずれ、天井の方にとんでいったが、意外なことに天井裏にドロボウのBがひそんでおり、その心臓を弾丸が貫通してBは即死した。甲は殺人既遂の罪責を負うか。

　ケース1において、Bが死んだことの原因は甲によるライフルの発砲であ

り、甲の行為とBの死亡との間の因果関係の存在は明白である。しかし、**刑法における因果関係論**は、そのような**自然科学的な事実のつながりの確認**では終わらない。刑法上、B死亡の結果を甲の行為に帰すことができるかどうか、より厳密にいえば、行為が結果を引き起こしたことを理由に、より重い刑法的評価（違法評価）を与えることが可能なほどの関係が、行為と結果との間に存在するかどうかが問われなければならない。学説における1つの見解（後述の折衷的相当因果関係説）によれば、天井裏にドロボウがひそんでいることなどは通常予想できないことから、甲の行為とBの死亡の結果との間に刑法的因果関係は認められない。その結論の当否はともかく、ここでは、刑法における因果関係が、自然科学的な事実関係の存否の問題ではなく、**刑法的評価の問題**として論じられていることに注意する必要がある（ここでは結果無価値論〔物的違法論〕の立場からはより重い違法性が肯定されて既遂となりうるが、行為無価値論〔人的違法論〕によれば、重い違法性は肯定できず、未遂にとどまることとなろう〔→第5章〕）。

2 前提としての条件関係

■条件関係の公式とその適用

通説によれば、行為と結果との間に**条件関係**があることを前提として、さらに**法的因果関係**が認められるとき、刑法的因果関係が肯定される（法的因果関係論の中には、以前の通説であった**相当因果関係説**と現在の判例の見解である**危険現実化説**とがある〔→本章3および4〕）。条件関係がないところに刑法上の因果関係を肯定することはできず、法的因果関係論は、条件関係を前提として、結果を行為に帰する範囲をそれよりも限定するための理論にほかならない。

■────────────ケース2（追い越し追い越される因果関係）■

甲は、Aを毒によって殺害することを計画し、好機をうかがっていたが、あ

96

> る日、Aの家を訪れた際に、Aが飲もうとするコーヒーのなかにひそかに致死
> 量を超える毒薬を混入することに成功した。しかし、毒が効果を発揮しはじめ
> る前に、まったく無関係の乙が偶然に部屋に侵入して来て、Aを射殺した。甲
> と乙は殺人既遂の罪責を負うか。

条件関係とは、「その行為がなかったならば、その結果は生じなかったで
あろう」という公式で表現される関係である。その行為がなかったと**仮定**し
たときに、その結果は生じなかったであろう、と考えられるなら、行為は結
果発生の一条件となっていることから条件関係は肯定され、その行為がなく
てもまったく同じ結果が発生したであろうという場合であれば条件関係は否
定される。

たとえば、ピストルで被害者を撃ち殺したとき、ピストルを撃たなかった
ならば死亡の結果は発生しなかったのであるから、条件関係は肯定される。
逆に、たとえ行為者が被害者に致命的な傷害を与えたとしても、結果が発生
する前に、別の原因によって死亡の結果が生じ、行為が結果発生の条件とな
らなかったのであれば(そのような介在事情がなくてもすぐに確実に結果が発生
していたであろうと考えられる場合であっても)条件関係は否定される。

ケース2では、甲が被害者Aに致死量の毒を与えたところ、薬が効く前に、
まったく無関係の乙がAを射殺した。毒入りコーヒーを飲まなかったとして
も、Aはやはり同じように射殺されていたであろう、と考えられるから、最
初の甲の行為と死亡結果との間の条件関係そのものが否定される。このよう
に、結果に向けられた先行の因果の流れが、それとは独立・無関係の後行の
因果の流れによって「追い越された」場合には**条件関係が否定**される。これ
を**因果関係の断絶**という。「追い越された」甲については、殺人既遂罪では
なく、殺人未遂罪の罪責しか問うことはできない。

> ●**因果関係の断絶と中断**──因果関係の断絶と**因果関係の中断**とは区別しなければならな
> い。因果関係の中断論とは、条件関係の公式をあてはめたときに**条件関係が肯定**される場
> 合に、きわめて偶然的な事情が介入したことを理由として因果関係を否定する考え方であ
> る(これに対し、因果関係の断絶とは、**ケース2**のように、条件関係の公式をあてはめた
> ときにすでに**条件関係が否定**される場合である)。中断論は、後述する**条件説**の立場を前

提として、不当な結論を回避しようとするための理論であり、現在では支持者を失っている。

　「追い越した」乙についてはどうであろうか。「その行為がなかったならば、その結果は生じなかったであろう」という条件関係の公式を適用すると、乙が射殺しなくても、Aはまもなく毒の作用によって死亡していたであろうから、条件関係は否定されるようにも見える。もちろん、そのように考えるのは正しくない。条件関係の存否の検討にあたっては、結果を抽象的に「およそ死亡」としてではなく、具体的・個別的な「その時点・その場所におけるそのような態様の死亡」として把握しなければならない。乙が撃たなければ、「その時点・その場所における（射撃による）死亡の結果」は発生していなかったのであるから条件関係は肯定される。

■公式を修正すべきか

　「その行為がなかったならば、その結果は生じなかったであろう」という条件関係の公式は、ほとんどの場合、われわれの常識にあう結論を導くことができるが、必ずしもそうでない例外的な事例も存在する。

■―――――――――――――――――ケース3（競合する因果関係）■

　甲と乙が偶然にもそれぞれ独立に被害者Aに対し致死量の毒を与え、その毒の作用で被害者が即時に死亡した。ただし、毒の種類は同一であり、甲と乙のどちらの毒がどの程度に致命的作用を及ぼしたのかは明らかにならなかった。甲と乙のそれぞれは、殺人既遂の罪責を負うであろうか。

　かりに甲と乙との間にA殺害についての**合意**があったとすれば、両者は**共同正犯**であり（60条参照）、2人の共同の行為から結果が生じたという関係さえあれば、両者とも既遂の罪責を負う（いわゆる「一部実行の全部責任」の法理〔→第26章1〕）。また、合意がなかった場合でも、両方の毒がともに影響して、死期がそれだけ早められたことが明らかにされれば、その早められた死については、いずれの行為も結果発生の条件となっており、条件関係を肯定できる。

これに対し、真に問題となるのは、どちらの毒もともに作用したことは明らかであるが、それぞれの毒の作用が重畳して死期が早められたことの証明はなく、かつどちらか一方の毒のみが効いて死亡したことの証明もない場合である。これを**択一的競合**の場合と呼ぶ。ケース3においては、条件関係の公式をそのまま適用すると、甲の行為がなかったと仮定しても乙の毒により結果は発生していたであろうから、甲の行為と結果との間の条件関係は否定される。また、乙の行為がなかったとしても甲の毒によってやはり結果は発生していたであろうから、乙の行為と結果との間の条件関係も否定される。そこで、甲も乙も死亡結果についての刑事責任は問われないことになってしまう（もちろん、それぞれに殺人未遂罪は成立する）。

多数説によれば、この結論は不当である。そこで、学説の中の一部の見解は、**条件関係の公式の修正**を提案する。「いくつかの条件について、それを択一的に取り除いたのでは結果は発生するが、累積的に全部を取り除くとその結果が発生しなかったであろう場合には、そのいずれの条件についても、条件関係が認められる」と考えるべきだという（大谷・総論209頁以下、川端・147頁、前田・総論132頁以下など）。

しかし、このような形で公式を修正すべきではなかろう。修正された公式によれば、たとえば、行為者が被害者の心臓を撃ち抜いたが、同時に被害者の身体に落雷があったという場合で、どちらが死因となったか確定できないときでも、因果関係を認める結論となろうが、それは不当である。ケース3の場合、甲、乙のそれぞれについて、他方の毒のみが致命的な作用をもった可能性を否定できない以上、「疑わしきは被告人の利益に」の原則からいって、条件関係を否定する結論が正しいであろう（内田・概要上巻342頁、曽根・原論99頁以下、内藤（上）・254頁以下、西田・総論101頁などを参照）。

●**疑わしきは被告人の利益に**——刑事裁判においては、犯罪事実を認定する場合に、検察官が**挙証責任**を負うのが大原則である。法廷において提出されたすべての証拠を見ても、ある事実があるかないか、いずれとも明らかにならなかったとき、検察官側に不利益に（すなわち、被告人側に有利に）事実を認定する。しかも、刑事裁判においては、「合理的な疑いを超える程度」、すなわち、ふつうの人なら疑いをもたないであろう程度の高度の蓋然性をもって証明がなされなければならない。被告人に不利な事実（犯罪事実の全部または一部）について、その程度の証明がないときにはその事実は存在しなかったものとし

て扱われる。これを**疑わしきは被告人の利益に**(in dubio pro reo)の原則という。

3 法的因果関係論としての相当因果関係説

■相当因果関係説とは

条件関係が肯定されても(すなわち、実行行為をしないことにより当該結果の回避が可能であったことが確定されても)、結果を発生させたことを理由にして実行行為に対し重い違法評価を加えることが正当化されるかどうかは、これと別個の問題である。実行行為と結果との間の因果関係は、**既遂犯としてのより重い違法評価を根拠づけることのできるような密接な関係**のことをいう。既遂の場合に、より重い違法評価がふさわしいと考えられるのは、行為のもつ本当の危険性が現実に結果の発生により確証されたからこそであろう。そうであるとすれば、条件関係があればそれだけで刑法上の因果関係が認められるとする**条件説**は正しくない。たとえば、甲がAに傷害を与えたところ、被害者Aが救急車で病院に運ばれる途中で交通事故に巻き込まれて死亡したというような事例(**救急車事例**)においても、行為と結果との間に条件関係は存在するが、そのような結果は当初の傷害行為の危険性が現実化したものではなく、偶然に随伴したものにすぎず(そのような出来事は、まったく危険でない日常的な行為にも同じように偶然に随伴する可能性がある)、当初の傷害行為への重い違法評価を正当化するものではない。

そこで、従来の通説は**相当因果関係説**をとり、「その行為からその結果が発生することが経験上通常である・一般的である」ときにかぎって刑法上の因果関係が肯定されるとしてきた。いいかえれば、結果に至る因果の流れが行為の時点からみて経験上予測しうるようなものであるとき因果関係が肯定され、逆に、およそ偶然的で稀有・異常な事情が介在したとき因果関係が否定される。たとえば、上の設例においては、被害者が救急車で病院に運ばれる途中で交通事故に遭遇して死亡するというのは経験上ふつうのことではなく、およそ偶然的で稀有な出来事であり、われわれの生活経験を逸脱した因

果の流れであるから因果関係の相当性が否定される、としたのである。

● 「相当性」と結果発生の可能性——「相当性」という言葉から受けるイメージとは異なり、相当性を肯定するためには、結果発生の高度の可能性があることまでは必要とされない。そのような経路をたどって結果が発生するある程度の可能性があれば足り、結果の発生が「異常」「およそ稀有」「きわめて偶然的」である場合に因果関係が否定されるにすぎないとされてきた。

■折衷説か客観説か

相当性の判断にとって重要なことは、**どの範囲の事情にもとづいて相当性を判断するか**である。もし現に存在したすべての事情をもとに判断すれば、あらゆる結果の発生は相当であるということになりかねず、そうなれば結論は条件説と同じになってしまうであろう。相当性の判断に意味をもたせるためには、現実に存在した事情のうちの一定の事情のみを考慮し、それ以外の事情は考慮しないという操作が必要になる。その際、因果関係の判断は、結果を人の行為に帰することができるかどうかの判断であるから、**行為の時点に立ってどこまでの事情を考慮するか**を決めなければならない。

たとえば、ある人に急激な運動をさせることが心臓発作による死亡の原因として相当であるかどうかは、「その人に重い心臓疾患があった」という事情を判断にあたって考慮するかどうかによって異なる。被害者の心臓病の事実を含めて考えると、重い心臓病をもつ人に急激な運動をさせれば、心臓発作による死亡が生じることもありえないことではないから、相当性が肯定される。もし被害者の心臓病を度外視すれば、ふつうの人に急激な運動をさせても心臓発作で死亡することは通常ありえないから相当性が否定される。

判断の基礎とすべき事情の範囲をめぐって、学説は対立してきた。**折衷説**(**折衷的相当因果関係説**。主観説のように、本人の認識事情のみを考慮するのではなく、また、客観説のように、客観的に存在したすべての事情を考慮するのでもないという意味でそう呼ばれる)は、行為の時点において一般人・通常人の認識可能な事情をもとにして判断すべきだとし、ただ、ふつうの人にはわからなくても行為者がたまたま特別の事情を知っていたときにはこれも考慮すべきだとする(大塚・総論227頁以下、大谷・総論203頁以下、川端・163頁以下、

佐久間・99頁以下、団藤・総論174頁以下、西原（上）・112頁以下、福田・97頁以下など）。この見解によれば、上の心臓病の例では、行為者がその病気のことを特に知っていた場合をのぞいて、相当因果関係は否定されよう。

これに対し、**客観説**（**客観的相当因果関係説**）は、行為が行われた後に加わった事情については折衷説と同じように一般人・通常人に予見可能であった事情のみを考慮するが、行為の当時に存在した事情については、ふつうの人に認識できるかどうかにかかわらず、客観的に存在したすべての事情を基礎とすべきだという（浅田・136頁以下、曽根・原論139頁以下、内藤（上）・267頁以下、林・総論134頁以下、平野Ⅰ・140頁以下、松原・73頁以下など）。これによれば、かくれた特殊な心臓病があったために被害者が死亡したという場合、たとえ行為者もその病気のことを知らず、またふつうの人でも知りえなかったとしても、それは行為時において客観的に存在した事情であるから、これも考慮に入れた上で相当性が検討され、因果関係が肯定される。

しかし、客観説のように、行為の時点に存在するすべての事情を考慮するならば、因果関係の認められる範囲が広くなりすぎるおそれがある。**ケース2**の事例を少し変えて、甲が、Aのコーヒーのなかに致死量を超える毒薬を入れ、Aがこれを飲んで苦しさのあまり助けを求めて家の外に出たところ、Aを殺すためにやって来た無関係の乙がそこでAを発見し射殺したという場合を考えてみよう。Aが家の外に出なければその場で乙に発見されて撃ち殺されることはなかったであろうから、甲の行為と死亡結果との間の**条件関係は肯定**できる（この点で、**ケース2**の事例とは異なる）。しかし、乙による故意の殺害行為の介入はまったく偶然的なものであるから、相当因果関係は認められず、甲にはせいぜい殺人未遂罪しか成立しないとするのが妥当であろう。ところが、客観説によれば、行為の時点に存在した全事情が考慮されるのであるから、甲の行為の時点において殺意をもった乙がこちらに向かいつつあるという（現に客観的に存在した）事情も考慮されるべきことになろう。そうであるとすれば、乙による殺害行為の介入も相当性の範囲内にあるといわざるをえないことになってしまう。

ちなみに、客観的相当因果関係説を提唱したリューメリン（Max Rümelin）

でさえ、傷害を負った被害者が、鉄道で医師のところに赴く途中で、橋が崩れ落ちるという事故に遭遇して死亡したという場合に、傷害行為の時点で橋がすでに弱くなっていたのであれば、傷害行為と死亡結果との間に相当因果関係が認められざるをえなくなってしまうとして、客観説をとるときには一定の「修正」を行わざるをえないという弱点を認めていた。

> **●折衷説への批判**──折衷説に対しては、行為者の主観的な認識内容を考慮して因果関係の有無を決する点において、もともと客観的であるべき因果関係の本質に反するという批判が加えられている。しかし、**刑法上の因果関係**は、自然科学的な原因結果のつながりの問題ではなく、当該の結果をその行為に帰せしめ、行為に対し既遂としての重い違法評価を加えることが妥当であるかの問題である（→本章1）。そうであるとすれば、行為者の主観的認識の内容のいかんによって「因果関係」の範囲が影響されると考えても不当ではない。

　もっとも、客観説も、広い範囲で因果関係を肯定しながらも、**故意論または過失論において結果の帰責（帰属）を制限する**。たとえば、**ケース1**の事例でも、客観説からは因果関係は肯定されるが、Bの死亡との関係では甲に故意も過失もなかったということで刑事責任を否定する。傷害致死罪のような結果的加重犯の場合でも、被害者の隠れた特殊な病変のために重い結果が生じたのであれば、たとえ因果関係が肯定されても、結果発生につき過失がないことから重い結果についての刑事責任は否定される（→第3章2）。したがって、折衷説と客観説の対立は、実際的な結論にはほとんど影響しないのである。

■なぜ判例は相当因果関係説を採用しないか────────────■

　従来の判例の主流は条件説にしたがってきたといわれるが、条件説によれば因果関係が認められる事案において因果関係を否定したものもある（最決昭42・10・24刑集21巻8号1116頁〔米兵ひき逃げ事件〕）。むしろ、判例は「明確な理論的立場の表明を避け、具体的な事例の集積を通じてその考え方を示していく態度を基本としてとっている」ともいわれてきた。特に平成時代に入ってからの最高裁判例は、相当因果関係説とははっきりと距離をおき、条件説より制限的な要件を示しながらも、相当因果関係説の判断基準を適用することなく因果関係の存否を確定してきた（たとえば、最決平4・12・17刑

集46巻9号683頁〔葛原力三・百選Ⅰ(7版)26頁〕は、被告人の過失行為と死亡結果との間に第三者および被害者の不適切な行動が介在したケースについて、当初の行為が結果を発生させる危険性をもつものであり、また、介在した過失行為が被告人の行為から誘発されたものであることを理由として因果関係を肯定し、業務上過失致死罪の成立を認めた)。それはなぜであろうか。

●判例における因果関係──判例における因果関係判断の特色は、被告人の行為が結果発生との関係で有する**事実的影響力・因果的寄与度**(および介在事情の因果力との比較)に注目し、行為が一定程度の重みをもって結果発生に寄与していれば因果関係を肯定するという基本的立場をとっているところである(相当因果関係説のように、判断時点を行為時に固定しないし、判断の基礎事情を画定したりすることもしない)。

　因果関係が問われるケースは、大きく2つに分けることができる。つまり、①**被害者側の特殊事情のために結果が発生した場合**と、②行為後に一定の事情が介入して結果の発生に至った場合である。①の場合についてみると、判例は、そのような特殊の事情が行為時に認識可能であったかどうかを問わず、一貫して因果関係を肯定している(→第3章2)。たとえば、被害者の左眼を蹴りつけたところ、その傷自体は10日くらいで治るものであったが、被害者が脳梅毒に罹っており脳に高度の病変があったため、脳組織が崩壊して死亡した場合(最判昭25・3・31刑集4巻3号469頁)、被害者の首を締めつけた上、突き飛ばして路上に仰向けに転倒させるなどの暴行を加えたところ、心臓に高度重篤な病変があったため、心筋梗塞のため死亡した場合(最決昭36・11・21刑集15巻10号1731頁)、63歳の女性の頸部や口を押さえるなどの暴行を加え、さらにふとんを顔にかぶせてその上から口付近を圧迫したところ、被害者に重篤な心臓疾患があったために、急性心臓死した場合(最判昭46・6・17刑集25巻4号567頁)などに因果関係を肯定している(ただ、この種の事例においては、条件説によればもちろん、客観的相当因果関係説によっても、因果関係は肯定される)。このようにして、実務上、因果関係が問題となる2つのグループの事例の1つ、すなわち、被害者に特異体質や特異の疾患・宿痾があり、これと相まって結果が発生した場合については、判例は、一貫して、そのような特殊の事情が行為時に認識可能であったかを問わず因果関係を肯定している。その限りで、法的因果関係の問題は「解決済み」ともいえるのである。

　②の場合、すなわち、**行為後に一定の事情が介入して結果の発生に至った場合**については、まず、行為後に**第三者の行為が介入**することによりそれと相まって結果が発生した場合、介入した第三者の行為が過失行為である場合に因果関係を肯定した一連の判例がある(たとえば、前掲最決平4・12・17、最決平16・10・19刑集58巻7号645頁、後掲最決平18・3・27〔→**ケース5**〕など)。さらに、介入行為が故意行為であった場合に因果関係を肯定した判例もある(大判昭5・10・25刑集9巻761頁、後掲最決平2・11・20〔→**ケース4**〕など)。

　行為後に**被害者の行為**が介入し、これと相まって結果が発生した場合として、行為者らから高度の火傷を受けた被害者が、苦痛に耐えられず、また新たな暴行を避けるために水中に飛び込み、心臓麻痺を起こして死亡した場合(大判昭2・9・9刑集6巻343頁)、柔道整復師が風邪の症状を訴える患者に対して誤った治療法を繰り返し指示し、患者が医師の診察治療を受けることなく指示に忠実に従ったために病状を悪化させて死亡した場合(最決昭63・5・11刑集42巻5号807頁〔**柔道整復師事件**〕)、重い傷害を受けて病院に

運び込まれた被害者の容体が急変して死亡した場合において、被害者が医師の指示に従わず安静に努めなかったことが治療の効果を減殺した可能性があるとき（最決平16・2・17刑集58巻2号169頁）、長時間にわたり被告人らから暴行を受けていた被害者がスキを見て逃走し、高速道路に進入して自動車事故に遭って死亡したという場合（最決平15・7・16刑集57巻7号950頁）などに因果関係が肯定されている。

　行為後に**行為者自身の行為**が介入し、これと相まって結果が発生した場合として、殺意をもって頸部を麻縄で締め、被害者が動かなくなったのですでに死亡したものと思い、海岸の砂上まで運び放置したところ、被害者は砂末を吸引して死亡したという場合（大判大12・4・30刑集2巻378頁）に因果関係を認めたものがある。

ケース4（大阪南港事件──第三者による故意行為の介入）

　甲は、洗面器や皮バンドでAの頭部等を多数回殴打するなどの暴行を加えた結果、Aに脳出血を発生させて意識消失状態に陥らせた後、Aを自動車で運搬し、深夜の資材置場に放置して立ち去った。ところが、うつ伏せの状態で倒れていたAは、生存中さらに乙によって角材で頭頂部を数回殴打され、翌日未明、死亡するに至った。被害者の死因は脳出血であり、それは甲による当初の暴行により形成されたものであり、資材置場での乙による暴行は、すでに発生していた脳出血を拡大させ、幾分か死期を早める影響を与えるものであった。甲は傷害致死罪（205条）の罪責を負うか。

　ケース4は、最決平2・11・20（刑集44巻8号837頁〔山中敬一・百選Ⅰ（7版）22頁〕）の事案である（最高裁は、因果関係を肯定し、傷害致死罪の成立を認めた）。この場合、甲の行為によって死因となる傷害が形成され、乙の暴行はせいぜい死期を少し早めた可能性があるという程度のものであった。相当因果関係説の判断基準によるとき、乙による故意の暴行の介入はおよそ偶然的で稀有・異常な事態といわざるをえないことから、早められた死亡との関係では因果関係を否定することが素直であるかもしれない。しかし、この事案について因果関係を肯定した最高裁決定の結論に反対する学説はほとんど見あたらない。相当因果関係説によっても、因果経過と結果発生の態様の詳細に関わるすべての事情が予測可能であったことが要求されるわけではなく、たとえ因果の過程において稀有で異常な事態が介入したとしても、ただちに因果関係は否定されないと考えられている（行為の時点からみて、被害者が脳

出血により死亡すること自体は経験上通常のことであったといいうるのである)。
そればかりか、当初の行為が十分に危険であれば、介入事情がなかったとすればおよそ同種の結果が確実に発生していた状況にある以上は、既遂を認めてよいとする見解さえ主張された(平野龍一『犯罪論の諸問題(上)』〔1981年〕42頁)。たとえば、被害者Aが病院に運ばれる途中で交通事故に遭遇して死亡したという事例(**救急車事例**)でも、それに先行する甲のAに対する行為がAに致命傷を与えており、病院に搬送されても救命は不可能であったというのであれば、甲の行為とAの死亡との間の相当因果関係は肯定されるし、また、甲がAを高層ビルの屋上から突き落としたところ、隣のビルの窓から無関係の乙が落下中のAを射殺したというような場合でさえ相当因果関係が認められてよいという。このように、相当因果関係説は、因果経過および結果発生の態様をどの程度まで「抽象化」し、具体的な介在事情を度外視した上で、その経験的通常性を判断するかの点に関し、きわめて不明確な部分を残していたのである(この点について、佐伯仁志・66頁以下を参照)。

　従来、相当因果関係説による判断の基準とされてきた因果の流れの経験的通常性・一般的予測可能性は、それ(のみ)が因果関係の判断基準だったのではなく、むしろ**結果に対する行為の寄与の大きさ**を推測させる1つの要素にすぎなかったと考えることができる。結果を行為に帰せしめることを正当化できる程度に、行為が具体的結果の発生に寄与したことが確定されたとき、たとえ因果経過の途中において稀有で異常な事態が介入したとしても、因果関係は否定されるべきではない。**ケース4**は、甲の行為が死因を形成するほどの大きな寄与をなしたのであるから、結果の帰属が肯定されるべき事例である。それでは、どのような基準によって**結果発生への寄与の程度**を判断すべきなのであろうか。ここには、重要な問題がなお未解決のまま残されている。要するに、相当因果関係説の難点は、その判断基準が不明確なところにあり、判例がその採用を躊躇したことも十分に理解できるのである。

　●**相当因果関係説と客観的帰属の理論**──そもそも相当因果関係説が「相当であるか」「経験上通常であるか」を基準とするとき、それは単なる統計的な確率ないし事実的な蓋然性を問題としているのではない。たとえば、他人に殺人を教唆し、その他人が殺人を実行したとき、教唆行為と死亡結果の発生との間には相当因果関係があるとされるのがふつ

うである。「人を殺してくれ」と殺人を依頼して、依頼された者が殺人行為に出る事実的・統計的蓋然性は高いものとはいえない。しかし、その死亡結果は法的にはその教唆行為に帰せられるべきことは刑法 61 条がこれを認めている（逆に、ある程度の統計的な結果発生の可能性があっても、社会生活上許される行為が存在する）。この例からもわかるように、刑法上の因果関係の判断は、単なる予測可能性の判断ではなく、結果を行為に帰すことができるかどうか、行為が結果を引き起こしたことを理由に、より重い刑法的評価を与えることが可能なほどの関係が、行為と結果との間に存在するかどうかという**すぐれて規範的な判断**なのである。相当因果関係説は、事実的・統計的な可能性により、価値判断抜きで結論を導きうるような「見せかけ」を与えるものといってもよい（佐伯仁志・67 頁以下を参照）。

　ドイツにおいては、このような理由により、相当因果関係説は広い支持を得ることができず、そのかわりに、その規範的判断の内容を分析検討しようとする**客観的帰属の理論**が通説となるに至っている。それは、行為が法的に許されない危険を引き起こし（危険創出）、かつ、その危険が結果に実現した（危険実現）かを基本的な判断の枠組みとしつつ、事例ごとにグループ分けして、結果が帰せられるべきこと（または帰属が否定されるべきこと）の実質的理由を明らかにしようとするものである。経験的通常性・予測可能性という相当因果関係説の判断基準は、客観的帰属の判断の一要素にすぎないものとしてその中に解消される（詳しくは、山中・291 頁以下を参照）。

4 法的因果関係の実質的根拠

■なぜ・いつ結果を帰属できるのか────────────────■

　刑法上の因果関係（法的因果関係）を肯定すべき場合（結果を帰属すべき場合）とは、結果の発生を理由としてその行為に対しより重い違法評価を加えることがふさわしい場合のことである。いいかえれば、それは、**刑法がその種の行為を禁止することにより回避しようとした当の結果が現実化したとき**であり、いいかえれば、禁止された行為の実質としての危険性（刑法規範による禁止の根拠となっている行為の危険性）が結果の発生によって確証されたときであるということができよう。前述の救急車事例（→本章3）においては、行為者甲の傷害行為がなければ、被害者Ａが病院に向けて搬送されることもなかったのであるから、傷害行為と死亡結果との間に条件関係は存在する。しかし、そのような死亡結果は、傷害行為に偶然に随伴したものにすぎず、刑法が傷害を禁止する規範を設定することにより回避しようとした結果に含まれるものではない。交通事故による死亡は、たとえば、自宅に友人を招待した

際、深夜になったのでタクシーを呼んで帰宅させるといったような、全く日常的な行動にも同じように偶然に随伴する可能性がある。刑法がその種の結果をも回避したいと欲するのであれば、それらの日常的行為をも禁止せざるをえなくなってしまうであろう。

すでに述べたように、相当性を肯定するためには、結果発生の高度の可能性があることまで要求されず、そのような経路をたどって結果が発生する、ある程度の可能性があれば足りるとされてきた。ここで重要な意味をもつのは、当該の刑法の規範がその行為がいかなる危険をもつことを根拠にその行為を禁止しているのか、そして、その危険が結果として現実化したといいうるのかである。実行行為後に第三者の行為が介入して結果発生に至ったという場合でも、その種の事情の介在により結果に至るおそれがあることが当該行為の禁止の根拠となっているのであれば、具体的にはその介在事情の予測可能性がきわめて低いものであっても、法的因果関係は肯定されうることになる。

■————————————————ケース5（トランク事件）■

　甲は、乙・丙と共謀の上、午前3時40分ころ、自動車後部のトランク内にAを押し込み、トランクカバーを閉めて脱出不能にし同車を発進走行させた後、呼び出した知人らと合流するため、市内の路上で停車した。その停車した地点は、車道の幅員が約7.5メートルの片側1車線のほぼ直線の見通しのよい道路上であった。停車して数分後、後方から自動車が走行してきたが、その運転者丁は前方不注意のために、停車中の上記車両に至近距離に至るまで気付かず、同車のほぼ真後ろから時速約60kmでその後部に追突した。これにより、トランク内に押し込まれていた被害者は、重傷を負い、間もなく死亡した。甲の刑事責任はどうなるか。

ケース5の事案について、最高裁は、「被害者の死亡原因が直接的には追突事故を起こした第三者の甚だしい過失行為にあるとしても」、監禁行為と死亡結果との間の因果関係を肯定することができるとし、監禁致死罪（221条、220条）の成立ありとした（最決平18・3・27刑集60巻3号382頁〔木村光江・百選I（7版）24頁〕）。これに対し、学説の相当因果関係説によるときは、一

般に、故意や重過失による行為等、異常性の高い行為が介在して結果に至っ
たときには結果の帰属が否定されると考えられている。そうすると、この説
によると、甲の監禁行為とＡの死亡結果との間の因果関係は否定されそうで
ある。

　しかし、監禁致死傷罪が設けられているのは、監禁行為には死傷の結果が
類型的に伴いうるからである。自動車のトランクは、そこに人が入ることが
予定されておらず、後部からの追突というしばしば生じる事態との関係で保
護されない危険なスペースであることから、トランク内への監禁は、監禁致
死罪の基本犯(→第14章１)として強い禁止の対象となりうる行為である。**ケ
ース５**においては、このような意味で、禁止の根拠となっている、行為のも
つ危険が結果として現実化したという関係を肯定することができる。そこで、
行為の時点から見たときの予測可能性の程度が低いとしても、法的因果関係
を認めうるのである。

> ●**法的因果関係と因果の流れの具体的検討**──従来の相当因果関係説に対しては、それが
> 実行行為の危険性それ自体を判断することには適していても、現実の因果の流れを具体
> 的・個別的に観察して、結果発生に及ぼした行為の因果的作用ないし因果的寄与の度合と
> 態様を厳密に分析することには適していないとする批判があった。たしかに、判断時を行
> 為の行われた時点に固定し、予測判断の基礎となる事情を画定し、画定されたその事情を
> 基礎に、結果の生じることが経験的に通常であるかどうかを問う、その判断方法は、具体
> 的事実に即して、行為者の具体的行為が具体的結果の発生にどう具体的に寄与したのかの
> 判断を適切になしえないおそれをもっていた。法的因果関係の存否の判断にあたっては、
> このような問題点を意識し、現実に生じた因果経過を具体的事実に即して分析することを
> 心がけなければならない。

　最近の最高裁判例は、**行為後に一定の事情が介入して結果の発生に至った
場合**につき、「**危険の現実化**」**という判断の公式**を用いるようになっている。
たとえば、最決平22・10・26刑集64巻7号1019頁は「本件ニアミスは、
言い間違いによる本件降下指示の危険性が現実化したものであり、同指示と
本件ニアミスとの間には因果関係があるというべきである」としているし、
最決平24・2・8刑集66巻4号200頁は「これらの事情を総合すれば、Ｄ
ハブには、設計又は製作の過程で強度不足の欠陥があったと認定でき、本件
瀬谷事故も、本件事故車両の使用者側の問題のみによって発生したものでは
なく、Ｄハブの強度不足に起因して生じたものと認めることができる。そう

第9章●因果関係　109

すると、本件瀬谷事故は、Dハブを装備した車両についてリコール等の改善措置の実施のために必要な措置を採らなかった被告人両名の上記義務違反に基づく危険が現実化したものといえるから、両者の間に因果関係を認めることができる」としている。

■危険現実化説

　「危険の現実化」を法的因果関係の判断基準とする見解を**危険現実化説**と呼ぶことにすれば、判例のとる危険現実化説は、従来の学説の見解と相容れないものではない。相当因果関係説も、その判断の実質は危険の現実化にあるとされてきたし(特に、エンギッシュ〔Karl Engisch〕の所説)、前述のように、因果の流れの経験的通常性・一般的予測可能性とは、行為の結果発生への寄与の大きさを推測させる(重要ではあるが、1つの)要素にすぎないのであり、危険の現実化を語りうる程度に行為の結果への寄与が大きいときにこそ、法的因果関係が肯定されるべきなのである(なお、前述した、ドイツの通説である客観的帰属論も、行為の危険が結果として現実化したかどうかを判断の基準としている)。そうであるとすれば、法的因果関係論としては、上述のような、さまざまな問題をもつ相当因果関係説を放棄し、危険現実化説の立場に移行すべきであろう。

　　●**判断の基礎となる事情の画定は不要なのか**――もし「危険の現実化」を判断基準として使用するのであれば、どの範囲の事情を基礎としてそれを判断するかの問題を避けて通ることはできないであろう。もし、現に存在し、結果発生に関わったすべての事情を基礎として判断するなら、現実のあらゆる結果発生について危険の現実化は肯定できることになろうからである。①行為の時点において、被害者側に特殊な事情があったというときでも、たとえば、甲がAを突き飛ばしたところ、Aも甲も知らないうちに乙がAのポケットに入れておいた小型爆弾(少しの衝撃で爆発するもの)が爆発してAが死亡したというとき、小型爆弾がAのポケットに入っているという事情は行為時に現実に存在する事情であるが、それだからといって、甲の暴行行為と死亡結果との間の法的因果関係を肯定することはできないであろう。②行為後に一定の事情が介入して結果に至ったという事例でも、たとえば、甲が殺意をもってAを二階の窓から後ろ向きに外に突き飛ばし、Aは背後から転落したが、幸いにも軽傷を負ったにすぎなかったものの、ただ、そこでたまたまテロリストグループが仕掛けた爆弾が爆発し、それに巻き込まれてAが死亡したというケースではどうであろうか。この事例でも、「テロリストグループがそこに爆弾を仕掛けていた」という事情を判断の基礎から除外することにより、法的因果関係を否定すべきであろう。これらの事例において不当な結論を回避するためには、「**危険の現実化**」の判断の基礎となる事

情の限定ないし画定がどうしても必要なのである。

5 まとめ

　刑法における因果関係の問題は、結果を行為に帰せしめ、行為と結果とを結びつけてより重い違法評価を与えるべきかどうかという刑法的評価の問題である。「因果関係」論と呼ばれながら、事実関係の確定のみでは問題の半分しか解決されたことにならない。学説における従来の通説である相当因果関係説も、実質的な価値判断抜きに、事実的可能性・確率的蓋然性という没価値的な基準のみで解決を与えうるかのような誤った印象を与え、問題の規範的側面を覆い隠してきた嫌いがある。また、相当因果関係説の判断方法が、現実の因果の流れに関する、具体的事実に即した判断のために必ずしも適切でないという批判にも留意しなければならない。そこで、かりに相当因果関係説を維持するときにも、**なぜ結果帰属を肯定できるのかという実質的根拠**を明確にするとともに、相当性の判断にあたり、**現実に生じた因果経過を具体的事実に即して検討**するようにしなければならないのであろう。しかし、もしそうだとすれば、「相当性」という**判断の一要素にすぎないもの**を正面に押し出すことによりさまざまな問題を生じさせている相当因果関係説を捨てて、判断の実質をより適切に表現する**危険現実化説に移行**すべきではないかが問題となるのである。

〔井田　良〕

第 10 章　故意

1　故意とは何か

■故意行為を重く処罰する理由

　刑法は、**38条1項**において、故意がある行為だけを処罰することが原則であるとしている。これを**故意犯処罰**の原則という。刑法の目的は法益を保護するところにあるが(→第1章1)、この目的は、法益の侵害ないし危険に向けられた意思的行為(すなわち、「刑法がやめさせたい行為」を意思的に行う行為)に対し、とくに重い刑法的評価を加え、それを理由に(より)重い刑を科すことにより達成されると考えられるのである。

　刑法が原則的な処罰の対象とする故意行為とは、「刑法がやめさせたい行為」を意思的に行う行為のことであり、「刑法がやめさせたい行為」とは、刑法が保護しようとする法益を害する行為(または法益を害するおそれのある行為)にほかならない。それは構成要件として類型化されているから、結局、故意行為とは、構成要件該当行為(可罰的違法行為)の実行を意思内容とする行為ということができる。ここから、故意の要件として、**構成要件に該当する客観的事実の認識**が導かれる(ただし、要求される事実認識の範囲に関し、構成要件該当事実の認識で足りるのか、それとも構成要件に該当し違法とされる事実〔すなわち、違法性阻却事由を具備しない構成要件該当事実〕まで認識することが必要かをめぐっては学説の対立がある〔→第21章〕)。

　故意における事実認識の対象は、**構成要件の客観的要素にあたる事実のすべて**である(ただし、条文に書かれていても、**客観的処罰条件や処罰阻却事由にあたる事実**は、故意における認識の対象とならない〔→第11章1〕)。構成要件

の客観的要素は、行為の主体、客体、行為態様、行為状況などに分析できるが、これらについて認識が必要である。また、その行為が実行行為としてもつべき一定の危険性を備えることも認識されていなければならない(たとえば、被害者を死亡させうる〔ある程度の〕危険性をもたない行為は殺人の実行行為とはいえない)。具体的危険犯(→第5章2)においては、危険の発生も構成要件要素であるから、それが認識・予見されていなければならず(これに対し、抽象的危険犯においては危険の発生は構成要件要素ではなく、認識の対象とならない)、結果犯(→第7章3)においては結果の発生が認識・予見されていなければならない。

かりに行為者の認識した事実をそのままスクリーンに投影してこれを見ることができるとすれば、その投影されたものが当該の犯罪の構成要件に該当する客観的事実であることが必要なのである。

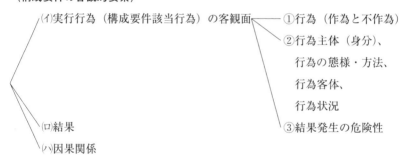

〈構成要件の客観的要素〉
- (イ)実行行為（構成要件該当行為）の客観面 ── ①行為（作為と不作為）
  - ②行為主体（身分）、行為の態様・方法、行為客体、行為状況
  - ③結果発生の危険性
- (ロ)結果
- (ハ)因果関係

●**故意と因果関係の認識**──構成要件要素のうちの因果関係については、これが故意における認識の対象となるかどうかをめぐり見解が対立している。従来からの通説は、**認識必要説**をとりつつ、ただ、現実の因果経過の詳細まで認識する必要はなく、その大筋ないし基本部分についての認識があればそれで足りるとする。たとえば、ナイフで腹部を刺された被害者が出血多量で死亡するか、ばい菌が体内に入って死亡するかなどの詳細について知らなければ故意が認められない(その点について誤解があれば故意が否定される)というものではない。

第10章●故意　113

2 故意における事実認識の程度

───────────────────ケース1（あてはめの錯誤）■

　甲は、私立Ａ大学の卒業生であったが、Ｂ法科大学院を受験するにあたり、Ａ大学に発行してもらった自分の成績証明書（刑法159条の「事実証明に関する文書」にあたる）に改ざんを加え、その成績評価が実際よりも格段に良いものとなるように細工した上で、Ｂ法科大学院に提出した。甲が成績証明書は刑法の「文書」の概念に含まれないと固く信じていたとき、それでも私文書変造罪（159条2項）および変造私文書行使罪（161条）で処罰できるか。

■あてはめの錯誤は故意を阻却しない────────────────■

　殺人罪（199条）の故意があるとするためには、行為者が客体を「人」として認識していなければならない。行為者がその対象を見たがそれを「動物」だと思ったというのであれば（たとえ一般人・通常人がその対象を見たとすればただちに「人」と気づいたであろう、という場合でも）殺人罪の故意は否定される。故意の成立のためには、構成要件に該当する物理的・外部的対象の知覚、すなわち「裸の事実」の認識は必要であるが、それだけでは足りないのである。

　それでは、行為者が法的概念（たとえば、「文書」）にあてはめて事実を認識しなければ故意は認められないのであろうか。もしそこまで要求すると、事実を条文上の概念にあてはめるために一定の法的知識が必要な場合、法解釈についての知識がある法律家しか故意犯を犯しえないことにもなってしまい不当である（**ケース1**についていえば、文書偽造罪の成立を認めるためには、行為者が大学の成績証明書が刑法の「文書」にあたることを知っていなければならないことになってしまう）。そこで、法解釈のレベルにおける誤信の結果、自己の行為が刑罰法規のある条項には該当しない、と思い込んでも（これを**あてはめの錯誤**という）、故意の成立が否定されてはならないと考えられている

114

(この趣旨の判例として、最大判昭 32・3・13 刑集 11 巻 3 号 997 頁〔松原久利・百選 I（7 版)96 頁〕がある)。

> ●文書の偽造と変造──偽造(たとえば、159 条 1 項を参照)とは、権限のない者が他人の名義を勝手に用いて他人名義の文書を新たに作り出すことをいう。変造(159 条 2 項を参照)とは、真正に作成された他人名義の既存文書に権限なく改変を加え、証明力に変更を生じさせることをいう。たとえば、銀行の預金通帳の預金額や借用証書の借金額を改ざんするような行為が変造の例である。既存文書でも、その本質的部分に変更を加えて、新たな文書を作り出すことや、いったん無効となった文書に手を加えて有効であるかのように改めることは、もはや変造ではなく、偽造にあたる。

■意味の認識

他方、正確な法律上の概念を知っていても故意ありといえないこともある。ここでは、薬物犯罪を例として考えてみよう。「麻薬及び向精神薬取締法」は、ヘロインやコカイン、ＬＳＤ等の麻薬、睡眠剤や鎮痛剤等の向精神薬を規制の対象とし、規制薬物の製造、輸出入、譲渡、譲受、施用、所持等につき免許・許可を受けることを要求した上で、それを受けずに行われる行為を禁止し、違反に対しきびしい刑罰を予定する。ここで規制対象とされているヘロインとは、「ジアセチルモルヒネ、その塩類又はこれらのいずれかを含有する麻薬」のことである(同法 12 条以下、64 条以下を参照)。たとえば、甲が乙からある薬物を手渡され、その名称が「ジアセチルモルヒネ」であると教えられていたが、甲はそれを無害な化学薬品だと思って所持していたとしよう。甲の行為は、麻薬所持罪(同法 64 条の 2)にあたる行為であるが、甲にはその客体が「ヘロイン」であることの故意があったとはいえない。

それでは、故意の成立を認めるために決定的なことは何なのであろうか。それは、**構成要件該当事実の意味ないし性質について理解**していることである。薬物犯罪の場合であれば、その客体が「依存性の有害な薬理作用を有する薬物」であることを理解していることが必要であり、かつそれで足りる。しかも、そのときの「理解」として、専門家のレベルを要求することはナンセンスであり、いわば**素人的な理解**であればよいのである。こうして、故意の成立を認めるためには、構成要件該当事実の意味ないし性質に関する素人的理解、すなわち**意味の認識**があることが決定的である。

たとえば、「わいせつな図画」(175条)のような**規範的構成要件要素**(その構成要件要素が存在するかどうかを決めるために、法的評価ないし法的価値判断が必要となる場合であって、**記述的構成要件要素に対置される**)についていえば、客体の物理的存在の知覚だけでは足りないことは明白であるが、その内容がいわゆる「エロ本」の類であることの認識があればそれで足りると解される。同様に、文書偽造罪の故意としては、たとえば「にせの証明書を作る」という程度の認識で十分である。**ケース1**の甲についてみると、その程度の認識があったことは疑いなく、甲がそれが刑法上の文書に該当しないと信じていたことは重要ではない。甲は、私文書に改ざんを加えて変造し、これをB法科大学院に提出することによってこれを行使している。故意は否定されないから、故意犯としての(有印)私文書変造罪および(有印)変造私文書行使罪として処罰可能なのである。

●**なぜ意味の認識が決定的か**──条文上の概念と、われわれがふつうに用いる日常的概念との間にはギャップがある。したがって、故意の成否を判断するときには、条文上の概念の日常的概念への翻訳が必要となり、もし行為者が日常的世界において対応する概念にあてはめて事実を認識していれば、それで故意の成立が認められる。

その根底には、次のような考え方がある。刑罰法規(たとえば、199条という条文)は第1次的に(裁判所等の刑事司法機関に向けられた)**裁判規範**であり、それ自体は一般市民に知られている必要はない。しかし、そこには前提として設定された**行為規範**があり(たとえば、「人を殺してはならない」)、それは裁判規範を日常用語に翻訳したものとして(ふつうの人にも理解される形において)一般市民に向けられている。人がその意思的行為によりこのような行為規範に違反することが故意犯の違法性の本質的部分であり(→第11章2)、したがって、故意の要件も日常用語のレベルで把握される必要がある。刑法は、規範違反意思としての故意にはたらきかけ、これを放棄させることにより法益を保護しようとする。故意の成立を認めるためには、意味の認識が必要で、かつそれで十分とされる理由は、故意の問題がこのような**行為規範レベルでの問題**であるからにほかならない。

■────────**ケース2（故意における事実認識の程度）**■

アメリカ合衆国国籍の甲は、乙に指示されて、台湾から航空機で覚せい剤約3000グラムを腹巻のなかに隠して運び、成田空港を経由して本邦内に密輸入した。甲には、それが覚せい剤だという明確な認識はなかったが、その形状や感触等から、少なくともそれが「日本に持ち込むことを禁止されている違法な薬物である」という認識はあった。甲は、覚せい剤輸入罪(覚せい剤取締法41条1項、13条)で処罰されるか。

■薬物犯罪における意味の認識

薬物犯罪において、その物体が、覚せい剤であるかもしれないし、ヘロインやコカインといった麻薬、さらには大麻である可能性もあるというとき、客体がそのうちの特定の概念にあてはまることを正確に、かつ確定的に認識することまで要求するのは行き過ぎである。それでは**客体の属性につきどのような内容の認識**があれば、故意を認めうるであろうか。

この点をめぐっては、3つの考え方がありえよう。すなわち、①何らかの違法な物質と認識していれば足りるとするもの、②厳格な法規制の対象となっており、依存性の薬理作用を有する有害な薬物であることの認識まで必要であるとするもの、③たとえば「覚せい剤」であることが「行為者の脳裏をよぎった」ことが必要であるとするもの、である。このうち、③の見解は、前述の意味の認識の理論を否定するものであり、実際的にも、故意を認めるのに厳格すぎる。その基準によれば、客体の性質について無頓着・無関心な犯人ほど有利に取り扱われることになってしまう。逆に、①の基準は無限定にすぎる。たとえば、薬事法や食品衛生法に違反する客体としての認識しかなかったというのであれば、覚せい剤取締法や麻薬及び向精神薬取締法違反の故意を肯定することはできない。

前述の意味の認識の理論にもとづいて、薬物犯罪における客体の属性に関する認識のレベルを決めるならば、②の程度の認識を要求し、かつそれで足りると考えるべきである（それは、薬物犯罪の故意に共通する認識内容となる）。その際、薬物の有する高度の有害性・法益侵害性の認識までは要求すべきではない。そこまで要求するときは、犯行の及ぼす影響について無関心な者や反社会的な規範意識をもつ者ほど、故意がたやすく否定されることになりかねないからである。

■「類的認識」としての事実認識

ケース2は、最高裁決定（最決平2・2・9判時1341号157頁〔岡上雅美・百選Ⅰ（7版）82頁〕）の事案をベースにしたものである。最高裁は、故意の成

第 10 章 ● 故意　117

立を認めるにあたり、意味の認識の理論を用いなかった。「原判決の認定に
よれば、被告人は、本件物件を密輸入して所持した際、覚せい剤を含む身体
に有害で違法な薬物類であるとの認識があったというのであるから、覚せい
剤かもしれないし、その他の身体に有害で違法な薬物かもしれないとの認識
はあったことに帰することになる。そうすると、覚せい剤輸入罪……の故意
に欠けるところはないから、これと同旨と解される原判決の判断は、正当で
ある」というのである。これは、覚せい剤を積極的に除外する事情がなく、
また行為者の認識からも覚せい剤が除外されていない場合で、行為者におい
て、**覚せい剤を含む違法薬物という類的認識としては確定的認識**があるとい
う認定を前提として、故意の成立を認めたものである（それは、いずれかの違
法で有害な薬物であることについては確定的な認識があるが、どの薬物であるか
については不確定的で、「場合によっては、あえてそれ以上明確にしようとしない
状況」〔原田國男「覚せい剤輸入罪及び所持罪における覚せい剤であることの認識
の程度」ジュリ 958 号〔1990 年〕81 頁〕である。それは「客体の属性に関する不
確定的認識」の一場合といえよう〔→本章 3〕）。いいかえれば、行為者には、
「有害で違法な薬物類」をひとまとめにした「類的認識」が（**確定的認識とし
て**）認められ、そのグループには覚せい剤が包括されていることから、覚せ
い剤取締法違反の故意があるとしたのである。

　　●故意の体系的地位──故意（そして過失）を犯罪論体系のどこに位置づけるかをめぐり見
　解の対立がある（→第 7 章 4）。**故意を責任要素**とするのが伝統的通説であった。責任は、
　構成要件該当性→違法性→有責性という三段階からなる犯罪論の第三段階目であるから、
　故意はこの最終段階で考慮されることになり、構成要件該当性と違法性の段階では、故意
　犯と過失犯（そして結果的加重犯）は区別されない（たとえば、殺人罪と過失致死罪と傷害
　致死罪は、責任の段階に来てはじめて区別される）と考えられた。これを批判したのが**行
　為無価値論**であり、**故意は違法要素**であり、しかも違法類型としての構成要件の要素であ
　るとし、故意は構成要件該当性の段階で検討すべきだとした（殺人罪と過失致死罪と傷害
　致死罪とは、すでに構成要件の段階で区別されることになる）。現在では、故意をすでに
　構成要件の段階において考慮すべきだとする見解が通説となったといえよう。しかし、行
　為無価値論が通説となったということではなく、**結果無価値論**の立場から、構成要件は有
　責類型でもあるとする理解を前提としつつ、故意は責任要素として有責類型としての構成
　要件の要素であるとする理解が有力化したからである。なお、故意は責任要素であるとと
　もに違法要素でもあるとする（「二重の地位」を認める）学説も有力であり（→第21章 2）、
　議論の状況をいっそう複雑なものとしている（こうした議論に関心のある読者は、井田・
　総論 166 頁以下を参照していただきたい）。

3 確定的故意と不確定的故意

■故意の種類

　故意は、大きく確定的故意と不確定的故意とに分類される。**確定的故意**は２つに大別できよう。１つは、構成要件実現を目的とし意図する心理状態である(たとえば、50メートル先に立つ仇敵の殺害を意図してピストルを撃つ場合)。いま１つは、構成要件の実現を目的として追求しているのではないがその事実の発生を確実なものと認識する場合である(たとえば、保険金取得のため火をつけるときに、住居内で寝たきりとなっている高齢者が死ぬことを必然的なものとして認識しているという事例においては、殺人罪との関係ではこの意味における確定的故意を肯定できよう)。前者は、構成要件実現について強い意思が認められる場合であり、後者は、確実な認識がある場合であるから、２つの区別は、故意の要素としての「意思」と「認識」に対応するものといえよう(→本章４)。

■３つの不確定的故意

　不確定的故意の種類としては、未必の故意、択一的故意、概括的故意があり、いずれについても、客観的に生じた事実との関係で故意の成立が肯定される(すべての侵害された客体および危険にさらされた客体との関係で故意犯が成立する)。この区別は、客体の個数を基準とするものといえよう。とくに客体が１つの場合にふつう**未必の故意**と呼ぶ。確定的故意の場合のように、構成要件実現を意図してはいないし、構成要件実現を確実なものと認識してもいないが(その意味で「意思」も「認識」も弱い)、それでも、(従来の通説である**認容説**によれば)構成要件実現につき「かまわない」「仕方がない」という認容の心理状態が認められるため故意が肯定される場合である(これについて詳しくは、本章４を参照)。そして、客体が２つ(以上)で択一的な場合が**択一的故意**である。たとえば、目の前にいるＡとＢのうち、どちらの人に命中して

死んでもかまわないと思って拳銃を発砲する場合がその例である。これに対し、客体の数がそれ以上であり、行為者において結果の生ずるべき客体の個数の特定もない場合が**概括的故意**である。たとえば、人込みの中に爆弾を投げ込むケースのように、どの人が、また何人が被害を受けて死のうがかまわないという意思で行為する場合がその例である。

択一的故意と概括的故意の場合は、およそ結果が実現すること自体について認識は確定的であるとしても、それぞれの個別的客体を侵害することについては、やはり未必の故意しか存在しない。これらは、結局のところ、**客体の個数の変化にともなう未必の故意のバリエーション**にほかならないといえよう(したがって、この分類は網羅的なものではない。たとえば、3つの客体のうちの2つに結果が生ずることを確実視していたが、どの2つかは特定していないという心理状態もありうる)。

ちなみに、従来の学説は、未必の故意については、**客体の属性に関する不確定的認識**が存在することを認めていた。たとえば、「ひょっとすると他人の物かもしれないが……」とか、「もしかすると盗品であるかもしれないが……」という認識である。このように、客体の属性に注目したとき、**客体の属性の変化にともなう未必の故意のバリエーション**を認めない理由はなかろう。たとえば、電車の網棚の上にのせられた他人のカバンを持ち去ろうとするときに、それが他人の占有下にある物かどうか(それにより窃盗罪〔235条〕か占有離脱物〔遺失物〕横領罪〔254条〕かが決まる)につき不確定的な心理状態であれば、そこでは犯罪の成立は択一的であるのだから、いわば**客体の属性に関する択一的故意**である(客観的に占有離脱物横領罪の事実が実現されたのであれば、同罪の既遂と窃盗罪の未遂とが観念的競合の関係で成立する〔軽い前者は重い後者に吸収されるとする考え方もありえよう〕)。また、たとえば、行為者において、依存性の有害薬物のいずれかであることについては確定的な認識があるが、そのいずれにあたるかについては不確定的な認識である場合(→本章2)もこれと同じである。

4 未必の故意

■故意は意思か認識か

　未必の故意は、過失（厳密には、そのうちの認識ある過失〔→第13章1〕）と境を接する観念である。刑法は故意犯の処罰を原則としており（38条1項を参照）、過失犯が処罰される場合でもその法定刑はかなり軽いので、故意か過失かの区別は実際上重要である。設例としては、シラーの戯曲『ヴィルヘルム・テル』のなかで、わが子の頭の上にのせたリンゴを矢で射ようとするテルのケースがすぐに想起されるであろう。

ケース3（危険な賭け）

　甲は、乙から、かなり離れたところを歩いている通行人の帽子めがけて石を投げ、ケガをさせずに帽子のみに命中させることができるかどうかの賭けをすることを持ちかけられた。甲は、帽子のみに命中させることができれば、乙から現金を得ることができるが、Aにケガをさせたりすれば、乙に現金を支払わなければならない。甲は、通行人Aの帽子めがけて石を投げたが、石はAの顔面に命中し、Aは大けがをした。甲には、傷害（204条）の故意が認められるであろうか。

　故意の本質は**意思か、それとも認識か**をめぐる理論的対立が存在し、これが未必の故意論の根底にある。確定的故意（→本章3）は、結果発生の確実性の認識はないが、結果を望む意思ははっきりしている場合か、それとも、意思は弱いが、結果発生の確実さははっきり認識されている場合かのいずれかである。このように、意思か認識かのどちらかが際立てば確定的故意が肯定される。これに対し、**未必の故意はそのいずれもが弱い場合**である。

■未必の故意をめぐる学説

　一定の構成要件該当事実につき未必の故意がいかなる場合に認められるか

をめぐっては、①その事実の表象(認識・予見)で足りるとする**認識説**、②構成要件実現の単なる可能性を超える蓋然性を認識しなければならないとする**蓋然性説**、③表象された構成要件実現についての「認容」(「やむを得ない」「かまわない」「仕方がない」という心理状態)が必要だとする**認容説**、④構成要件実現が行為者の実現意思に取り込まれたかどうかを基準とする**実現意思説**などが対立している。このうち認容説が従来の通説によって支持され(たとえば、大塚・総論182頁以下、団藤・総論295頁以下、西原(上)・180頁以下、福田・110頁以下など)、判例も基本的に認容説に立つものと一般に理解されている(最判昭23・3・16刑集2巻3号227頁〔玄守道・百選Ⅰ(7版)84頁〕のほか、福岡高判昭45・5・16判時621号106頁も参照。ただし、高裁判例の中には、認容説に立ちつつ、結果発生の危険性・蓋然性をあわせ考慮するものや、認容という用語を使用せず、蓋然性の認識のみを問題とするものも存在する)。

> ●**認容説の基礎にある考え方**──従来の通説や判例が認容説を採用してきたことには、それなりの理由があったといえよう。すなわち、故意を認めるためには、**ただ結果発生の可能性を認識したという認識的要素だけでは足りず**、少なくとも弱い程度の意思的要素も必要だと考えられてきたのである。認識とは、それ自体として受動的なもの(よい・悪いという評価をともなわない価値的にニュートラルなもの)であり、事実に対する態度決定(コミットメント)を何ら含むものではない。それだけでは、行為者に対する非難はできないと考えられる。少なくとも**認容という(弱い)意思的要素**が認められれば、そこに法益侵害結果に対する行為者の態度決定が見られることになるのであり、そこに非難の契機を見出すことも可能となるのである。

故意の要件として構成要件該当事実の認識で足りるとする認識説(伊東・総論102頁以下)によれば、未必の故意と認識ある過失とを区別できない(当たるかもしれないとひとたび思えば故意がある、とすることはできない)。ただ、行為に出るときには、最終的にどちらかに結論を出すことが多いから、「結局においては結果が発生すると思ったかどうか」で区別することは可能である(平野Ⅰ・187頁以下を参照)。しかし、可能性が頭をよぎったが「判断停止」のまま行為したとか、まったく無関心であった場合、結論を出すことができないという問題がある(この場合、つねに故意が成立すると考える見解もありうるが、それでは広すぎるであろう)。これに対し、蓋然性説(浅田・311頁以下、林・総論242頁以下、前田・総論163頁以下など)においては、結果発生の

可能性は低いことを知りつつ、結果を意図して行為した場合(50メートル先の人をぜひ殺したいと願い、当たる確率は低いと思いつつも当たることを心から望んで撃つ場合)について故意を認めることが困難となる。

■認容説

認容説は、故意の成立を認めるためには少なくとも犯罪事実の実現について「認容」が必要だとするが、これによれば、犯罪事実が実現することについて認容がある場合が未必の故意であり、これを欠く場合が認識ある過失である。

しかし、認容説は法に反する結果への肯定的是認の有無を基準とする点で、故意を「悪い心情」「非難すべき心理状態」と同一視するものであり、故意を違法要素として位置づける見解からこれをとることはできない(もし、ヴィルヘルム・テルの事例で、心情を考慮して過失にすぎないとするのであれば、それは一種の「心情刑法」の考え方であろう)。また、認容には、「よい」「かまわない」という積極的認容ないし肯定的是認の場合もあれば、「やむをえない」「仕方がない」というこれに準ずる場合(これを「消極的認容」と呼ぶことができようか)もあり、さらに、「意に介さない」「投げやり」「無関心」などの場合があり、その内容がきわめてあいまいであるとする批判も可能である。他方で、「意に介さない」「投げやり」「無関心」という場合に、それだけで故意ありとすることは疑問である。

ケース3についてみても、認容説によるとき、その解決は困難である。甲には「かまわない」とか「仕方ない」とかの心理状態まではなかったと思われるが、生じうる傷害の結果に対し「意に介さない」「投げやり」「無関心」であったということは間違いないであろう。「認容」の内容をどのように解するかにより、結論はまったく異なることになる(なお、甲にAに対する暴行の故意があることは明らかであるから、かりに傷害の故意が否定されても、結果的加重犯としての傷害罪は成立する)。

第10章●故意　123

■実現意思説

　実現意思説(井田・総論 175 頁以下、川端・194 頁以下、高橋・178 頁以下、中・109 頁以下、野村・168 頁以下、山中・328 頁以下など)によれば、刑法は、法益侵害および危殆化を抑止するために存在し、法益侵害ないし危殆化の実現意思がある場合にはとくに重い違法評価を下すのであるから、故意とは実現意思であることを本質とする。故意とは法益侵害行為または危険行為への意思決定であり、構成要件該当事実が全体として意思的実現の対象に取り込まれたかどうかが、確定的故意を含めて故意の全領域を貫く統一的な基準となる。

　まず、(1)当該事実の実現を全体として「意図」していたときには、明白に実現意思が認められる。(2)確実なものと認識しつつその行為に出た場合にもその事実は実現意思に取り込まれたといえる。次に、(3)かなりの程度の可能性、すなわち蓋然性(結果の不発生を当てにすることが不合理な程度の可能性)を認識したときには、回避措置がとられないかぎり、結果の発生は実現意思に取り入れられたといえることから故意が認められる。酒に酔って自動車をちゃんと運転できない状態で、人にぶつかるかも知れないと認識しつつ、かなり高速で運転する行為については、傷害ないし殺人の未必の故意を肯定できる。**ケース3**の事例は、まさにこの(3)の場合にあたるものであり、傷害の故意は肯定されるべきである。

　これに対し、(4)低い程度の可能性の認識は、その事実の実現が積極的に認容されるのでないかぎり故意とはいえないし、ある程度の蓋然性を意識した行為であっても、一定の法益の保全に役立つ行為については、回避措置により危険がコントロールされており、行為者の認識がその利益の実現のために許容できる程度のリスクの認識にとどまるかぎりは故意があるといえない。

　以上のような意味で、実現意思の有無は、**意思の強さと認識された事実実現の確実度のバランス**により判断されることとなる(以上の点について、佐伯仁志・248 頁以下も参照)。

　●動機説──実現意思説と基本的に同一の見解が「動機説」という名称のもとに主張され

ている。大谷・総論155頁以下、西田・総論231頁以下、内藤(下)Ⅱ・1089頁以下、平野Ⅰ・185頁以下、山口・総論214頁以下などを参照。しかし、故意を違法要素とする立場からは、意思的行為による規範違反があったかどうかが問題であり、違法性判断との関係では動機は重要でないから、動機説というその名称には疑問がある。

━━━━━━━━━━━━━━━━━━ケース4(盗品性の認識)■

　甲は、高校生のAに現金2万円を貸すにあたり、Aが持参した時価6万円を超える宝石等を虫めがねで確認してからこれを担保として預かった。甲は盗品保管罪(256条2項)で起訴されたが、それらが盗品であったことは知らなかったと主張する。甲が物品をAから預ったことや虫めがねで確認したこと自体を当初は隠していたという事情があるとき、盗品性に関する未必の故意を認定できるか。

■盗品等に関する罪の故意━━━━━━━━━━━━━━━━━━━━━━━■

　盗品等に関する罪(刑法256条)においては、客体が盗品等であることにつき少なくとも未必の故意があることが必要である。これをとくに**知情**という。判例も、盗品有償譲受け罪(贓物故買罪)に関し、「故意が成立するためには必ずしも買受くべき物が贓物であることを確定的に知って居ることを必要」とせず「或は贓物であるかも知れないと思いながらしかも敢てこれを買受ける意思(いわゆる未必の故意)があれば足りる」としている(前掲最判昭23・3・16)。

　いずれの見解をとるにせよ、**ケース4**のような、盗品性に関する未必的故意を訴訟の場において立証することは、犯人の自白がないときなど必ずしも容易なことではない。そのため、盗品等に関する罪につき、訴訟法的に挙証責任の転換を認めることや、故意の推定に関する規定、さらには過失処罰の規定を新設することが主張されたこともある。しかし、現行法のもとでは、**種々の間接事実から情況証拠を用いて盗品性に関する知情を認定**するほかはない。

　　●**刑事裁判における故意の認定**——刑事裁判の場において、いかなる事実(間接事実)から行為者に故意があったこと(要証事実)を推認するかは、刑事訴訟法上の事実認定の問題で

ある。一定の事実の存在を推認させる根拠となる事情のことを**情況証拠**(間接証拠)という。故意の認定にあたっては、当該行為の危険性の大きさに関わる事実のほか、動機とか犯行後の行動なども、情況証拠として用いられる。前述したように、故意に関する判例の中には、基本的に認容説をとりつつも、行為者が認識した結果発生の蓋然性を考慮するものが多い。刑事裁判の場における証拠による故意の認定という実践的な局面においては、認容という心理状態とは、結果発生(構成要件実現)の危険性・蓋然性を認識しつつ行為するときの心理状態なのであり、後者が証拠により認定されることにより、前者が認定されるという関係に立つ。その意味においては、認容説と結果発生の蓋然性の考慮は何ら矛盾するものではない。

　これまでの判例には、(1)売渡人の属性・態度等から未必の故意を推認するもの、(2)物品の性質・数量・価格等から盗品性の知情を認定するもの、(3)取引の形態・その特殊性から故意を推定するもの、(4)前後における行為者の行動から故意を認めるものなどがある。もちろん、現実には、これらの事情が総合されて未必的認識が推認される場合が多い(前掲最判昭23・3・16は、盗品有償譲受け罪に関し、買受人が売渡人から盗品であることを明らかに告げられた事実がなくても、買受物品の性質、数量、売渡人の属性、態度等諸般の事情から「あるいは盗品ではないか」との疑いをもちながらこれを買い受けた事実が認められれば未必の故意が認定できるとしている)。

　ケース4に関する最高裁判決は、①物品の時価合計、②甲が物品を虫めがねで調べてから金を出すことを承諾したこと、③甲が取調の当初において物品をAから預ったことを秘していたこと、④物品の確認と金を出したこととの先後に関し甲の供述に変転があること、⑤甲は第1審では虫めがねで品物を見たことを否定したこと、⑥物品は雑然と保管されていたことなどの事実が存在しても、他に甲とAとの従来の関係、Aの人物や素行についての甲の認識、本件物品の性状およびその対価の額、この種の物の売買や収受に関する甲の従前の行動等の点においてさらに推認を強める特段の事情が認められないかぎり、情況証拠による知情の認定ができないとして、原判決を破棄し無罪とした(最判昭58・2・24判時1070号5頁)。

　●**条件つき故意**──不確定故意の一態様として、条件つき故意も議論の対象とされている。問題となるケースとしては、まず**共謀共同正犯**(→第26章2)の場合がある。たとえば、甲、乙、丙が犯罪の共謀を行い、その内容が、現場でAが金銭の支払いに応じなかったときには実行者乙と丙がこれを殺害するというものであった場合、現場にはいない共謀者甲

につき、乙と丙による殺害結果との関係での故意を認めうるであろうか。前提として犯罪計画を実行に移す計画遂行意思(すなわち、行為意思)は確定的でなければならない。そして、犯罪計画遂行意思が確定的であれば、最終的な結果発生が不確定的であるとしても、それは未必の故意の問題として解決できよう。すなわち、共謀の時点において、殺害の結果に至ることがある程度高い可能性をもって予測されたのに、これを回避する手段が講じられていない以上、結果は実現意思に取り込まれたといえ、殺人の故意を肯定できるのである(これに対し、最判昭59・3・6刑集38巻5号1961頁は、一定の条件が生じた後の対応まで〔上の事例であれば、支払い拒絶後に乙と丙がAの殺害に至ることまで〕あらかじめ確定的であることを要求するようにも読める。しかし、そこまでは必要でなく、その結果に至ることがある程度高い可能性をもって予測されたことで十分であろう)。

また、条件つき故意は、**予備罪**のケースでも問題となる。「もし被害者に抵抗されたら殺そう」という意思で凶器を準備したとき、または「もし見つかったら強盗をしよう」という意思で強盗に役立つ道具を準備したときに、それぞれ殺人予備ないし強盗予備になるか。ここでは、条件成就後にもういちど行為者自らの判断と意思決定が介在する点で、共謀共同正犯の事例と異なっている。条件成就後の対応が最終的に確定的であることを要するかどうかが問題となるが、ほぼ決意が固まっている(しかしその段階でもう一度考え直す余地が残されている)という程度でも、予備罪の故意を認めることの妨げにならないというべきであろう。

5 まとめ

　故意の成否の問題は、どのような場合に(過失犯に対するよりも)より重い処罰が合理的かつ正当なものと考えられるかの問題にほかならない。故意論の根底には(にも)、**処罰の根拠と正当化**の問題、すなわち、われわれはいかなる理由にもとづいてある行為を処罰するのか、そしてその処罰はどのような要件のあるときに正当とされるのかの問題が横たわっている。それは、故意を違法要素とするか、それとも責任要素にすぎないものとして位置づけるかに関する体系的な論争と密接に関係している。故意処罰と過失処罰の限界領域について検討を行うとき、犯罪論の理論と体系をつねに念頭に置きつつ、その全体との関わりの中で結論を導くことが要求されるのである。

〔井田　良〕

第11章 事実の錯誤(1)

1 刑法における錯誤論

■錯誤とは

　人が心に思ったことと現実の事態との間にくい違いが生じるのはめずらしいことではない。まわりの人にはコッケイでも本人は大あわて、ということもあれば、深刻な事態が生じようとしているのに、事柄の重大さに本人はまったく気づいていないということもある。刑法学において**錯誤**と呼ばれるものも、日常生活の場面で、勘違いとか、思い誤りとか、誤解とかと呼ばれるもののことであり、要するに、「思ったこと」と「現実の事態」との間にくい違い(いいかえれば、主観的認識と客観的実在との不一致)が生じた場合のことである。

　ただし、刑法学において錯誤が論じられるのは、主観面と客観面の間にズレがある場合のすべてではなく、**故意(犯)の成否**が問題とされる場面にかぎられる(**刑法38条1項**に明らかなように、故意犯は犯罪の原則的形態である〔→第10章1〕)。客観面において何か重大な出来事が起こり(たとえば、人の死亡の結果が発生し)、主観面において一定の事態の認識があるとき、主観面におけるその認識が、その客観的事実に対応する故意(たとえば、殺人罪の故意)と考えられてよいかどうかが刑法における錯誤論の問題である。

　　●**客観面から主観面へ**──錯誤論は、客観面における一定の事実の確認を前提とし、それに対応する故意を認めうるかどうかという形で論じられる。客観面において、一定の犯罪の客観的要件をみたす事実(もちろん、それは未遂犯にあたる客観的事実であってもかまわない)が存在しなければ、錯誤は問題にならない。たとえば、もし行為と結果との間に因果関係を肯定できないのであれば、その結果について故意があったかどうかを問題とすること、すなわち、因果関係の錯誤(→本章3)を論じることは無意味である。

128

■故意を阻却する錯誤と阻却しない錯誤————————■

　行為者が犯罪の実行にあたり日時や場所などについて誤解しており、もし真実がわかっていたら犯行に出ていなかったであろうという場合、たとえば、その日が「13日の金曜」と知っていたら不吉だから犯行を差し控えていたであろうという場合、そのような思い違いのために故意の成立が否定される（たとえば、人を殺害したのに過失致死罪になる）とするのは不当である。それでは、どのような種類・内容の錯誤があったとき、故意が阻却される（故意不成立の結論が導かれる）のであろうか。これを明らかにするためには、**行為者にどのような事態の認識があれば故意があるといえるのか**について考えてみなくてはならない。

　通説によると、故意があるといえるためには、行為者がその犯罪にあたる違法な事実を認識していることが必要である。たとえば、何の理由もなく（正当防衛などの事情が存在しないのに）他人に重い傷害を与えようと思って傷害行為に出るというように、法が一般市民に対し行うことを禁止した具体的事実（すなわち、**構成要件に該当し違法とされる事実**）を認識しつつ行為に出る心理状態が故意なのである（→第10章1、第21章1）。

■————————————————————ケース1（親族関係の錯誤）■

　遊ぶ金に困った甲は、何か金目のものはないかと父親Aの書斎を物色したところ、真新しい高級腕時計を発見した。甲は、腕時計を持ち出して現金に換え、これを費消した。甲はその腕時計が父親Aの所有物であると信じていたが、実は、Aが友人のBから預かって保管していたものであった。甲の錯誤は、刑事責任にどのような影響をもつか。

　ケース1において、甲は、他人の所有物を盗み出したのであり、刑法235条の窃盗罪にあたる事実を実現したことは明白である。ただし、**244条**には、親族どうしの間で窃盗罪などが犯された場合についての特例（いわゆる**親族相盗例**）が定められており、その第1項は、配偶者、直系血族（たとえば、親子）、同居の親族間での犯罪については刑を免除するとしている。**刑の免除**とは、

第 11 章 ● 事実の錯誤⑴　129

有罪ではあるが、刑は言い渡さないことを意味する（刑の免除の判決はもっと
も軽い有罪判決である）。このような（ふつうとは異なった）寛大な取り扱いを認
めるにあたり、所定の親族関係は、①犯人と目的物の占有者（所持者）との間、
および②犯人と目的物の所有者との間の両方に存在しなければならないとす
るのが判例・通説である。**ケース 1** では、甲と A（目的物の占有者）との間に
は直系血族の関係があるが、甲と B（目的物の所有者）との間には親族関係が
存在しないので、244 条 1 項を適用することはできない。

　そこで、問題となるのは、甲の錯誤がどのような意味をもつかである。甲
は、244 条 1 項にあたる事実を認識しており、少なくとも甲の「頭の中」に
は、刑の免除という軽い取り扱いを受けるべき事実が存在していた。**38 条
2 項**には、かりに「重い罪に当たるべき」客観的事実を実現したとしても、
行為者が「行為の時にその重い罪に当たることとなる事実を知らなかった」
ときは「その重い罪によって処断することはできない」と規定されている。
そこで、通常の窃盗にあたる事実が「重い罪に当たる事実」であり、親族間
の犯罪は「より軽い罪」であるとすれば、重いふつうの窃盗罪として扱うこ
とはできず、刑の免除が認められなければならないことになる。前述のよう
に、故意があるといえるためには、**その犯罪にあたる違法な事実**を認識して
いなければならないが、244 条 1 項の特例の根拠が、親族間の犯罪はふつう
の場合より**違法性が軽い**というところにあるとするなら、違法性の軽い事実
を認識して行為した以上、違法性の重いふつうの窃盗罪の成立を認めること
はできないのである。このように考えるとき、**ケース 1** の甲はその刑を免除
されるべきである（たとえば、中森・119 頁を参照）。高裁判例は、理論的根拠
は明らかでないものの、244 条 1 項の親族関係の存在を誤信した場合、刑の
免除が認められるべきだとしている（福岡高判昭 25・10・17 高刑集 3 巻 3 号
487 頁、広島高岡山支判昭 28・2・17 判特 31 号 67 頁。これに対し、244 条 2 項
の親族関係の錯誤が問題となったケースについて、大阪高判昭 28・11・18 高刑集
6 巻 11 号 1603 頁は、244 条の親族関係の錯誤について 38 条 2 項の適用はないと
する）。

　しかし、親族間の財産犯はふつうの場合よりも違法性において軽い、とす

る前提ははたして正しいであろうか。学説における通説によれば、親族間において行われた窃盗行為といえども違法性の評価において軽いとはいえない。むしろ 244 条 1 項は、親族間の問題に国家刑罰権が干渉することはかえって親族関係を破壊するおそれさえあり、むしろ親族間の自主的な規律にゆだねる方がよいと考えられることから(「法は家庭に入らない」という思想)、**刑法的評価を超えた政策的理由**によって処罰を否定しているのである(最近の判例である最決平 20・2・18 刑集 62 巻 2 号 37 頁〔林陽一・百選 II(7 版)72 頁〕も、「244 条 1 項は、親族間の一定の財産犯罪については、国家が刑罰権の行使を差し控え、親族間の自律にゆだねる方が望ましいという政策的な考慮に基づき、その犯人の処罰につき特例を設けたにすぎず、その犯罪の成立を否定したものではない」としている)。たとえ親族との関係でも、個人の財産権に対する刑法的評価を弱めることは妥当でないし、また、親族間における所為も(たしかに処罰はされないが)完全な犯罪ではあるという評価を示すことに意味があると考えれば、244 条の特例は**犯罪の重さとは関わりのない政策的理由**にもとづくものとする通説の見解が支持されるであろう。このような立場を前提にすると、親族関係に関する誤信は、犯罪の重さとは関係のない事情に関する錯誤であり、故意の成否に影響せず、38 条 2 項も適用されないことになる(伊東・各論 163 頁、大塚・各論 228 頁、大谷・各論 225 頁以下、団藤・各論 582 頁、山口・各論 212 頁などを参照)。

> ●**客観的処罰条件と処罰阻却事由**——犯罪が成立したときでも、ただちに国家刑罰権が発生するとはかぎらず、さらに一定の事情の存在が要求される場合がある。このような事情のことを**客観的処罰条件**という(たとえば、事前収賄罪〔197 条 2 項〕における「公務員となった場合」という要件のほか、詐欺破産罪における破産手続開始決定の確定〔破産法 265 条〕、詐欺更生罪における更生手続開始決定の確定〔会社更生法 266 条〕などがある)。他方、犯罪が成立しても、一定の事情があることにより、刑罰権の発生を妨げられることもある。この事由のことを、**(人的または一身的)処罰阻却事由**という。通説によると、刑法 244 条 1 項や 257 条 1 項に規定する親族であることがこれにあたる。客観的処罰条件や処罰阻却事由にあたる事実は、犯罪の成否には関わらない事情であり、故意における認識の対象にならず、したがって、その存否について錯誤があっても故意を阻却しないのである。

2 事実の錯誤と違法性の錯誤

■事実の誤りと評価の誤り

　表を見ていただきたい。①（違法とされる）ある事実が存在すること、②（違法とされる）その事実を行為者が認識していること、③その事実について法の立場から「違法」という評価が加えられること、④その事実について行為者も「違法」と思っていることは、それぞれ異なった4つの問題である。錯誤は、**事実面の誤信**（①と②のくい違い）と、**評価面での思い違い**（③と④のくい違い）とに分類することができる。行為者が「事実」について誤った認識をもって行為した場合のことを**事実の錯誤**といい、法が違法とする行為を、行為者だけは「法的に許される」と誤信し、間違った「評価」を前提に行為に出た場合のことを**違法性の錯誤**（または**法律の錯誤**）という。

	客観面	主観面
事実	①違法な事実（たとえば、正当な理由なく他人の生命を奪うという事実）が存在すること	②その事実を行為者が認識していること（たとえば、自己の行為から他人の死亡の結果が発生することを認識していること）
評価	③その事実が法の立場から「違法」と評価されること	④その事実について行為者も「違法」と思っていること

ケース2（故意行為か過失行為か）

　A県では、道路交通法71条6号の規定にもとづき、県公安委員会が定めた規則により、「下駄、スリッパ、サンダルその他これらに類するもの」をはいて自動車を運転することを禁止している（罰則は、道路交通法120条1項により5万円以下の罰金）。甲は、サンダルをはいて普通自動車を運転し、県内の道路を走ったが、しかしサンダルばきの運転が禁止されており犯罪となることについてはまったく知らなかった。甲を故意犯として処罰することは可能か。

事実の錯誤、すなわち事実面の誤信により、違法な事実の認識を欠如するに至った場合には(それがいかに軽率な誤解であったとしても)故意を阻却し、せいぜい過失犯による処罰のみが問題となる。たとえば、不注意で他人の傘を自分の傘と勘違いして持って帰って来てしまった者は、窃盗罪の刑事責任を負わない。それは、38条1項にいう「罪を犯す意思がない行為」である(窃盗罪については過失処罰の規定もない)。これに対し、故意の成立を認めるためには、行為者が自分の行為を違法な行為であると評価していたことまでは必要がない。すなわち、故意があるといえるためには、前頁の表における②はぜひ必要であるが、④までは必要でなく、**行為が法律上許されないとする意識、すなわち違法性の意識**がなくても、故意犯の成立は認められる。ふつうの人なら法的に許されないと考えるであろう行為をしながら、行為者が「違法とは思わなかった」とか「そのような法律の規定があるとは知らなかった」とかいうことでただちに故意なしとすることはできない。

　ここから、**判例・通説**は、事実の錯誤により違法な事実の認識を欠けば、ただちに故意は阻却されるが、違法性の錯誤により自分の行為が法的に許されると行為者が誤信していたとしても、故意は阻却されない(その趣旨を規定したのが**38条3項**である)とする(ただし、通説は、違法性の意識を欠いたことにつき「相当の理由」があるときには、行為者を非難できず、刑事責任は否定されるとする〔→第20章〕)。

　ケース2についてみると、甲は「サンダルをはいて普通自動車を運転する」という事実は正しく認識しており、それを違法とする法令の存在を知らなかったにすぎないから、甲の錯誤は違法性の錯誤であり、(錯誤におちいったことにつき相当の理由がないかぎり)故意犯の刑事責任は否定されない(東京高判昭38・12・11高刑集16巻9号787頁も、同じ事案に関し、「被告人の本件所為は、刑法第38条第3項にいわゆる法の不知に該当し、その犯意を欠くものではない」とした)。

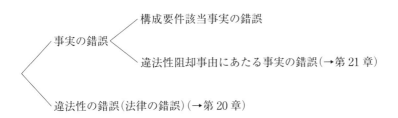

■2つの錯誤を区別する理由

　事実の錯誤と違法性の錯誤とを区別して扱う理由はどこにあるのか。その理由を明らかにするためには、故意行為を過失行為と区別して重く評価する理論的根拠にさかのぼって考える必要がある。責任の重さ(意思決定に対する非難の程度)という観点からみると、違法な事実を認識しなかったというのであれば重い非難は不可能であるが、事実は正しく認識しつつ、その行為を違法だとは思わなかったというだけで、責任が軽いとただちにはいえない。法的に許されないことを知りつつ良心の呵責にさいなまれながら行為した人と比べて、法に違反することに思い至らず平然と犯行に出た人には、より強い非難が可能であることも多いと考えられる(違法性の意識を欠いて行為した者は、法に敵対する意思なく、悪意を欠いて行為したものであり、故意犯としての重い非難には値しないとする見解〔厳格故意説〕もある。たとえば、浅田・335頁以下、大塚・総論460頁以下、中山Ⅰ・158頁以下など。しかし、それは少数説にとどまっている)。

　しかし、事実の錯誤と違法性の錯誤との区別を正当化する、より深い理由は、**刑法の存在理由**を考えたときはじめて明らかになるといえよう。刑法が何のために存在するかといえば、法益侵害行為または法益を危険にさらす行為を禁止する**規範**(行為規範・行動準則)を設定し、その違反に対して刑罰を科すことによって規範の効力を維持し、人々を規範にしたがった行動へと動機づけることを通して法益を保護するためにある。たとえば、「正当な理由のない状況で人を殺害してはならない」という規範を一般市民に教え、また、もし規範に関する誤解があればそれをただすために刑法は存在する。犯罪とは、刑法規範の効力を動揺させる行為である。人を殺すな、他人の物を盗む

なという規範の効力は、熊を撃とうとする行為、自分の傘を持って帰ろうとする行為により動揺させられることはない。人と知りつつ殺害する行為、他人の物と知りつつ盗む行為によってはじめて動揺させられる。そのとき、規範にあたる事実を知って行為したかどうかが重要であり、行為者が刑法規範の存在を知っていたかどうかで区別する理由はない。しかも、法は規範については**これを教えることができるが、事実の不知については無力である。**法は「人殺しをしてはならない」ことを教えることはできても、そこに立っているのが「熊」ではなく「人」であることに気づかせることはできない(事実の不知により重大な法益侵害の結果を生じさせないよう慎重に行動すべきだとする別の規範〔過失犯の規範〕を教えることができるだけである)。

> ●**事実に関する誤解と規範に関する誤解**──この両者が区別されるべきことは、われわれの生活経験に照らしても明らかである。たとえば、次のようなケースを考えてみよう。授業が終わった後、仲の良い友人のA君やBさんが間違えてあなたの六法を家に持って帰ってしまったとする。翌日、「ゴメンね、間違えた」といって返してくれれば、「ドンマイ、ドンマイ、気にしないで」ということになるであろう。これに対し、A君やBさんが他人の六法とわかっていて意図的に盗ったとすれば、友人関係の見直しを含め、相当に深刻な問題が生じることになるであろう。かりに、A君が「ゴメン、他人の六法を盗んでもいいと思ってた」と述べたとしても、「ドンマイ、ドンマイ、気にしないで」とはならない。それは有効な弁解にはなりえないのである。

要するに、刑法が「規範を教え、規範に関する誤解をただすために存在する」のであれば、**違法性の錯誤に対し寛容であることはできない**から、違法性の錯誤は故意を阻却しない。他方、事実認識ある行為によってはじめて規範は動揺させられるから、事実認識は故意の要素であり、事実の錯誤は故意を阻却するのである。

❸ 具体的事実の錯誤

■法定的符合説と具体的符合説────────────────■

事実の錯誤があるために、構成要件該当事実の認識が欠如するとき(たとえば、熊だと思って人を撃ち殺したとき)、故意は阻却される。この点につい

ては異論の余地がない。事実の錯誤の場合のうち解決がむずかしいのは、①行為者が犯罪Pにあたる事実を実現しようとして行為し、同じP罪にあたる事実が実現したのであるが、しかし犯罪事実の詳細に関し錯誤がある場合、そして、②行為者がP罪にあたる事実を実現しようとして行為し、現実にはQ罪にあたる事実が実現した場合である。①を**具体的事実の錯誤**(同一構成要件内の錯誤)、②を**抽象的事実の錯誤**(異なった構成要件にまたがる錯誤)と呼ぶ。前者の具体的事実の錯誤の事例としては(抽象的事実の錯誤については、次の第12章を参照)、㈠甲がAを殺害しようと思ってピストルで撃ち、弾丸が命中して倒れたその人を確認したところ、AではなくBであったという「人違い」の場合と、㈡甲がAを殺害しようとして発砲したが、弾丸はAには命中せず、たまたま背後を通りかかったBに当たってBが死亡したという「打撃のはずれ」の場合が代表的である。㈠は**客体の錯誤**、㈡は**方法の錯誤**(打撃の錯誤)の場合である(なお、客体の錯誤・方法の錯誤は、抽象的事実の錯誤の場合にも問題となる)。

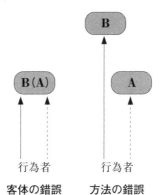

客体の錯誤　　方法の錯誤

具体的事実の錯誤の取り扱いに関する判例・通説は、㈠と㈡のいずれの場合についても、Bに生じた結果について故意が認められるとし、結論においてBに対する殺人既遂罪の成立を肯定する。なぜなら、いずれの場合も「人を殺すつもりで人を殺した」といえるからである。殺人罪の構成要件は「人を殺すこと」であり、「およそ人を殺すつもりでおよそ人を殺した」以上、構成要件を完全にみたす事実が存在する。AかBかという客体の相違は法的

には重要でない。このように、主観的認識と客観的事実とが同一の構成要件の範囲内で一致ないし符合すれば足りるという理由で故意の成立を認める（ただし、行為と結果との間に**法的因果関係**が肯定されることが当然の前提である）見解を**法定的符合説**という（たとえば、大谷・総論 165 頁以下、高橋・196 頁以下、団藤・総論 298 頁以下、前田・総論 193 頁以下、林・総論 249 頁以下など）。

これに対し、有力な反対説は、認識と事実との間のより具体的な合致を要求し、(イ)については、そこに立っている「その人」を殺そうとする意思、すなわち当該の客体を侵害しようとする認識が行為者にあったことから故意の成立が認められるが、(ロ)の場合には、「その人」A を殺そうとしたのであり、現実に結果が発生した「あの人」B をねらうつもりはなかったことから、発生結果についての故意は阻却されるとする。これが**具体的符合説**（具体的法定符合説）である。行為者が特定した「その人」ごとに独立に構成要件の実現を考えるべきであり、(ロ)の場合、「その人」か「あの人」かの相違は構成要件的に重要な相違であって、A に対する故意と B に対する故意とを同列に論じることはできないとするのである（浅田・318 頁以下、伊東・総論 122 頁以下、佐伯仁志・257 頁以下、西田・総論 234 頁以下、内藤（下）I ・920 頁以下、平野 I ・174 頁以下、山口・総論 222 頁以下、山中・337 頁以下など）。

このように、法定的符合説は、事実と認識とが**およそ人**のレベルで符合していればよいと考え、具体的符合説は、**その人**のレベルでの（より具体的な）符合を要求する点に違いがある。

■**故意の個数？**─────────────────────────────

───────────────────────**ケース 3（びょう打ち銃事件）**■

甲は路上をパトロール中の巡査 A から拳銃を奪おうと決意し、たまたま周囲に人影が見えなくなったとみて、殺意をもって、建設用のびょう打ち銃を改造した手製の銃を発砲したが、A に重い傷害を負わせたにとどまり、A の拳銃を強取することができず、さらに、A の身体を貫通したびょうをたまたま A の約 30 メートル前を通行中の B の背部に命中させ、B にも重い傷害を負わせた。甲はどのような刑事責任を負うか。

第11章●事実の錯誤(1)　137

　法定的符合説は、構成要件的に同価値のいずれの客体との関係でも故意を
認めうるとする。殺人罪や傷害罪の場合であれば、「およそ人」であるかぎ
り、どの人との関係でも（法的因果関係の範囲内でその結果が発生しているこ
とを前提にして）故意が認められるという。そこで、複数の同種の客体に結果が
発生したときには、そのいずれの客体との関係でも同時に故意犯の成立が肯
定されることになる。たとえ「1個の」故意しかなくても、複数の故意犯の
成立が認められる（数故意犯説）。**ケース3**の事案につき、最高裁判所は、2
個の（強盗）殺人未遂罪（243条、240条後段）の成立を認めている。それは**法定
的符合説の基本思想に忠実な**立場といえよう。

> ●**びょう打ち銃事件最高裁判決**──「犯罪の故意があるとするには……犯人が認識した罪
> となるべき事実と現実に発生した事実とが……法定の範囲内において一致することをもっ
> て足りるものと解すべきであるから、人を殺す意思のもとに殺害行為に出た以上、犯人の
> 認識しなかった人に対してその結果が発生した場合にも、右の結果について殺人の故意が
> あるものというべきである。……被告人が人を殺害する意思のもとに……殺害行為に出た
> 結果、被告人の意図した巡査Aに右側胸部貫通銃創を負わせたが殺害するに至らなかった
> のであるから、同巡査に対する殺人未遂罪が成立し、同時に、被告人の予期しなかった通
> 行人Bに対し腹部貫通銃創の結果が発生し、かつ、右殺害行為とBの傷害との間に因果関
> 係が認められるから、同人に対する殺人未遂罪もまた成立し、しかも、被告人の右殺人未
> 遂の所為は同巡査に対する強盗の手段として行われたものであるから、……Aに対する所
> 為についてはもちろんのこと、Bに対する所為についても強盗殺人未遂罪が成立するとい
> うべきである」（最判昭53・7・28刑集32巻5号1068頁〔専田泰孝・百選Ⅰ（7版）86
> 頁〕）。

　法定的符合説の主張者のなかには、行為者が認識した以上の数の故意犯の
成立を認めることを不当とし、故意の成立をいずれかの客体のみに限定しよ
うとするものもある（一故意犯説。大塚・総論191頁以下、川端・248頁以下、
福田・120頁以下など）。しかし、法定的符合説は、**構成要件的に同価値であ
るかぎりどの客体との関係でも故意が認められる**とするのであるから、その
うちのいずれかの客体のみに故意の成立を限定することはできない。「およ
そ人」であればどの人との関係でも故意が認められるという前提から出発し
ながら、やはり「その人」にしか故意犯は成立しないとするのは矛盾である。
法定的符合説によるかぎり、複数の客体に被害が及んだとき、いずれの客体
との関係でも故意は認められるのであるから、ひとまず複数の故意犯を成立
させ、刑を具体的に決める段階（量刑の段階）で1個の故意しかなかったこと

を考慮し、重すぎる刑にならないよう工夫するほかはないであろう（この趣旨の高裁判例として、東京高判平14・12・25判タ1168号306頁がある）。

■具体的符合説の難点

ケース3のように、1個の故意しかないのに複数の結果が発生したとき、具体的符合説によれば、妥当な解決がはかれるようにみえる。甲が殺意を抱いていたのはA（＝その人）に対してのみであり、B（＝あの人）との関係ではせいぜい過失しかなかったといえるからである（実は、具体的符合説によるときにも、1個の故意しかないのに複数の故意犯の成立を認めざるをえない場合があることについては、井田・総論193頁以下を参照）。しかし、具体的符合説の抱える問題点は、**故意を阻却しない客体の錯誤と、故意を阻却する方法の錯誤という2つの錯誤を区別**することが必ずしも容易でない場合があることである。すなわち、具体的符合説は、「その人」との関係では故意があるから客体の錯誤は故意を阻却せず、「あの人」との関係では故意がないから方法の錯誤は故意を阻却するというのであるが、どれが行為者が特定した「その人」であるのかが明らかでない事例も多いのである。

たとえば、(1)甲が、Aを殺害する目的でAに毒酒を贈与したところ、Aがこれを飲まず、数か月後Aの妻からその毒酒を贈られたBが飲用して死亡したが、甲はBに結果が生じることは全然予想していなかったという場合（この事例につき、東京高判昭30・4・19高刑集8巻4号505頁は、殺人既遂罪の成立を認めた）、(2)甲が、暴力団組員の乙に大金を渡し、Aを殺害することを依頼したところ、乙はよく似た容貌のBをAと間違えてピストルで撃ち殺したという場合、(3)甲はAを殺そうとして、Aの自家用車に爆弾を取り付けたが、意外にもAの妻Bが車を運転したため、Bが死亡したという場合などを考えてみよう。行為者の甲が特定した「その人」とはAのことであろうか、それともBのことであろうか（そして、もしBとの関係では故意がないとすると、甲はどのような刑事責任を負うことになるのであろうか）。

ここでは、具体的符合説による客体の特定の基準が根本的に不明確なものであることが明らかとなる。これらの事例につき、Bに対しても殺意が及ん

第11章●事実の錯誤(1)　139

でいるのかどうか(Bは「その人」なのか「あの人」なのか)をめぐっては、具体的符合説を主張する論者の間においても見解が分かれている。

●**因果関係の錯誤**——構成要件該当事実に関する錯誤の態様として、客体の錯誤と方法の錯誤のほかに因果関係の錯誤がある。それは、行為者が予想したのとは異なった因果経過をたどって結果が発生した場合のことである。被害者を断崖絶壁に追い詰め、ピストルで撃ち殺そうとしたところ、弾丸ははずれたが、足を踏み外した被害者が崖の下に落下して死亡したというような事例で因果関係の錯誤が問題となる。法定的符合説の立場からも、具体的符合説の立場からも、結果についての故意は阻却されないとするのが一般である。

4 まとめ

　錯誤があるため故意が阻却されるのはどういう場合かという問題は、**故意が成立するためにはいかなる事態の認識が必要とされるか**という問題と表裏をなしている。そこで、よく「錯誤論は故意論の裏面である」ともいわれるのである。さらにいえば、故意の成立のために要求される認識の内容を明らかにしようとするとき、刑法が何に注目してその行為を違法としているのかを知らねばならない。違法性の(客観的)要件は何かという犯罪論の「表側」が明らかにならなければ、錯誤論の問題は解決できないのである。その意味において、故意論・錯誤論は「裏面からみた犯罪論」であり、これを学ぶことによって犯罪論の表側のことも真に理解できるようになるという関係にある。

　法定的符合説と具体的符合説の対立は、**構成要件の理解をめぐる見解の相違**にもとづいている。法定的符合説は、それぞれの客体が構成要件的に同価値であり、客体の相違が法的に重要でないことを自説の論拠としており、これに対し具体的符合説は、それぞれの客体ごとに独立した構成要件の実現が考えられ、したがって客体の相違は構成要件的に重要であるとするところから結論を導いている。

［井田　良］

第12章　事実の錯誤⑵

1 錯誤が異なった構成要件にまたがるとき

■何が問題か

　行為者が、犯罪Pにあたる事実を実現しようとして行為し、現実には犯罪Qにあたる事実を実現したとき(もちろん、ここでも行為と結果実現との間に法的因果関係が認められることが前提である)、その錯誤を**抽象的事実の錯誤(異なる構成要件にまたがる錯誤)**と呼ぶ(→第11章3)。P罪を実現しようとして、意図せずにQ罪にあたる事実を発生させたのであるから、ねらったP罪の未遂犯と、過失によるQ罪の成立は認めることができる。「処罰の最低限」はこれで確保されるかのようにみえる。ところが、P罪の未遂が処罰されていなかったり(この点につき、44条を参照)、Q罪についての過失犯の処罰規定が存在しない(あっても刑がきわめて軽い)ことがある(この点につき、38条1項を参照)。とりわけ共犯の場合(本章ケース3を参照)、**実行従属性の原則**により、発生事実について故意がないとされると、教唆未遂または幇助未遂としては不可罰であり(→第27章1)、生じた事実についての過失犯を問うことができないときは、まったくの無罪ということになってしまう。

　そこで、抽象的事実の錯誤においては、**38条2項**の制約(すなわち、行為者が認識した以上の重い犯罪による処罰は許されない)の範囲内で、しかも理論的に無理が生じないかぎりで、何らかの故意既遂犯を認めることができないかが問題となる(なお、抽象的事実の錯誤との関係でも、客体の錯誤、方法の錯誤、因果関係の錯誤といった錯誤の種類は問題となるが、具体的符合説〔→第11章3〕によるとき、方法の錯誤があれば発生結果について故意を認めることがで

きないのはここでも同じである)。

●**主観的に実現しようとした犯罪の方が重い場合**——たとえば、人だと思って殺そうとしたところ、それがマネキン人形であったため、結果的には器物損壊罪(261条)の事実が実現されたときのように、主観的に意図した犯罪(この場合は殺人罪)の未遂(203条、199条)を認めることにより十分に重い処罰が可能な場合には、あえて発生事実(この場合は器物損壊罪)について故意の成否を論じるまでもない。そこで、とくに議論の対象とされるのは、主観的な認識事実よりも、客観的な発生事実の方がより重い場合(すなわち、**38条2項**の予定する場合)である。ただし、主観的に意図した犯罪の方が重い場合でも、その未遂が処罰されていなかったり、未遂が処罰されていたとしても、ねらった犯罪が不能犯(→第23章)として不可罰となることもあるので、発生結果について故意犯の成否を検討する必要性が出てくる。また、それぞれの犯罪の法定刑の重さが等しい場合でも、ねらった犯罪の未遂が処罰できないことがあり、また、未遂より既遂の方が重く評価される(未遂なら刑の減軽の可能性がある)ので、実現された事実について故意既遂犯の成否がまず問題とされなければならないのである。

■主観面と客観面の符合

■——————ケース1(抽象的事実の錯誤)■

甲は、公園のベンチの上に置かれたフランス製の高級バッグを忘れ物だと思い、質に入れて現金に換えるつもりで、これを持ち去った。ところが、そのバッグはベンチのすぐそばの芝生に横たわっていたAの所有物であった。甲はどのような刑事責任を負うか。

所有者の占有を離れた物を「ねこばば」して自己の物にしようとする(不法に領得しようとする)犯罪を占有離脱物横領罪(遺失物等横領罪〔254条〕)という。**ケース1**の甲は、この犯罪を行うつもりで、現実には、所有者Aの占有(事実上の支配)の下にある財物を持ち去った(窃取した)のであるから窃盗罪(235条)の客観的事実を実現したことになる。もし意図した犯罪の未遂と、実現した事実についての過失犯のみしか認められないとすると、占有離脱物横領罪の未遂は処罰されておらず、過失による窃盗罪というものも存在しないので、甲の行為は何ら犯罪を構成しないことになる。そうかといって、実現された窃盗罪により甲を処罰することができないことは明白である。もし処罰するとすれば、窃盗の故意がないのに窃盗罪による処罰を肯定することになるから38条1項に違反し、まさにこのような場合に重い罪で処罰でき

ないと明記する同条2項に正面から衝突することになってしまう。

そこで第3の可能性として、主観的認識と客観的事実との間に、**軽い占有離脱物横領罪の限度**での符合ないし重なり合いの関係があるということができれば、認識と事実とが合致するそのかぎりで同罪の成立は認めてよいかもしれない。この意味において、抽象的事実の錯誤の問題は、具体的事実の錯誤の問題と同様に、(多少のくい違いは大目に見て)いかなる限度で**主観面と客観面の符合**を認めることができるかの問題なのである。この点についての学説と判例を見てみよう。

2 学説と判例

■厳格な構成要件的符合説─────────────────────────■

1つの徹底した見解は、故意の認識対象たる事実は、各構成要件ごとに完全に異なるとする考え方である(浅田・328頁以下、大越・122頁以下、曽根・原論382頁以下、松宮・総論192頁以下を参照)。これを**厳格な構成要件的符合説**と呼ぶことができる。この見解によれば、多くの場合、P罪の未遂と過失によるQ罪しか認められないことになる。例外的に、認識したP罪と実現されたQ罪との間に完全な包摂関係(一方が他方を完全に包含する関係あるいは「大は小をかねる関係」)が存在する場合には、重なり合う範囲内で軽い罪の故意犯が認められる。たとえば、単純横領罪(252条)の故意で業務上横領罪(253条)の事実を実現した場合には、無罪になってしまうのではなく、軽い単純横領罪が成立する。

ここで**ケース1**の事例についてみると、占有離脱物横領罪と窃盗罪の間には一方が他方を包摂する関係は存在しない。したがって、厳格な構成要件的符合説によると、甲には何らの犯罪も成立しないことになるであろう。しかしながら、この結論は不当ではないだろうか。甲は、他人の財物を自己のものにしようとして行為し、結果として自己のものにしている(すなわち、領得しようとして領得の事実を実現している)のであり、それに加えて、意図せず

にＡの占有(すなわち、物に対する事実上の支配)を侵害したにすぎない。そうであるとすれば、(単純な領得を犯罪の本質とする)**占有離脱物横領の限度では主観面と客観面は符合する**といってよいのである。認識どおりにバッグが「占有を離れた物」であったとすれば占有離脱物横領罪という犯罪が成立するのに、付加的にＡの占有を侵害することにより、意図せずにより重い事実を実現すると、ただちに無罪になってしまう、というのはいかにもアンバランスであろう。

■抽象的符合説

　反対の意味で徹底した学説として、故意既遂犯の成立を無制限に肯定する見解があり、**抽象的符合説**と呼ばれている。よく出される事例であるが、器物損壊罪のつもりで殺人の事実を実現した場合(たとえば、マネキン人形を壊そうとしてピストルを撃ったら、それは本当の人であったという場合)に、この錯誤をどのように取り扱うべきかを考えてみよう。器物損壊罪の未遂は処罰されないので、もし発生結果についての過失犯しか認めることができないとするならば、過失致死罪(210条)のみが成立することになる。すると、意図通りに「物」を損壊したとき(261条の器物損壊罪が成立する)より、さらに価値のある「人」を殺した方が刑が軽くなるという刑の不均衡が生じる(ただし、211条後段の重過失致死罪が成立する可能性もある)。とはいえ、発生事実について故意を認め殺人罪で処罰することは38条2項に反する。そこで、抽象的符合説は、38条2項の制約を守りつつ、故意既遂犯の成立を認めようとするのであるが、この点で**抽象的符合説は2つのバージョンに分かれる**ことになる。

　第1説は、次のように考える。発生した重い事実が何らかの犯罪事実であり、かつ主観的に何らかの軽い犯罪事実の実現が意図されていれば、**主観的な故意に応じた犯罪の既遂**を認めるのである。したがって、上の事例では、器物損壊罪の既遂を成立させることになる。これに対し、**第2説**は、**発生事実につき故意の成立を肯定**しながら、38条2項の制約を守り、処罰は軽い犯罪の刑によるとする。すなわち、上の例では、犯罪としては殺人罪が成立

するが、処断にあたっての刑は器物損壊罪（の既遂）のそれによると考えるのである。38条2項の制約を守るため、第1説は、現実には存在しなかった器物損壊罪の構成要件該当性を認め、第2説は、発生事実に対応する故意犯（たとえば、殺人罪）の成立を肯定し、ただ科される刑は軽い犯罪（たとえば、器物損壊罪）のそれによるとする（抽象的符合説に属する諸見解については、内藤（下）Ｉ・967頁以下が詳しい）。

●**成立する犯罪と科される刑の分離**——ふつうは、成立した犯罪について法律効果として予定された刑が科されるのであるから、この第2説のように、成立した犯罪とは別の犯罪の刑が科される、とするのはおかしいと感じる人も多いであろう。このように、犯罪としてはA罪が成立するが、刑についてはB罪について規定された刑（法定刑）から刑が選ばれるという現象のことを「罪名と科刑の分離」という。このような例外的な現象を認める見解は、その法的根拠を**38条2項**に求める。そこには、「重い罪に当たるべき行為をしたのに、行為の時にその重い罪に当たることとなる事実を知らなかった者は、その重い罪によって処断することはできない。」と規定されており、これを「重いA罪が成立しているが、処断は軽いB罪の刑による」ことを認めたものと解釈するとすれば、この条文が罪名と科刑の分離を認めたものということになるのである。かつては、38条2項の解釈として、このような罪名と科刑の分離を認める裁判例もあったが、現在ではそれは基本的に否定されている。

ケース1についてみると、第1説によれば、占有離脱物横領罪が成立することになり、第2説によれば、罪としては窃盗罪が成立し、刑は占有離脱物横領罪の刑による（1年以下の懲役または10万円以下の罰金もしくは科料により処断される）ことになる。

●**抽象的符合説の論拠**——主観主義犯罪理論の立場からは（なお、主観主義と客観主義については、第23章1参照）、およそ犯罪を行う意思でおよそ何らかの犯罪事実が実現されている以上、行為者の「悪い性格」は十分に表面化しており、何らかの犯罪の成立を認めて刑罰による改善・教育をはかる必要があるとされる。そこで、抽象的符合説がとられることになる（もっとも、これに対し、団藤・総論307頁以下注(43)も参照）。他方、客観主義の立場からも、犯罪的意図にもとづき結果として犯罪事実が実現されている点を重視し、偶然的な事情により不可罰となったり刑が極端に軽くなったりするのは妥当でないとして（たとえば、後出の**ケース2**を参照）、処罰の衡平・適正化をはかろうとするときは、抽象的符合説がとられることになる。

たしかに、犯罪を意図して犯罪事実を実現したのに、それでも不可罰になるというのは不当であり、軽い罪の限度での処罰の可能性を確保すべきだとするのは理解できないことではない。しかし、主観面においておよそ犯罪の

認識があり、客観面においておよそ何らかの犯罪事実が実現したというだけ
で、客観面または主観面に対応する故意既遂犯を成立させるということはで
きない。それは、**犯罪ごとの違法・責任の質的な相違をいっさい否定**するも
のである。犯罪には「量」ばかりでなく「質」もあるはずである。抽象的符
合説は、構成要件概念を中核とする現在の犯罪論体系(それによれば、違法評
価も責任評価も、質的にそれぞれの構成要件に関係づけられ、内容的に規制され
た価値判断である)と調和しない考え方といわざるをえない。具体的な結論と
しても、第1説のように、物が損壊された事実が全然ないのに器物損壊罪の
既遂とすることは罪刑法定主義との関係で疑問があるし(ただし、同様の問題
は、程度の差こそあれ、法定的符合説によるときにも生じる。後出3を参照)、第
2説のように、器物損壊の故意しかないのに殺人罪の成立を肯定したり、窃
盗の故意がないのに窃盗罪の成立を肯定することはできないであろう。

■法定的符合説

　現在の通説である法定的符合説は、錯誤が異なる構成要件にまたがる場合、
P罪の構成要件とQ罪の構成要件との間に「**実質的な重なり合い**」の関係が
あるかぎりにおいて、重なり合う範囲内で故意既遂犯の成立が認められると
する(大塚・総論196頁以下、大谷・総論173頁以下、川端・262頁以下、佐伯仁
志・280頁以下、団藤・総論298頁以下、内藤(下)Ⅰ・965頁以下、平野Ⅰ・178
頁以下、福田・122頁以下、前田・総論199頁以下、山口・総論235頁以下、山
中・351頁以下など)。2つの犯罪の間に厳密な意味での包摂の関係がなくて
も、保護法益、客体、行為態様などの共通性・類似性があれば符合を肯定で
きるというのである。
　ケース1についてみると、たしかに、窃盗罪と占有離脱物横領罪の間には
一方が他方を包含する関係はない(窃盗罪が成立するときに、その同じ事実につ
いて占有離脱物横領罪が成立するというようなことはない。その意味で、両罪は
互いに排斥しあう関係にある)。しかし、犯罪としての実質をみると、両罪は
他人の財物を不法に領得する犯罪(いわゆる領得罪)として共通しており、た
だ窃盗については「占有の侵害」というプラスアルファの違法要素が付け加

わるため、より重い刑が規定されている。占有侵害については故意がない以上、窃盗罪の成立を認めるわけにはいかないが、他人の物を不法に領得したという限度では、主観面と客観面が（実質的に）符合しており、したがって軽い占有離脱物横領罪の限度では故意犯の成立を認めることは可能だということになる。法定的符合説によれば、**ケース１**の事例では占有離脱物横領罪が成立する。

> ●**判例の態度**──判例も法定的符合説の考え方をとっている。判例によれば、窃盗罪と占有離脱物横領罪のほか、殺人罪（199条）と嘱託殺人罪（202条）、殺人罪（199条）と傷害罪（204条）、強盗罪（236条）と窃盗罪（235条）、強盗罪（236条）と恐喝罪（249条）、公文書偽造罪（155条）と虚偽公文書作成罪（156条）などの間で符合が肯定される。
> 　ただし、**構成要件の実質的重なり合いという基準**は、比較的近年になって明らかにされたものである。最高裁判所は、覚せい剤を輸入する意思で麻薬（ヘロイン）を輸入したという事案について、「麻薬（ヘロイン）輸入罪」と「覚せい剤輸入罪」とは、それぞれ麻薬取締法（現在では「麻薬及び向精神薬取締法」）と覚せい剤取締法という異なった法律に規定されているが、取締の目的が同一で取締の方式もきわめて近似し、また麻薬と覚せい剤とはその有害性および外観において類似し、両者の間には実質的には同一の法律による規制に服していると見うるような類似性があるとし、両罪の構成要件は「実質的に全く重なり合っている」という理由で、麻薬（ヘロイン）輸入罪の成立を認めた（最決昭54・3・27刑集33巻2号140頁。なお、両罪の法定刑は等しい）。また、軽い麻薬（コカイン）所持の意思で、現実には重い覚せい剤所持の事実を実現したという事案について、「麻薬（コカイン）所持罪」と「覚せい剤所持罪」とは、客体以外の構成要件要素は同一であり、麻薬と覚せい剤との類似性にかんがみると両罪の構成要件は「実質的に重なり合っている」と解するのが相当であるとの理由で、法定刑の軽い麻薬（コカイン）所持罪の成立を認めた（最決昭61・6・9刑集40巻4号269頁〔長井長信・百選Ⅰ（7版）88頁〕）。

■━━━━━━━━━━━━━━**ケース２（「人」の遺棄と「死体」の遺棄）**■

　甲は、Aがすでに病死したと思ってその「死体」を山中に遺棄したところ、実はAはまだ生きており、偶然に通りかかった登山家Bにより発見されて一命を取りとめた。甲には犯罪が成立するか。

　ケース２では、遺棄罪（217条）と死体遺棄罪（190条）の両構成要件の間に**実質的な重なり合い**が肯定できるかどうかが問題となる。遺棄罪は、個人的法益に対する罪であり、個人の生命・身体を保護法益とする。これに対し、死体遺棄罪においては、被害者個人の保護はもはや問題とならず、死体がそのような扱いを受けることを是認しない、われわれ皆が抱く死者に対する敬虔感情が処罰の基礎にある。その意味で、死体遺棄罪は社会的法益に対する罪

第12章●事実の錯誤(2)　147

である。このように、両罪は（行為態様には共通性があるとしても）保護法益が
まったく違う、罪質の異なった犯罪である。そこで、法定的符合説の立場か
らは、構成要件の重なり合いが否定されることになる。死体遺棄罪の未遂も
過失による単純遺棄罪も処罰の対象とはされていないので、甲の行為につい
ては何らの犯罪も成立しない（これに対し、罪質符合説の立場から、単純遺棄罪
の成立を認めるべきだとするのは、西原（上）・227頁）。

　　●**本当に重なり合いは肯定できないか**──ケース2の場合は、生きていても死んでいても
　どちらにせよ犯罪なのであり、行為時においては、その人が生きているのかどうかについ
　ての正確な認識がふつうの人には困難な（そして、生きていたかどうかを事後的に確定す
　ることも難しい）場合であったかもしれない。このような場合に、行為者が事態を正確に
　認識していないかぎり何らの犯罪も成立しないとすることは現実的ではないともいえる。
　また、「重なり合い」という点でも、客体に生命があるかどうかの点を捨象すれば、認識
　事実と発生事実とは、事実としては完全に同一という場合である（平野Ⅰ・179頁を参照）。
　さらに、具体的事実に即して「死んで間もない者」という認識があれば、単純遺棄罪につ
　いての**意味の認識**（→第10章2）はあるといえなくもない（西原（上）・227頁も参照）。以
　上のように考えると、軽い限度で単純遺棄罪の成立を認めることにはかなりの理由がある
　と思われる。しかし、そのときには、もはや犯罪類型としての構成要件の重なり合いとい
　う判断基準は放棄されなければならないことになるであろう（なお、**ケース2**のような事
　例についての最近の詳細な研究として、薮中悠「人の生死に関する錯誤と刑法38条2
　項」法律時報91巻4号〔2019年〕90頁以下がある）。

3　符合の限界

■ケーススタディ────────────────────────────

────────────────ケース3（「重なり合い」の限界事例）■

　次の各場合において、甲と乙がどのような刑事責任を負うかを明らかにせよ。

　(1)　甲は、Aに対しBが管理する高価なダイヤモンドの指輪を騙し取ってく
るよう教唆したが、AはBに脅迫を加えその指輪を脅しとった。
　(2)　乙は、Cから「Dのバイオリン、あれどうにかしてやる」と打ち明けられ、
Cが仇敵Dの高価なバイオリンを壊すつもりであると思い、D宅に侵入するた
めに必要不可欠な合鍵を調達してやったところ、実は、Cはバイオリンを高く

> 売って一儲けするつもりでこれをD宅から盗み出した。

ケース3においては、共犯者である甲と乙の刑事責任が問題となる。甲については教唆犯(61条)の成否が問題となり、乙については幇助犯(62条)の成否が問題となる。共犯における錯誤の問題も、**単独犯の場合の錯誤論の応用**によって解決される。通説である法定的符合説によるとき、共犯者の主観的認識と発生事実との間にくい違いがあっても、主観面と客観面とが、構成要件が実質的に重なり合う範囲内で一致すれば(行為と結果との間に法的因果関係が存在するかぎり)教唆故意・幇助故意は阻却されず、教唆犯・幇助犯の成立が認められることになる。

まず、(1)では、甲は、詐欺教唆の意思で、恐喝教唆の事実を実現したことになる。詐欺罪(246条1項)と恐喝罪(249条1項)との間では、形式的には構成要件の重なり合いを認めることができないのは明らかであろう。問題は、**実質的な重なり合い**を肯定できるかどうかである。両罪は、財産犯の中の領得罪として共通し、相手の意思にもとづいて財物を交付させる罪であるという点でも犯罪類型として共通の性格をもっている。しかも、両罪は別の条文に書き分けられているが、立法技術としては同一の条文にまとめて規定することも不可能ではない(旧刑法〔1880年布告、1882年施行〕は、詐欺罪と恐喝罪とを同一条文〔390条〕において規定していた。現行刑法でも、224条以下の拐取罪においては、暴行・脅迫を手段とする略取の場合と、欺罔や甘言等を手段とする誘拐の場合とが同一の条文に規定されている)。この意味で、詐欺罪と恐喝罪の間には構成要件の「実質的重なり合い」があるといえよう(なお、もし重なり合いを否定すると、甲はまったくの無罪ということになってしまう)。

> ●**同一の条文に複数の行為態様が択一的に規定されている場合**——自殺関与と同意殺人(202条)とか、逮捕と監禁(220条)とか、一項詐欺と二項詐欺(246条)のように、方法・態様が同一の処罰規定に択一的に規定されている場合には、たとえ事実としては異なっていても構成要件的に同視できるので、錯誤が生じた場合でも故意の符合を肯定できるといわれている。

難しいのは、甲に恐喝の教唆犯が成立するのか、それとも詐欺の教唆犯が成立するのかである。重なり合いが認められるP罪とQ罪とで法定刑が同じ

P罪を実現しようとしてQ罪を実現した場合
（両罪の構成要件の間に「実質的な重なり合い」の関係のあるとき）

P＜Q	P罪既遂犯の成立（38条2項の適用）
P＞Q	Q罪既遂犯の成立（ただし、P罪の未遂犯の可能性）
P＝Q	Q罪既遂犯の成立（判例）

とき、①**主観的認識に対応したP罪**の成立が認められるのか、それとも、②**客観的に実現されたQ罪**の成立を考えるべき（38条2項は問題とならない）かをめぐっては見解の対立がある。判例は、②の理解によるものである（覚せい剤だと思って麻薬を輸入した事案について麻薬輸入罪の成立を認めている〔前掲最決昭54・3・27〕）。それは理論的にも正当である（反対の見解として、たとえば、内藤（下）Ⅰ・994頁以下）。なぜなら、抽象的事実の錯誤は、(イ)発生事実から出発し、行為者の有する事実認識を、実現事実についての故意と評価してもよいのかどうか、そして、(ロ)実現事実を、行為者の故意に応じた構成要件該当事実として評価してよいかという2つの問題を含むのであるが、あくまで(イ)が原則で、(ロ)は例外的（すなわち、38条2項の適用によってはじめて許される）と考えられるからである。38条2項を適用する前に、まず実現された事実を前提としてこれから出発し、それについての故意を認めることができるかどうかを考えるべきである。そこで、**ケース3**の事例では、実現された恐喝罪の教唆犯の成立を検討することが優先する。これに対し、もし甲に、主観面に対応した詐欺の教唆の成立を肯定するとすれば、「騙し取る」という事実がまったく存在しないのに詐欺の教唆犯を認めることとなり、それは妥当でないというべきであろう。

●**なぜ(イ)を原則とすべきか**――軽い犯罪の故意で重い犯罪の事実を実現したときに、軽い犯罪の成立を認めようとすると、(ロ)の操作を行い、現実に実現されていない（すなわち、構成要件に該当する客観的事実が存在しない）犯罪の成立を認めることにならざるをえない。たとえば、**ケース1**の事例でも、甲に占有離脱物横領罪の既遂を認めるならば、占有離脱物横領罪にあたる客観的事実が存在しない（客観的には窃盗の事実しか存在しない）ところに占有離脱物横領罪の成立を認めることになる。そのかぎりにおいて、法定的符合説においても、発生したQ罪の事実につき、それをP罪の事実として「転用」することを認めざるをえないのである。そのようなことが許される根拠は、38条2項にもとづき「構

成要件の修正」が認められ、軽い罪の構成要件該当事実が存在しなくても、重い構成要件
該当事実がそれに代替することが認められるところにある（この点につき、井田・総論
203頁、208頁を参照）。このように、客観的な犯罪事実がないところにその犯罪の成立を
認めることは38条2項によってはじめて許される例外的な処理だとすれば、法定刑が等
しい場合には、このような例外的な操作を認めるべきでなく、発生した事実について故意
ありと評価できるかどうかを問題とすべきである。

　たしかに、**ケース3**(1)の甲についていえば、正犯者Aが実現した「脅迫」
という付加的な違法事実について故意がないから、恐喝教唆を認めるべきで
なく、主観面に対応した詐欺教唆とすべきだとする反対説にも理由がある。
しかし、**錯誤論はまずは発生事実に故意が認められるかどうかの問題である
という原則論**からすれば（そして、騙し取ったという事実がないのに詐欺教唆を
認めることは避けるべきだとすれば）、構成要件の重なり合いが肯定される以
上、恐喝罪の教唆犯が成立すると解すべきである。
　次に、**ケース3**(2)の乙についてみると、器物損壊幇助の故意で、客観的に
は窃盗幇助を行ったことになる。たしかに、窃盗罪と器物損壊罪とは財産犯
として共通し、占有の取得という部分では行為態様も重なりうる。しかしな
がら、窃盗罪は「他人の物を自分のものにしようとする」**領得罪**であり、器
物損壊罪は「他人の物をダメにしてしまう」**毀棄罪**である。また、両罪の構
成要件は、「窃取」と「損壊」という本質的に異なった行為を内容とする。
このように、犯罪としての性質も相違するし、行為態様も違うということか
らすると、構成要件の実質的重なり合いは否定されると考えるのがふつうで
あろう（両罪は、物を使えなくするという点では共通し、窃盗には「領得の意思」
という付加的な違法要素があるにすぎないと考えて、符合を肯定することも不可
能ではないと思われるが、一般的ではないであろう）。乙には住居侵入罪の幇助
犯のみが成立することになる。

4　まとめ

　錯誤が異なった構成要件にまたがる場合、38条2項の制約の範囲内で、
①行為者の有する事実認識を、実現事実についての故意と評価してもよいの

かどうかの問題（いわば「故意の抽象化」の問題）、そして、②実現された事実を、行為者の故意に応じた構成要件該当事実として評価してよいかの問題（いわば「事実の抽象化」の問題）が生じる。そのようなことは、故意における認識対象が各構成要件ごとに完全に個別化されると考えるならば、およそ不可能なことであるが、**ある程度の抽象化**が許容されるならば一定限度内で認められることになる（抽象的符合説のように、「何らかの犯罪的意思」というところまで完全に抽象化することは許されない）。

　判例・通説は、問題となる両罪の**構成要件が実質的に重なり合う**かぎりで軽い故意犯の成立を認めるが、その限界ははっきりしたものではなく、「実質的」重なり合いの限度にかぎろうとする理論的根拠も確固たるものとはいえない。①と②の関係についていえば、あくまで①が原則で、②は例外的と考えられる。なぜなら、②は、そういう客観的犯罪事実がないところにその犯罪を認めてしまうことになるからである（それは、38条2項があることではじめて許される）。したがって、両罪で法定刑が同じときは、①を優先し、客観的に実現された罪の成否を検討すべきなのである。

［井田　良］

第13章 過失(犯)

1 不注意、過失、過失犯

■不注意な行為も処罰されることがある

38条1項本文は、「罪を犯す意思がない行為は、罰しない」と規定している。これは、罪を犯す意思(**故意**または**犯意**)にもとづく犯罪(**故意犯**)だけが刑法の対象となることを示したものである。しかし、われわれの日常生活においては、寝タバコによって火災が発生する場合や、脇見運転による自動車事故で通行人が死傷する場合など、罪を犯す意思のない行為からもたらされたものでありながら、社会として見過ごせない事態(結果)が発生することも珍しくない。そこで刑法は、38条1項にただし書を設けて、過失犯処罰を明示する特別な規定を置くことを条件に、不注意にもとづく行為(結果)のいくつかを**過失犯として例外的に処罰する**ことを認めている。

> ●**例外的な過失犯処罰**── 38条1項ただし書を素直に読めば、法律に「特別の規定」を置きさえすれば、行為者の主観(内心)と無関係な行為を含めて、故意によらない行為を一律に処罰できるようにも思われる。しかし、行為者に対する「非難」を中軸とする近代刑法においては、行為者の主観と結びつかない行為(結果)は、それが社会にとっていかに不都合なものであったとしても、「不幸な偶然」にすぎず、行為者に責任を負わせることはできない。38条1項ただし書にいう「特別の規定」は、過失犯の限度で、処罰範囲を例外的に拡張するものである。

どのような事態を過失犯として処罰するかは立法政策に委ねられるが、例外的な処罰という性格から、一般に、特に重大な法益(個人の生命・身体、公共の安全など)に対する侵害(危険)があった場合に限られている。過失犯の構成要件は、「過失により」とするものが多いが(209条、210条等)、「業務上必要な注意を怠り」(211条)、「失火により」(116条)といった形式のものもある。

■注意義務違反としての過失

過失犯は、不注意にもとづく行為(結果)が犯罪とされる場合であるが、日常生活における不注意のすべてが**刑法上の過失**として評価されるわけではない。過失とは、刑法が要求している注意(**注意義務**)に反するという意味での不注意(**注意義務違反**)であり、そうした不注意な行為だけが過失犯を成立させる。過失の具体的内容は、一般的に言えば、「意識を集中していれば結果の発生を予見でき、予見にもとづいて結果の発生を回避しえたはずであるにもかかわらず、意識の集中を欠いたために結果を予見せず、そのために結果を回避することができなかったこと」である。すなわち、過失は、行為者の**結果予見義務**と**結果回避義務**から構成される(山口・総論245頁、井田・構造112頁)。行為者にこうした義務の履行を要求するためには、通常の一般人(平均的な人々)にとって、結果の**予見可能性**と**回避可能性**が認められることが前提となる。

現行法は過失の概念規定を置いていないが、注意義務違反として過失を構成する点については広い一致が見られる。ただ、過失の体系上の位置づけや注意義務の内容の理解などをめぐって見解が異なる(後掲の表参照。なお、髙山佳奈子「過失の概念」新争点74頁以下参照)。過失は、結果発生に対する認識の有無との関係で、**認識なき過失**と**認識ある過失**とに区別され、注意義務(違反)の程度との関係で、**重過失**と**業務上過失**とに区別される。

●**認識なき過失と認識ある過失**──認識なき過失とは、行為者が予見可能な結果発生を認識していなかった場合をいう。認識ある過失とは、結果発生の可能性を認識しながらも結果を発生させたくないと思っていた場合をいい、結果発生の可能性を認識したうえで発生してもかまわないと思っていた場合(**未必の故意**)と境を接する心理状態である。このような説明は認容説という考え方によるが、故意と過失の区別については、認容説のほかにも蓋然性説や動機説といった見解が主張されており、学説での対立が見られる(→第10章4)。

●**重過失と業務上過失**──重過失とは、注意義務違反の程度が重大なもので、通常の過失より重く処罰される(211条後段等)。業務上過失とは、業務(社会生活上の地位にもとづいて反復継続して行う事務)上の注意義務違反を重く処罰する場合である(211条前段等)。業務上過失の加重処罰の根拠については、①業務者であることに着目して特に重い義務が政策的に課されているとする見解と、②業務者は注意能力が高いことから同一の注意義務に違反しても逸脱の程度が大きいとする見解が主張されている。

■過失(犯)をめぐる学説

　従来、過失は、故意とともに責任要素に位置づけられ、もっぱら責任論において論じられてきた。故意犯と過失犯は、構成要件と違法性の段階では本質的に異なるところがなく、責任の場面(行為者の主観との関係)でのみ相違すると考えられたのである。これは、罪を犯す意思にもとづく死(殺人)と注意義務違反にもとづく死(過失致死)を客観的に同視するものであり、**結果無価値論**と親和性の強い考え方である。この立場は、結果回避義務の前提となる結果予見義務に違反したこと(不注意で結果を予見しなかったこと)に過失の本質があるとする。ここから、予見義務を認めるためには、結果回避を動機づける程度の具体的な予見可能性がなければならないとすることになる。この立場は、次に見る新過失論によって**旧過失論**(伝統的過失論)として批判されたが、現在でも有力に主張されている。

　第2次世界大戦後のわが国において、ドイツ学説の影響のもとに過失論に新しい動きが生じ、**新過失論**と呼ばれる立場が次第に有力になった(井上正治『過失犯の構造』〔1958年〕)。新過失論は、故意・過失を責任要素とする旧過失論に対し、それらをいずれも違法要素(ないしは構成要件要素)として位置づけた。それは、故意行為と過失行為は構造的に異なっており、したがって、故意犯と過失犯は構成要件・違法性・責任のすべての段階で本質的に異なるとする。これは、**行為無価値論**と親和性をもつ立場である(この点で目的的行為論と共通する)。また、新過失論は、予見義務を中心として過失犯を理解する旧過失論に対して、因果関係が肯定される結果に予見可能性が認められればただちに処罰することになる(処罰範囲の拡大を招く)と批判し、結果回避義務を中心として過失概念を構成することによって、その処罰範囲を限定しようとした。それは、「**許された危険**」の法理を前提として、客観的な行為基準としての結果回避義務(**客観的注意義務**)を設定し、結果の予見可能性があっても、客観的注意義務を果たしている限りは過失犯が成立しないとする(東京地判平13・3・28判時1763号17頁〔薬害エイズ事件〕参照。甲斐克則・平成13年度重判153頁以下、北川佳世子・百選Ⅰ(7版)112頁以下)。ただ、

新過失論も、注意義務の前提として具体的結果の予見可能性を要求する点は、
旧過失論と異ならない。

> ●「許された危険」の法理──高速交通機関や医療業務のように、それ自体として法益侵
> 害の危険性の高い行為から実際に犯罪的結果が発生した場合でも、当該行為に認められる
> 社会的に高度な有益性に着目すれば、社会生活上必要な標準的結果回避措置が講じられて
> いる以上、過失犯の成立が否定されてよい。こうした考え方を、「許された危険」の法理
> と呼ぶ。旧過失論では、行為者に結果発生の予見可能性が認められる以上は結果回避義務
> を免れないため、許された危険の法理の説明が困難である。他方、新過失論では、行為者
> に結果の予見可能性が認められても、平均的一般人に要求される結果回避措置が講じられ
> ていれば、行為者の注意義務違反が否定されるため、許された危険の法理は当然の前提に
> なっている。

　その後、高度経済成長期に未知の分野で重大な被害の発生（公害や薬害）が
多発したことから、過失犯処罰の拡張を要請する動きが生じることになった。
その直接の契機となったのが、薬品使用の際の「一抹の不安」を「危険の予
見」と同視する森永砒素ミルク事件控訴審判決（高松高判昭41・3・31高刑集
19巻2号136頁）である。そして、そこでの判例理論を学説が発展させ、**不
安感説**と呼ばれる（**危惧感説**または**新・新過失論**ともいう）わが国に特有の過失
（犯）論が誕生した（藤木英雄『過失犯の理論』〔1969年〕）。不安感説は、故意・
過失を違法要素（構成要件要素）とし、結果回避義務を中心として過失犯を考
える点で、過失犯の構造を新過失論と同じにとらえる。しかし、結果回避義
務を課す前提として、具体的な結果の予見可能性までは要求せず、「何かよ
くないことが起こるかもしれない」という漠然とした不安感（危惧感）で足り
るとし、そのような不安感を払拭するために十分な結果回避措置を講じなか
った以上は注意義務違反が認められるとする（藤木・総論240頁以下）。こう
して、不安感説は、新過失論と同一の構造論から出発しながら、処罰範囲の
拡張という正反対の結論を導くものとなった。

過失（犯）をめぐる学説の対比

	旧過失論	新過失論	不安感説
過失の体系的地位	責任要素	違法要素	違法要素
注意義務	予見義務中心	回避義務中心	回避義務中心
予見可能性	具体的	具体的	抽象的
処罰範囲	──────	限定の方向	拡張の方向

2 注意義務(違反)の認定

■予見義務(予見可能性)────────────────

──────────ケース1(予見対象としての具体的結果)■

　甲は、法定最高速度が時速30キロメートルの道路を時速65キロメートルで普通貨物自動車を運転中、対向車両を見て狼狽して急ハンドルをきったため、自車の走行の自由を失わせて暴走させ、信号柱に左側後部荷台を激突させた。この事故で、後部荷台に乗車していたA、Bが道路に転落して死亡したが、甲は、A、Bが後部荷台に乗車していることに気づいていなかった。

> ●自動車交通事故の刑事責任──自動車による交通死傷事故について、判例は、長いこと、危険な行為(自動車運転)の反復・継続という点に業務性を肯定して、通常の過失致死傷罪(209条・210条)ではなしに、業務上過失致死傷罪(211条前段)の成立を認めてきた。そのため、継続して従事する意思があれば1回の運転でも業務とされ、無免許者による継続的な運転や免許停止中の者の運転にも業務性が認められてきた(大判大13・3・31刑集3巻259頁、最決昭32・4・11刑集11巻4号1360頁)。しかし、2001年の危険運転致死傷罪(旧208条の2)と2007年の自動車運転過失致死傷罪(旧211条2項)の立法にともない、業務上過失致死傷罪の成立範囲が大きく限定されることになった。また、2013年には「自動車の運転により人を死傷させる行為等の処罰に関する法律」が単行法として成立し(平25法86)、自動車交通事故の刑事責任追及のあり方が大きく変化した(→第14章ケース2)。ケース1は、これらの立法より前の事実であり、業務上過失致死罪の成否が争われたものである。

　過失犯の構造についていずれの立場をとるにしても、結果の予見義務・予見可能性を過失犯の成立要件とすることに異論はない。ただ、不安感説によれば、自動車運転は当然に危険を伴う性質の行為であることから、いわば必然的に、そこには何らかの不安感(不特定の結果に対する予見可能性)が認められてしまう。こうした不安感を払拭するだけの回避措置は、注意深い運転はもちろん、最終的には運転そのものの断念ということにすらなりかねない。特にケース1のような事案において、不安感説は、刑事過失が認められる範囲を無限定にし、不当に拡大するおそれがある。漠然とした不安感を結果の予見可能性と同視することはできない。予見対象となる結果は、業務上過失

致死罪における「人の死」のように、構成要件的に特定された具体的なものでなければならない。

　他方、過失犯の結果は一定程度の抽象化を免れえないから（故意犯でも、集団の中の「誰か」に対する攻撃に概括的故意が認められる）、旧過失論と新過失論においても、予見対象となる結果に必要な具体化の程度が問題となる。学説には、**ケース1**について、「およそ人の死」が予見可能であれば足りるとする立場があるが、それは、錯誤論（→第11章3）における法定的符合説を前提として、「およそ人の死」が予見可能であれば「A、Bの死」に業務上過失致死罪を認めうると考えるのであろう（前田・総論224頁）。しかし、法定的符合説も、認識可能性の及ばない（予見不能な）客体についてまで「符合」を認めてよいとするわけではない。検討すべきは、同乗者A、Bの死に対する具体的な予見可能性である。

　通常ありうる同乗者に対する結果発生が予見可能であれば、現実には同乗者の存在を認識していなくても、その死について過失犯の成立は否定されない。このことは、無謀運転によって対向車と衝突し、認識していなかった対向車の同乗者を死亡させた場合に、過失の存在を否定しえないことからも明らかである。**ケース1**の場合、後部荷台へのA、Bの乗車は、自動車における本来的な乗車形態に含みうるものであり、泥棒や子どもがたまたまトランク内に潜んでいた場合などと異なり、通常ありうる乗車形態であると言える（阿部純二・平成元年度重判150頁）。A、Bの同乗形態が通常ありうるものとされる以上、その死は、甲にとって意外であったにしても、予見可能性（したがって予見義務）があり、回避すべきものであった。**ケース1**の最高裁も、「右のような無謀ともいうべき自動車運転をすれば人の死傷を伴ういかなる事故を惹起するかもしれないことは、当然認識しえたものというべきであるから、たとえ被告人が自車の後部荷台に前記両名が乗車している事実を認識していなかったとしても、右両名に関する業務上過失致死罪の成立を妨げない」としている（最決平元・3・14刑集43巻3号262頁）。本決定の論理については、「人の死傷」という抽象的な表現との関係で理解が異なるが（伊東研祐・百選I（4版）110頁以下参照）、同乗者A、Bの死についての具体的予見

可能性を認めたうえで、現実の予見(認識)までは不要とした趣旨と解することができる(他方、大塚裕史・百選 I（5 版）103 頁は予見可能性の擬制であるとし、北川佳世子・百選 I（6 版）105 頁も判旨に反対し、内田浩・百選 I（7 版）107 頁は、処罰範囲の拡張の可能性を指摘する)。

■─────────────ケース 2（予見対象としての因果関係）■

　Aトンネル内の電気ケーブル接続工事を担当していた甲は、工事の際、取り付けるべき 2 枚の接地銅版のうちの 1 枚を、Y 字型の分岐接続器に取り付け忘れた。その結果、ケーブルに流れる特別高圧電流から発生した誘起電流が地面に流れず、分岐接続器本体に流れて炭化導電路が形成され、その部分に電流が流れ続けて火災が発生し、トンネル通過中の電車の乗客多数が有毒ガスで死傷した。しかし、本件の事故以前には、炭化導電路という現象は、報告された例がなかった。

　故意犯の成立には構成要件該当事実のすべてについて認識・予見が必要であると同様に、過失犯の成立についても、構成要件該当事実のすべてについて予見可能性が必要である。因果関係も構成要件要素である以上、その予見可能性が当然に要求される。もっとも、故意犯における因果関係の錯誤事例（→138 頁）においても、認識と現実のズレが社会的に相当な範囲内にある(相当因果関係が認められる)場合は、法定的符合説はもちろん、具体的符合説によっても故意は阻却されない。そうした事情は過失犯においても同様であり、それを突き詰めれば、構成要件的結果に至る因果経過の予見可能性を不要とする見解に至りうる(町野・280 頁)。しかし、判例および学説の多くは、因果関係の「基本的部分」ないしは「重要な部分」についての予見可能性を要求し、それで足りる(具体的な予見までは不要)とする(前田雅英『現代社会と実質的犯罪論』〔1992 年〕229 頁以下)。

　ケース 2 の最高裁も、詳細な事実認定にもとづいて、「右事実関係の下においては、被告人は、右のような炭化導電路が形成されるという経過を具体的に予見することはできなかったとしても、右誘起電流が大地に流されずに本来流れるべきでない部分に長期間にわたり流れ続けることによって火災の

第13章●過失（犯）　159

発生に至る可能性があることを予見することができたものというべきで……
本件火災発生の予見可能性を認めた原判決は、相当である」としている（最
決平12・12・20刑集54巻9号1095頁〔近鉄生駒トンネル火災事件〕）。そこで
要求されているのは、誘起電流による火災発生の予見可能性であり、火災発
生までの具体的なメカニズム（誘起電流がY分岐接続器本体の半導電層部に流れ
て炭化導電路を形成して火災発生に至る経過）の予見可能性ではない。本決定の
結論については、肯定的な評価が見られる一方で（山口厚・百選Ⅰ（7版）109
頁）、過度の抽象化として批判する立場も有力である（北川佳世子・平成12年
度重判145頁）。

　本決定に対する評価が分かれるのは、何を因果関係の「基本的部分」と見
るか（どの程度抽象化してよいか）について、論者の見解が異なるからである
（事実関係が複雑なので、各自、判例集において確認してほしい）。ただ、本決定
がいう程度までの抽象化が許されるとすれば、それは、実質的には、構成要
件的結果に至る因果経過の予見可能性を不要とする見解とほとんど異なると
ころがないように思われる。

■不注意の競合────────────────────────────

────────────────────ケース3（信頼の原則）■

　甲は自動車で右折しようとして信号機のない交差点に進入したが、中央付近
でエンジンが停止し、停車してしまった。再始動して発車する際、甲は、左側
方のみを注意し、右側方の安全確認を充分にしなかったため、オートバイに乗
ったAが右側方から追い越しをかけてきたのに気づくのが遅れ、急停車した自
車にAのオートバイが衝突し、道路に転倒したAが負傷した。

　過失犯の成否については、複数の関与者の不適切な行動が競合したことに
よって結果が発生する場合がしばしば問題になる。行為者の不注意（不充分
な安全確認）と被害者の不注意（禁止された態様での追い越し）が競合したケース
3は、その典型例である。こうした場合、民法では、甲とAの不注意を差し
引き（相殺）したうえで、甲の損害賠償額を決定することによって妥当な解決

が図られる(**過失相殺**)。しかし、刑法では、結果を発生させた行為者に、過失犯を成立させるだけの注意義務違反が認められるかが問題であり、関与者間の不注意を相殺することは認められない。刑法では、犯罪が成立するかしないかが重要なのである。

この種の事案に関して、ドイツでは、1935年以来の一連の判例において、**信頼の原則**という考え方が確立されてきた。それは、複数の者が関与する社会事象において、個々の関与者は、他の関与者が規則を守った適切な行動をとるはずであることを信頼してよい場合には、他の関与者の不適切な行動と自分の不適切な行動とが競合して構成要件的結果が発生したとしても、その結果については過失責任を問われないとするものである。その根拠は、不適切な行動をとる者のあることを前提に結果の予見義務・回避義務を課すことは、行為者に不可能を強いることになりかねないという点に求められる。このような信頼の原則は、第2次大戦後にわが国にも導入され、交通事故に関する判例(最判昭41・6・14刑集20巻5号449頁等)を通じて実務に広く受け入れられてきた(西原春夫『交通事故と信頼の原則』〔1969年〕参照)。

ドイツの実務は、一般に、信頼の原則の適用に否定的ないしは慎重な態度を示している(神山敏雄・百選Ⅰ(4版)113頁参照)。わが国の学説にも、信頼の原則という考え方そのものに否定的な立場があるし(井上祐司『行為無価値と過失犯論』〔1973年〕135頁以下)、行為者自身に規則違反がある場合には原則として信頼の原則の適用を認めないとする限定論もある(大塚・総論207頁以下)。しかし、行為者の行動に不適切な面があっても、そこからただちに過失犯の注意義務違反が認められるわけではない(不注意の全くない行動は一種のフィクションである)。①行為者本人の不注意があまりに重大である場合や、②他の関与者の不適切な行動が当然に予見できる場合、③幼児・老人のようにそもそも適切な行動を当てにできない者が関与している場合、といった特別な事情のある場合を除いて、自動車運転者は、他の者が「交通関与者としての適切な行動」をとることを信頼して行動すれば足りる。**ケース3**の甲には、信頼の原則が適用され、結果予見義務(旧過失論)ないしは結果回避義務(新過失論)が否定される(最判昭41・12・20刑集20巻10号1212頁参照。

なお、深町晋也・百選 I（7版）110 頁以下、林陽一「信頼の原則」新争点 77 頁）。

　信頼の原則は、交通事故に関する判例において確立されてきたが（最判昭 42・10・13 刑集 21 巻 8 号 1097 頁）、複数の関与者の不適切な行動が競合した点に着目することからすれば、交通事故のような対向的関係の場合に限定されるわけではない。チーム医療における医師と看護師のような並行的関係に立つ場合など、交通事故以外の社会事象についても認められる場合がある（平良木登規男・百選 I（4版）109 頁）。外科手術チームの執刀医は、介助看護師による器具の消毒が充分であることを信頼して手術に専念することが許される（札幌高判昭 51・3・18 高刑集 29 巻 1 号 78 頁〔北大電気メス事件〕参照）。また、信頼の原則の適用の可否は、行為者とその監督者のように、明らかな上下関係があり、管理・監督過失が争われる場合にも問題になる（最判昭 63・10・27 刑集 42 巻 8 号 1109 頁〔塩素ガス流出事件〕参照）。

3　管理者・監督者の過失

■管理・監督過失

────ケース 4（地位を根拠とした処罰？）■

　ワンマン経営者の甲が代表取締役であるホテルから出火したが、防火戸・防火区域の設置がなく、従業員による適切な火災通報や避難誘導もなかったため、宿泊客ら多数が死傷した。甲は、防火防災管理の業務を含め、ホテルの業務一切を取り仕切っていた。同ホテルには、消防法に定める「防火対象物の管理権原者」も「防火管理者」もおらず、支配人以下の従業員のなかにも実質的にそれらの地位にある者はいなかった。このような事情のもとで、甲に業務上過失致死傷罪の成立が認められるだろうか。

　過失犯の問題は、通常、直接に結果を発生させた者（直接行為者）について論じられる。しかし、近時、ケース 4 のような大規模災害において、直接の現場で結果を発生させた者の過失だけでなく、管理者や監督者の立場にある

者の過失を問題にすべき場面が増えてきている。これが、**管理・監督過失**または**監督過失**などと言われるものである(佐藤文哉「監督過失」基本判例 48 頁以下参照)。同様の問題は、民法の使用者責任としても論じられるものであり、そこでは、直接の行為者(被用者)に対する使用者の選任および監督についての注意が問題になる(民 715 条)。

　刑事判例のなかにも、民法的発想を前提として、管理者・監督者の地位を根拠に、ただちに管理・監督過失を肯定したように解されるものがある。電気工事現場から出火したデパートビル火災によってビル内のキャバレーにいた客など多数が死傷した事案において、最高裁は、ビルを所有・管理する会社の管理部管理課長(デパート防火管理者)と、キャバレー経営会社の代表取締役(キャバレーの管理権原者)、およびキャバレーの支配人(防火管理者)のそれぞれに、業務上過失致死傷罪の成立を認めた(最決平 2・11・29 刑集 44 巻 8 号 871 頁〔千日デパートビル事件〕)。特に支配人については、監督義務にもとづく注意義務を認め、監督者の地位という形式的根拠からただちに過失犯の成立を肯定しているように思われる(甲斐克則・平成 2 年度重判 151 頁、堀内捷三・百選 I (5 版)119 頁)。このような論理が許されるならば、**ケース 4** では、代表取締役の地位にある甲には、当然に業務上過失致死傷罪が成立する。しかし、管理者・監督者の地位だけを根拠として過失を認めることは、直接行為者の過失への一種の連帯責任を認めることになり、責任主義の観点から許されない。管理・監督過失は、現象形態に関わる名称であり、通常の過失と異なる特殊な「過失の類型」を問題とするものではない(丸山雅夫・百選 I (6 版)118 頁)。甲については、信頼の原則の適用を含めて、注意義務の実質的内容(結果の予見義務・回避義務)とその違反の有無が具体的に検討されなければならないのである(最判平 3・11・14 刑集 45 巻 8 号 221 頁〔大洋デパートビル事件〕参照。さらに、大塚裕史「管理・監督過失」新争点 80 頁以下、米田泰邦『管理監督過失処罰』〔2011 年〕)。

　甲は、ワンマン経営者として、ホテルの経営管理業務のすべてを統括する最高の権限をもち、防火防災の管理業務を遂行すべき立場にあったから、防火防災対策が物的・人的に不備であること(防火戸・防火区域の不設置や不充

分な避難訓練)を認識している以上、いったん火災が発生すれば本格的なものとなり、避難経路等に不案内な宿泊客らが死傷するおそれのあることを容易に予見できたはずである(結果の予見義務・予見可能性の存在)。また、防火管理者等が置かれていないことから、消防計画の作成や防火戸・防火区域の設置、避難誘導訓練の実施などについても、他の従業員らの適切な行動を信頼することは許されず、甲自身が実行すべき義務を負っており、その実行も特に困難なわけではなかった(結果の回避義務・回避可能性の存在)。このように、甲には、代表取締役という形式的な地位だけでなく、実質的な注意義務違反が認められ、業務上過失致死傷罪が成立する(最決平2・11・16刑集44巻8号744頁〔川治プリンスホテル事件〕)。

4 まとめ

犯罪は社会的な現象であるから、刑法理論も社会の情勢や変化と無関係ではありえない。特に、過失犯(理論)においては、不安感説の登場や信頼の原則の考え方などに、こうした傾向が顕著にうかがわれる。学説のなかには、管理・監督過失との関係で、ゆるやかな過失認定にもとづいた広範な処罰こそが社会的要請に応えるものだとの指摘さえも見られる(板倉宏・百選Ⅰ(3版)125頁)。たしかに、刑法は社会と離れて存在することはできないし、社会と無関係な理論は空虚ですらある。われわれは、自分自身の価値観・世界観・人間観などを基礎にしながら、社会が刑法に何を期待しているかを察知する感覚を持たなければならない。しかし、他方では、いかに強い社会的要請であっても、無批判にそれに従ってよいというわけではなく、越えてはならない一線が厳然と存在する。何が社会的要請なのかを明らかにすると同時に、その社会的要請にどのように応えるべきかが問われなければならない。場合によっては、刑法(刑罰権の行使)を控えることこそが望ましい事案もあろう(→25頁)。「理論」としての刑法を学ぶことの重要な意味は、この最後の一線(刑罰権行使の限界)を見極めることにある。

[丸山雅夫]

第14章 結果的加重犯

1 特殊な複合形態の犯罪

■犯罪類型としての特殊性━━━━━━━━━━━━━━━━━━━━━■

　結果的加重犯とは、行為者が基本となる犯罪(**基本犯**)を実行したところ、行為者の「予期に反して」、当初の認識を超える重い結果が発生したことを根拠に、基本犯の法定刑よりも加重された刑罰によって処断される犯罪類型をいう。その典型は、傷害罪(204条)を基本犯とし、重い結果として致死を規定する傷害致死罪(205条)である。重い結果が「予期に反して」発生したこととの関係で、判例および一部の学説は、一貫して、基本犯と重い結果との間に因果関係が認められれば足り(条件関係で足りるか相当因果関係を要するかは争われる)、重い結果について行為者の主観的連関は不要であるという態度(**過失不要説**)を採ってきた。しかし、こうした立場に対しては、「責任なければ刑罰なし」とする責任主義(主観的責任の原則)に反するものとして厳しい批判が加えられていた。そこで、通説は、重い結果に対する行為者の過失(だけ)を要求すること(**過失説**)によって、結果的加重犯と責任主義との調和を達成しようとしている(→第3章**2**ケース1参照)。

> ●**傷害罪の二面性**──「人の身体を傷害した」ときに成立する傷害罪は、故意犯として規定されている(38条1項本文参照)。しかし、「暴行を加えた者が人を傷害するに至らなかったとき」だけを暴行罪とする規定(208条)のもとでは、故意の暴行の結果として傷害が発生した場合も、傷害罪として評価される。204条は、故意犯としての傷害罪と、暴行罪の結果的加重犯としての傷害罪を併せて規定した条文である。したがって、204条を基本犯とする傷害致死罪にも、故意の傷害罪を基本犯とするもの(通常の結果的加重犯)と、故意の暴行罪の結果的加重犯としての傷害罪を基本犯とするもの(**二重の結果的加重犯**)の2種類がある。

第14章●結果的加重犯　165

　結果的加重犯においては、一般に、基本犯とされるのは故意犯であり、重い結果とされるのは死傷である。結果的加重犯は、通常、「よって」という文言で基本犯と重い結果を結合して構成要件が作られており、複合形態の犯罪類型と考えられている。ただ、同じく複合形態の犯罪類型でも、暴行罪・脅迫罪(222条)ないしは強要罪(223条)と窃盗罪(235条)を結合して新たな故意犯(強盗罪〔236条〕ないしは恐喝罪〔249条〕)を創設している**結合犯**とは異なる。重い結果の故意的実現を一般に排斥する結果的加重犯は、通説によれば、基本犯とされる故意犯(傷害罪)と重い結果とされる事実(死傷)を過失で実現する場合の犯罪(過失致死傷罪〔209条・210条〕)とが結合された複合形態のものであり(福田・81頁)、基本犯と傷害罪・殺人罪(199条)との間の、中間的な犯罪類型として把握すべきものである。そして、このような特殊性が、結果的加重犯をめぐる解釈論上の困難な問題を生じさせる。

　　●**例外的な類型**──結果的加重犯のなかには、例外的に、過失犯を基本犯とするものがある(公害犯罪処罰法3条2項)し、延焼罪(111条)のように、重い結果として死傷以外の事実を規定するものもある。また、2001年改正で刑法に追加された(平13法138)危険運転致死傷罪(旧208条の2)も、結果的加重犯に類似した形態の犯罪として説明されている。

　　●**傷害致死罪の中間性**──結果的加重犯の典型である傷害致死罪は、重い結果の実現という客観的側面では殺人罪に近く、重い結果に対する行為者の主観的側面では傷害罪に近い存在である。そのため、起訴後の有罪率がきわめて高い(平均で99.9パーセント程度)わが国では、実務上、殺意の認定(殺人罪としての公判維持)が困難な事案における「使い勝手のよい」犯罪類型として利用されている実態がある。

■法定刑の加重根拠

　結果的加重犯の構成要件が中間的な構造であるにもかかわらず、その法定刑の多くは、中間的なものとは言えない程度に加重されたものになっている。たとえば、致死類型の多くで刑の上限とされる死刑(殺人罪の刑の上限と同じ)のうち、水道毒物等混入致死罪(146条後段)と強盗致死罪(240条後段)のそれは、いずれも基本犯の20年の懲役を基礎として加重されている。また、往来妨害致傷罪(124条2項)と浄水汚染等致傷罪(145条)の刑の上限とされる15年の懲役は、基本犯の2年ないしは6月を基礎として加重されている。同様の状況は、法定刑の下限にも見られる。しかし、こうした大幅な法定刑

の加重根拠については、過失不要説からはもちろん、過失説からも積極的な論証は行われていない。

結果的加重犯を複合形態の犯罪と捉える過失説によれば、法定刑の加重根拠は、重い結果に成立する過失犯(過失致死傷罪)が故意の基本犯に積み重ねられている点に求められる。すなわち、過失致死傷罪の不法内容が故意の基本犯の不法内容に付加される点に、基本犯の法定刑を基礎とする刑の加重根拠が見出される。こうした外的結合を根拠とする不法内容からすれば、結果的加重犯の法定刑は、故意の基本犯の法定刑と過失致死傷罪の法定刑の合計を超えられないはずである。しかし、わが国の結果的加重犯に対する法定刑のほとんどは、このような範囲を大きく超えて加重されており、過酷とさえ思われるものもある。

■────────ケース１（被害者の不適切な行動から惹起された死）■■

　甲は、マンション３階の自室に遊びにきていたＡと口論の末、Ａを激しく殴打して多くの打撲傷を与えた。甲の攻撃でパニック状態に陥ったＡは、甲の部屋のドアが施錠されていなかったにもかかわらず、窓からベランダ伝いに隣家に逃げ込もうとして足をすべらせ、地上に落下して死亡した。

結果的加重犯について、わが国と同じように大幅な加重刑を規定するドイツ刑法では、不法内容の単なる合算では実際の法定刑の重さの根拠が説明できないため、基本犯と重い結果の内的連関を重視することによって、結果的加重犯全体としての不法内容の増加を根拠とする説明が有力である（**危険性説**）。すなわち、結果的加重犯という犯罪類型が立法されているのは、およそ何らかの故意犯から死傷結果が発生した事実にあるのではなく、一定の傾向を有する特定の故意犯(重い結果としての死傷をもたらす類型的で高度な危険性が内在する故意犯)から実際に(危険性の実現として)死傷が発生した点に求められる、とされる。結果的加重犯は、立法者が、一定の犯罪から死傷結果発生の頻度が類型的に高い場合を抽出し、不法内容の特に高い特別形態の犯罪類型として規定したものだとされるのである。したがって、そのような類型的で高度な危険性が実現していないと判断される場合には、結果的加重犯の

第 14 章●結果的加重犯　167

成立が否定される(他方、林・総論 144 頁、山中・179 頁は、このような特性の
存在を否定する)。

　こうした立場から、ドイツの有力な判例は、**ケース 1** 類似の事案について、
傷害と死との間の因果関係(条件関係)を肯定しながらも、両者の間の直接性
(類型的で高度な危険性の実現)が欠けるとして、傷害致死罪の成立を否定して
いる(連邦通常裁判所 1970 年 9 月 30 日判決)。一方、わが国では、相当因果関
係が認められ(石堂功卓・百選 I(4 版)23 頁)、予見可能性(過失)の否定も困難
な**ケース 1** では、過失不要説・過失説のいずれからも傷害致死罪の成立が認
められる(最決昭 59・7・6 刑集 38 巻 8 号 2793 頁参照)。ただ、結果的加重犯
の固有の不法内容を意識したドイツの議論は、今後のわが国の解釈論にとっ
て大きな示唆を与えるものである(井田良「結果的加重犯の理論」現刑 4 巻 12
号〔2002 年〕107 頁以下、丸山雅夫「結果的加重犯の構造」現刑 5 巻 4 号〔2003
年〕42 頁以下)。

■危険運転致死傷罪の罪質

　近時の交通事犯の悪質化は目に余るものがあり、日常的な飲酒運転や無謀
な高速度運転などによる重大な人身事故が多発し、世間的には、殺人罪で立
件すべきだとされる事案も少なくない。また、業務上過失致死傷罪による量
刑や併合罪処断の限界(最大判昭 49・5・29 刑集 28 巻 4 号 114 頁、内藤謙・昭
和 49 年度重判 144 頁以下)、さらには被害者感情や一般予防の観点から、悪
質な交通事犯に対する重罰化の要請が高まっていた(丸山雅夫「自動車交通死
傷事故に対する刑事的対応」川端古稀(下)455 頁以下)。こうした事情を背景と
して、2001 年の刑法の一部改正で**危険運転致死傷罪**が立法された(その半年
前には道路交通法の一部改正で、酒酔い運転罪、過労運転罪、無免許運転罪、共
同危険行為などの法定刑が加重されていた)。危険運転行為によって人を死傷さ
せた場合を重く処罰する本罪は、結果的加重犯に類似した犯罪類型とされる
(井上宏「自動車運転による死傷事犯に対する罰則の整備(刑法の一部改正)等につ
いて」ジュリ 1216 号〔2002 年〕36 頁以下)。他方、結果的加重犯(類似)と見る
理解に対しては、重大な異論も提起されている(古川伸彦「危険運転致死傷罪

は結果的加重犯の一種ではない」長井古稀 267 頁以下）。

いずれにしても、本罪は、基本犯（酩酊運転、制御困難運転、未熟運転、妨害運転、信号無視運転）の処罰を規定する条文と近接した位置にない点、基本犯全体をうける形で立法されていない点、さらにはその成立範囲という点で、通常の結果的加重犯の構造と異なっている。しかも、対応関係にある道交法違反行為のすべてが本罪の基本犯とされているわけではなく、特に危険な故意の違反行為だけが基本犯として類型化されている。これらの点から、本罪は、形式的には道交法違反罪の結果的加重犯と見られるものの、通常の結果的加重犯と比べて異質なものである（曽根威彦「交通犯罪に関する刑法改正の問題点」ジュリ 1216 号〔2002 年〕49 頁は、「特殊な結合犯」とする）。

その後、2007 年に**自動車運転過失致死傷罪**（旧 211 条 2 項）が立法され、さらに 2013 年には、単行法の「自動車の運転により人を死傷させる行為等の処罰に関する法律」が成立し、危険運転致死傷罪と自動車運転過失致死傷罪がそこに移されるとともに、準危険運転致死傷罪が新設されることになった。本法は、自動車交通事故の刑事的対応への多くの要請に積極的に応えようとするものではあるが、各犯罪類型の罪質は必ずしも明確ではなく、今後の解釈と運用が注目されている。

━━━━━ケース 2（危険運転致死？）━

　甲は、高速道路上でA車に対して執拗な「あおり」運転を続けた後、追越車線上でA車の前に回り込んでA車を停車させた。その後、甲がAを車外に引きずり出そうとしている際、後続車がA車に追突し、Aは即死した。この事実に対し、検察官は、甲を危険運転致死罪で起訴した。

執拗な「あおり運転行為」が危険運転（自動車運転致死傷 2 条 4 号）に当たることには異論がない。**ケース 2** での問題は、停車させられた後のAの死があおり運転に「よって」生じたと評価できるかという点にある。**ケース 2** の検察官の起訴は、危険運転致死罪を結果的加重犯と捉えたうえで、停車後も危険運転行為が継続していると考える場合に、最も素直に理解できる。この点について、**ケース 2** 類似の事案で、最近、裁判員裁判で非常に興味深い判例

が現れた(横浜地判平30・12・14LEX/DB文献番号25570337)。横浜地裁は、あおり運転が停車後も続いているとする検察官の主張を退けて、停車によってあおり運転はすでに終了したとしながらも、あおり運転と致死結果には因果関係が認められるとして、危険運転致死罪の成立を認めたのである。その背景には、強盗致死傷罪における「機会」論的な発想で、被害者の死が危険運転に近接した機会に発生したことが重視されているのかもしれない。

　しかし、このような論理は、相当に無理があるように思われる。停止によってあおり運転が終了していたとする以上、あおり行為から生じた因果の流れは、停車によってすでに断絶し、致死にまでは及んでいないと言わざるをえないからである。また、危険運転に「よって」被害者の死がもたらされることを明示している条文との関係でも、強盗の際の「機会」に着目するような解釈をすることはできない。**ケース2**は、あおり行為と車外への引きずり出し行為という一連の暴行にもとづいて被害者が死亡した、傷害致死罪として処断すべきであったと思われる。こうした構成は、被告人の執拗な暴行から逃れようとして被害者が高速道路に侵入して事故死した事案と同様のものである(最決平15・7・16刑集57巻7号950頁〔高速道路侵入事件〕。高橋則夫・百選Ⅰ(6版)24頁以下、樋口亮介・百選Ⅰ(7版)28頁以下)。さらには、高速道路上で身動きができない状況(監禁状態)を作出した点に着目すれば、監禁致死罪(横浜地判事案の予備的訴因であった)として処断することも十分に可能であったと思われる(最決平18・3・27刑集60巻3号382頁〔トランク事件〕。島田聡一郎・平成18年度重判157頁以下)。危険運転致死罪の成立を前提とする検察官の起訴と横浜地裁判決の結論は、あおり運転の危険性とそれへの厳格な対応という点を社会に強く印象づけるものではあるが、**ケース2**類似の事案の解決としては無理があると言わざるをえない。上級審での判断が待たれるところである。

2 犯罪形態としての特殊性に起因する問題

■軽微な致傷の扱い――――――――――――――――――――――――■

――――――――――――――――――ケース3（相対的傷害概念？）

　Aから金を奪おうとした甲は、Aにナイフを付きつけ、平手でその顔面を殴って抵抗不能にして、現金入りのサイフを奪い取った。甲がAを殴打した際、甲の手の爪でAの顔面にミミズ腫れができたが、それ以上の負傷はなく、ミミズ腫れも3日程度で消失した。

　ケース3では、甲に強盗罪が成立することに異論はない。問題は、被害者に対する抵抗抑圧手段としての暴行から「極めて軽微な傷害」が生じた点をどう評価するかにある。極めて軽微な傷害も結果的加重犯の致傷に当たるとすれば、2004年の刑法改正（平16法156）まで、**ケース2**では、ミミズ腫れが強盗罪の5年以上の有期懲役を無期または7年以上の懲役へと加重する機能を果たし、法律上の減軽と酌量減軽の両方が認められない限りは執行猶予を付けられない状況にあった（25条、66条、68条参照）。さらに、強制性交等致傷罪（181条）では、基本犯の「未遂」から極めて軽微な傷害が生じた場合にも、文理上、当然に結果的加重犯としての既遂が認められる。

　「強盗が、人を負傷させたとき」には強盗致傷罪（240条前段）が成立するし、傷害罪に規定する「人の身体を傷害し」は240条前段の負傷と同義である。文理解釈としては、204条の傷害罪を成立させる程度の傷害を強盗が与えた以上、強盗致傷罪の成立は否定できない。また、204条の傷害には、極めて軽微なものも含まれるとされる（大判大11・12・16刑集1巻799頁等）。これらを前提に、判例（最決昭41・9・14裁判集刑160号733頁等）および通説は、**ケース3**のように、極めて軽微な致傷にとどまった事案にも、当然のように強盗致傷罪の成立を認めるのである。

　　●傷害概念――傷害の概念については、①人の生理的機能の障害または健康状態の不良な

変更とする立場(**生理機能障害説**)、②人の身体の完全性に対する侵害とする立場(**身体完全性侵害説**)、③いずれの場合も含むとする立場(折衷説)が見られる。具体的な結論の違いは、頭髪の切除や眉の剃り落としのような外貌の変更にとどまる事案で生じるにすぎず(②③では傷害罪が成立し、①では暴行罪にとどまる)、議論の実益はほとんどない(外貌の変更なしに薬物で健康を害した場合は、②でも身体の完全性が害されたことになる)。判例は、生理機能障害説に立つ(大判明45・6・20刑録18輯896頁参照)。

　これに対して、一部の学説と下級審判例(大阪地判昭54・6・21判時948号128頁等)は、**相対的傷害概念**という考え方で不都合な事態を論理的に回避しようとしてきた。それによれば、傷害罪を成立させる「傷害」であっても、基本犯に通常随伴する程度のものにすぎなければ、結果的加重犯を成立させる「傷害(致傷)」として充分でなく、基本犯として評価すれば足りるとされる(松宮・各論240頁は観念的競合とする)。これは、犯罪類型に応じて刑法上の傷害概念が異なりうることを認めるもので、「相対的」傷害概念と言われる。擦過傷や殴打による鼻血などは、それ自体としては傷害罪に当たるが、強制性交や強盗の際の抵抗抑圧行為に必然的に随伴する場合には強制性交罪・強盗罪(基本犯)の限度で評価すべきことになる。それによれば、**ケース3**では強盗罪のみが成立する。相対的傷害概念は、結果的加重犯の傷害について縮小解釈を要求するもので、実務での採用は困難ではあるが、刑事政策的観点からは説得的なものである(林・各論223頁)。ただ、2004年の刑法改正(2005年1月1日施行)で、強盗致傷罪の法定刑の下限が6年に引き下げられ、酌量減軽だけでも執行猶予にする可能性が生じたため、これまでのような不都合は実質的になくなり、議論の実益もなくなった(西田・各論44頁)。

■重い結果の故意的実現の扱い

ケース4(故意ある結果的加重犯?)

　A宅に強盗に入った甲は、Aの執拗な抵抗にあったため、Aを殺害して財物を奪おうと決心して、持ってきたナイフでAを刺殺したうえで、タンスから現金を奪った。

基本犯から死傷結果が故意的に発生した場合に関連して、わが国の結果的

加重犯規定は3種類に区別される。第1は、傷害致死罪や水道毒物等混入致死罪のように、基本犯が重い結果の故意的実現の手段となる類型で、端的に故意犯（殺人罪）の成立を認めれば足りる。「傷害の罪と比較して、重い刑により処断する」形態の結果的加重犯もこれに属する。第2は、強制性交等致死傷罪や強盗致死傷罪のように、基本犯を重い結果の故意的実現の手段として評価できないだけでなく、結果的加重犯の法定刑が故意犯の法定刑より重い類型である。第3は、汽車転覆等致死罪（126条3項）のように、基本犯が重い結果実現の手段である一方、結果的加重犯の法定刑が故意犯の法定刑より重い類型である。第2類型と第3類型において、重い結果の故意的実現をどのように扱うかが問題となる。

　判例は、**ケース4**類似の事案で、強盗殺人罪（住居侵入罪〔130条前段〕との牽連犯〔54条1項後段〕）の成立を認め、結果的加重犯とは無関係に事案の解決を図っている。その前提には、240条後段を、強盗罪と殺人罪または傷害致死罪との結合犯とする理解がある（大連判大11・12・22刑集1巻815頁、最判昭32・8・1刑集11巻8号2065頁）。また、通説は、死傷結果について故意ある場合を強盗罪と殺人罪・傷害罪との結合犯とし、死傷結果について故意のない場合を結果的加重犯とするところから、判例と同様の結論をとる。しかし、こうした解決は、強盗殺人の事案に特有のもので、強制性交等殺人や汽車転覆等殺人、強盗強制性交等殺人の事案にまで及ぶわけではない。第2類型と第3類型では、重い結果の故意的実現の事案は、依然として、困難な罪数処理の問題として残されている。

　強盗殺人以外の事案について、一部の学説は、重い結果の故意的実現は結果的加重犯概念に含まれないとの前提から、基本犯と殺人罪・傷害罪との観念的競合（54条1項前段）による処断を主張し、刑の不均衡は量刑の工夫で回避可能だと主張する。他方、判例は、学説と同一の前提から、結果的加重犯と殺人罪・傷害罪の観念的競合としての処断を認める。判例の立場は、刑の不均衡を回避しうる点で説得的であるが、結果的加重犯概念から排斥した事案に結果的加重犯の条文を適用する点で、その前提との重大な矛盾に陥っている。これらに対し、学説には、強盗殺人の事案を含めた第2類型・第3類

第 14 章●結果的加重犯　173

型について、重い結果の故意的実現の場合も結果的加重犯概念に含みうると
の前提から、**ケース 4** には端的に結果的加重犯の条文を適用すれば足りると
するものがある(内田・概要上巻 271 頁以下)。このような考え方は、**故意ある
結果的加重犯**を否定する通説・判例に内在する難点を回避しうる一方で、強
制性交等殺人の事案には 199 条の法定刑を使えないため、刑の上限(死刑が
規定されていない〔181 条 2 項〕)について重大な問題が生じる。

> ●**故意ある結果的加重犯**──重い結果に行為者の「少なくとも過失」を要求することで責
> 任主義との調和を達成したドイツ刑法 18 条のもとでは、文理上、重い結果の故意的実現
> の事案も結果的加重犯概念に含まれる。このため、ドイツでは、一般に、重い結果の故意
> 的実現の場合を論理的に結果的加重犯概念から排斥する類型(**真正結果的加重犯**)と結果的
> 加重犯概念に含める(故意ある結果的加重犯を認める)類型(**不真正結果的加重犯**)に区別さ
> れている。ただ、この区別も、結局は法定刑の重さに左右されたものとの印象を免れない。

　このように、重い結果の故意的実現の事案のすべてを統一的な観点から解
決しようとすると、いずれの方法によっても克服困難な場面が生じる(丸山
雅夫「強姦致死傷罪の成立範囲」、「強盗致死傷罪の成立範囲」、「強盗強姦致死罪
の未遂」、「汽車転覆等致死罪の成立範囲」争点ノートⅡ・54 頁以下、107 頁以下、
109 頁以下、185 頁以下)。解釈論としては、論理的一貫性が最も強く、かつ
難点が最も少ない方法(基本犯と殺人罪・傷害罪との観念的競合)を採ったうえ
で、量刑で工夫する以外にない。

■結果的加重犯の未遂

━━━━━ケース 5（基本犯の未遂をどう評価するか)■

　次の各場合において、甲にはどのような犯罪が成立するか。
　⑴　甲はA女を強制性交しようとして、A女の抵抗を抑圧するため顔面を激
しく殴打したところ、殴打によってA女は死亡した。
　⑵　Aから強盗をしようとした甲は、Aの抵抗を抑圧するために顔面を激し
く殴打したところ、Aが死亡したため何も奪わずに逃走した。

　結果的加重犯が複合的形態の犯罪であることからすれば、**ケース 5** のよう
に、基本犯を構成する行為から重い結果が生じている一方、基本犯そのもの

は未遂段階にとどまっているという事態がありうる。この点について、わが国の刑法は、強制性交等致死傷罪と不同意堕胎致死傷罪(216条)では、基本犯の未遂から重い結果が発生した場合も結果的加重犯としては既遂となることを明示している。したがって、**ケース5**(1)に強制性交致死罪の既遂が成立することには疑いがない。

　他方、これら以外の類型では、基本犯が未遂にとどまった場合の扱いが明示されていないため、181条と216条の反対解釈として、**ケース5**(2)のような場合には結果的加重犯の既遂は成立しないという結論もありうる。しかし、181条と216条の背景には、基本犯を構成する行為の性質(抵抗抑圧手段である暴行や堕胎手段である有形力の行使には死傷結果に直結する危険性が存在する)こそが「重い結果の発生にとって」重要であり、性交等や胎児の母体外への排出といった事実(基本犯の既遂)はそれほど重要でないとの考慮があるように思われる。それは、基本犯に内在する高度で類型的な危険性が重い結果として実現する犯罪類型として結果的加重犯を理解する立場(→本章1ケース1参照)にもつながる。こうした立場によれば、業務上堕胎致死傷罪(214条後段)や強盗致死傷罪にも同様の考え方が妥当し、**ケース5**(2)にも強盗致死罪の既遂を認めることになる。

　他方、基本犯に内在する危険性の実現と評価できない死傷結果は、たとえ基本犯の実行に伴って発生した場合でも、結果的加重犯としては評価できず、罪数問題で処理すべきものとなる。強盗が財物の物色中に寝ていた幼児を踏み殺したような場合、被害者の圧死は基本犯(を構成する行為)に内在する危険性の実現とは言えないから、強盗致死罪の成立は認められず、強盗(未遂)罪と(重)過失致死罪との併合罪で処断すべきである。判例は、「強盗の機会」に発生した死傷で足りるとして結果的加重犯の既遂を広く肯定する傾向にあるが(大判昭6・10・29刑集10巻511頁。内田浩「強盗致死傷罪をめぐる論点」新争点180頁)、結果的加重犯の特殊性を考慮しない点で疑問がある。

　以上のように、基本犯を構成する行為の性質が重視される結果的加重犯では、基本犯の未遂段階で重い結果が発生した場合、結果的加重犯の既遂が成立するか、結果的加重犯とは無関係に処断されるかのいずれかであり、結果

的加重犯の未遂という事態は論理的に否定される。他方、浄水汚染等致死傷罪や遺棄致死傷罪(219条)のような、重い結果の発生にとって基本犯の既遂が必要とされる類型では、基本犯が未遂の場合を結果的加重犯の未遂と考える余地はあるが、実際にそうした事案の想定は困難である。なお、結果的加重犯概念が複雑になることを別にすれば、故意ある結果的加重犯を認める立場では、重い結果の故意的実現を目指しながら実現できなかった場合に結果的加重犯の未遂が認められる。

3 まとめ

　以上、結果的加重犯の主要な論点を検討したが、共犯の成否など、スペースの関係で扱えなかった論点も残されている。ただ、本章の検討だけからでも明らかなように、結果的加重犯をめぐる個々の論点の解決は、結果的加重犯という特殊な犯罪類型の固有の不法内容を何に求めるかという点に大きく左右される。しかし、わが国における従来の議論は、長きにわたって、責任主義との調和の問題に集中していた感があり、固有の不法内容という観点は必ずしも意識的に検討されてこなかった。一方、ドイツでは、固有の不法内容の議論を前提として個々の論点が議論され、重い結果に対する行為者の「少なくとも過失」を要求する規定(1953年制定の旧56条、現行18条)も、そうした議論を経たうえで成立したものである。どのような犯罪類型についても、その個々の論点を検討する際は、犯罪類型としての特殊性は何か、特殊性をもたらす根拠としての不法内容は何か、を意識しなければならない。特に、複合形態という特殊性を持つ結果的加重犯については、その固有の不法内容こそが明らかにされる必要があり、この点を意識的に論じるドイツの議論はわが国の解釈論にとっても有用である(詳細は、丸山雅夫『結果的加重犯論』〔1990年〕、内田浩『結果的加重犯の構造』〔2005年〕、榎本桃也『結果的加重犯論の再検討』〔2011年〕参照)。

〔丸山雅夫〕

176

第15章 違法(性)の実質

1 違法性と違法阻却

■犯罪とその確認方法

　犯罪とは、日常の社会生活のなかに数多く存在する好ましくない行為のうち、刑罰による厳しい制裁(場合によっては生命すら剥奪される)に値する行為を言う。その本質は、法益を侵害したり危険にさらすことで法秩序に違反すること(**違法性**)にある。ただ、近代刑法は、責任主義の考え方から(→第3章)、処罰の対象となる行為は、客観的に反社会的(違法)な行為であるだけでは足りず、行為者を主観的に非難しうる(有責な)行為に限定している。また、罪刑法定主義の原則から(→第2章)、犯罪となる行為は、立法機関が制定した成文法で事前に予告されている必要がある。わが国の刑法は、犯罪を規定するにあたり、**経験的に想定される違法で有責な行為を類型化して、それぞれの犯罪類型に特有の型(構成要件)を客観的に記述するという方法**を採っている。

　このように、犯罪概念は、**構成要件・違法・責任**(有責性)の各場面に区別して論じられる。それに応じて、**構成要件論・違法論・責任論**の3段階の犯罪論体系(**三分体系**)が確立され、構成要件該当性→違法性→責任という段階的判断で、順次、犯罪の成否が確認される。こうした判断方法は、一般的・客観的な事実から個別的・主観的な事実へと検討対象を狭めながら段階的に判断していくもので、明確で画一的な結論を導くのに最適なものと考えられているのである。

■構成要件と違法性・責任との関係

　三分体系を前提とする学説も、構成要件・違法性・責任の関係をめぐって対立し、**①行為類型説**、**②違法類型説**、**③違法・責任類型説**が主張されている。①は、ベーリング流の構成要件論に従って、構成要件を価値中立的にとらえ、違法性判断と責任判断の前提としての意味だけを強調する（内田・概要上巻 152 頁）。それによれば、構成要件該当性、違法性、有責性の間には論理的な結合関係はなく、それぞれが独立した場面・態様で個別的に判断される。②は、M・E・マイヤーやメッガーに従って、構成要件を違法類型と見ることから（平野Ⅰ・99 頁）、構成要件に該当する行為は原則的に違法であるとする（**構成要件の違法推定機能**）。③は、構成要件を違法・責任類型と見るもので、構成要件に該当する行為は原則的に違法かつ有責であるとする（**構成要件の違法・責任推定機能**）。小野博士の主張（小野清一郎『犯罪構成要件の理論』〔1953 年〕）以来、③がわが国の通説となっている。

　構成要件は、経験的に想定される違法で有責な行為を立法者が類型的に記述したものであるから、違法類型であると同時に責任類型でもある。その意味で、構成要件は価値的な概念であり、違法推定機能と責任推定機能を持っている。構成要件に該当する行為は、違法性を排斥する特別な事情（**違法阻却事由**）が存在しない場合に違法であるとされ、構成要件に該当する違法な行為は、責任を排斥する特別な事情（**責任阻却事由**）が存在しない場合に責任が認められる。違法・責任は、その存在を積極的に判断するのではなく、違法阻却事由と責任阻却事由の不存在の確認という消極的判断によるのである。

■違法阻却事由とその一般原理

　構成要件該当行為は、違法・有責であることが推定されている。そのことを徹底すれば、刑法が違法阻却事由を規定していない限り、構成要件該当行為は常に違法性を具備するものと評価される。こうした理解は、行為が実定法規に違反することを違法とするもので、**形式的違法論**と呼ばれる。しかし、刑法に規定されている違法阻却事由（35 条〜 37 条）は、その要件から明らか

なように、いずれも実質的な観点から社会的に許されないものであることを前提にしている。刑法は、「法秩序は何を禁じ、何を許すのか」という実質的な観点から、処罰を正当化できる内容(実質)をもった実定法規違反だけを違法とするのである(**実質的違法論**)。ここから、可罰的違法性の理論や超法規的違法阻却事由のように、直接には条文化されていないにもかかわらず、実質的判断にもとづく違法阻却が導かれる。その内容は必ずしも一義的に明確でないが、可罰的違法性とは別に、同意傷害(→第1章2)や安楽死(→第18章2)などを超法規的違法阻却事由に位置づける立場が強い。

実質的な観点から違法阻却を根拠づける考え方は、①**法益衡量説**(優越利益説)、②**目的説**、③**社会的相当性説**に大別される。①は、法益が存在しない場合や法益が衝突する場合に、価値の小さい法益を犠牲にして価値の大きい法益を救うことを原理とするもので、結果無価値論と親和性をもつ。②と③は行為のあり方に注目して、②は正当な目的のための行為を要件とし、③は社会的に相当な手段であることを要件とするもので、いずれも行為無価値論と親和性をもつ。これらは、違法阻却の一般原理であり、その具体的判断において相互に排他的な基準として使われるわけではない。実際には、いずれかに重点を置きながら、総合的な考慮から違法阻却の可否が判断される。正当防衛(36条)と緊急避難(37条)の具体的な正当化要件も、①②③のいずれかを個別具体的に明示したものである(各自で確認してほしい)。また、正当化の要件を個別具体的に規定していない正当行為(35条)の存在は、実質的違法論なしには形式的違法論を語りえないことを示すものである。

2 実質的違法論の展開

■実質的違法論と可罰的違法性論

ある行為が刑罰による非難に値するためには、形式的・一般的観点から当罰的(処罰すべき)であるだけでは足りず、実質的・具体的に可罰的な(処罰してよい)ものでなければならない。このような実質的観点から、可罰的行為

第 15 章●違法(性)の実質　179

だけを処罰対象とする考え方を**可罰的違法性論**(可罰的違法性の理論)と言う。可罰的違法性の考え方は、構成要件不該当事由や超法規的違法性阻却事由の問題、さらには刑法の謙抑性として論じられるように、刑法体系のあらゆる場面で問題になりうるものである。

> ●**可罰的違法性論の体系的地位**──可罰的違法性論は、当初、刑法の謙抑性の観点から主張され(宮本・106頁)、その後、法益侵害説の立場から違法阻却事由として観念され(佐伯・176頁以下)、通説的立場を獲得した。学説には、端的に構成要件不該当事由とする立場もある(藤木・総論119頁以下)。こうした理解の相違は、可罰的違法性が否定される事例の種類や範囲の違いなどにもとづく。しかし、実質的な観点から行為の違法性が否定される事案は、刑法のあらゆる場面で想定することができる。その意味で、それを「可罰的違法性論」と呼ぶかどうかは言葉の問題にすぎない。

　ある行為が可罰的違法性を備えているかどうかは、ふたつの側面で問題になる。ひとつは**違法性の量**の問題で、ひとつは**違法性の質**の問題である。

　違法性の量の問題は、さらにふたつに区別できる(前田雅英「可罰的違法性」基本判例20頁以下参照)。ひとつは、法益侵害の程度が極めて軽微であることから、ただちに可罰的違法性が否定される場合である(絶対的軽微性)。もうひとつは、法益侵害が極めて軽微とまでは言えないが、具体的事情のもとで総合的に判断したうえで、処罰を正当化するだけの違法性を積極的に確認できない場合である(相対的軽微性)。後者は、公安事件や労働事件のように、両立困難な法益が衝突する事案に見られ、正当行為を拡張して論じる立場(井田・総論289頁以下)や超法規的違法阻却とする立場もある(山口・総論185頁)。他方、違法性の質の問題は、他の法領域では違法な行為であっても、刑法上は違法としなくてよい場合である(**違法の相対性**)。無免許医業は、医師法17条・31条1項1号との関係では違法であるが、無免許者の手術が常に傷害罪(204条)を成立させるわけでもないとされる(西田ほか編1・340頁以下〔今井猛嘉〕)。

　法益侵害の程度から軽微性が肯定される絶対的軽微性は、結果無価値論的アプローチ(法益衡量説)になじみ、実務では、構成要件不該当として処理されることも多い。他方、相対的軽微性と違法の相対性は、法益侵害の程度と行為の諸事情を総合的に考慮して判断せざるをえないため、行為無価値論的アプローチ(目的説および社会的相当性説)なしに判断するのは困難である。実

務でも、法益侵害の程度、法益の衡量、目的の正当性、手段の相当性、行為の必要性・緊急性などを考慮要素として総合的に判断されている。

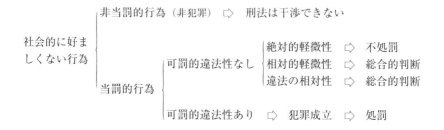

■**可罰的違法性が争われる事例**──────────────

```
━━━━━━━━━━━━━━━ケース１（処罰に値しない軽微な違法）
煙草耕作者の甲は、当時の煙草専売法にもとづいて政府に納入すべき葉煙草の一部（約2.6グラム、当時の価格で一厘〔現在の約20円〕相当分）を自分で喫煙したため、同法違反の罪（不納付罪）で起訴された。
```

　ケース１の一厘事件は、可罰的違法性論にもとづいて無罪を言い渡したリーディング・ケースとして有名である。大審院は、「零細なる反法行為は、犯人に危険性ありと認むべき特殊の情況の下に決行せられたるものにあらざる限り、共同生活上の観念において刑罰の制裁の下に法律の保護を要求すべき法益の侵害と認めざる以上は、これに臨むに刑罰法をもってし刑罰の制裁を加うるの必要なく、立法の趣旨もまたこの点に存するものと言わざるを得ず」と判示して、甲を無罪とした（大判明43・10・11刑録16輯1620頁）。その後、最高裁も、煙草小売人の指定を受けていない旅館の主人が買置きしていた煙草を代金と引換えに客に渡していた事案で、「当裁判所は、右のごとき交付又は所持は、たばこ専売法制定の趣旨、目的に反するものではなく、社会共同生活の上において許容さるべき行為であると考える」と判示し、たばこ販売罪および同準備罪の成立を否定した（最判昭32・3・28刑集11巻3号1275頁〔旅館たばこ買置き事件〕）。いずれの事案でも、行為者には法に敵

対する態度(反社会的な危険性)が見られないため、裁判所は、法益侵害の絶対的軽微性を理由として構成要件該当性を否定したものと思われる(松尾浩也・百選Ⅰ(初版)11頁参照)。「立法の趣旨」または「たばこ専売法制定の趣旨、目的」から処罰しなくてもよいとする点に、構成要件該当性を否定する態度がうかがわれる。こうした結論は、学説も一般に承認している。

■────────────────────ケース2(処罰すべき軽微な違法?)■

　甲は、電話の通話料金を無料にする「マジックホン」という機器があることを聞きつけ、約15万円で2台購入して自己の会社の電話回線に設置した。甲は、従業員に公衆電話から1回(10円分)電話をかけさせて効果を確認したが、使い続けることに不安を覚えて取り外し、2度と使用しなかった。甲は、偽計業務妨害罪(233条)および有線電気通信妨害罪(当時の有線電気通信法21条違反)で起訴された。

　マジックホンの使用については、最高裁において、偽計業務妨害罪と有線電気通信妨害罪との観念的競合(54条1項前段)で処断する対応がすでに確立していた(最決昭59・4・27刑集38巻6号2584頁等。須之内克彦・昭和59年度重判179頁以下)。しかし、そのことを前提としても、**ケース2**では、現実の被害(通話1回分の料金10円の徴収不能)が軽微であり、可罰的違法性の存否を問題にする余地がある。

　第1審は、甲の行為は偽計業務妨害罪と有線電気通信妨害罪にあたるとしながら、「刑罰を以て臨むことは相当でなく……可罰的違法性を欠き、違法性そのものを阻却する」として、無罪を言い渡した。可罰的違法性を欠くとする理由は、必ずしも明らかではないが、法益侵害の程度の軽微性が重視されたのであろう。これに対し、控訴審は、両罪を抽象的危険犯と見ることなどを根拠に、第1審判決を破棄して有罪判決を言い渡した。最高裁も、「たとえ被告人がただ1回通話を試みただけで同機器を取り外した等の事情があったにせよ、それ故に、行為の違法性が否定されるものではない」として、原判決を維持している(最決昭61・6・24刑集40巻4号292頁)。最高裁は、従来の可罰的違法性論を前提としながら、**ケース2**は可罰的違法性が認めら

れる事案であったとしたのである(大内恒夫裁判官の補足意見参照。他方、谷口正孝裁判官の反対意見は、絶対的軽微性を理由として構成要件該当性を否定する)。

控訴審や最高裁のように、偽計業務妨害罪と有線電気通信妨害罪を抽象的危険犯と見るならば、想定される被害(法益侵害についての抽象的・一般的危険の存在)には歯止めがなく、実害の軽微性だけを根拠に可罰的違法性を否定するのは困難である。また、**ケース2**は、当初からごく微量の葉煙草の自己消費だけを意図していた一厘事件や宿泊客の便宜だけを図った旅館たばこ買置き事件と異なり、結果的に1回だけの使用に終わった事案で、行為当時の行為者の危険性(継続して使用する可能性)は否定できない。他方、行為直後の甲の行動は、行為者の危険性を消滅させ、その後の法益侵害の抽象的危険を消滅させたとの評価もできる(田中利幸・昭和61年度重判161頁、町野朔・百選Ⅰ(4版)39頁)。そうした評価が可能ならば、残るのは、実害の軽微性の評価だけである。**ケース2**は、行為時と行為後の事情の総合的評価から、違法性の程度が相対的に軽微な場合として、可罰的違法性を否定しえたように思われる(丹羽正夫・百選Ⅰ(5版)37頁)。

マジックホン事件決定は、被害が軽微な場合は「犯人に特段の危険性がない限り不可罰である」とする一厘事件の論理を、被害が軽微であっても「犯人に危険性がある限りは可罰的である」という論理に逆転させた。この点に、絶対的軽微性から可罰的違法性が否定される事案に比べて、違法性判断の前提となる機能は維持されているにしても(田中利幸・百選Ⅰ(6版)39頁)、相対的軽微性事案に対する最高裁の消極的態度が見られる(振津隆行・百選Ⅰ(7版)37頁は、「抽象的危険犯だからという理由だけで、有罪としたのは危険のない行為を処罰したと判断せざるを得ず、処罰の正統性を欠く」とする)。

■違法の相対性

ケース3 (全逓東京中郵事件)

全逓労組の役員甲らは、春闘を有利に展開するため、東京中央郵便局の多数の従業員らを勤務時間内喰込み職場集会に参加するよう説得して、職場離脱に

よる郵便物不取扱を教唆し、38名に職場を離脱させて郵便物を取扱わさせなかった。この事実にもとづき、甲は、郵便物不取扱罪（郵便法79条1項前段）の教唆等で起訴された。

　すべての労働者は、憲法上、争議行為を含めた労働基本権を保障されている（憲28条）。また、正当な目的にもとづく労働組合の行為には、刑法35条（正当行為としての違法性阻却）が適用される（労組1条2項）。他方、国営企業（かつての公共企業体等）の職員には、争議行為そのものが禁止されている（ケース3当時は、公共企業体等労働関係法17条1項）。**ケース3**では、旧公労法17条1項に違反する争議行為が郵便法79条1項の構成要件に該当する場合にも、刑法35条・労組1条2項の正当行為として違法性阻却されうるのではないか、という違法の相対性が問題になる。

　こうした労働争議事案について、最高裁は、当初、国労檜山丸事件で、公共企業体等職員の争議行為禁止は憲法28条に違反しないとの前提から（最大判昭30・6・22刑集9巻8号1189頁参照）、「争議行為を禁止され争議権自体を否定されている以上、その争議行為について正当性の限界如何を論ずる余地はなく、したがって労働組合法1条2項の適用はない」とした（最判昭38・3・15刑集17巻2号23頁）。それは、公労法上の違法な争議行為が犯罪構成要件にあたる以上、刑法上の違法性の有無を実質的な観点から論じる余地はないとして、違法の相対性という考え方を否定したものである。

　これに対し、**ケース3**の大法廷判決は、公労法17条1項の合憲性を前提としながらも、「公労法そのものとしては、争議行為禁止の違反について、刑事制裁はこれを科さない趣旨であると解するのが相当である。公労法3条で、刑事免責に関する労組法1条2項の適用を排除することなく、これを争議行為にも適用することとしているのは、この趣旨を裏づけるものということができる。そのことは、憲法28条の保障する労働基本権尊重の根本精神にのっとり、争議行為の禁止違反に対する効果または制裁は必要最小限度にとどめるべきであるとの見地から、違法な争議行為に関しては、民事責任を負わせるだけで足り、刑事制裁をもって臨むべきではないとの基本的態度を

示したものと解する」として、公労法 17 条 1 項違反の争議行為に労組法 1 条 2 項の適用があるとした(最大判昭 41・10・26 刑集 20 巻 8 号 901 頁)。それは、公労法上は違法な争議行為でも、労組法 1 条 2 項の要件を充足する場合には正当化されうることを認めるもので、違法の相対性の考え方を正面から承認したものである。その論理と結論は、学説でも高く評価された(伊藤正己・昭和 41・42 年度重判 10 頁)。それによれば、**ケース 3** の甲は、郵便物不取扱罪の教唆等の違法性が阻却される可能性がある。争議行為の処罰に対する謙抑的な態度は、**二重の絞り論**を展開した都教組事件判決(最大判昭 44・4・2 刑集 23 巻 5 号 305 頁)に引き継がれた。都教組事件判決は、地公法 61 条 4 号について、①「争議行為自体が違法性の強いもの」であり、かつ②「争議行為に通常随伴して行われる」限度を超えた違法性の強いあおり行為等に限って処罰の対象とすべきだという形で、行為に二重の絞りをかけて可罰性を判断した。これは、可罰的違法性論の具体的な展開場面のひとつとして、同日の仙台全司法事件判決でも採用され(最大判昭 44・4・2 刑集 23 巻 5 号 685 頁)、学説から高い評価を受けた(中山和久・昭和 44 年度重判 150 頁)。

　しかし、こうした対応は、その後の久留米駅事件判決(最大判昭 48・4・25 刑集 27 巻 3 号 418 頁)や全農林警職法事件判決(最大判昭 48・4・25 刑集 27 巻 4 号 547 頁)には引き継がれなかった。違法性阻却事由の有無の判断は「法秩序全体の見地から」判定すべきであるとする久留米駅事件判決を経て、**ケース 3** 類似の名古屋中郵事件で、「東京中郵事件判決は、変更を免れない」とされたのである(最大判昭 52・5・4 刑集 31 巻 3 号 182 頁)。こうした最高裁の態度変更は、学説から厳しく批判されたが(佐藤功・昭和 48 年度重判 19 頁以下、山本吉人・同 175 頁以下)、公務員等の争議行為は、再度、労組法 1 条 2 項の適用を明示的に否定されたのである(振津隆行・百選 I（6 版）36 頁以下)。もっとも、これら一連の判決も、違法の相対性という考え方は否定していないから、違法の相対性論そのものを否定した国労檜山丸事件判決にまで後退したわけではなく、可罰的違法性の具体的判断として東京中郵事件判決と異なっただけとの評価もありうる(平川宗信・百選 I（4 版）35 頁、京藤哲久・同 37 頁)。しかし、労組法 1 条 2 項の適用を認めない違法の相対性論は、

第 15 章 ● 違法(性)の実質　185

実際には、違法の相対性の観点から可罰的違法性を否定する場面を失わせる。その意味で、実務は、実質的に国労檜山丸事件判決へ回帰したものと言わざるをえない(吉川経夫・昭和 52 年度重判 153 頁参照)。

3 まとめ

　可罰的違法性論は、それが機能する場面を別にすれば、理論としては学説に広く定着している。特に、法益侵害が絶対的に軽微な事例については、一厘事件判決等の一連の判例が指導的な役割を積極的に果たしてきた。実定法に根拠をもたない考え方で犯罪の成立を否定するという事態は、わが国の判例としては珍しいものである(最判昭 31・12・11 刑集 10 巻 12 号 1605 頁〔期待可能性の不存在による責任阻却の可能性を示唆する〕、最決昭 39・12・3 刑集 18 巻 10 号 698 頁〔舞鶴事件〕参照)。こうした、被害の軽微性にもとづく可罰性の否定は、判例において定着していくかのように見えた。しかし、最高裁は、マジックホン事件において、総合的な評価から可罰的違法性を否定しえた事案に可罰性を肯定した。ここには、法益侵害が相対的に軽微な事案における可罰的違法論に対する最高裁の消極的な態度が見られる。また、違法の相対性論を含めた争議行為のとらえ方、さらには労働事件全体についても、東京中郵事件判決をピークとして、最高裁の態度に急激な変化が見られる。こうした態度は、可罰的違法性論に対する最高裁の消極性を示すものと言われるが(山口厚・百選 I (2 版)51 頁、前田雅英・同 59 頁、奥村正雄・百選 I (7 版) 35 頁)、むしろ硬直的な印象すら与えるものである(鈴木茂嗣・百選 I (5 版) 33 頁は、必罰主義への転換を指摘する)。また、学説においても、一時期を形成した本格的な研究(藤木英雄『可罰的違法性の理論』〔1967 年〕、同『可罰的違法性』〔1975 年〕、井上祐司『争議禁止と可罰違法論』〔1973 年〕、前田雅英『可罰的違法性論の研究』〔1982 年〕、米田泰邦『犯罪と可罰的評価』〔1983 年〕)以降、まとまった成果は見られない。実質的違法論やその展開としての可罰的違法性論および超法規的違法阻却事由の将来は、決して明るいものではない。

[丸山雅夫]

第16章 正当防衛

1 違法性阻却事由としての正当防衛

■違法性阻却事由とは

それぞれの刑罰法規が予定する犯罪行為の類型にあてはまる行為(すなわち、**構成要件に該当する行為**)が行われ、法益が侵害され(または危険にさらされ)たとしても、その行為がつねに違法だとはかぎらない。他人の身体をきずつける行為も、それが医師の手術であったり、警察官が法律にもとづいて犯人を逮捕するにあたりやむをえずにそうしたというのであれば、適法である。社会生活においては、**複数の法益が両立しがたい形で衝突**することが頻繁に起こる。行為者が、法益衝突ないし利益葛藤の状況にあって、優先させてよい法益を保全し、犠牲にしてよい法益を失わせたとき、行為は正当化される。法益の侵害ないし危険を許容し正当化する根拠のことを**違法性阻却事由**と呼ぶ。刑罰法規にあてはまる法益侵害(ないし危険)行為(構成要件該当行為)について、違法性阻却事由が存在しないときにはじめて、その行為は違法と評価される。

■正当防衛と緊急避難

刑法35条から37条までの規定は、違法性阻却事由を定めたものと解されている。そこに規定されている正当防衛(36条)と緊急避難(37条)は、あわせて**緊急行為**と呼ばれる。正当な権利の保護のためとはいえ、実力(物理力)を用いることは、原則として、警察などの国家機関だけに認められ、私人には許されない。しかし、緊急の場合において、国家機関による対応が間に合わ

ないとき、例外的に私人が実力行使に訴えることが許されているのである。

正当防衛とは、違法な攻撃者に対抗して、自己または他人の正当な権利（法益）を防衛することである。夜道でいきなり強盗に刃物を突きつけられたとしよう。財布を探すふりをしながらスキをみて相手を突きとばし、大けがをさせたとすれば、それは傷害罪（204条）の構成要件に該当する行為である。しかし、違法な侵害から自己の権利を守るためやむをえずにした行為であるから正当防衛として違法性を阻却され、犯罪にならない。

これに対し、緊急避難は、自分または他人に何らかの危険がさし迫ったとき、第三者の法益を犠牲にすることによって危難からのがれる行為である。火事で逃げ場を失い、そのままでは大やけどをしそうな状況におちいったとしよう。やむをえず、隣の家の垣根を壊してようやく逃げることができたというとき、それは器物損壊罪（261条）の構成要件に該当する行為である。しかし、さし迫った危難からのがれるための最後の手段として行われた行為であり、人が身体に大やけどするという損害と、隣の人の家の垣根が壊されるという損害とを比べると、垣根が壊される方が「まだまし」と考えられることから、緊急避難として違法性が阻却される。隣家の人にとっては「いい迷惑」かもしれないが、法としては、緊急の事態で2つに1つ、どちらかの法益を選ぶほかはなく、人の身体の方がより大事だと考えるのが当然だから、適法とされるのである。

●**自救行為**──条文に明記されていないが、**緊急行為としての違法性阻却事由**とされる。権利をもつ者が、法律上の手続によらずに自力で権利の実現・救済をはかる行為のことをいう（たとえば、自分の物を奪った犯人を探し出して実力で奪い返すこと）。正当防衛が、いま行われ（ようとし）ている攻撃に対する防衛行為であるのに対し、自救行為は、侵害がひとまず終了し、その影響が残存している場合の事後的救済行為として問題となる。自力救済の禁止を原則とする法治国家においてはごく例外的にしか認められない（判例については、須之内克彦・百選Ⅰ（7版）40頁以下を参照）。

■成立要件を比較すると───────────────────■

正当防衛は、不正な攻撃者に立ち向かって正当な利益を守る行為であるのに対し（そこには**不正対正**の関係がある）、緊急避難は、本来は自分で甘受すべきものともいえる危難からのがれるため、第三者に迷惑をかける行為である

(そこには正対正の関係がある)。このような性格の違いから、緊急避難とくらべて、正当防衛はより緩やかな要件のもとで許容される。

まず、緊急避難においては、条文に「これによって生じた害が避けようとした害の程度を超えなかった場合に限り」とあるように、害された法益と救われた法益とのバランスが重要である(**法益均衡**〔ないし**害の均衡**〕の原則)。より価値のわずかな利益を守るために、より価値の高い利益を害することは許されない。これに対し、正当防衛においては、法益のバランスは要求されず、より価値の低い利益を守るために、より価値の高い利益を害することも許される。正当な利益の保護が優先し、不正な侵害者の利益の保護は大幅に後退させられるのである。もう1つの違いは、36条も37条も、言葉の上では同じ「やむを得ずにした行為」を要求しているが、緊急避難においては、他にとるべき方法のなかったことが必要とされる(**補充性**の要件)が、正当防衛の場合、**退避は義務づけられず**(攻撃者に背を向けて逃げることが可能であっても、これに立ち向かってよい)、防衛のために必要かつ相当な行為であればこれを行うことが許されることである。

●**退避義務肯定論**——最近では、急迫不正の侵害にさらされたとき、一般論としては、退避義務は存在しないとしつつ、侵害から身を守るために相手の生命を侵害する必要があるときは、安全確実に侵害から退避できる限り、退避しなければならない(退避せずに致命的防衛行為を行ったときは、正当防衛は成立しない)とする主張も有力に展開されている(佐伯仁志・140頁以下)。

━━━━━━━━━━━━━━━ケース1(正当防衛か緊急避難か)━

犬を連れて散歩中の甲は、通りすがりの乙に言いがかりを付けられたが、無視してその場を立ち去ろうとした。甲の態度に腹を立てた乙は、すぐそばのA家に飼われていた獰猛な犬の鎖をはずし、これを甲の犬にけしかけた。甲は、愛犬を守るため、Aの犬を木の棒で殴り、これに大けがをさせた。甲は器物損

壊罪(261条)の刑事責任を負うか。

　ケース1において、甲が侵害したのはAの法益である。Aは、甲に対し何ら違法な攻撃をしかけておらず、「とばっちり」を受けた無関係の第三者にすぎないともいえる。そうだとすると、甲の行為は、せいぜい緊急避難にしかならないようにも思える。ところが、**緊急避難**が成立するためには、**法益の均衡**および**補充性**という2つの要件がともにみたされなければならない。そこで、①甲の犬よりAの犬の方が価値の高いものであってはならず、かつ、②侵害を回避する方法が他に存在してはならないのである。かりに、Aの犬が(市場価格に換算して)甲の犬より高価であったとしよう。そうすると、法益均衡の要件が欠けることになるから、たとえ退避が不可能であったとしても、甲の反撃は合法化されず、結局、甲としては侵害を無条件で甘受せねばならないことになる。それは妥当な結論とはいえないであろう。

　学説の多くは、**ケース1**の場合、**正当防衛**になるとする(大塚・総論389頁注(18)、大谷・総論278頁、内藤(中)・382頁以下、福田・159頁など参照)。しかし、Aが違法な攻撃をしかけたわけでもないのに、なぜ、Aの法益の法的保護が否定され、Aに向けての正当防衛が肯定されるかが明らかでない。もし、この事例で、Aによる「不正の侵害」を認めてAに向けての正当防衛を肯定するなら、乙がAの身体をつかまえて甲に向けて突きとばしたという場合でも、甲はAに対し正当防衛ができる(したがって、甲は、逃げられても逃げる必要はなく、身体に対する危険をさけるためにAの生命を奪うことも許される)ことになろう。それは妥当な結論とは思われない。

　　●対物防衛──ある物(特に、動物)が危険源となってそこから法益侵害の危険が生じたときに、危難にさらされた者が、その物を破壊することにより難をのがれたというケースで、これが正当防衛となるかどうかが問題となる。ただ、所有者に管理上の**過失**が認められる限り(たとえば、猛犬を鎖につなぐのを怠っていた場合など)正当防衛として物を壊すことができることについては、異論の余地がない(過失による侵害に対しても正当防衛は可能である)。これに対し、所有者に何らの落度もなかったとき、その物から生じた危険に対しその物を壊すことによって身を守ることが正当防衛となりうるか、それとも、緊急避難として違法性を阻却されるにとどまるかが問われているのである。これが対物防衛の問題である(なお、この問題は、器物損壊罪の成否が問われる場面のみならず、「動物の愛護及び管理に関する法律」や「鳥獣の保護及び管理並びに狩猟の適正化に関する法律」違反の

罪の成否が論じられる場面でも生じえよう）。

　学説の中には、**ケース１**のような事例は、その物が**所有者以外の者の違法な攻撃のための手段**として用いられた場合であり、対物防衛のケースではないとするものがある（たとえば、内藤（中）・384 頁を参照）。しかし、不正な攻撃といえない者（管理上の落度のない者）の所有物が破壊されているという点では、問題は少しも変わらないといわなければならない。さらにいえば、上述のように、**人から危険が生じている場合**であっても、それが行為といえない身体の挙動から発生しているとき、たとえば、乙がＡの身体をつかまえて甲に向けて思いきり突きとばしたというようなケースにおいて、甲がＡとの関係で正当防衛ができるかどうか（それとも緊急避難しかできないか）が問われるが、ここでも本質的に同じことが問題となっているのである（井田・総論 304 頁を参照）。

　こうして、**ケース１**の事例について見ると、緊急避難説と正当防衛説のいずれも妥当ではない。注目すべきことは、**民法 720 条２項**が、**物が危険源となって危難が引き起こされた場合**、その物を損壊する行為について損害賠償責任を否定していることである。そこでは、法益の均衡も補充性も要件とされていない。その基礎にあるのは次のような考え方であろう。すなわち、危険源となっている物から危険な事態が生じたとき、いわれのない危難に遭遇した人には、その物を破壊することにより危難からのがれることを可能にすべきであり、他方、物の所有者には、自己の物が危険な事態を生じさせた場合にはそれが破壊されることもあるというリスクを負担させてよいというものである。このような考え方は説得力をもつというべきであり、しかも、民法が適法とし民事責任を否定する行為を、刑法が刑罰をもって禁止するというのは矛盾であるから、同条が適用される事例では、刑法上も行為を適法としなければならない。それは、刑法 37 条の場合とは区別された、特殊な緊急避難であり、ドイツの学説にならって**防衛（防御）的緊急避難**と呼ぶことができる。正当防衛ではないが、**物の損壊に関するかぎり**、法益の均衡も補充性も要件とされない（詳しくは、井田・総論 302 頁以下を参照）。

○（正―ただし危険源）
↑↓
○（正）

防衛的緊急避難（民 720 条 2 項）

●**正当防衛行為はなぜ合法化されるか**──正当防衛については、法益のバランスや補充性が要件とされない。たとえ退避が可能であっても、身体を守るため攻撃者の生命を奪うこ

第 16 章●正当防衛　191

とさえ、適法とされる。生命侵害が正当化されるのはせいぜい生命保護を理由とする場合でしかありえないから、ここでは、攻撃者の生命という法益については**法的保護が否定**される（法益としての要保護性を失う）と考えざるをえない。攻撃者の法益は、防衛に必要な範囲では法的保護を拒絶されることから、正当防衛行為は適法とされるのである。

❷　正当防衛の限界

■「正当防衛状況」が否定される場合

　正当防衛とは、不正な攻撃を受け、それに対し一定の法益侵害行為をもって対抗する場合のことである。不正な攻撃に対抗して正当な利益を保全する行為であるので、そこには「**不正対正の関係**」があるともいわれる（→本章１）。不正な攻撃が現に存在する（か、または差し迫っている）ことが正当防衛を認めることの大前提である。この大前提のことを「**正当防衛状況**」と呼ぶ。刑法条文に則していえば、36 条にいう「**急迫不正の侵害**」が存在する状況のことにほかならない。こうした正当防衛状況が欠ければ、そもそも 36 条の「入口のところで入場を拒絶」されるので、36 条２項の過剰防衛による減免の可能性（→本章３）も排除されることになる。

　ところで、判例においては、対抗行為（反撃行為）の時点では不正な攻撃が現に存在する（か、または差し迫っている）ときでも、**そこに至るまでの具体的な経緯をあわせ考慮**するとき、対抗行為が正当防衛にならないとされるケースが一貫して認められてきた。それは、規定の文言に一応あてはまる場合といえるので、それにもかかわらず正当防衛規定の適用が排除されるというのはよほどの理由がある場合でなければならない（罪刑法定主義違反という批判が出てくる可能性もあろう）。そこで、こうした、対抗行為に先行する事情をあわせ考慮したときに正当防衛状況が否定されるべき場合のその根拠と要件を明らかにすることが正当防衛論の最も重要な問題の１つとされている。

　もし対抗行為の時点では不正な攻撃が現に存在する（か、差し迫っている）ケースなのであれば、どうして 36 条の入口で「入場お断り」になるのであろうか。それは、正当防衛が認められている趣旨に照らして正当防衛の成立

192

を肯定することはできないと考えられるからであり、不正対正ではなく、**不正対不正の関係**になってしまっているからといえよう。

> ●「不正対不正の関係」が認められるケース（最大判昭和23・7・7刑集2巻8号793頁）
> ──被告人はAと口論の末、互いに殴り合いとなり、被告人はたちまちAから殴られながら後方へ押されて鉄条網に仰向けに押しつけられた上、睾丸等を蹴られたので、憤激の余り所持していた小刀でAを斬りつけ死亡させたという傷害致死の事案であった。最高裁は、これは正当防衛も過剰防衛も問題にならないケースであるとした。ただ、このケースでも、小刀で切りつける直前には不正な攻撃が加えられていたのは間違いないのであり、それは36条1項の急迫不正の侵害にあたらず、36条の入口で「入場お断り」となると考えてはじめて、正当防衛も過剰防衛も否定されるということになろう。

　このケースのように、連続的なケンカ闘争の一コマにすぎない場合であれば正当防衛状況が否定されることに異論も生じないであろう。それでは、こういうケース以外に、さらにどういう場合が考えられるであろうか。判例が、それを認めてきた事例は、これを**侵害予期類型**の事案と**侵害自招類型（自招侵害）**の事案の2つに分けることができる。ここでは、侵害予期類型のケースを検討することとしよう。

---ケース2（侵害の予期と正当防衛の成否）

　甲は、関係のよくないAから、「かねてより係争中の問題について腹を割って話がしたい」との申し出を受けた。甲は、『話がこじれたときには短気なAから攻撃を受けるおそれがあるが、その際には反撃もやむをえない』と考え、小型ナイフをポケットに忍ばせて話し合いに臨んだ。Aははじめは穏やかであったが、2人の意見がなかなか一致しないのに腹を立て、ついには「話が分からないなら分かるようにしてやる」と怒鳴って傍らにあった鋭利な果物ナイフをつかみ、襲いかかろうとした。甲は冷静に身をかわし、その場から逃げることは不可能ではなかったが、所持していたナイフをAの上腕部に刺し傷害を負わせた。甲は傷害罪の刑事責任を負うか。

■侵害の急迫性

　36条1項に規定された正当防衛の要件のうち、**ケース2**で問題となるのは、まず**侵害の急迫性**（したがって、正当防衛状況）である。「攻撃を受けるおそれがある」という形で**侵害が予期された場合**でも急迫な侵害といえるであ

第 16 章●正当防衛　193

ろうか。文言上、急迫とは「突然に・意外にも」というニュアンスを含むし、また、侵害が予期されるときは、危険な場所におもむかないこと（または、その場から離れるか、国家機関の援助を求めること）によって侵害を回避できることから、緊急行為としての正当防衛を認める余地はないとすることもできる。しかし、危険が予期され、リスクをともなう場合でも、われわれの行動の自由は基本的に保障されるべきであり、ただちに正当防衛の道を閉ざすべきではない。強盗や痴漢がよく出没するというので護身用の器具を準備していた人、連日にわたって夫の暴行を受けていた妻、凶悪な犯人を逮捕しようとする警察官などについて、「侵害が予期された」という理由で正当防衛を許さないことは不当である。そこで、学説の一部は、正当防衛の要件としての急迫性とは「法益の侵害が差し迫っていること」をいうとし、行為者の主観的な「受けとり方」から離れた客観的なものとして捉えている（大塚・総論 382 頁、大谷・総論 273 頁以下、内藤（中）・333 頁、山中・485 頁などを参照）。この考え方によれば、**ケース 2** の事例でも、Aの攻撃は「急迫不正の侵害」といえよう。

　　●**侵害の予期と急迫性に関する判例**──従来の判例は、「当然又はほとんど確実に侵害が予期されたとしても、そのことからただちに侵害の急迫性が失われるわけではない」としつつも、36 条が侵害の急迫性を要件としている趣旨から考えて、「単に予期された侵害を避けなかったというにとどまらず、その機会を利用し積極的に相手に対して加害行為をする意思で侵害に臨んだときは、もはや侵害の急迫性の要件を充たさない」としてきた（最決昭 52・7・21 刑集 31 巻 4 号 747 頁〔今井猛嘉・百選 I（7 版）48 頁〕）。すなわち、侵害を予期し、かつ、この機会を利用して積極的に相手に対して加害行為をする意思（**積極的加害意思**）で侵害に臨んだというときには、「急迫性」の要件が否定され、正当防衛は成立しないとするのである。
　　たしかに、緊急事態において国家機関の対応が間に合わないときの例外的な実力行使という正当防衛の本質的性格は、「急迫性」という要件にもっとも明白に示されているといえよう。侵害を予期し、しかもそこに行かなければならない特段の理由もなく、そこに行かないことによって侵害を容易に回避できるのに、その機会を利用して加害する意思で現場に赴いたとき、そのかぎりでそれは「急迫な侵害」とはいえないとすることは解釈論としてすぐれた解決である。このような急迫性に関する理解によるときには、**ケース 2** の事例では、積極的加害意思までは認められず、急迫性はなお否定されないであろう。
　　ただし、最近の最高裁判例は、従来の判例理論を修正し、侵害予期類型の事例において**急迫性が否定されるのは、必ずしも積極的加害意思が認められる場合には限られない**ことを明らかにした（最決平 29・4・26 刑集 71 巻 4 号 275 頁）。それは、侵害の予期が認められる事例において、積極的加害意思が認められない限りは、急迫性が否定されることはないとする固い考え方をとると、具体的に妥当でない結論を導くことがあると考えられたか

らであろう(また、「積極的加害意思」という主観面に比重のかかった要素は、その存否の判断が必ずしも容易といえない場合も少なくないという事情もあったと思われる)。

■防衛の意思

　学説の多くは、相手方の侵害行為を口実としてことさらに攻撃を加えたときは正当防衛にならないとし、それは、主観的要件としての**防衛の意思**が欠けるからだとする(大塚・総論382頁注(4)、大谷・総論281頁、福田・155頁注(1)など。判例も、あらかじめ積極的加害意思が認められるときは「急迫性」を否定するとともに、**反撃行為の実行の時点**でもっぱら攻撃の意思であり防衛の意思を欠いた場合にも正当防衛にはならないとする。最判昭60・9・12刑集39巻6号275頁を参照)。ただし学説は、「防衛の意思」といっても、不正の攻撃を受けた状況においては感情を刺激されるのがふつうであるから、憤激・逆上・憎悪などの心理状態が混在・併存していてもかまわないとし、自衛本能にもとづきほとんど無意識的・反射的に行われた反撃行為についても、防衛の意思は否定されないとする。相手方の侵害を意識しつつ、これを避けようとする単純な心理状態が防衛の意思の内容だとするのである(大塚・総論390頁)。**ケース２**についてみると、甲は、侵害の可能性を予期していたとはいえ、防衛状況を口実として**もっぱら攻撃の意思で行為したものではない**から、上のような意味での防衛の意思を肯定することができよう(なお、学説においては、そもそも正当防衛の要件として防衛の意思をおよそ不要とする見解も有力である)。

■やむを得ずにした行為

　防衛行為は「防衛するため、やむを得ずにした行為」でなければならない。正当防衛状況においては、退避することは義務づけられず、攻撃者に立ち向かうことが許されるから、鋭利な果物ナイフをかざして攻撃してきた者に対し、小型ナイフで対抗して上腕部を傷つけることは、なお防衛のために必要かつ相当な行為といえよう。たしかに、甲はAによる攻撃を予期しつつ現場におもむき、しかも反撃のために小型ナイフさえ準備していた。しかし、侵害を予期していたという心理的事実のみでは、通例の防衛手段をとることを

第16章●正当防衛　195

許さず、退避を義務づける根拠にはなりえないであろう。

■自招侵害─────────────────────────■

■────────────────────ケース3（挑発防衛）■

　ケース2と同じ状況で、ただ甲が、最初からAを刺激・挑発するような言動をわざと繰り返し、Aが攻撃に出るよう仕向けた場合はどうか。

　ケース3のように、行為者が相手方を意図的に挑発し、それに乗って攻撃を加えてきた相手方に対し当初の意図通りの反撃を行う場合（いわゆる**挑発防衛**）は、いわれなき不正な侵害に対抗して正当な利益を守るという関係（不正対正の関係）がもはや存在せず、むしろ「不正」対「不正」の対抗関係が存在するとしかいいようがない。侵害を予期し、かつ積極的加害意思をもって行為したときには正当防衛状況（侵害の急迫性）が否定されるとする判例理論は、こうしたケースに適合的であるといえよう（**ケース3**のような意図的な挑発の事例については、急迫性を否定するという考え方のほかにも、防衛に名を借りてもっぱら攻撃のために行為した場合として防衛の意思の要件が充足されないとする見解や、全体として「防衛のための行為」とはいえないとする見解、さらに、正当防衛権の濫用であるとする見解〔権利濫用説〕などもありえよう）。

　ケース3の場合は、侵害を予期した場合（侵害予期類型）であると同時に、**自招侵害**（侵害自招類型の場合）でもある（このように、侵害予期類型と侵害自招類型とは、一部が重なり合う2つの円の関係にある）。ただ、侵害予期類型と、**侵害予期のない侵害自招類型**とを比べれば、相当に事情が異なるといえよう。なぜなら、侵害が予期されているケースでは、対抗行為を行う側に侵害回避のきっかけが与えられているといいうるが、これに対し、侵害予期のない侵害自招類型の事例においては、もはや侵害回避を選択させるべきであるという考慮をただちに働かせることはできないからである。自招侵害の場合に、正当防衛状況そのものが否定されるのは、かなり例外的な場合であると考えることができる。

　●自招侵害のケースについて正当防衛を否定した**最高裁判例**──最決平20・5・20刑集

62巻6号1786頁(髙山佳奈子・百選Ｉ(7版)54頁)は、Ａから攻撃された被告人甲がその反撃として行った傷害行為について、Ａの攻撃に先立ち甲が相手方に対して暴行を加えていたこと等の事情から、甲は不正の行為により自ら侵害を招いたものであり、甲において何らかの反撃行為に出ることが正当とされる状況における行為とはいえない、として正当防衛を否定した。すなわち、「被告人は、Ａから攻撃されるに先立ち、Ａに対して暴行を加えているのであって、Ａの攻撃は、被告人の暴行に触発された、その直後における近接した場所での一連、一体の事態ということができ、被告人は不正の行為により自ら侵害を招いたものといえるから、Ａの攻撃が被告人の前記暴行の程度を大きく超えるものでないなどの本件の事実関係の下においては、被告人の本件傷害行為は、被告人において何らかの反撃行為に出ることが正当とされる状況における行為とはいえない」としたのである。たしかに、ここでは、不正な攻撃を排除して正当な利益を保全するという関係(不正対正の関係)そのものが存在せず、むしろ不正対不正の関係があるというべきであろう。Ａの違法な攻撃があること自体は否定できないものの、先行する被告人甲の違法行為により直接に導かれた相互の加害行為のぶつかり合いであり、違法行為同士の衝突としか評価できない(すでに、甲が殴ったところからケンカが始まっているのである)。それは、自招性を理由として正当防衛状況が否定される例外的ケースとして理解することが可能である。

3 正当防衛と過剰防衛

■過剰防衛とは

　防衛行為に「行き過ぎ」があったとき、すなわち、防衛行為が必要性・相当性の程度を超えたときが**過剰防衛**である(36条2項)。過剰防衛とされるのは、防衛行為が必要性・相当性の程度を超えたときにかぎられる。急迫不正の侵害が認められないときや、防衛の意思が否定されるときには過剰防衛にもならない。過剰防衛の場合、犯罪は成立するが、刑が減軽または免除されるという寛大な扱いを受けることがある。

> ●**過剰防衛の場合の刑の減免根拠**──刑が減免されうることの根拠は、①不正な攻撃者の法益については保護の必要性が減少すること、②緊急事態において適法行為の期待可能性が減少することの両方またはどちらか片方に求められている。①に重点をおくと(**違法減少説**)、36条2項の適用範囲を限定することになる。たとえば、誤想過剰防衛の場合には、36条2項は適用されないことになる。②を重視すれば(**責任減少説**)、36条2項を広く解釈し、誤想過剰防衛の場合などにもこれを適用することが可能となる(→第21章4)。

──────────ケース4(「西船橋駅事件」)■

　甲女は、駅のホームで、酒に酔った男性Ａから執拗にからまれたが、周囲の

者は誰1人助けようとしなかった。甲は、Aからののしられ、胸から首筋のあたりを手でつかまれる状態となったため、のがれようとしてAの身体を両手で突いたところ、Aはよろめいてホームから転落し、ちょうど進入してきた電車の車体とホームの間に身体をはさまれて死亡した。正当防衛となるか。

●何が問題か──**ケース4**の事例では、甲の行為が正当防衛として適法な行為とされるべきかどうかが問題となる。この女性には、いわれのないAの攻撃から身を守る権利があったことは疑いない。しかし、正当防衛とは、権利を守るため「やむを得ずにした行為」である。1つの考え方によれば、甲の行為はバランスを失した過剰な防衛行為であって正当防衛にはならない。甲はいやがらせを受けただけで、別に生命を奪われる危険にさらされていたわけではないし、また、いつ電車が入線してくるか分からない駅のホームで、人をホームから線路上に転落させるというのはきわめて危険な行為だからである。正当防衛においては、厳格な意味での法益の均衡は要件とならないとはいっても、「Aの生命」と「甲が守ろうとしたもの」とを比べれば、前者がはるかに重いので、正当防衛の範囲を逸脱するという結論になる。これに対し、もう1つの見解によれば、甲の立場に身を置き、彼女が身を守るために何ができたのかを考えてみなければならない。周囲の乗客は誰も助けてくれない状況で、執拗にからまれ、ののしられた一女性が、胸のあたりをつかまれるに至ったとき、その男を突きとばすことぐらいは許されてよいであろう。たしかに、たまたま運悪くホームから転落し、かつ電車が入ってきたということがあったとしても、甲としては、電車が来るのを知りつつAを線路上に落とすつもりで身体を突いたのではなかった。正当防衛が行われるときには、どのような重大な結果が生じるかわからないという不確実さがともなうが、そのリスクは、ある程度は不正な攻撃者(ここではA)の側が負うべきである、とするのである。

　前者の見解のように、発生した結果に注目した利害のバランスとりを行うのも1つの方法である。判断がより明確なものとなるし、**ケース4**では被害者の生命の重みが十分に考慮されることになる。これに対し、防衛行為が行われる状況に身を置いて、双方の間の利害のバランスをとるという後者の見解は、緊急事態において市民が不正な侵害から身を守るための権利行為としての正当防衛の性格を重視するものである。**ケース4**の事案に関する後掲千葉地判昭62・9・17は、後者の考え方によるものであるといえよう。

■防衛行為の必要性と相当性(「やむを得ずにした行為」)──────■

　防衛のために何ら役に立たない行為が行われたとき、**防衛行為の必要性**の要件に欠けるから、正当防衛とはならない。**防衛行為の相当性**が肯定されるためには、反撃行為が「権利を防衛する手段として必要最小限度のもの」であることを要するが、「反撃行為により生じた結果がたまたま侵害されようとした法益より大であっても」防衛行為の相当性は否定されない(最判昭44・12・4刑集23巻12号1573頁)。**ケース4**の事例においても、Aを突きとばす**行為それ自体**が相当な反撃行為であったとすれば、たまたま運悪くホー

ムから転落し、かつ電車が入ってきたため重大な結果を生じたとしても、防衛手段としての相当性は否定されない。**ケース4**の事案に関する千葉地判昭62・9・17判時1256号3頁は、「被告人のＡを突いた所為が被告人自身からＡを離すに必要にして相応な程度を越えていたとは到底いえないところである」として、正当防衛の成立を認めた。

■行為か結果か

これに対しては、**客観的・事後的**に見ると、甲の行為は、電車が入線してくるときにホーム下に転落させるというきわめて危険な行為であり、相当な防衛行為とはいえないとする批判もある。たしかに、正当防衛の成否を、本人の主観的認識と意図によって決めることはできない。正当防衛の要件は客観的に存在しなければならず、本人があると思っただけでは足りない(それは**誤想防衛**の場合である〔→第21章〕)。しかし、防衛行為の必要性・相当性の判断については、ふつうの市民が**行為の時点で**必要・相当と考える行為を行うかぎり、要件はみたされると解すべきであろう。事後的にみれば(すなわち、「神の目」でみれば)不要な反撃であったとしても(たとえば、反撃が一瞬遅くて攻撃を阻止できなかったという場合)、正当防衛を否定すべきではない(林・総論194頁を参照)。防衛状況におかれたふつうの市民が必要・相当と考える行為以上のものを防衛行為者に要求することは不合理である。どのような結果が発生するかわからないという**不確実性から生じるリスク**は、ある程度まで不法な攻撃者の側に負わせてよいと考えられる。

> ●**正当防衛と第三者**——防衛行為にあたり、どのような結果が発生するかわからないという不確実性から生じるリスクは、不法な攻撃者の側に負わせてよいと考えるが、**防衛行為により第三者が被害を受ける場合**は別論である。正当防衛の状況において防衛行為により侵害とは無関係な第三者(たとえば、通りがかりの通行人)に結果が発生することがあるが、防衛行為の不確実性から生じるリスクをこの第三者にも負わせてよいとはいえない。その第三者との関係では**不正対正の関係がない**ので正当防衛を認めることはできず、**緊急避難の要件がみたされるかぎり**で緊急避難として違法性が阻却されるにとどまる。ただし、緊急避難が認められなくても、誤想防衛(→第21章)として故意が阻却される(さらに落度がないことから過失も否定される)場合はありうる。

ケース4では、事案のような状況におかれた人にどのような防衛行為を要求できるかが問題となる。たとえば、背後に急な階段があることを知らず、

攻撃者を突き飛ばしたところ、その者が階段の下まで転げ落ちて重傷を負った
という場合であれば、注意深い人でもただちに階段の存在に気づきえない
というかぎりで、相当性を肯定すべきであろう。**ケース4**は限界事例であるが、相当性を超えた過剰防衛として違法性は阻却されず、（違法性の減少に加えて）責任の減少・阻却が問題となるにすぎない場合であるように思われる。

■過剰防衛と防衛行為の一連一体性

━━━━━━━━━━ケース5（量的過剰）■

　甲は、同じ会社の寮に住む同僚のAとささいなことから口論となり、短気なAが怒って刃の出たカッターナイフを手にして甲に向かってきたので、甲は最初は後退しながら、Aを軽く突き飛ばしたりしていたが、さらに立ち向かってくるAが振り回したカッターナイフが左指先に当たって血が流れたこともあって怒りを爆発させ、手拳でAの顔面を思い切り殴りつけた。Aは、背後に倒れて後頭部を床に強くうちつけて気を失った。興奮がおさまらない甲は、そばにたまたま野球バットがあったのを見て、そのバットでAの右足の部分を全力で打った。Aは、鼻の部分を骨折するとともに、右足にも全治1か月の大けがをした。甲の刑事責任はどうなるか。

　過剰防衛の中には、素手で攻撃してきた者に対し、凶器を手段として反撃を加えて死亡させたという事例のように、手段が質的に相当性を欠いている場合と、すでに第1の反撃により侵害者のそれ以上の攻撃が不可能になっている（か、著しくその程度を弱めた）のに、さらに追撃を加えて第2の攻撃を加えた場合とが存在する。前者を**質的過剰**といい、後者を**量的過剰**という。判例が過剰防衛を認めた場合の多くは、質的過剰のケースであるが、中には量的過剰のケースも存在する（たとえば、最判昭34・2・5刑集13巻1号1頁）。

　ケース5を見ると、カッターナイフを振り回す攻撃者に対して主拳で顔面を殴りつけること自体は必要・相当な防衛行為として正当防衛となりえよう。そこで、主拳による殴打行為（以下では、これを**第1行為**という）については正当防衛とし、その後のバットで殴る行為（以下では、これを**第2行為**という）についてだけ、これを純然たる加害行為として傷害罪による刑事責任追及の対

象とすることが考えられる。このように**第1行為と第2行為を分断**して、第2行為のみを（したがって、Aの鼻の骨折は度外視して、もっぱら右足に生じた結果を）刑事責任追及の対象とすることも1つの可能な解決方法である。

　これに対し、前述したような、過剰防衛における刑の減免の根拠、すなわち、①不正な攻撃者の法益については保護の必要性が減少することと、②緊急事態において適法行為の期待可能性が減少することのうち、とりわけ後者の②については、**ケース5の第2行為**にもあてはまる。すなわち、攻撃を受けたことにともなう（興奮、恐怖、狼狽、怒りが入り混じった）特殊な心理状態の下で、ブレーキが利かず、結果的に行き過ぎた行為を行ってしまったという点で（**第1行為**とまったく同様に）非難が相当に減少することを認めてよいのである。そのように考えれば、甲の行為は、これを2つに分断することなく、全体として過剰防衛行為であるとすることも可能である。**ケース5は、量的過剰の事例**ということになる。甲については、まとめて1個の傷害罪にあたる行為につき、過剰防衛が認められることになる。ただし、被害者の鼻を骨折させたところまでは正当防衛としてカバーされうることは、傷害罪の量刑判断において考慮されなければならず、実質的にはAの右足の傷害について刑事責任が問われることになろう。

> ●**質的過剰のケース**——同様の問題は、量的過剰の場合ではなく、質的過剰のケース（侵害が継続しているケース）においても問題となる。急迫不正の侵害に対する反撃行為が第1行為・第2行為と引き続いて行われ、その間に**一連一体性**があるときには、かりに第1行為のみを見れば正当防衛といいうる場合であっても、これを分断してはならず、全体として過剰防衛とされるべきこととなるのである。

　ここではまず、**正当防衛状況のない一般的なケース**について考えてみることにする。たとえば、行為者が被害者を突き飛ばした後（第1行為）、その場を立ち去ろうとしたが、被害者に罵られたので激高し、そばにあった木の棒で殴った（第2行為）としよう。これにより被害者がケガをしたとすれば、この同一の機会に行われた2つの行為はあわせて傷害罪の構成要件に1回的に該当する行為とされることになろう（→第31章）。ここにいう「同一の機会」はあまり狭く考える必要はない。かりに、第1行為の後、一度現場を立ち去った行為者が10分後に戻ってきて第2行為を行った場合や、第1行為

の後、10分後に別の場所で第2行為を行ったとしてもこれを2つの行為に分断する必要はない。

　そうであるとすれば、それが正当防衛状況であったとしても基本的には同じである。無限定に「分断説」を採用すると、特に量的過剰の場合には、常に正当防衛の部分とそれを超えた部分に分断されることとなり、被害者に生じた結果がいずれの部分によるものか証拠により明らかにできないときには、「疑わしきは被告人の利益に」の原則にしたがって、正当防衛の部分から生じたものと推定されるべきことになり、結局、過剰部分から生じたことが確実に立証できる結果しか行為者に帰すことができない(他は不問に付される)ということになってしまう。おそらくこれは妥当な結論ではない。

　こうして、正当防衛状況において複数の行為が連続的に行われたとき、全体を一体として考察し、相手方の急迫不正の侵害終了後も継続して行為し過剰な結果を生じさせたものとして過剰防衛を肯定するのが**原則**でなければならない(前掲最判昭34・2・5のほか、最決平21・2・24刑集63巻2号1頁を参照)。しかし、例外的に、正当防衛行為の後に、それとはひとまず独立の新たな加害行為が行われたと評価することが適切であるケースも存在する。

　●**第1行為と第2行為とを分断すべき場合**──最高裁は、被害者Aから殴りかかられた被告人が、Aの顔面を殴打したところ、Aがアルミ製灰皿を被告人に向けて投げ付けたため、被告人がAの顔面を殴打すると、Aは転倒して動かなくなったが(第1暴行)、さらに腹部等を足蹴にするなどの暴行を加えて(第2暴行)傷害を負わせ、第1暴行によって生じたクモ膜下出血により死亡するに至らしめたという事案について次のように述べた(最決平20・6・25刑集62巻6号1859頁〔成瀬幸典・百選Ⅰ(7版)56頁〕)。すなわち、「第1暴行により転倒したAが、被告人に対し更なる侵害行為に出る可能性はなかったのであり、被告人は、そのことを認識した上で、専ら攻撃の意思に基づいて第2暴行に及んでいるのであるから、第2暴行が正当防衛の要件を満たさないことは明らかである。そして、両暴行は、時間的、場所的には連続しているものの、Aによる侵害の継続性及び被告人の防衛の意思の有無という点で、明らかに性質を異にし、被告人が……抵抗不能の状態にあるAに対して相当激しい態様の第2暴行に及んでいることにもかんがみると、その間には断絶があるというべきであって、急迫不正の侵害に対して反撃を継続するうちに、その反撃が量的に過剰になったものとは認められない。そうすると、両暴行を全体的に考察して、1個の過剰防衛の成立を認めるのは相当でなく、正当防衛に当たる第1暴行については、罪に問うことはできないが、第2暴行については、正当防衛はもとより過剰防衛を論ずる余地もないのであって、これによりAに負わせた傷害につき、被告人は傷害罪の責任を負うというべきである」。

　これによれば、**例外的に分断**すべき場合の基準は、①第2行為につき侵害

の継続性と防衛の意思の両方が否定されることと、②第1行為と第2行為の態様がそれぞれ異なることであり、その結果として、「急迫不正の侵害に対して反撃を継続するうちにその流れで反撃が量的に過剰になったものとは認められない」といいうることが必要である。たしかに、2つの行為の間に態様的な断絶があり（←②）、しかも、第2行為について過剰防衛による刑の減免を認める理由（違法阻却・責任阻却）がない（←①）ケースであれば、これらを一体としてまとめて過剰防衛とする根拠に欠けるといえよう（ただし、この最決平20・6・25の事案では、死亡結果が正当防衛行為である第1行為から生じているのに、2つの行為を一体として評価すると、死亡結果が違法に惹起されたことになってしまうという事情も大きな意味をもったと思われる）。

4 まとめ

　正当防衛の状況は、複数の人の利害がするどく対立する場面であり、異なった立場におかれた関与者それぞれの利害を適切に考慮しなければならない。防衛行為を行う者の立場を重視しすぎると、合法性の限界が、防衛行為者の視角から一方的に決定されることになり、**判断基準の客観性・中立性**がそこなわれる。他方において、事後的・純客観的見地から正当防衛の限界を決めようとすると、判断は明確になるかもしれないが、**緊急事態において市民が身を守るための権利行為**としての正当防衛の性格に反するものとなってしまう。このジレンマをどのように解決するかの問題は、違法判断において、主観面と客観面の関係をどのように捉えるか、行為を重視するか、それとも結果を重視するかという理論的な対立を背後にひかえた困難な問題である。正当防衛は、刑法理論にとっての試金石を提供するものといえよう。

［井田　良］

第17章　緊急避難

1　緊急避難の法的性格

■正当防衛と緊急避難

　正当防衛(36条)と緊急避難(37条)とは、原則的には禁止された私人による実力行使が、緊急の事態のもとで例外的に許容される場合として共通している(正当防衛と緊急避難に自救行為〔→第16章1〕を加えて、**緊急行為**〔としての違法性阻却事由〕と呼ぶ)。正当防衛が違法な攻撃に対抗して正当な利益を防衛する行為である(「不正対正」の関係にある)のに対し、緊急避難は第三者に損害を転嫁することによって危難をのがれる行為である(そこには「正対正」の関係がある)ことから、その要件がより制限的である(条文を一読するだけで、36条と比較して37条の方が要件が厳格であることが分かるであろう)。

> ●**緊急避難と正当防衛の要件の比較**——緊急避難においては、「生じた害が避けようとした害の程度を超えなかった場合に限り」という**法益均衡**の要件が守られなければならず、より価値の低い利益を守るために、より価値の高い利益を害することは許されない。これに対し、正当防衛は違法な攻撃者の利益を犠牲にして正当な利益を防衛するものであって、36条は法益のバランスを要求していない。また、36条も37条も、文理上は同じ「やむを得ずにした行為」を要求しているが、この同じ表現は、正当防衛と緊急避難とで異なって解釈されている。緊急避難においては、他にとるべき方法のなかったこと(すなわち**補充性**)が要求される(→本章2)のに対し、正当防衛においては、そこまで厳格ではなく、防衛のために必要かつ相当な行為であれば足りる(→第16章1)。

■緊急避難の本質

　緊急避難の本質(ないしその法的性格)をめぐっては、それが**違法性阻却事由**であるか、それとも**責任阻却事由**にすぎないかの点に関し学説の対立がある。違法性阻却事由と解するか、それとも責任阻却事由と解するかにより、

緊急避難行為に対し正当防衛が可能であるか、緊急避難行為への共犯(とくに教唆行為・幇助行為)が可罰的となるか、緊急避難の要件をどのように考えるかなどの点の解決に違いが出てくることになる。

■違法性阻却事由説と責任阻却事由説

現在の通説は、現行刑法37条が規定する緊急避難につき、これを責任阻却事由ではなく、違法性阻却事由として理解する(伊東・総論203頁以下、大塚・総論399頁以下、大谷・総論295頁以下、川端・377頁以下、佐伯仁志・177頁以下、佐久間・229頁以下、高橋・313頁以下、団藤・総論245頁以下、西原(上)・248頁以下、平野II・228頁以下、福田・164頁以下、前田・総論286頁以下など)。その根拠は、①37条は、自己の法益ばかりでなく他人(まったく無関係の第三者でもよい)の法益を保全するための緊急避難を認めているが、別な行為に出ることを期待できない(したがって、その違法行為に出たことを非難できない)ことを理由とする責任阻却事由だとすれば(→第20章3)、自己の法益または親族など近しい関係にある者の法益の保全にかぎって許容されるはずであり、まったくの第三者のための緊急避難行為の不可罰性は責任阻却(適法行為の期待不可能性)では説明できないこと、②37条は、責任(すなわち非難可能性)の判断とは無関係であるはずの「法益の均衡」を緊急避難の要件としていること、③かりに緊急避難行為が違法であり責任が阻却されるにすぎないとすると、緊急避難行為に対する正当防衛が認められることになって不当である(たとえば、火災に巻き込まれた者がのがれるための唯一の手段として隣家の垣根を壊そうとする場合、これに対して正当防衛を行うことが可能だとすると不当である)ことなどである。これらはかなり決定的な論拠であり、わが刑法のもとで(純然たる)責任阻却事由説を主張することは困難であるように思われる(現在でも責任阻却事由説をとるのは、日髙・376頁以下)。

■二分説

──ケース1(ミニョネット号事件)

嵐で船が難破し、乗組員3人甲、乙、丙、Aが海に投げ出された。4人はボ

第 17 章●緊急避難　205

ートに乗って漂流中、しばらくは海亀を食べたり雨水を飲んで飢えと渇きをしのいだが、2 週間以上経過して生命に危険が生じる状態となった。甲・乙・丙は、若い A が衰弱したので、これを殺害してその肉を食べ、血を飲んで生きながらえた。数日後、甲・乙・丙は偶然通りかかった船に救助された。甲・乙・丙の行為について殺人罪が成立するか。

●ミニョネット号事件——ケース 1 は、1884 年、イギリス船「ミニョネット号（Mignonette）」の難破により現実に起こった事件である。イギリスの裁判所で、起訴された 2 人の被告人に対しいったんは死刑判決が下ったが、後に恩赦により 6 か月の自由刑に変更された（詳しくは、中村治朗「二つの人肉食殺人裁判（上）」判時 1210 号〔1986 年〕3 頁以下を参照）。

　通説たる違法性阻却事由説によれば、甲・乙・丙には殺人罪（199 条）は成立しないが、それは 37 条により違法性が阻却されるからである。そうだとすると、A は**合法的に殺された**ことになり、A は、甲・乙・丙の行為に対し正当防衛権を行使することもできなかったということになる。このような結論を不当として、学説において有力に主張されているのが**二分説**である。二分説は、緊急避難を原則的に違法性阻却事由と解しつつも、守られた法益と侵害された法益とが同価値の場合（とくに、生命対生命の場合）には責任阻却事由にすぎないとする（二分説にはいくつかのバリエーションがあるが、**ケース 1**のような事例を責任阻却の場合〔したがって、甲と乙の行為は違法ではあるが、犯罪にはならない〕とすることについては一致している。詳しくは、内藤（中）・415 頁以下、山中・550 頁以下を参照）。この見解は、前述の①から③までの違法性阻却事由説の論拠は基本的に正当であるとしながらも、**ケース 1** の事例のように、自己または他人の生命に対する危難を回避するために、無関係の第三者の生命を犠牲にする場合、それを法によって「正当化」される行為とし、したがって何の落度もない被害者に正当防衛の権利も認めないとするのは不当だと考える（たとえば、井田・総論 327 頁以下、佐伯・206 頁以下、内藤（中）・406 頁以下、423 頁などを参照。なお、二分説に立脚しながら、3 人の生命の価値は、1 人の生命の価値よりも上回るとして、このケースでは「法益が同価値」ではないとすることも考えられるが、人の生命について人数による価値の優劣を認めてよいかどうかは大いに問題である）。もちろん、通説によっても、A

は、正当防衛に出ることはできないが、**緊急避難は可能**であり、他に手段が
ない以上、甲・乙・丙に反撃して彼らを殺害することも許容される（すなわ
ち、緊急避難として違法性を阻却される）。しかし、甲・乙・丙の行為も適法
とし、Aによる反撃も適法とすると、法は葛藤状態における価値判断を放棄
する（緊急の事態のもとでどちらの行為が選ばれるべきかをはっきりとさせるとい
う任務を果たせない）ことになり、これまた妥当でない、というのが二分説の
側からの批判である。

> ●**ミニョネット号事件**についてのラートブルフのコメント──ラートブルフ（→第4章1）
> は、ミニョネット号事件について、イギリスの裁判所が死刑判決を下さなければならない
> と考えた（ただし、前述のように、後に恩赦により自由刑に変更された）のは、当時のイギ
> リス刑法学において、違法性阻却と責任阻却の区別がなされていなかったことにもとづく
> ものと推測している。「緊急状態〔緊急避難〕を肯定する場合にはこのミニョネット号事
> 件のような行為を違法性のないものと見なすほかはないという誤った仮定がそれにあず
> かって、裁判所はその行為を責任のないものと見なすことができなくなり、その事件の衡
> 平的取り扱いを元首の恩赦に委ねてしまったというような印象を禁じえない」（ラートブ
> ルフ〔久保正幡＝林深山訳〕『イギリス法の精神』〔東京大学出版会、1967年〕59頁）。ラ
> ートブルフは、二分説を前提として、違法性を肯定しながら（すなわち、Aの殺害は正当
> 化できないが）、責任を否定するのが事案の正しい解決であるとする見解に立脚して、上
> のように述べているのである。

　通説である違法性阻却事由説の立場から、二分説に対し、どのような反批
判が可能であろうか。**ケース1**の場合で、4人のそれぞれに対し「他人を殺
して生きる権利」を認めないとするならば、法は4人全員に対して死ぬこと
を要求することになる。もし1人でも2人でも生き残ったとしたら、その方
が4人とも死ぬことよりもベターではないかと考えることはできるかもしれ
ない。少なくとも、行われてしまったことへの法的判断にあたっては、そ
うして生き延びた人の行為に対し、違法という評価を差し控える（したがっ
て適法とする）べきではないか、ともいえるのである。

　さらに、現行刑法37条の解釈論として、二分説は弱点をもつ。37条は、
自分とは無関係の人の生命を守るために、別のある人の生命を犠牲にするこ
とを認めているが、これは責任阻却の観点からは説明できないはずである。

> ●**立法論としての緊急避難規定**──もともと「ふりかかった運命は甘受すべきである」と
> する原則からいえば、現行37条の規定は（少なくともその文言上）**あまりに広く緊急避難
> を認めるもの**ということができよう。これを文字どおり理解するかぎり、たとえば、すぐ
> にでも腎臓を移植しないかぎり生命が危ぶまれる患者を救うため、いやがる他人から強制

的に腎臓を摘出する行為まで（補充性の要件がみたされるならば）許されることになってしまうであろうが、これは妥当ではなかろう。また、自分ではなく危難に遭遇した他人の生命を守るために、別の人を殺害する行為は、違法性が阻却されると考えるべきではなく、危難に遭遇した人と特別な関係があるというのでないかぎりは責任も阻却されないとすべきであろうと思われる。

2 刑法 37 条の解釈

■緊急避難の要件───────────────────────────────

───────────────ケース 2（緊急避難の成否）■

　甲は、自動車を運転して時速 55 キロメートルで走行中、センターラインを越えて自己の車線を対向してくる自動車を前方30〜40メートルくらいで認め、これとの衝突をさけるため、左後方の安全を確認せず多少減速してハンドルを左に切ったため、後ろから走ってきたA運転の自動二輪車に気づかず、これに衝突させて、Aに傷害を負わせた。

　ケース 2 における甲は、後方の確認をせずに進路を変更することにより衝突を引き起こしAを傷害したのであるから、それ自体は注意義務違反の行為と認められ、過失運転致傷罪（自動車の運転により人を死傷させる行為等の処罰に関する法律 5 条）の構成要件該当性を肯定することができる（これに対し、すでに構成要件的過失もないとするのは、斎藤・193 頁以下）。そこで、緊急避難として行為の違法性が阻却されるかどうかが問題となる。緊急避難の要件は、①自己または他人の法益に対する「現在の危難」が存在すること、②現在の危難を避けるため、やむをえずにした行為であること、③避難行為から生じた害が、避けようとした害の程度を超えないことである（37 条 1 項本文）。

■現在の危難───────────────────────────────

　現在の危難とは法益の侵害が現実に存在し、または侵害の危険が目前に切迫していることをいう。条文には、「生命、身体、自由又は財産に対する」

危難という限定があるが、列挙された法益の種類は例示にすぎず、名誉や貞操に対する危難の場合にも緊急避難は許されるとするのが通説である。「危難」という文言にも明らかなように、法益に対する実害・危険が人の行為によるか、自然現象その他によるかは関係がない。また、正当防衛と異なり、危難の原因の**違法・適法を問わない**。したがって、適法行為、たとえば正当防衛や緊急避難として正当化される行為から危難が発生したときでも、緊急避難は可能である。甲が緊急避難により（たとえば、強盗犯人に追われて逃げようとして）乙の法益を侵害しようとするとき、乙は甲に対して正当防衛をすることはできないが、緊急避難として甲の法益を侵害することは可能である。**ケース2**の場合、センターラインを越えて走ってくる対向車と衝突しそうな事態にあるのだから、（対向車の運転手に過失があるか否かにかかわらず）生命・身体等に対する現在の危難が存在するのは明白である。

> ●**正当利益の保護**――緊急避難は、法によって保護される正当な利益の保護のためにのみ認められる。したがって、たとえ自己の法益に対する現在の危難が存在するとしても、死刑の執行を受ける場合や、刑事訴訟法の規定にもとづいて適法に逮捕される場合に、緊急避難としてもこれに対抗することは許されない。死刑の執行や適法な逮捕との関係では、その者の法益の要保護性が否定されていると考えられるからである（山口・総論150頁を参照）。

■避難行為

緊急避難となるためには、**危難を避けるため、やむをえずにした行為**であることが必要である。「危難を避けるため」とあることから主観的要素として「避難の意思」が要件となるかどうかをめぐっては、正当防衛における防衛の意思（→第16章2）についてと同様に、学説の対立がある。やむをえずにした行為とは、その危難を避けるための唯一の方法であって、他にとるべき手段がなかったことをいい、これを**補充性**の要件と呼ぶ。法益を保全するために他に手段がある以上は、それを選ぶべきであって、それにもかかわらず他者の正当な法益を犠牲にすることは許されない。

ケース2についてみると、対向車との衝突を回避するために、即座に（後方を確認する余裕もない状況で）左にハンドルをきることは、衝突回避のための唯一の手段であったといえ、補充性の要件を充足するといえよう。ただし、

車のスピードや衝突までの時間的余裕などから、後方の確認をした上で回避行動に出ることが可能であったといえる事案であれば、補充性が否定され、過剰避難の問題となる。なお、本件において、甲は自動車の衝突を回避しようとする意思で行為していることは明らかであり、**避難の意思**はあったといえる。避難意思を要求する見解によっても、避難行為の要件はみたされる。

> ●**つり橋爆破事件(関根橋事件)**——最高裁は、村所有のつり橋が腐朽して車馬の通行に危険な状態にあったため、村当局に再三架け替えを要請したがその実現の見込みがないので、災害補償金の交付を受けて架け替えようと企て、ダイナマイトでこれを爆破した行為が爆発物取締罰則1条違反の罪と往来妨害罪(刑法124条1項)に問われた事件について、かりに現在の危難が存在したとしても、爆破行為はやむをえずにした行為とはいえない(しかも過剰避難にもならない)とした(最判昭35・2・4刑集14巻1号61頁〔小名木明宏・百選Ⅰ(7版)62頁〕)。

■法益の均衡

緊急避難が成立するには、**避難行為から生じた害が、避けようとした害の程度を超えないことが必要である。これを法益均衡**(ないし**害の均衡**)の要件という。価値の大きい法益を救うために価値の小さい法益を犠牲にし、または同価値の法益の一方を救うために他方を犠牲にすることは許されるが、価値のより低い法益を救うために価値の高い法益を犠牲にすることは許されない。ただ、法益の比較は抽象的に行うことはできない。財産どうしについては市場価格に換算して比較するほかはないが、身体や自由といった人格的法益がつねに財産的利益に優越するとは必ずしもいえないと思われる。

ケース2については、自動車の正面衝突を避けて自己および対向車の運転手の生命・身体を救うために、後方から走ってきたAの身体を傷つけたものであり、衝突したときに予想される法益侵害よりも、より軽度の法益侵害が生じたにとどまるということができよう。この事例では、法益均衡の要件も充足される。こうして、**ケース2**については、緊急避難の成立が認められるべきこととなる(この事例につき、大阪高判昭45・5・1高刑集23巻2号367頁は緊急避難が認められるとした)。

> ●**過剰避難**——現在の危難が存在することを前提として、法益均衡の要件をみたさなかった場合か、または補充性の要件に欠けるとき、過剰避難となりうる(37条1項ただし書)。

210

たとえば、違法な攻撃者から逃げるために自動車に乗ってスピード違反をしたとか、急病人を病院に運ぶために無免許運転をしたというような場合である（これらの場合、現在の危難があったとしても、他に方法があるであろうから**補充性**が否定される）。過剰避難につき刑が減軽または免除されうる根拠をめぐっては、責任減少説と、違法・責任減少説とが対立している（→第 16 章 **3**）。

■強要緊急避難

　行為者が他人に強制されて構成要件該当行為を行ったとき（たとえば、言うことをきかないと殺すぞと脅されてやむをえず窃盗をしたとき）、37 条の緊急避難として（通説によれば）違法性が阻却されるであろうか。たしかに、37 条 1 項本文の要件をすべて充足しそうである（たとえば、自己の生命を守るために第三者の財産を侵害したことになる）。しかし、違法性阻却事由説をとる通説も、これを適法行為である（したがって、これに対し正当防衛で対抗することはできない）とは考えず、期待可能性がないとして責任が阻却されるにすぎないと解してきたようである（大塚・総論 476 頁、団藤・総論 327 頁以下などを参照）。ただ、違法性阻却事由説の立場を前提としたとき、このような限定を加えることができるかどうかは疑わしい（東京地判平 8・6・26 判時 1578 号 39 頁は、強要にもとづく殺人の事例について緊急避難の要件を検討した上、過剰避難にとどまるとした）。行為が「不正に加担」するものであり、法秩序の侵害をもたらす場合に、緊急避難による正当化を認めることは背理であるともいわれるが（橋田久「強制による行為の法的性質」法学論叢 131 巻 1 号〔1992 年〕90 頁以下、同 4 号〔1992 年〕91 頁以下を参照）、緊急避難のケースで、危難が背後者の違法行為に起因するときにはいつでも、違法行為を原因として法益侵害が発生するという意味では、緊急避難行為は「不正に加担」する行為であり、法秩序の侵害を引き起こすものなのである。たとえば、強盗犯人甲の攻撃から身を守るため、乙がやむをえず第三者Ａの法益を侵害する行為（強盗犯人から逃げようとしたが、後ろから追いかけられたので、通りかかりのＡさんの家の垣根を壊してその家の中に逃げ込む行為などが考えられよう）は、緊急避難の 1 つの典型例であるが、乙は「不法に加担」したといえなくもない（とくに、甲がひそかにＡに生じる法益の侵害を意図していたときは、はっきりと

そうであろう）。それだからといって、緊急避難の成立を制限することは妥当でないし、制限のための要件も問題となるであろう（乙が甲の意図を知っていたかどうかで区別するのも理由がないと思われる）。他方、強制されて行為する者の立場を考慮すると、すべての場合に被害者側の正当防衛による反撃にさらしてよいとはいえない。生命侵害を回避するために第三者の財産を侵害する行為などについては違法性阻却を認めてさしつかえないであろう（被害者側に誤想防衛の可能性があることは別論である）。

　このように考えてくると、強要緊急避難が不当な結論を生じさせるとすれば、それは37条がカバーするすべての場合について一律に違法性阻却を認める通説（違法性阻却事由説〔→本章1〕）それ自体に問題があるからであるといえよう。

> ●避難行為の相当性？──ケース2では問題にならないが、学説の中には、緊急避難の要件として「避難行為の相当性」を要求するものがある（浅田・260頁以下、斎藤・191頁、佐伯・207頁以下、中・143頁など）。たとえば、重病患者を救うために、第三者から強制的に臓器を奪おうとする行為については、避難行為の相当性が否定されることから、緊急避難にならない、とするのである。しかし、ある人を救うために第三者を殺害することさえ許している37条のもとにおいて、この種の限定を加えることにはできないはずである。このような要件が必要だと感じられるのは、同条が文言上、あまりに広い範囲で緊急避難を認めているからであろう。

■自招危難

──ケース3（自招危難）■

　甲は、自動車を運転中、対向して進んでくる荷車の右側をすれ違って通過しようとした。荷車の背後は見通すことができず、その後方等からいつ人が現れるかわからない状況であったが、甲はスピードを落とさず進行したところ、荷車の背後から突然Aが現れ道路を右に横切ろうとしたので、甲はこれを避けようとして進路をさらに右に転換したため、Bに自動車を衝突させ死亡させた。

　自招の危難、すなわち避難行為者が自ら招いた危難との関係でも緊急避難が許されるかどうかをめぐっては見解の対立がある。危難が有責に引き起こされた場合には緊急避難は否定されるとする見解によると、過失によって火

を出した者が火災から自己の生命を守るために他人の財産的法益を侵害する行為も緊急避難となりえないこととなって不当である。また、故意行為にもとづいて危難を招来した場合には緊急避難は許されないとする見解もありうるが、予測した程度をはるかに超える危難に対しては緊急避難の成立を認めるべきであろう（たとえば、他人の犬をわざとくさりからはずしたところ、意外にもきわめて獰猛な犬で追いかけられて重傷を負わされそうになった場合）。

　自招危難につき緊急避難が否定されるべきことの根拠を考えると、自ら危険を引き起こし、または危険な状況におもむいたことにより、**その者の法益の保護の必要性が弱まり**、第三者に損害を転嫁することが正当化されないというところにあるだろう。そこで、いかなる場合に保護が否定されるべきかは一般論としては論じることはできないように思われる。具体的事情を考慮し個別的に判断してなお緊急避難を認めるべきかどうかを決める見解（大塚・総論402頁以下、大谷・総論300頁以下、川端・385頁以下、曽根・原論235頁以下、福田・167頁以下、内藤（中）・435頁以下などを参照）が妥当だということになる。自招の危難から**自己の法益を保全するための行為**が緊急避難といえないのは、とくに、①避難行為によって守られた法益が、侵害された法益よりも明白に優越するものではない場合（すなわち、ほぼ同価値程度の法益を守った場合）、および、②はじめから緊急避難状態を利用して第三者の法益を侵害する目的でわざと危難を招来した場合であろう。これに対し、**他人の法益を保全する行為**については、これとは評価が異なってよいと思われる。自ら危難を引き起こした以上、第三者の犠牲において自己の法益を保全することは許されないと考えられても、他人の法益の保護の必要性は、危難を自ら招いたことによってただちに減弱しないからである。

　ケース3をみてみると、この事例では、Aを救うためにBを死亡させたことになる。すなわち、自己の法益を救うための行為でなく、他人であるAを救うための行為であった。甲が危難を自ら招いたことによってAの生命という法益の保護の必要性が低くなることにはならない。衝突時の甲の行為については過失運転致死罪（暴行ないし傷害の故意があれば傷害致死罪）の構成要件該当性が認められるとしても、37条の適用により緊急避難とし、その点に

ついては不可罰にしてよい。ただし、**衝突に先行する不注意な甲の運転行為**とBの死亡の結果との間に法的因果関係があることから、この点で過失運転致死罪の成立を認めることができよう（**ケース3**は、大判大13・12・12刑集3巻867頁〔山本輝之・百選Ⅰ〔7版〕66頁〕の事案であるが、この大審院判決は37条の適用を否定して、業務上過失致死罪の成立を認めた）。もし、このケースで自招危難を理由として緊急避難が認められないとすると、衝突の時点において結果の発生をはっきりと認識しているケースにおいて故意犯の成立を認めざるをえず、かえって不当な結論を導くと思われる。

●**原因において違法な行為の理論**──結果に直接に先行する行為の時点では緊急避難を肯定し（全面肯定説）、しかし危難を招致する行為の法的性質にしたがって（故意か過失か、実行行為性を有するか否か）刑事責任の有無を検討するという理論構成を「原因において違法な行為」の法理という（平野Ⅱ・235頁以下、山口・総論159頁以下を参照）。この方が判断基準が明確であり、また**ケース3**の解決としては上記のそれと同じになる。しかし、危難の招致のゆえに法益保全の必要性が低くなる場合、必ずしも危難の招致行為が犯罪となるとはかぎらない。たとえば、重大な落度から自己の財産を危難にさらし、保全のために同程度の価値の第三者の財産を侵害したとき、緊急避難を認め不可罰とする（過失による器物損壊は不可罰であるから）のは妥当でなかろう。

3 まとめ

緊急避難は、違法性の実質および違法判断の本質的性格を考えるうえで好適な素材である。とりわけ、違法性の判断と有責性の判断とを区別することの理由と実益は、緊急避難行為に対し正当防衛が可能かどうかの問題を考えるとき明白となる。また、緊急避難の法的性格をめぐり、違法性阻却事由説は、起こってしまったことの事後的評価が違法判断である（したがって、葛藤状況を生き延びた人の行為につき「違法」という評価を差し控えることが妥当である）とする。これに対し、二分説は、法は葛藤状況において客観的で一義的な違法・適法の判断を下すことにより、一般市民に向けて行動基準を示さなくてはならないと主張する。ここには、違法判断の性格と機能をめぐる根本的対立（すなわち、事後的評価か、それとも行為時における行動基準の提示か）があらわれている。

［井田　良］

第18章 安楽死と尊厳死、終末期医療

1 人の生命と刑法

■生命の放棄は許されるか

　刑法が保護する生活利益(法益)は多種多様であるが、利益が誰に属するかという観点から、個人的法益、社会的法益、国家的法益に区別される。現在の刑法は、一般に個人的法益(生命、身体、自由、財産)の保護を中心に構成されており、特に個人的法益としての「生命」は、最も重要な法益とされている。そこで、刑法は、故意または過失によって人の生命が侵害された場合を、殺人罪・傷害致死罪・過失致死罪(199条・205条・210条)等として厳しく処罰することにしている。

> ●**刑法各則の条文配列**──1907(明治40)年制定の現行刑法は、天皇制を機軸として近代国家に脱皮していく過程にあった当時の状況を反映して、第2編「各則」に、国家的法益に対する罪、社会的法益に対する罪、個人的法益に対する罪の順序で条文を配列している。しかし、現行憲法に象徴される戦後の価値観の大転換は、個人的法益の重視という方向への転換をもたらした。このため、刑法各論の教科書の多くは、個人・社会・国家的法益の順序で記述されている。

──ケース1(生命放棄としての自殺)

> 　不治の末期癌であることを医師から告知された甲は、死ぬことへの恐怖と不安から逃れるため、多量の睡眠薬を服用して自殺した。甲の行為は、刑法上どのように評価されるだろうか。
> 　また、乙が甲に頼まれて自殺に手を貸した場合、乙はどのように評価されるだろうか。

　わが国の刑法は、多くの国々と同様、**自殺**(未遂)それ自体を処罰する規定

第18章●安楽死と尊厳死、終末期医療　215

を持っていない。生命が個人的法益であることから、自殺は、自己の法益の処分行為(自己決定にもとづく生命の放棄)として違法でないとされているのである(不処罰の根拠については、自殺は可罰的な違法行為であるが責任がないとする見解や、自殺は違法行為ではあるが可罰的違法性がないとする見解なども有力に主張されている)。自殺の不可罰の根拠を何に求めるにしても、**ケース１**では、甲の行為が自殺(自己の意思にもとづいて自分自身で自己の生命を断った)と評価される以上、刑法はそれに干渉しない。

　他方、202条は、自殺教唆・自殺幇助を処罰する(前段)とともに、嘱託殺人・承諾殺人を処罰する(後段)。このような構成は、生命は本人だけが処分しうるもので、他人の死に原因を与えたり、手を貸したりすることについては、刑法は許容しないとする立場を表明したものである。自殺を手助けしたり、被害者の了承のもとに生命を奪う行為は、自殺の延長上にはあるが、可罰的なものとされるのである。**ケース１**の乙の行為は、自殺幇助罪(場合によっては嘱託殺人罪)に当たる。

■安楽死と尊厳死

　こうした状況のもとで、学説は、他人の死に関与する行為であっても、事案によっては許容しうる場合があるのではないかを問題にしてきた。それが、**安楽死**であり、**尊厳死**である。「安楽死」は、一般には多様な意味で用いられるが、刑法上は、「死期が切迫している患者の耐えがたい肉体的苦痛を緩和・除去して、患者に安らかな死を迎えさせる行為」を意味する。また、「尊厳死」も多義的な概念であるが、刑法上は、「最終的な回復の見込みがない患者の生命維持医療を断念ないしは中止して、人間としての品位(尊厳)を保ったままで死を迎えさせる行為」を意味する。これらの行為が患者の死期を早める場合は、199条または202条の構成要件に該当するが、一定の要件を充足すれば、違法性(または責任)が阻却されるのではないかが論じられる。

　安楽死・尊厳死の正当化(違法性阻却)根拠は、35条の**正当行為**の拡張(条文は「正当な業務による行為」とするが、現在の学説は、「正当行為」一般に拡張する点で一致している)または超法規的違法阻却事由に求められる。ただ、35

条は正当防衛や緊急避難のような具体的要件を規定していないし、超法規的違法阻却事由は実質的な判断が不可避であるため、正当化の要件や範囲は解釈に委ねられる(甲斐克則「安楽死・尊厳死」新争点 36 頁以下)。

2 安楽死

■どのような形の安楽死が問題なのか────────────────■

何らかの形で安楽死が問題になる場合は、エンギッシュの古典的な区別(1948 年)に従って、5 類型の分類が定着している(丸山雅夫「安楽死論の系譜」町野朔ほか編著『安楽死・尊厳死・末期医療』〔1997 年〕51 頁以下)。すなわち、①苦痛緩和処置を行っても生命短縮がない(証明できない)場合(**純粋安楽死**)、②苦痛緩和処置の副次的結果として生命が短縮される場合(**間接的安楽死**)、③苦痛の継続を回避するために延命措置を差し控える場合(**不作為の安楽死**)、④苦痛を除去する目的で患者を殺害する場合(**積極的安楽死**または**直接的安楽死**)、⑤社会的・功利的観点から生存に値しないと評価される者を殺害する場合(**生存無価値な生命の毀損**)である。

これらのうち、①は治療行為であり、「慈悲殺」の名でナチスの「安楽死計画」として実行された⑤は殺人そのものであることから、いずれも安楽死は観念的にしか問題にならない。実際の安楽死の問題は、②③④の類型に限られる(後述の東海大学安楽死事件判決参照)。ただ、③では、患者が延命措置を放棄することの意味を完全に理解して延命を拒否する以上、医師には、延命と引き換えに死苦を長びかせる措置をとる刑法上の義務はない(一部は尊厳死の問題となる)。②は、生命短縮が苦痛緩和という主結果(正)に必然的に随伴する副次的結果(悪)であることを根拠に許容されるし(**二重結果の理論**)、④が正当化される場合は、それと同じ論理で当然に正当化される。そのため、④の積極的安楽死こそが、議論の中心となる。

第18章●安楽死と尊厳死、終末期医療　217

5類型
純粋安楽死　⇨　治療行為としての正当化
間接的安楽死　⇨　二重結果の理論による正当化
不作為による安楽死　⇨　医師の義務内容の問題　⇨　尊厳死論
積極的安楽死　⇨　実質的判断
生存無価値な生命の毀損　⇨　殺人罪

　積極的安楽死については、立法によって合法化を図る動きも見られるが（オランダ〔1993年、2001年〕、オーストラリア北部準州〔1995年〕、ベルギー〔2002年〕、ルクセンブルク〔2008年〕、アメリカ・ワシントン州〔2009年〕、カナダ〔2016年〕など）、そうした方向は必ずしも定着するまでに至っていない（オーストラリア北部準州法は、施行から8カ月後に廃止された）。積極的安楽死に違法性阻却を認めてよいか、認める場合の要件は何かは、依然として解釈論における重要な論点なのである。

　学説では、積極的安楽死の正当化を一律に否定する立場も有力である（曽根・総論127頁、浅田・219頁など）。そこには、積極的安楽死の正当化を認めると、人間の生命の絶対性（不可侵性）に対する人々の確信が揺らぎ、最終的にはナチス的な慈悲殺の承認に至ることへの危惧がうかがわれる（内藤（中）・538頁以下参照）。こうした立場によれば、以下のケース2の甲と乙には、極めて例外的な事情のもとで責任阻却が問題となるにすぎない。他方、わが国の有力な学説は、積極的安楽死の正当化がありうることを認める。また、安楽死が争われた判例も、事案の結論としては違法性阻却・責任阻却を否定するものの、一般論として、正当化される場合のあることを前提としている。

━━━━━━━━━━━━━━━━━━━━ケース2（安らかな死の実現？）━

　(1)　末期癌の父親の余命が数日であると医師から知らされた甲は、肉体的苦痛に耐えかねて「殺してくれ、早く楽にしてくれ」と口にする父親を見かねて、最後の親孝行と思い、農薬を混入したお茶を飲ませて父親を殺害した。
　(2)　入院中の末期癌患者の主治医乙は、患者が極度の肉体的苦痛に襲われる姿を「可哀そうで見ていられない、早く楽にしてやって下さい」と懇願する患者家族に根負けし、致死量の筋弛緩剤を患者に注射して殺害した。

■名古屋高裁判決の6要件────────────────────■

　初期の積極的安楽死正当化論は、有力な刑法学説に依拠して(小野清一郎「安楽死の問題」同『刑罰の本質について・その他』〔1955年〕197頁以下)、人道主義の観点から主張された。それを具体化したのが、積極的安楽死の正当化要件をはじめて明示した名古屋高裁判決(名古屋高判昭37・12・22高刑集15巻9号674頁)である。名古屋高裁は、**ケース2**(1)類似の事案において、一般論として、①病者が現代医学の知識と技術からみて、不治で死に瀕している、②病者の苦痛が激しく、見るに忍びない程度である、③もっぱら病者の死苦緩和の目的である、④病者の意識が明瞭で、意思表明できる場合は本人の真摯な嘱託または承諾がある、⑤原則として医師の手により、そうでない場合は充分に説得的な特別事情がある、⑥殺害方法が倫理的に妥当なものと容認できる、のすべてが充足される場合に積極的安楽死が違法阻却されると判示した(結論は、⑤⑥の欠如を理由として嘱託殺人罪の成立を認めた)。その後の学説も、この6要件を前提に正当化の要件を論じ、具体的基準として高く評価する立場もある(大塚仁・百選Ⅰ(2版)69頁)。

　しかし、①は安楽死の定義から当然の前提であるが、②③④は緩やかに解釈される可能性がある。②の「苦痛」は、精神的苦痛を含むように読めるが、安楽死の定義からは「肉体的な死苦」に限られる。また、③の「目的」は、動機では足りず、客観的な目的でなければならない。患者の意思が不明な場合に言及していない④は、患者以外の者(家族など)の意思による余地を残しているが、患者の真摯な「黙示的」承諾・嘱託に代えることはできない。他方、⑤⑥は厳格にすぎ、事実上、正当化の可能性を否定することになる(内田博文・百選Ⅰ(3版)47頁)。⑥については、そもそも、倫理的に容認できる「殺し方」はありえない。違法性阻却の可能性を認めるならば、倫理的方法は、最少の苦痛で死に至らせる程度で、本人や周囲に残酷感を与えないもの(社会通念上容認しうる穏当な方法)で満足せざるをえない。また、⑤については、⑥を満たすには医師によるのが現実的である点を別にして、医師に限定する積極的理由はなく、穏当な方法である限りは医師以外の者も排斥されな

い（大谷・総論263頁）。**ケース2**(1)の甲は、殺害方法が不適切なのであり、多量の睡眠薬投与による殺害であれば違法性阻却の可能性はありえた。

■横浜地裁判決の4要件

その後、横浜地裁は、**ケース2**(2)の類似事案（東海大学安楽死事件）で、医師による積極的安楽死の一般的要件を新たに提示するに至った（横浜地判平7・3・28判時1530号28頁）。それによれば、積極的安楽死の正当化には、①患者が耐えがたい肉体的苦痛に苦しんでいること、②患者の死が避けられず、その死期が迫っていること、③患者の肉体的苦痛を除去・緩和するために方法を尽くし、他に代替手段がないこと、④生命の短縮を承諾する患者の明示の意思表示があること、が必要とされる（結論としては、患者は意識を失って疼痛反応がなく、肉体的苦痛を感じる状態にもなく、安楽死を要請する本人の意思表示もなかったとして、殺人罪の成立が認められた）。

横浜地裁判決は、名古屋高裁判決に比べて、除去されるべき苦痛を肉体的苦痛に限ることを明示した点、生命短縮についての患者の明示的な意思表示を要求して、積極的安楽死の範囲を明確にするとともに、患者の**自己決定権**を強調したものとなっている。これ以後、積極的安楽死正当化論は、患者の自己決定権とその裏面としての医師の**治療義務論**を中心に展開されることになった。方法の倫理性については、明示的には言及されていないが、行為主体として医師だけが想定されていることから、③の「他に代替手段がない」という要件に解消される。ただ、「他に代替手段がない」という要件の射程は明確でない。医師を行為主体として想定するなら、**ペイン・クリニクス**（疼痛の除去や緩和を専門とする治療）が発達した現在では、代替手段がないという事態は想定困難である。他方、代替手段の不存在を強調するならば、行為主体を医師に限定する必然性はない（甲斐克則・平成7年度重判136頁、佐伯仁志・百選Ⅰ（6版）45頁以下）。

名古屋高裁判決および横浜地裁判決のいずれによっても、**ケース2**の甲および乙の行為は正当化されない。なお、わが国の実務では、安楽死を根拠とする無罪判決は存在しないが、いずれもが執行猶予付の有罪判決で決着する

という顕著な特徴が見られる。

3 尊厳死

■何が問題なのか

　近時の医学・医療技術の発展は、人工心肺装置などによる生命維持を可能にし、最終的には回復見込みのない患者についても、相当長期間にわたる人工的な生命維持を可能にした。しかし、同時に、それは、そうした状態で生命を保持されることが本人や家族にとって望ましいことなのか、それは医師のなすべきことなのか、といった新たな問題を提起することになった。尊厳死は、こうした問題を患者側から見たもので、「尊厳」とは患者にとっての尊厳を意味する。尊厳死は、生命維持医療に対する患者の自己決定にかかわる問題であり、「**死ぬ権利**」の問題として論じられることが多い。

　刑法上の安楽死は、殺害以外には患者を死苦から救う方法がない場合にしか問題にならず、実際にも稀なものである。他方、生命維持手段の進展に起因する尊厳死は、植物状態患者の問題とともに、身近で日常的な問題になっている。また、ターミナル・ケアの浸透やホスピス運動の進展、ペイン・クリニクスの発達などによって、従来は安楽死問題の対象でしかなかった患者が、現在では尊厳死問題に取り込まれる状況も生じている。こうした背景から、終末期患者の問題の重点は、「**安楽死から尊厳死**」へ移行している。安楽死の合法化を目ざして発足した日本安楽死協会（1976 年）も、日本尊厳死協会に改称し（1983 年）、尊厳死の合法化を求める方向へ転換した。

　　●植物状態患者──遷延性意識障害状態患者で、「持続的植物状態」と呼ばれる。日本脳神経外科学会の定義（1972 年）では、脳幹が生きていて自発呼吸はできるが、移動や食事や排泄が自力でできず、目で物の動きを追ってもそれが何であるかを認識できないような、意識障害の状態と意思疎通能力を欠く状態が、改善されずに 3 カ月以上続く場合とされる。こうした人々は、ただちに尊厳死の対象にはならないが、症状の悪化・固定化にともなって尊厳死が問題になる場合が生じる。

　　●ターミナル・ケア──3 カ月ないし 6 カ月以内に死が予想される末期癌患者（ターミナ

第18章●安楽死と尊厳死、終末期医療　221

ル患者)に対して、アメリカを中心に行われている医療をいう。医師・看護師などの医療従事者のほか、ケースワーカー、カウンセラー、家族、友人、ボランティア、宗教家などがチームとなり、患者や家族に精神的支援を与え、患者が人間愛に包まれて「生」を全うし、人生を有意義に終わらせる活動を行っている。こうしたケアを専門に行う医療施設をホスピスと呼び、近時、わが国でも盛んになっている。

■尊厳死の正当化要件

━━━ケース3（尊厳ある死の実現？）■

　風邪気味のAは、多量の解熱剤と鎮痛剤の服用後に飲酒し、昏睡状態に陥った。病院に運ばれたAは、意識を回復せず自発呼吸も消失したため、人工心肺装置を装着され、一命を取りとめたが、それ以後は人工生命維持装置によって生かされるだけの存在になった。Aの母親甲は、日頃から「死ぬ時には人間らしく死にたい」と話していたAが人工的に「生かされ続けている」ことを哀れに思い、悩んだ末に人工心肺装置を外してAを死亡させた。

　わが国で尊厳死が注目されたのは、1970年代のアメリカで起きたカレン事件が契機であった(唄孝一「解題・カレン事件」ジュリ616号〔1976年〕58頁以下、622号60頁以下参照)。**ケース3**のAのような状態に陥った患者について、ニュージャージー州最高裁は、自己決定権を含むプライバシー権の優位を根拠に、人工生命維持装置の取り外しを認めたのである(1976年)。その後、アメリカの多くの州では、尊厳死を認める判例が積み重ねられ、いわゆる「自然死法」を制定して(カリフォルニア州〔1976年〕、オレゴン州〔1994年〕、ワシントン州〔2009年〕)尊厳死の合法化を目ざす動きが加速し、連邦最高裁も、患者は望まない治療を拒否する憲法上の権利を有することを認めるに至った(1990年)。同様の動きは、イタリアの尊厳死立法(2018年)をはじめ、ヨーロッパ諸国(イギリス、ドイツ、フランスなど)にも見られる。

　　●**尊厳死法の動向**──オレゴン州は、1994年11月の住民投票により、過半数(約51%)の賛成で尊厳死法を成立させた。それは、患者が、自発的に生命を終焉させる薬剤の処方箋の発行を主治医に要請できるとするものであった。その後、憲法違反を理由とする訴訟が提起され、裁判所の合憲判断が出るまで本法の施行が停止されたが、1997年11月の再投票によって施行されるに至った。しかし、1999年11月、連邦議会は、末期患者に死をも

たらす薬物を処方した医師を処罰する法案を可決した。その後、2006年に連邦最高裁判決で州法が支持された。立法による尊厳死合法化の動きも、決して安定的なわけではない。

　尊厳死の違法阻却の可否について、学説は、肯定説と否定説、消極論に分かれる。肯定説は、人道的観点から、本人や家族の承諾があること（大塚・総論428頁）、真意の事前承諾と回復不可能性を要件として（西原（上）・271頁）、正当化を認めるものである（山口・総論179頁以下は、推定的意思の場合も排斥しない）。他方、否定説は、現段階の一般的な社会通念としては是認されていないとして、正当化を否定する（団藤・総論227頁）。また、消極論は、一般論として正当化の可能性を認めながら、本人の意思の確認の困難さ、家族による意思の代行の危険などとの関係で慎重な態度をとり、むしろ医療保障制度や社会保険制度の充実・経済的条件の確保こそが目ざされるべきものとする（内藤（中）・546頁以下）。

　尊厳死は、安楽死と異なり、患者の死期が切迫していない場合や耐えがたい肉体的苦痛がない場合にも問題になるし、周囲の者の精神的・経済的負担の軽減を目的として実行されることすら想定される。この意味で、消極論の危惧には理由がある。何よりも、すべての人は「生きる権利」を持っており、それは無条件に尊重されなければならない。しかし、他方では、自然な形で死を迎えたいと願う者に、どのような形であっても生かされ続けるべきことを要求するのは、あまりにも非人間的である。それは、「生きる権利」の尊重に名を借りた「生きる義務」の押しつけになりかねない。患者の利益のために生命維持医療を断念することも、末期医療の選択肢のひとつである。また、現在では、尊厳死を受け入れる土壌は、少なくとも「形成されつつある」ように思われる。尊厳死は、厳格な要件のもとに、末期医療における患者の治療選択（自己決定）の観点から正当化しうるものと言えよう。

　第1に、医学的観点から、患者が最終的に回復不能な（救命の見込みがない）状態になければならない。そのような状態でなければ、自然な形の死は問題にならないからである。第2に、尊厳死は末期医療に対する患者の自己決定の問題であるから、生命維持医療を拒否する患者の意思が確認できなければならない。それは、確認が可能である以上は、**リビング・ウィル**の形式

第18章●安楽死と尊厳死、終末期医療　223

でも、近親者の証言などから確認できるものでもよい（前出横浜地判平7・3・28は「推定」で足りるとするが、広きにすぎる）。他方、患者の意思が確認できない場合には、近親者などの意思による正当化は認めるべきでない。重要なのは、患者自身の医療選択としての「死ぬ権利」であって、周囲の者の「死なせる権利」ではないからである。第3に、生命維持医療の中止は、医療選択の場面として、医学的判断にもとづくものであるから、医師の手によるべきであり、診療録に記録しておく必要がある。

　ケース3は、医師でない甲が医学的判断にもとづかずに生命維持医療を中止したもので、第3の要件を欠くため、尊厳死としての正当化はできない（責任阻却の可能性はある）。

> ●リビング・ウィル——医療選択について意思表示できない状態に陥る前に、そのような状態を想定して、どの程度・種類の末期医療を行ってほしいかの意思を事前に表明しておくことをいう。日本尊厳死協会は、①不治で死期が迫っていると診断された時には一切の延命措置を拒否する、②麻薬などの苦痛緩和処置は希望するが、副作用によってもたらされる生命短縮を甘受する、③数カ月以上にわたって植物状態に陥った時には一切の生命維持措置の中止を希望する、という「尊厳死の宣言書」を採用している。

4　終末期医療

■医療行為の中止

———————————ケース4（治療義務の限界？）■

　(1)　医師甲は、自身が呼吸器内科部長として勤める病院に意識不明状態で搬送されて入院した低酸素性脳損傷患者に対し、患者家族の要請に根負けして気管内チューブを抜管したが、患者が苦しみ始め、鎮静剤注射も効果がなかったため、筋弛緩剤を注射して死亡させた。

　(2)　Aの主治医乙は、死を目前にしたAが生命維持装置で延命され続けていることを気の毒に思い、Aから人工呼吸器を取り外して死亡させた。

　ケース4(1)類似の川崎協同病院事件が起きるまで、わが国では、尊厳死が問題になりうる行為（医療行為の中止）が法廷で争われた事案はなかった。東

海大学病院事件でも、フォーリーカテーテルや点滴を外したり、痰の吸引を中止する等の医療中止行為は不起訴処分とされ、致死薬の投与による患者の殺害だけが殺人罪として起訴された。他方、川崎協同病院事件で、検察官は、致死薬の投与（直接的な殺害）行為と抜管（治療中止）行為とをあわせて殺人罪で起訴した。

　第1審は、弁護人らの主張に応える形で医療行為の中止の許容性を正面から問題にして、患者の自己決定権と医師の治療義務の限界に医療行為中止の正当化根拠を求め、その具体的な正当化要件として、①回復の見込みがない患者の死が目前に迫っており、患者がそれを正確に理解し判断する能力を有していること、②治療中止の決定は患者の意思によるべきで、自己決定の前提として、患者に対して十分な情報の提供と説明がなされていること、を要求した。そのうえで、治療義務の限界を論じる段階に至っていなかった抜管行為は、①②のいずれもが欠けるとして、殺人罪の成立を認めた（横浜地判平17・3・25判時1909号130頁）。被告人の控訴を受けた控訴審は、抜管行為の正当性の主張に対して、患者の自己決定権と医師の治療義務の限界という2つのアプローチによる正当化根拠を「仮定」したうえで、その正当化を否定して殺人罪の成立を認め、量刑不当を理由に職権で原判決を破棄した（東京高判平19・2・28高刑集60巻1号3頁）。

　第1審判決と控訴審判決は、治療行為の中止の正当化について、患者の自己決定権と医師の治療義務の限界に着目する点で共通している。ただ、第1審判決は、そこから具体的な要件を定立して判断した（辰井聡子・平成17年度重判166頁以下）のに対し、控訴審判決は、具体的な要件の定立による認定方法は司法機関としての役割を超えるとし、アプローチとして考慮しているにすぎない（橋爪隆・平成19年度重判170頁以下）。控訴審は、具体的な要件を定立する代わりに、尊厳死法の制定ないしは治療中止のガイドラインの策定こそを必要としたのである。両判決については、第1審の司法積極主義と控訴審の司法消極（謙抑）主義との関係で見解が異なり、前者を評価するもの（甲斐克則「終末期医療・尊厳死と医師の刑事責任」ジュリ1293号〔2005年〕105頁以下）と後者を評価するもの（井田良「終末期医療と刑法」ジュリ1339号

〔2007 年〕40 頁)に分かれた。こうした状況のもとで、最高裁は、被告人側の
上告を棄却したうえで、抜管行為の正当性を前提とする被告人側の主張を職
権判断で排斥した(最決平 21・12・7 刑集 63 巻 11 号 1899 頁)。殺人罪の成立
に疑いがない本件で、最高裁は、治療行為の中止の正当化要件に具体的に言
及することなく、根本的な問題を未解決のままに残したのである(神馬幸
一・百選Ⅰ(7 版)45 頁)。

ただ、**ケース 4**(1)で、致死薬注射での殺害がなく、治療義務の限界だけが
問題であったとすれば、甲の抜管行為の評価は異なりえた(違法阻却の可能性
があった)と思われる。そこでの判断の手がかりは、尊厳死の正当化場面で
提唱されてきた、「通常の手段」と「通常を超えた手段」の区別である。単
に延命だけを目的とする措置は、後者の性質のものとして、患者の自己決定
がなくても医師の治療義務を否定するものとなりうる。

■治療義務の限界の判断

医師の治療義務に限界があるにしても、それを「誰が」「どのように」判
断するかは、必ずしも自明ではない。**ケース 4**(2)はこの論点に関わるもので、
北海道立羽幌病院事件(2004 年)、富山県射水市民病院事件(2000 年から 2005
年)、和歌山県立医大附属病院紀北分院事件(2006 年)などで問題が顕在化す
ることになった。それらは、いずれも、主治医だけの判断で延命措置が打ち
切られた事案で、主治医は殺人容疑で書類送検されたが、人工呼吸器の取り
外しと患者の死亡との間の因果関係が証明できないことを理由に不起訴処分
とされている。その根底には、因果関係の判断について、大阪南港事件判決
(最決平 2・11・20 刑集 44 巻 8 号 837 頁)と同様の考え方がうかがわれる(→第
9 章 3 ケース 4)。

こうした状況のもとで、射水市民病院事件を契機として、日本救急医学会
や厚生労働省を中心に、**終末期医療**の中止に関するガイドラインの策定が進
められ、2007 年には「終末期医療の決定プロセスに関するガイドライン」
が公表されるに至った。それは、積極的安楽死の正当化を否定する医療界の
共通認識を前提として(辰井聡子・百選Ⅰ(7 版)43 頁)、生命短縮を意図する

積極的安楽死を議論の対象から除外したうえで(1④)、終末期医療とケアの
あり方について、専門的な医学的検討にもとづく説明と同意による患者の意
思決定を基本として、多専門職種の医療従事者から構成される医療・ケアチ
ームによって、医療行為の開始・不開始、医療内容の変更、医療行為の中止
等(治療方針の決定)を判断すべきものとしている(1①②、2(1)(2))。また、治
療方針の決定が困難な場合や合意が得られない場合は、複数の専門家による
委員会を別置して検討と助言を行うことにしている(2(3))。こうした動きに
続いて、個々の病院や学会レベルにおけるガイドライン策定の動き、研究機
関による提案、さらには国会議員を中心とした立法化の動きが見られる。た
とえば、2014年には、日本救急医学会、日本集中治療医学会、日本循環器
学会が、延命治療を中止する際の手続の明文化と統一化を目的として、「救
急・集中治療における終末期医療に関するガイドライン」を共同でまとめた。
その後、厚生労働省の2007年のガイドラインは、「終末期医療」の用語を
「人生の最終段階における医療」に改め(2015年)、さらには「医療」を「医
療・ケア」に改めて(2018年)、病院以外で人生の最終段階を迎える人をも意
識した内容のものになっている。こうした動きは、川崎協同病院事件の控訴
審判決が提示した方向性を示すものである。

　ケース4(2)のような事案については、裁判で正面から争われていないだけ
で、刑法理論としての正当化の余地が完全に否定されているわけではない。
しかし、そのことは、同時に、古典的な殺人罪の事案などとは異なり、人の
生命の終焉に刑法がどのように関われるか(関わるべきか)という深刻な問題
を突きつけるものでもある。

5 まとめ

　これまで、わが国では、慣習的に、心臓が不可逆的に機能喪失した時点を
人の死とする立場(**心臓死説**)が採られてきた。本章で扱った問題も、心臓死
説を前提とした議論である。これに対し、1980年頃から、脳が不可逆的に
機能停止した場合には、心機能の人工的な維持があっても人の死とする考え

方（脳死説）が有力に主張されるようになった。それは、「死の概念」の見直しを迫るものである。もっとも、安楽死や尊厳死などの問題については、いずれの立場によっても結論が大きく異なることはない。それらは、いずれも「死に方」をめぐる問題だからである。それに対して、臓器移植（特に心臓移植）の正当化などでは、立場の違いに応じて結論に大きな違いが出てくる。1997年には、わが国でも、臓器移植の場面に限って脳死説を前提とする**臓器移植法**が制定された（平9法104）。その後、2009年の改正により（平21法83）、本人の臓器提供意思が不明な場合にも、家族の承諾による臓器提供が認められ、遺言能力のない者（15歳未満）からの臓器提供への道が開かれた。

　他方、生命誕生の場面でも、科学技術の急速な進歩によってクローン人間の創出が現実味を帯びてきたことに伴う**クローン規制法**（平12法146）の制定に見られるように、人の生命の誕生に関わる困難な問題（人工授精、体外受精、代理母など）が次々と表面化している。また、難病治療との関係で期待が寄せられている「万能細胞」研究でも、受精卵（胚）からのES細胞とクローン技術を応用するiPS細胞のいずれについても、議論すべき場面は多い。

　こうした状況のなかで、人の生命と刑法の関係が重要になる一方、「そもそも」論として、そうした問題に刑事司法が介入することの是非と可否、さらにはその限界が問われているのである。

［丸山雅夫］

第19章 責任能力

1 責任能力、責任無能力、限定責任能力

■行為者に対する法的非難の前提━━━━━━━━━━━━━━

　刑法における責任(有責性)は、構成要件に該当する違法な行為について、行為者を法的に非難できる場合に認められる(→第3章1)。こうした法的非難は、行為者が合法的な行為を選択する可能性(**他行為可能性**)があったにもかかわらず、あえて違法な行為を選択した(犯罪を実行した)ことに向けられるものである(安田拓人「責任の概念」新争点54頁以下)。他行為可能性を認めるには、行為者に、行為の意味を弁識する能力(**弁識〔弁別〕能力**)と、弁識に従って行為を統制する能力(**制御能力**)が備わっていなければならない。弁識能力と制御能力の存在は、法的非難の前提であり、両者をあわせて**責任能力**と呼ぶ。責任能力は、一般的な人格的能力であるから、具体的な行為について要求される違法性の意識(の可能性)とは異なる(→第20章2)。また、それは、刑法上の行為ができるという行為能力や、犯罪の主体になれるという犯罪能力(→第7章2)、訴訟の遂行に必要とされる訴訟能力(刑訴314条1項、最決昭29・7・30刑集8巻7号1231頁参照)、刑罰の執行に必要とされる受刑能力(刑訴479条1項・480条)とも異なる。

　　●**責任能力の体系的地位**──責任能力は、個々の具体的な行為の評価・統制の前提となる一般的な人格的能力である(**責任前提説**)。他方、故意・過失、違法性の意識(の可能性)、期待可能性と同様に、個々の行為における責任要素として責任能力を理解する立場(**責任要素説**)もある(井田・総論400頁)。しかし、個々の行為との関係で弁識能力・統制能力を考えると、それらは違法性の意識の問題と期待可能性の問題に解消され、責任能力の独自の意義が失われる。また、14歳未満という生物学的事実が個々の行為とは無関係に責任無能力をもたらすこと(41条)からも、責任前提説が妥当である(大谷・総論316頁)。

●**部分的責任能力**——学説のなかには、ある種の犯罪については責任能力がありながら、他の犯罪についてはそれが欠ける状態(**部分的責任能力**または一部責任能力)を認める見解がある(団藤・総論 284 頁)。たとえば、好訴妄想症のパラノイア患者は、虚偽告訴罪(172 条)については責任無能力とされる。しかし、責任能力は、責任を問うための人格的能力であり、人格の統一性や持続性と無関係に判断できないと同時に、一般的なものである。責任能力は、全体として「あるかないか」という形でしか問題になりえないのである(平野Ⅱ・288 頁)。

このような責任能力は、一般的な能力であって、特殊なものではないから、通常人(社会で普通に生活している人々)には当然に備わっているはずである。そこで、わが国の刑法は、責任能力の内容や要件などを積極的に規定することをせず、何らかの事情で責任能力が害される場合を個別・例外的に規定する方法をとっている。実際の刑事裁判でも、責任能力の有無が正面から積極的に問題にされることはなく、責任能力の存在を疑わせる事情がある場合に限って、その存否が検討されるにとどまる。このような意味において、構成要件該当行為には責任推定機能が認められるのである。

■刑法が予定する責任能力の状態——————————————■

わが国の刑法は、責任能力の状態について、**完全責任能力・責任無能力・限定責任能力**を予定している。完全責任能力は、責任能力が備わっている状態をいい、通常の社会生活を営む者に認められる普通の状態である。他方、責任能力を欠く状態を責任無能力といい、**心神喪失者**と行為時 14 歳未満の者(**刑事未成年**)がそれに当たる(39 条 1 項、41 条)。これらの者の行為は、法的非難の前提としての責任能力を欠くため、犯罪を構成せず、したがって処罰されない(「罰しない」は「責任を阻却する」という意味である)。また、責任能力が減弱した状態を限定責任能力といい、**心神耗弱者**がそれに当たる(39 条 2 項)。心神耗弱者の行為は、犯罪を成立させるが、刑が必ず減軽される効果(必要的減軽)を持つ。もっとも、心神喪失と心神耗弱という文言は、いずれも、責任無能力状態と限定責任能力状態を言い換えたものにすぎない。したがって、どのような場合がそれらに当たるかは、個々の事案で具体的に判断しなければならない。なお、かつては、瘖啞者を心神喪失者または心神耗弱者として扱う条文(みなし規定)が存在したが(旧 40 条)、1995 年の改正に

よって廃止された(平 7 法 91)。

●**少年に対する特例**——刑法は、行為時 14 歳未満(刑事未成年)の責任無能力を規定している。他方、少年法は、少年一般(20 歳未満)について、その特性(精神的な未成熟と可塑性の高さ)に着目して、処遇をはじめとする多くの場面で刑事法典に「優先する」特別扱いを定めている(丸山雅夫『少年法講義〔第 3 版〕』〔2016 年〕参照)。したがって、行為時 14 歳以上の「犯罪」少年についても、刑事処分相当として検察官に送致(逆送)される場合(少年 20 条)を除いて、少年法が刑法に優越する。

●**瘖啞者規定の廃止**——聾啞教育が未発達であった現行刑法の制定当時(明治の末期)には、瘖啞者は、弁識能力・制御能力を獲得するための教育や社会経験を積むのに充分なコミュニケーション手段がなく、精神的発育が阻害されていると考えられていた。瘖啞者規定は、このような状況を重視して設けられたものである。しかし、瘖啞者でも精神に障害のない場合が一般であり、聾啞教育が進歩した現在では、この種の規定は逆差別にもなりかねない。瘖啞者の責任能力も、一般人と同様の基準で具体的に判断すれば足りる。

■責任無能力・限定責任能力の規定方法と判定方法————————■

責任無能力・限定責任能力の規定方法、そして、それと表裏の関係にある責任能力の判定方法には、一般に、①**生物学的方法**、②**心理学的方法**、③**混合的方法**がある。行為者の生物学的要素(年齢や精神障害など)を基礎とする①は、フランス旧刑法(1994 年施行の新刑法典は混合的方法を採用した)やアメリカのダラム・ルールに例が見られた。心理学的要素(弁識能力と制御能力)だけに着目する②は、立法例がない。①と②を併用する③は、ドイツ刑法やスイス刑法に例が見られ、アメリカ模範刑法典やわが国の刑法典もこの立場を採るものとされる。また、③の中間として、生物学的要素と弁識能力だけに着目するダラム・ルールのようなものもあった。

心神喪失(責任無能力)と心神耗弱(限定責任能力)の意義について、判例は、「前者〔心神喪失〕は精神の障害により事物の理非善悪を弁識するの能力なく、又はこの弁識に従って行動する能力なき状態を指称し、後者〔心神耗弱〕は精神の障害いまだ上叙の能力を欠如する程度に達せざるもその能力著しく減退せる状態を指称する」と定義しており(大判昭 6・12・3 刑集 10 巻 682頁)、学説もそれに従っている。精神の障害が生物学的要素であり、弁識能力と制御能力が心理学的要素である。もっとも、精神の障害の存在は、多くの場合、ただちに責任無能力や限定責任能力をもたらすわけではなく、完全

第 19 章●責任能力　231

責任能力の存在を疑わせる契機となるにすぎない(ドイツでは、精神病と認められる場合には一律に責任無能力とすべきとの主張も強い)。責任能力の有無や程度は、生物学的要素(精神の障害)を重視しながらも(林美月子・百選 I (6版)69 頁)、心理学的要素にもとづいて実質的に判断せざるをえないものである(最判昭 53・3・24 刑集 32 巻 2 号 408 頁。浅田和茂・昭和 53 年度重判 163 頁以下、林美月子「責任能力」新争点 82 頁以下)。

　他方、刑事未成年は、行為時 14 歳未満という生物学的要素から、一律に弁識能力・制御能力を欠く存在とみなされるため、その点の形式的判断だけで足り、心理学的要素の個別的・具体的な検討は不要とされる。刑事未成年については、「年齢計算に関する法律」と民法 140 条によって 14 歳未満であることの事実を確認すれば足りるのである。

■裁判における責任能力の判断

　責任能力の有無は、事実認定の一部であるため、裁判官ないし裁判員の自由心証による判断に委ねられる(刑訴 318 条、裁判員 62 条)。ただ、実務では、精神障害のために責任能力の有無や程度に疑いが持たれる場合、弁識能力・制御能力の有無を判断するための資料提供を目的として、精神医学・心理学等の専門家の鑑定(**精神鑑定**)がしばしば行われている。

　刑訴法上、鑑定には 2 種類のものが規定されている。ひとつは、捜査段階で、検察官等が専門家に嘱託する起訴前鑑定(嘱託鑑定)で(刑訴 223 条以下)、被疑者の身柄拘束(鑑定留置)も認められる。また、検察実務では、嘱託鑑定以前に、被疑者の同意を得て精神状態を診断する簡易精神鑑定が広く行われている。もうひとつが、裁判所が専門家に命じる公判精神鑑定で(刑訴 165条以下)、被告人の身柄拘束(鑑定留置)が認められる。裁判所から委託された鑑定人は、宣誓し、虚偽鑑定罪(171 条)の主体となる。2009 年から始まった裁判員裁判制度においては、素人である国民が裁判員となることから、責任能力鑑定の扱いが大きな課題となり(司法研修所編『難解な法律概念と裁判員裁判』〔2009 年〕32 頁以下)、法廷における鑑定証人の陳述方法などに工夫がされている。さらには、法律家と精神科医の役割分担を領域的に明確化し、責

任能力判断をより客観化しようとする「8ステップモデル」が提言され（岡田幸之「責任能力判断の構造と着眼点」精神神経学雑誌115巻10号〔2013年〕1064頁以下、同「精神医学がいう『異常』と法律判断」法律時報90巻1号〔2018年〕39頁以下）、裁判実務を支配しつつある。

　2003年に「心神喪失等の状態で重大な他害行為を行った者の医療及び観察等に関する法律」が成立した（平15法110）ことから（2005年施行）、多くの重大事件については、責任無能力・限定責任能力と判断されれば、刑罰による刑事的処遇とは別に、司法精神医学による処遇（司法精神病棟での入院・通院治療）への途が開かれた（心神喪失33条）。

━━━━━━━━━━━━━━━━━━━━━━━━━━ケース1（鑑定の拘束力）■

　統合失調症で入院歴のある甲は、A女に結婚を断られたことを深く恨み、Aの家人ら数名を鉄棒で殴打して死傷させた。甲の責任能力が疑われて複数の鑑定が行われたが、それぞれの結果は同一でなかった。こうした場合、裁判所は、どのように判断すべきだろうか。

　心神喪失・心神耗弱は、刑法の目的や機能と関連した法律概念であるから、その判断は法律的なものであり、最終的には裁判所の権限に属する。最高裁は、ふたつの鑑定が心神喪失を示唆していた事案において、「精神鑑定の結論の部分を採用せず鑑定書全体の記載内容とその他判決挙示の証拠を綜合して心神耗弱の事実を認定しても経験則に反するというに足りず」として、このことを確認している（最決昭33・2・11刑集12巻2号168頁）。**ケース1**類似の事案でも、「鑑定書全体の記載内容とその余の精神鑑定の結果、並びに記録により認められる被告人の犯行当時の病状、犯行前の生活状態、犯行の動機・態様等を総合して、被告人が本件犯行当時精神分裂病〔現在の病名は統合失調症〕の影響により心神耗弱の状態にあったと認定したのは、正当」とされている（最決昭59・7・3刑集38巻8号2783頁）。

　ただ、責任能力鑑定においては、鑑定時期や鑑定資料の違いから結果が異なりうるだけでなく、精神医学上の概念の不一致や精神障害に対する医学的評価の相違などから、同一の行為についてさえ、精神医学的知見や心理学的

第 19 章●責任能力　233

知見の解釈が必ずしも一致せず、鑑定人によって結論が異なるといった現状が見られる。こうした状況のもとでは、裁判所が特定の鑑定(結果)に絶対的に拘束されるとするのは実際的でない。責任能力の判定にあたって、鑑定を行うかどうか、鑑定書(鑑定結果)をどのように扱うかは、最終的に裁判所の裁量に委ねられている。それは、刑事裁判における自由心証主義のひとつの場面である。他方、そのことは、責任能力判断において裁判所が万能であることまでは意味しない(林美月子・百選Ⅰ(7版)71頁、安田拓人・同73頁)。自由心証主義とはいえ、合理的な根拠なしに鑑定結果を恣意的に覆すことは、経験則違反として許されないだけでなく(最大判昭23・11・17刑集2巻12号1588頁、最判平20・4・25刑集62巻5号1559頁。安田拓人・平成20年度重判179頁)、鑑定制度の意義を否定することになる。裁判官の心証は、鑑定結果も含めて、諸般の事情を総合的に判断して形成されるものでなければならない(金澤文雄・百選Ⅰ(4版)69頁、青木紀博・同71頁)。学説が判例の立場を一致して支持しているのも、このような意味においてである(岩井宜子・昭和59年度重判167頁以下)。

2　行為と責任(能力)の同時存在

■同時存在の原則は徹底できるか？

　刑法における責任は、個々の具体的な犯罪行為との関係で、行為者を法的に非難することである。このため、非難の前提となる責任能力は、実行行為の時点に存在していなければならない。これは、**行為(実行行為)と責任(責任能力)の同時存在の原則**と言われ、責任主義の内容のひとつとされる(→第3章1)。この原則によれば、実行行為の時点で責任無能力または限定責任能力の状態にあった行為者には、当然に、無罪または必要的に減軽した刑が言い渡されなければならない。

234

┌─────────────────────ケース2（原因において自由な行為）─┐

　甲は、Aをナイフで刺殺する決意をし、自分を勇気づけるため多量に飲酒した。甲は深酒のために心神耗弱状態になりながらも、当初の計画通りにAを刺殺した。甲の罪責は、どのように判断されるか。また、飲酒の度が過ぎて甲が寝込んでしまい、計画を実現できなかった場合は、どう判断されるか。

└──────────────────────────────────────┘

　行為と責任の同時存在の原則を一貫すれば、**ケース2**の甲がAを殺害した場合は、殺人罪(199条)の成立を認めたうえで、刑を必要的に減軽することになる。しかし、行為者自身が精神障害を招いて責任無能力・限定責任能力の状態に陥り、その状態を利用して結果を発生させた場合に心神喪失者・心神耗弱者としての法的効果を認めることは、正義に反するのではないかとの疑問が提起され、**原因において自由な行為の理論**という考え方が主張されている。それは、精神障害を招く行為(原因行為)が自由な意思状態(責任能力のある状態)で行われている以上、結果を発生させた行為(結果行為)が不自由な状態(責任能力が阻害された状態)で行われたとしても、その結果については完全な責任非難を認めてよいとするものである。こうした考え方は、実行の途中で責任無能力・限定責任能力になった場合にも妥当する(深町晋也「原因において自由な行為」新争点84頁以下、小池信太郎・百選Ⅰ(7版)75頁)。

　最高裁も、早い時期からこのような考え方を認め、旧麻薬取締法4条4号(麻薬のために自制心を失う罪)の成否が争われた事案で、「右自制心を失った行為の当時には被告人に責任能力がなくとも、麻薬を連続して使用する際被告人に責任能力があり、且つ麻薬の連続使用により麻薬中毒症状に陥ることについての認識(未必の認識)があれば、いわゆる原因において自由な行為として、処罰することを得る」としていた(最決昭28・12・24刑集7巻13号2646頁。否定説として、浅田・302頁)。

■責任無能力状態の利用という構成

　有力説は、実行行為と責任能力の同時存在を厳格に要求したうえで、原因において自由な行為を間接正犯類似の現象として構成することで解決を図る

（構成要件モデル）。それによれば、責任無能力状態の他人を道具として利用する間接正犯(→第25章3)に対して、原因において自由な行為は、責任無能力状態下にある自己を道具として利用する場合であるとされる(団藤・総論160頁以下)。それが間接正犯と同じ構造であれば、実行行為は責任無能力者(自己の責任無能力状態)を道具として利用する行為(原因行為)に認められるから、実行行為と責任能力の同時存在の原則は厳守される(図1)。このような構成においては、結果実現の故意とともに、心神喪失・耗弱状態に陥ることの故意(**二重の故意**)が必要とされることになる(林美月子・百選Ⅰ(4版)79頁)。

図1 間接正犯類似説

	実行行為		道具				
間接正犯	利用行為	⇨	責任無能力者	⇨	被利用行為	⇨	結果発生
原因において自由な行為	原因行為	⇨	責任無能力状態	⇨	結果行為	⇨	結果発生

　間接正犯類似説は、責任無能力状態の自己を利用する形態の説明として、きわめて説得的である。しかし、それは、**ケース2**で不都合な結論をもたらす。この立場は、限定責任能力状態の利用という間接正犯を認めないため、心神耗弱状態でAを殺害した甲は、原因において自由な行為による処罰は認められず、通常の心神耗弱による殺人として処理せざるをえない。このことは、当初の計画通りの結果を発生させながら、中途半端な飲酒量であったことが有利に機能することを意味する。他方、甲が殺害行為以前に眠り込んでしまった場合は、原因行為(飲酒)が実行行為とされることから、A殺害の危険性が完全に消滅したにもかかわらず、甲に殺人未遂罪(203条)が成立する。もっとも、未遂犯に関しては、飲酒行為を殺人の実行行為と見ることは犯罪の定型性が緩やかになりすぎるとして、飲酒行為の実行行為性を否定することも可能ではある。しかし、同様のことは、既遂犯の場合にも当てはまる。犯罪の定型性を強調すれば、責任無能力状態の自己を道具と評価できるのは、そもそも定型性が緩やかな不作為犯の場合に限られることになろう。間接正

犯類似説は、定型性を緩やかに解さない限り、原因において自由な行為の理論の本来的な実益を発揮できないものである。

■**同時存在の原則の拡張**──────────────────────■

同時存在の原則を厳守する間接正犯類似説に対し、結果行為に実行行為性を求める学説は、結果行為(実行行為)と密接なつながりをもつ原因行為の時点に責任能力が存在すれば足りるとして、同時存在の原則を緩やかに解することで解決を図ろうとする(責任モデル)。それによれば、原因行為時の意思決定が結果行為によって実現された場合(西原(下)・462頁)、あるいは原因行為時における結果発生の危険性が結果行為に実現している場合(内藤(下)Ⅰ・884頁)に、原因において自由な行為としての処罰が認められる(**図2**)。したがって、間接正犯類似説に要求される「二重の故意」は不要とされ(山口・総論277頁)。心神耗弱状態に陥って当初の計画通りにAを殺害した**ケース2**の甲には、原因において自由な行為として殺人罪が成立する。他方、多量の飲酒で甲が眠り込んでしまった場合は、原因行為時の意思決定と結果発生の危険性を実現する結果行為とのつながりが断絶するため、殺人予備罪(201条)が問題となるにすぎない。

図2　同時存在の原則の拡張

最高裁も、限定責任能力状態で飲酒運転をした事案で、「酒酔い運転の行為当時に飲酒酩酊により心神耗弱の状態にあったとしても、飲酒の際酒酔い運転の意思が認められる場合には、刑法39条2項を適用して刑の減軽をすべきではないと解するのが相当である」と判示している(最決昭43・2・27刑集22巻2号67頁)。本件を原因において自由な行為の事案と見ることを疑

第19章●責任能力　237

問視する立場もあるが(丸山治・百選Ⅰ(4版)81頁)、最高裁は、間接正犯類似説を否定したうえで、原因行為時の意思決定が結果行為によって実現されたことを重視したものと思われる(林幹人・百選Ⅰ(5版)73頁)。

　法的非難の前提として責任能力の存在が要求されるのは、完全責任能力状態の意思決定にもとづく結果実現が非難の対象とされるからである。したがって、自由な意思決定にもとづいて原因行為が行われ、その意思決定が結果行為に実現している以上は、法的非難にとって欠けるところはない。責任主義における同時存在の原則は、「実行行為」と「責任能力」の同時存在を中核としながら、「実行行為と意思で結ばれた原因行為」と「責任能力」が同時に存在する場合にも及ぶ。それは、原則の内容の合理的な拡張であり、原則の否定でもなければ、例外でもない。ただ、結果行為における意思や危険性の実現は、それ自体を直接的に認定することが困難であり、客観的事情にもとづく相当性(相当因果関係の存否)判断によらざるをえない。

■過失犯の場合─────────────────────────────────

───────────────────ケース3(原因において自由な行為?)■

　飲酒をすると病的酩酊に陥って暴力をふるう性癖を持つ甲は、飲食店で飲酒中に女店員を殴打し、それを制止しようとしたAを肉切包丁で刺殺した。甲は、精神鑑定の結果、行為時には心神喪失状態にあったことが判明した。甲の罪責は、どのように判断されるか。

　原因において自由な行為の理論は、主として故意犯における不都合な結論を回避するために展開されたものであり(特に構成要件モデル)、過失犯への適用の可否について学説は必ずしも明確な態度を示していない。他方、すでに大審院は、授乳中に嬰児を窒息死させた事案で、「授乳に伴い通常生ずることあるべき一切の危険を未然に防止すべき義務……を怠り授乳中睡眠したる為乳房をもって乳児の鼻口を圧しこれを窒息死に致したる場合においては、授乳者は乳児の死亡につき不作為による過失致死の罪責を免れざる」としていた(大判昭2・10・16刑集6巻413頁)。最高裁も、ケース3の事案で、

「多量に飲酒するときは病的酩酊に陥り、因って心神喪失の状態において他人に犯罪の害悪を及ぼす危険ある素質を有する者は居常右心神喪失の原因となる飲酒を抑止又は制限する等前示危険の発生を未然に防止するよう注意する義務〔があり〕……本件殺人の所為は被告人の心神喪失時の所為であったとしても(イ)被告人にして既に前示のような己れの素質を自覚していたものであり且つ(ロ)本件事前の飲酒につき前示注意義務を怠ったがためであるとするならば、被告人は過失致死の罪責を免れ得ない」と判示している(最大判昭26・1・17刑集5巻1号20頁)。

これらの判例は、いずれも原因行為(授乳ないし飲酒)の時点での不注意を認定しており、その点で、原因において自由な行為の理論を過失犯に適用したものと理解されている(萩原玉味「原因において自由な行為」判例刑法研究3巻49頁、田中圭二・百選Ⅰ(5版)69頁)。しかし、これらの判例は、原因行為時の意思や危険性が結果行為に実現していることを問題にしていたわけではない。むしろ、不注意な態様での授乳や飲酒それ自体を過失の実行行為(客観的注意義務違反)と認定しているように思われる。そうであれば、これらは、不注意な授乳行為・飲酒行為それ自体との関係で端的に過失犯の成立が肯定された事案であり、原因において自由な行為の理論を過失犯に適用したものではないことになる(成瀬幸典・百選Ⅰ(6版)73頁、丸山治・百選Ⅰ(7版)77頁)。同様に、**ケース3**の甲についても、原因において自由な行為の理論によらなくても、(重)過失致死罪(210条、211条)の成立を認めることができる。

3 まとめ

責任能力については、刑法上の理論的問題の重要性もさることながら、その具体的判断の是非が争われることが多い。精神医学上の知見が一致して刑事裁判に応用しうるまでに確立されていない現在、このような状況は今後も続いていくことが予想される。東京・埼玉で起きた幼女連続誘拐殺人事件(1988年～1989年)を契機として、アメリカでは周知であった二重人格・多重人格(解離性パーソナリティ障害)の問題が、わが国においても顕在化するに

第 19 章●責任能力　239

至った。この事件によって、多重人格者の責任能力をどのように構成し判断するかについて、司法精神医学界に大きな一石が投じられたのである（もっとも、東京地判平 9・4・14 判時 1609 号 3 頁は、多重人格の疑いがあるとする鑑定を排斥している）。

　また、アメリカにおいては、責任無能力制度（精神障害の抗弁）が凶悪な触法行為者を野放しにしかねないことへの懸念から、いくつかの州が責任無能力の抗弁制度の廃止に踏み切っている（モンタナ州〔1979 年〕、アイダホ州〔1982 年〕、ユタ州〔1983 年〕、カンサス州〔1996 年〕など）。これらの州においては、弁識能力・制御能力を欠く状態は、犯罪の成否を左右するものではなく、わが国の故意に相当するメンズ・レアの認定や量刑事情、訴訟能力や受刑能力の問題に解消される。このような状況がただちにわが国に影響を与えるとまでは思われないが、責任能力制度を維持する場合には、触法精神障害者等の処遇問題が避けられないものとならざるをえない。いわゆる心神喪失者等医療観察法が制定され、そこには保安処分的な内容がうかがわれることもあり（中山研一『心神喪失者等医療観察法の性格』〔2005 年〕参照）、改正刑法草案が提案した保安処分（草案 97 条以下）そのものについても真摯に議論すべき時期がきているように思われる。その一方で、精神医療機関への入院が認められることによって、触法精神障害者は司法の手から医療へと移されることになり、両者の有機的な連携が切断されかねない状況も生じている。こうした点に見られるように、精神医療現場を含めて、精神医学と刑事裁判（司法）との交錯は、依然として未解決の多くの問題をかかえており、その前途にはまだまだ困難なものがある。

〔丸山雅夫〕

第20章 違法性の錯誤

1 違法性の錯誤の取り扱い

■違法性の錯誤とは

　法学部1年生の甲君が、講義のとき隣にすわったA君の六法を、自分のと間違えてうっかり自宅まで持って帰って来てしまったとしよう。甲君は、窃盗罪(235条)の刑事責任を負うことはない。それは、**事実の錯誤**により「罪を犯す意思」(38条1項)を欠いた行為であり、通説的な理解によれば、構成要件に該当する行為(したがって、可罰的違法行為)ではないからである。甲君は、違法性の意識、すなわち自分が違法な行為をしているという意識を欠いていたであろう。しかし、この場合、**違法性の錯誤(法律の錯誤)**の問題は生じない。違法性の錯誤が問題とされるのは、事実(通説によれば、構成要件に該当し、かつ違法性阻却事由を具備しない事実)は正しく認識しながらも、行為は違法ではないと誤った評価をした場合である。それは、法(ないし裁判官)は行為を違法と評価し、行為者はそれを適法と評価するという形で、両者の法的見解がくい違った場合といえる(→第11章2)。

ケース1(自分の物に対する窃盗?)

　甲は、散歩中、通りがかりのA家の庭に、数か月前から行方不明となっていた自分の自転車が置いてあるのを発見したため、この自転車をそのまま持ち帰った。Aは、数か月前、その自転車が路肩にとめられていたのを持ち帰って、これを使用していたのであった。甲の行為は窃盗罪となるか。

　自己の所有物を取り返すことが窃盗になるはずはないと考える読者も多い

であろう。たしかに、窃盗罪(235条)の保護法益が所有権であり、所有権侵害がなければ窃盗罪は成立しないと考えると、甲に所有権があるかぎり、窃盗罪は成立しない。しかし、刑法は、242条という例外規定により保護の範囲を拡張し、財物の所有者が「自己の財物」を占有者(所持者)から奪う行為も処罰の対象としている。そこで、**ケース1**の甲の行為も、Aの占有(物に対する事実的支配)を害したものとして、窃盗罪を構成しうるのである(235条と242条の関係および242条の解釈については、井田・各論196頁以下を参照)。かりに、甲としては、自分の行為が違法とは考えなかったとしよう。甲は、窃盗罪の構成要件に該当する違法な行為を行ったのであるが、その行為が法的に許されないことを知らなかったことになる。

■事実の錯誤と違法性の錯誤━━━━━━━━━━━━━━━━━■

通説によれば、錯誤のせいで事実を認識しないで行為した場合には(それがいかに軽率な誤解であったとしても)故意の成立は否定されるが、違法性の錯誤のため行為が違法でないと信じていたとしても故意は阻却されない(その趣旨を規定したのが38条3項である)。しかし、例外的な状況で、違法性の錯誤が避けられなかったとき、違法行為に出たことについて行為者を非難できず刑事責任は否定される(したがって、**ケース1**については、違法性の意識を欠いたことにつき相当の理由があったかどうかが問題となる〔→本章3〕)。

事実の錯誤と違法性の錯誤の取り扱いを比べると、2つの点で異なっている。まず、事実の錯誤のため事実の認識を欠けば、**ただちに**故意は阻却されるが、違法性の錯誤があっても、**よくよくのことがなければ**故意犯の刑事責任は否定されない。それには理由がある。刑法は(たとえば、「正当防衛などの事情がないかぎり人を殺害してはならない」という)**規範(行為規範・行動準則)**を守らせるために存在するのであり、規範に関する不知・誤解があっても(いや、まさに規範の不知・誤解をただすためにこそ)処罰すべきだからである。刑法は、法を一般市民に教え、またもし法に関する誤解があればそれをただすために存在する以上、法を(正しく)知らなかった者をそれだけの理由でただちに許すことはできない(→第11章2)。

次に、故意は違法要素で（も）あるとするのが多数説であるから、事実の錯誤により故意が阻却されるとき、その行為は故意の違法行為でなくなる。これに対し、違法性の錯誤があっても、故意の違法行為であることに変わりはなく、ただ場合によって責任が否定されるにすぎない。違法性の判断は、刑法上許容される行為かどうかを**市民に対し一般的に**示すべきものである。これに対し、責任の判断は、当該の行為者個人との関係で刑罰的非難が可能であるのかどうかの判断である。うっかり六法を持ち帰った行為は刑法的に違法な行為とまではいえないというのは、刑法は**不注意で他人の物を持ち帰る行為まで市民に一般的に禁止するものではない**ということである。逆に、**ケース１の甲の行為が違法**だということは、法がこの種の行為を一般的に禁止しないわけにはいかない（せいぜい責任阻却が問題となりうる行為にすぎない）ということを意味する。

> ●故意の要素か責任の要素か——違法性の意識の可能性を、責任要素としての故意の構成要素とするか、それとも故意とは別個独立の責任要素とするかをめぐり見解の対立があるが、後者が妥当であろう。「故意」と「違法性の意識の可能性」とは区別すべきものであって、同じ概念のもとに統合するのは適切でないし、違法性の意識の可能性は過失犯についても必要とされる要件であり、そうであるとすれば、**故意犯と過失犯とに共通の責任要素**として故意とは切り離すべきだからである。違法性の意識の可能性を責任要素として位置づける見解を**責任説**と呼ぶ。

2 違法性の意識の具体的内容

■違法性の錯誤にいう「違法性」とは━━━━━━━━━━━━━━━━━━━■

違法性の意識とか違法性の錯誤という場合の「違法性」とはどういう意味であろうか。ひとくちに違法といっても、民法上の損害賠償責任が生じたり、行政法上の秩序罰（たとえば、過料。これは刑罰ではない）を科せられたりはするが、刑法による処罰の対象にならない「違法」行為はいくらでもある。たとえば、行為者が、民法上の不法行為（民法709条）にはなっても、刑罰法規にあたらない行為と信じて行ったとき、「違法性」の意識があったといえるかどうかが問題となる。通説によれば、違法性の意識は故意の要件にならな

いが、違法性の意識の可能性がなければ刑事責任を追及することはできない。そこで、違法性の意識の可能性があるといえるためには、いかなる事態が認識可能でなければならないか(民法的違法性の認識可能性でも足りるか、それとも刑法的違法性の認識可能性が必要か)が明らかにされなければならない。

■―――――――――――――――――ケース2(「違法性」の錯誤?)■

　A県の条例である「青少年保護育成条例」は、「何人も、18歳未満の男女に対し、淫行をしてはならない」と定め、違反に対し「2年以下の懲役又は100万円以下の罰金」を規定していた。A県警では「青少年の保護と健全な育成のために」と題するパンフレットを作成し広く配付したが、そのなかには、「16歳以下の男女とみだらな性行為を行うと罰せられます」という誤った記述が含まれていた。甲が、これを信頼して、17歳のB女の年齢を確認した上、「淫行」にあたる行為を行ったとき、甲は処罰されうるか。

■反道徳性・法違反性・可罰的刑法違反性――――――――――――

　違法性の意識の可能性とは、行為が「悪い」こと、すなわち反道徳的・反倫理的であることの認識可能性ではない。行為の違法性と反道徳性とは同じではなく、また法的責任と道徳的責任とは区別すべきだとすれば、行為の反道徳性の認識可能性があっても刑法的非難ができることにはならない。**ケース2**の事例についても、行為の反道徳性さえ認識可能であれば(それは十分可能であろう)刑法上の責任は肯定でき、パンフレットの記述を信頼したことは甲の刑事責任に何ら影響を及ぼさない、と考えることは妥当でなかろう。

　通説によると、違法性の意識とは、行為が「法律上許されない」ことの意識である(たとえば、大塚・総論466頁、大谷・総論335頁、川端・444頁、高橋・374頁以下、山中・704頁以下などを参照)。このような理解によると、犯罪にならないと誤解していたとしても、不法行為を構成し損害賠償が義務づけられる行為であると思ってさえいれば、違法性の意識はあった(刑の減軽の必要もない)とされることになる。たしかに、そのような場合には、**法が許容しないその行為を思いとどまるきっかけ**は与えられていたかもしれないが、それだからといって、ただちに刑法的非難が正当化されることにはならない

ように思われる。刑法的非難の対象は、構成要件に該当し違法性阻却事由を具備しない可罰的違法行為である。そうだとすれば、構成要件に該当する可罰的違法行為であることの認識（可罰的刑法違反の認識）こそが違法性の意識だと考えることが論理的である（浅田・334 頁以下、曽根・原論 394 頁以下、内藤（下）Ⅰ・1031 頁以下、西田・総論 253 頁以下、町野朔「『違法性』の認識について」上智法学論集 24 巻 3 号〔1981 年〕193 頁以下、松原・266 頁以下、山口・総論 268 頁を参照）。**ケース 2** の事例についても、行為が何らかの意味で違法であったことの認識可能性を問題とすべきではなく、まさに警察のパンフレットの記述を信頼したことによって、**刑法的違法行為（構成要件該当行為）であることの認識が欠如**したことが問題とされるべきである。

■科刑の予測可能性の保障

　刑法の基本原則とされる**罪刑法定主義**は、一般市民に対し**刑罰権発動の予測可能性**を保障するための原則である（→第 2 章）。この原則の根底には、予測できない処罰で不意打ちをくわせることは公正でないとする思想がある。そうであるとすれば、たとえ犯罪と刑罰が法定されていたとしても、ある人にとり構成要件に該当する違法行為であることを知りえない特別な事情があったとき、それにもかかわらずその人を処罰することはやはり正当化されないはずである。とりわけ、権限ある国の機関の与えた情報を頼りに行動した一般市民に対し、その情報が誤っていたとき、それでも処罰するというのは公正ではない。**ケース 2** は、甲の意思決定に対する国の側からする刑法的非難が正当化されえない場合といえるように思われる。

　罪刑法定主義の基礎にあるのは、刑法は一般市民に対し処罰の予測可能性と行動選択の自由を保障すべきものだとする思想である。民事的な損害賠償は甘んじて受けるが刑罰は受けたくないと考えて行動する人にとっては、刑法的に違法かどうかが本質的に重要なことである。そのような人の行動の自由もやはり保障されなくてはならない。このことから考えても、違法性の意識の可能性とは、刑法上の違法行為（すなわち、構成要件に該当する可罰的違法行為）であることの認識可能性でなければならない。

第 20 章●違法性の錯誤　245

●**違法性の錯誤の態様**——違法性の錯誤の態様として、**法の不知とあてはめの錯誤**の場合
とがある。前者は、その行為を処罰する規定(たとえば、業務妨害行為を処罰する規定
〔233条以下〕)があることを知らなかった場合である。後者は、処罰規定の解釈を誤った
結果、違法性の意識を欠いた場合であり、たとえば、業務妨害罪という犯罪があることは
知っていたが、大学の講義を妨害することがそれにあたるとは思わなかったとか、この程
度ではわいせつ物頒布等罪(175条)にいう「わいせつ」にあたらないと思っていた場合な
どである。

3　違法性の錯誤の回避可能性

■行為の違法性と有責性

　行為者に違法性の意識が欠けていたとしても、市民一般に対し規範を教え
るため(規範に関する誤解があればそれをただすため)に、その行為に対し重い
評価を与えることが必要である(たとえ違法性の錯誤があっても、結果無価値性
も行為無価値性も減弱せず、完全な違法行為である)。しかし、刑罰は違法行為
に出たことに対する非難として科されるとする刑罰理論(いわゆる応報刑論)
を基本とするかぎり、行為者の意思決定に対する非難が可能でない場合には
刑罰を科すことは正当化されない。責任がなければ刑罰を科すことはできな
い(また、刑罰の分量も責任の程度を超えてはならない)とする原則を**責任主義**
の原則という(→第3章)。この原則からすれば、その行為が違法であること
を知ることが不可能であったといえるとき、違法行為の実行を思いとどまら
なかったことについて行為者を非難できず、刑事責任を否定しなければなら
ない。**38条3項**は、違法性の錯誤の場合に関し刑の減軽の余地を認めてい
るにすぎないが、すすんで違法性の意識の可能性がないときには責任を否定
し、犯罪は不成立と考えなければならないとするのが、学説の通説である。
判例の主流は、違法性の意識不要説(違法性の意識の可能性がなくても犯罪不成
立になることはないとする見解)をとってきたが、最近の最高裁判所は、上の
ような学説の見解を排斥することなく、将来において従来の立場を再検討す
る可能性を示唆している(とくに、後掲最決昭62・7・16を参照)。

■責任能力論との関連性

刑法39条および41条に規定された責任能力との関連で考えても、違法性の意識の可能性は責任要素とされなければならない。**責任能力**とは「行為の是非を弁別し、かつその弁別にしたがって行動する能力」ともいわれるが、正確には、**行為の違法性を認識し、かつその認識にしたがって意思決定をなしうる能力**である。責任を問うためには、行為の違法性を認識する能力（弁識能力）があることが前提とされているのである（→第19章1）。そうであるとすれば、具体的な行為状況において、違法性の認識が不可能であるときには責任は問えないと考えるのが当然である。そのことは、違法性の認識にしたがって意思決定できる能力（制御能力）があっても、具体的な行為状況で、適法な行為への意思決定が期待できないとき、**期待可能性**がないことを理由に責任が否定されるべきであるのと同様である。

弁識能力と制御能力という責任能力の要素の延長線上において、違法性の意識の可能性および適法行為の期待可能性という責任要素が位置づけられる。責任能力が故意犯と過失犯とに共通の責任要素であるのと同じように、違法性の意識の可能性も、故意犯と過失犯とに共通の（故意とは別個の）責任要素とすることにより（**責任説**）、上のような責任要素間の相互関係も明らかなものとなる。

> ●**責任の2側面としての「認識」と「意思決定」**——責任能力は、行為の違法性を認識し、かつその認識にしたがって意思決定をなしうる能力であり、それは弁識能力と制御能力からなる。この2つは、責任の2側面である**認識**と**意思決定**の側面に対応している。責任要素のうち、（責任要素としての）故意と過失、違法性の意識の可能性は、主として認識的側面の問題であり、期待可能性は意思決定（動機づけの制御）の側面の問題である。責任能力は2つの側面にまたがる精神的・心理的能力を問題としていることになる。

■回避可能性の具体的基準

違法性の錯誤が回避不可能な場合とは、具体的にどのような場合のことをいうのであろうか。一般的にいえば、違法とされる事実を認識すれば違法性の意識が直接的に喚起されることが期待できる（もっとも、そのような期待は、行為の処罰の必要性ないし妥当性に疑いがあればあるほど、また、規定の不明確

第 20 章●違法性の錯誤　247

性等の不備があればあるほど弱まるといえよう）から、免責を認めるためには、行為者がそれでも行為を適法と信じたことがやむをえず、国の側からの処罰が正当化できないと考えられるような事情が存在すること、すなわち違法性の錯誤に陥ったことに**相当の理由**があるといえることが必要である（平野Ⅱ・268 頁以下を参照。なお、ドイツでは、故意犯における違法性の錯誤は、構成要件的故意があり違法性を意識する直接のきっかけが与えられている場合であることから、錯誤が回避不可能といえるためには、ふつうの過失犯で「無過失」の場合以上の回避の困難さが必要だとする考え方が強かったが、現在の通説は、過失の場合と同じ基準が適用されるとしている）。事実を正しく認識した者については、信頼に値する情報にもとづき行為が適法であると信じたというような特別の事情がなければ責任の阻却を認めることはできない。**ケース 1** では、そのような事情が存在したわけではなく、行為が違法であることの認識に到達することが不可能であったとはいえないであろう。

　信頼に値する情報源とは何よりも法令である。法令は公布されるのであるから、**条文を確認すれば容易に誤解を避けることができる**ときには、相当の理由ありとはいえない。しかし、**ケース 2** においては、甲は警察による情報を信頼したのであった。公的機関の情報については、市民がこれを唯一の情報源として信頼することも許されよう。公的機関の判断にしたがったときには、国がそれでも処罰するのは不公正であるともいえるのである。

■─────────────────**ケース 3（通貨模造事件）**■

　ふつうの人なら一見してただちに真正な通貨でないとわかる程度のものを作り出すことは通貨偽造罪（148 条）にあたらないが、それが真正な通貨とまぎらわしい外観をもつ類似品であれば、通貨及証券模造取締法の 1 条・2 条による処罰の対象となる。甲は、自分が経営する飲食店の宣伝のため、1000 円札に似たサービス券を作成することを思いつき、警察署を訪れ、知り合いの巡査らに相談したところ、通貨及証券模造取締法の条文を示され、真券より大きくするなど誰が見てもまぎらわしくないものにするよう具体的な助言を受けた。甲は、巡査らの態度が好意的であり、助言も断言的なものでなかったことから、助言にきちんとしたがわず、処罰されることはあるまいと考えて、1000 円札

248

> にまぎらわしい外観をもつものを作成した。甲の行為は模造罪を構成するか。

　しばしば問題となるのは、**刑罰法規の解釈上、その行為が処罰されるかどうかが明らかでないとき**である。この場合にも、信頼したことが免責の理由となりうるのは、原則として公的機関の情報にかぎられる。当該法令の運用の職責を負う国家機関の判断・指示や最高裁の判例などにしたがった場合には、違法性の意識を欠いたことに相当の理由があったと認められる（下級審の裁判例には、公的機関の判断・指示にしたがった場合に、相当の理由ありとして犯罪の成立を否定したものがかなり存在する）。しかし、**ケース3**のような事例では、甲は権限ある国家機関の判断にしたがい、これを信頼して行動したとはいえないであろう。最高裁もこの事案（ただし、当時の百円札の模造が問題となったケース）につき、違法性の意識を欠いたことについて相当の理由がある場合とはいえないとした（最決昭62・7・16刑集41巻5号237頁）。

> ●百円札模造事件──最決昭62・7・16は、**ケース3**の行為のほか、甲ができあがったサービス券を警察署に持参し警察官らに見せたところ、格別の注意も警告も受けなかったことから、さらに安心してほぼ同じサービス券を作成した行為を含めて、違法性の意識を欠いたことにつき相当の理由があった場合にはあたらないとし、「行為の違法性の意識を欠くにつき相当の理由があれば犯罪は成立しないとの見解の採否についての立ち入った検討をまつまでもなく、本件各行為を有罪とした原判決の結論に誤りはない」とした（齋野彦弥・百選Ⅰ（7版）98頁以下参照）。

　私人の見解にしたがったときは、それが弁護士や大学教授といった専門家であるとしても、原則として相当な理由があるとはいえないとされている（井田・総論414頁以下を参照）。しかし、少なくとも、公的機関に準ずるもの、とくに一般国民に法規制に関する情報を与える存在として承認され、そのような社会的機能を果たしているものについては、その判断を信頼したとき、免責の可能性が認められるべきである。たとえば、弁護士会に照会して得た回答にしたがったような場合、適法と誤信したことに相当の理由ありとすることができる（大谷・総論347頁、内藤（下）Ⅰ・1041頁）。高裁判例のなかには、民間の自主的な規制機関である映倫管理委員会の審査に通ったためにわいせつにあたらないと思ってわいせつな映画を上映した場合について刑法175条の罪の成立を否定したものがある（東京高判昭44・9・17高刑集22巻4号595

頁〔黒い雪事件〕)が、その結論は妥当である。

4 違法性の錯誤と事実の錯誤の区別

■区別のための判断基準

　刑法は規範を守らせるために存在するから、規範にあたる事実を認識していた行為者は(規範を動揺から守るため、故意犯として)重く処罰する必要があり、規範にあたる事実を認識していなかった者には(それは規範を動揺させる行為ではないから、過失犯として)軽く罰すれば足りる(→第11章2)。そこで、各刑罰法規の解釈を通じて行為規範(行動準則)を具体化し、これにあたる事実が行為者によって認識されていれば故意の成立に必要な事実認識はあることになる。いいかえれば、行為者の認識事実から行為規範を一般化した形で引き出すことができ、それがそれぞれの刑罰法規から導かれる行為規範に一致していれば、故意の成立に必要な事実認識はあったことになる。

──ケース4(無鑑札犬撲殺事件)

　A県では、明治時代から施行されている県令「飼犬取締規則」のなかに、警察官または町村長は、鑑札をつけていない犬は所有者のいない無主犬とみなして撲殺することができる旨の規定があった。甲は、B所有の無鑑札犬を、他人の飼犬と知りつつ撲殺したが、この規定を誤解し、私人との関係でも、無鑑札犬は無主の犬とみなされるものと信じていた。甲は器物損壊罪(261条)の刑事責任を負うか。

　最高裁は、**ケース4**は事実の錯誤の場合であり、法令を誤解したことにより、目的物が他人の所有に属することについての事実認識が欠けるとした(最判昭26・8・17刑集5巻9号1789頁〔石井徹哉・百選Ⅰ(7版)90頁〕)。学説の多くは、この判例を支持している。つまり、法令を誤解し、鑑札をつけていない犬は他人の飼犬であっても無主犬とみなされると信じ、結局、客体を無主犬と思ったのであれば、**事実の錯誤**であり、法令の誤解の結果、他人

の飼犬であっても、鑑札をつけていないなら撲殺してもかまわないと思ったのなら**違法性の錯誤**であるとする。

しかし、そのような心理状態の相違は紙一重の違いであり、前者であればどれほど軽はずみな誤信でも故意を阻却し、後者であれば相当の理由がなければ刑事責任をまぬがれないとするのは妥当な取り扱いとはいえないであろう。器物損壊罪は、事実上他人に帰属し管理・使用されている物に対する侵害を禁じていると理解できるとすれば、そのような「他人に帰属していることの認識」があれば故意として十分であり、他人の所有物であることの法的認識までは要求されない。**ケース4**の甲には、その犬が他人の飼犬であり、他人に帰属することについての認識があった。甲が認識した事実から「他人に帰属する物をきずつけるな」という行為規範を一般化することは可能であるから、その錯誤は違法性の錯誤にすぎないと解される。**ケース4**の事件（最判昭26・8・17）の上告趣意によると、大分県では、「飼犬取締規則」があったため、猟師仲間のみならず一般に、無鑑札犬は撲殺されてもやむをえないとする考え方が広まっていたという。もし、そうであるとすれば、違法性の錯誤に陥ったことに相当の理由があった場合として免責が認められるべきかどうかを検討すべきことになろう。

5 まとめ

違法性の錯誤の問題は刑法上のさまざまな問題と関係している。学説の歴史においては、故意との関連をめぐって議論が展開されてきた。しかし、以上の検討が示したように、刑法上の違法性の実質についてどのように考えるかを離れて、違法性の錯誤の内容および位置づけの問題を論じることはできない。また、違法性の錯誤の問題は、罪刑法定主義や責任主義といった刑法の基本原則にさかのぼって答えられなければならない重要論点を含んでいる。犯罪論の諸問題はそれぞれ密接に関連しあっているが、体系的理解が要求されるという点で、違法性の錯誤の問題はその最たるものの1つである。

[井田　良]

第21章 違法性阻却事由の錯誤

1 違法性阻却事由の錯誤とは

■何が問題か

　故意があるといえるためには、**構成要件に該当する客観的事実**(たとえば、他人の生命を奪うこと)の認識が必要であることについては異論はないが、それが**違法性阻却事由を具備しない事実**(たとえば、「正当な理由なく」他人の生命を奪うこと)として認識されなければならないかどうかについては、通説はこれを肯定するものの、反対の見解も有力であり、重要な論争点になっている。違法性阻却事由にあたる事実が存在しないのに、存在すると行為者が誤認して行為した場合、構成要件に該当する客観的事実の認識はある(したがって、構成要件的故意はあるが、しかし違法性阻却事由にあたる事情を誤認したため、行為者には「適法な事実」として認識されている)。このような認識内容をもって故意と呼びうるかどうかが問題となるのである。

■───────────────ケース1(誤想防衛)■

　甲は、散歩中、大きな悲鳴を聞き、その方向に目をやると、ある家の庭でAがBに対し日本刀で切りかかろうとしているところであった。甲は、Bを救おうとして小石をAに向けて投げつけ、Aに傷害を負わせた。ところが、実はAもBも劇団員で、竹みつを使って芝居の稽古をしていたところであった。甲はどのような刑事責任を負うか。

　ケース1においては、正当防衛にあたる客観的事実は存在しない(すなわち、36条1項にいう「急迫不正の侵害」が存在しないため、正当防衛の前提事実

が欠ける)が、行為者としては、正当防衛の要件にあたる事実を認識していた。行為者の「頭の中」には、正当防衛の要件をすべて充足する事実が存在していたのである。このような場合を**誤想防衛**といい、**違法性阻却事由の錯誤の代表例**とされている。もちろん、緊急避難や、その他の違法性阻却事由についても、**事実面での錯誤**が生ずる場合は考えられる(たとえば、**誤想避難**の場合や、被害者が同意していると誤信してこれに傷害を加えた場合など)。

> ●違法性阻却事由の錯誤の2つのタイプ──厳密にいえば、違法性阻却事由の錯誤といわれるものの中にも、事実面の錯誤のほか、法的評価のレベルでの誤信がある(「事実の誤り」と「評価の誤り」については、第11章2を参照)。たとえば、行為者が客観的事実そのものは正確に認識しつつも、①自己の行為は法的に正当化されると評価のレベルで誤信していた場合(たとえば、証人として尋問された者が、自己の犯罪に関わる事項について虚偽の事実を申し述べることは「防御権」の行使として許されると誤信していた場合〔刑法169条および刑訴146条を参照〕)や、②現行法で認められた違法性阻却事由の法的要件を誤解した場合(たとえば、貸した物をなかなか返さない者から実力でその物を奪い返すことも正当防衛にあたると誤って考えた場合など)のことであり、これらの法的評価のレベルでの誤信が**違法性の錯誤**(→第20章)であることにつき、学説は一致している。そこで、**ケース1**の場合のような違法性阻却事由に関する事実面の錯誤のことを、法的誤信の場合と区別して、**違法性に関する事実の錯誤**とか**正当化事情の錯誤**と呼ぶこともある。

■事実の錯誤か違法性の錯誤か

ケース1にみられるような、違法性に関する事実の錯誤は、事実面に関する錯誤であり、その点では構成要件該当事実の錯誤と同じである。たとえば、人を熊だと思って撃ち殺したとき、また、他人の傘を自分の傘と間違えて持ってきたとき、事実面の錯誤の結果、行為者には違法な事実の認識が欠けている。**ケース1**における甲も、事実面の錯誤の結果、正当防衛にあたる事実を認識しているのであって、違法な事実の認識を欠いている。ちがうところは、構成要件にあたる事実について錯誤があるか、違法性阻却事由にあたる事実について錯誤があるかの点にすぎない。通説は、誤想防衛のような違法性阻却事由に関する事実の錯誤は、構成要件該当事実の錯誤と同じく、**事実の錯誤**としてただちに(たとえ、その誤信がどれだけ軽はずみなものであったとしても)故意を阻却すると考える(たとえば、浅田・94頁以下、333頁以下、大塚・総論464頁以下、斎藤・102頁、202頁以下、曽根・原論414頁以下、団藤・総論242頁以下、308頁以下、内藤(中)・355頁以下、中・92頁以下、104頁、

137 頁以下、中山Ⅰ・157 頁以下、平野Ⅰ・164 頁以下、前田・総論 189 頁以下、316 頁以下、山口・総論 208 頁以下、山中・472 頁以下など)。

　他方、**ケース1**の場合、甲は、Aがケガをするであろうことはわかって行為しているのであって、傷害罪(204 条)の構成要件該当事実の認識、したがって構成要件的故意はある。この点に注目すれば、誤想防衛は、犯罪事実は認識しつつ、ただ行為が法的に許されると信じたにすぎない場合なのであり、**違法性の錯誤**と考えることもできる(違法性の錯誤に関する通説によれば、その錯誤が回避できなかった場合にのみ責任が阻却される〔→第20 章〕)。そこで、有力に主張される反対説は、誤想防衛に代表される違法性阻却事由の錯誤を違法性の錯誤とするのである(伊東・総論 279 頁以下、大谷・総論 162 頁、290 頁以下、350 頁、川端・393 頁以下、西原(下)・469 頁以下、福田・213 頁以下など)。**ケース1**についてみると、通説によれば、決して故意犯が成立することはない(過失犯として処罰されるか、不可罰となるか)のに対し、反対説によると決して過失犯が成立することはない(故意犯が成立するか、責任が阻却されて不可罰とされるか)ということになる。

●**判例の立場**——判例も、通説と同じ見解をとると考えられている。もっとも、正面から判断を示した大審院・最高裁判所の判例は存在しない(傍論ながら「犯意を阻却する」としたのは、大判昭 8・6・29 刑集 12 巻 1001 頁)。高裁判例には、故意阻却の結論を認めたものがある。たとえば、広島高判昭 35・6・9 高刑集 13 巻 5 号 399 頁は、Aが不穏かつ危険な言葉を発しながら右手をオーバーのポケットに突っ込んだのを凶器を取り出して自己に立ち向かってくるものと思いこんだ甲が、自己の生命・身体を防衛するため、ありあわせの木刀でAの右手首を打ちすえ、さらにAが反抗に出たため数回殴打し、傷害を与えたという事案について、「被告人の本件行為は、錯誤により犯罪の消極的構成要件事実即ち正当防衛を認識したもので故意の内容たる犯罪事実の認識を欠くことになり従って犯意の成立が阻却されるから犯罪は成立しない」とした。また、東京高判昭 45・10・2 高刑集 23 巻 4 号 640 頁も、誤想防衛につき故意阻却の結論を認めた。さらに、後掲大阪高判平 14・9・4(→本章3)も、「被告人が主観的には正当防衛だと認識して行為している以上、……故意非難を向け得る主観的事情は存在しないというべきであるから、いわゆる誤想防衛の一種として、過失責任を問い得ることは格別、故意責任を肯定することはできないというべきである」としている。

254

2 学説における議論の状況

■通説の論拠

　なぜ、通説は、違法性阻却事由に関する事実の錯誤は故意を阻却すると考えるのであろうか。その論拠は次の点に求められているといえよう。誤想防衛についていえば、行為者の認識においては、正当防衛の要件が充足されており、認識事実そのものは正当防衛、すなわち適法行為の場合である(すなわち、行為者の認識した事情をそのまま客観化すれば、36条の要件を充足する正当防衛である)。したがって、①行為者の認識事情そのものは適法な事実だったのであるから、行為者は犯罪事実を認識していたとはいえず、「罪を犯す意思」(38条1項)があったとはいえない(このことを強調するのは、平野龍一『刑事法研究・最終巻』〔2005年〕6頁以下)。より実質的に考えてみても、②故意犯の重い責任を問いうるのは、ふつうの人ならそのような事実を認識すれば当然に行為を思いとどまるような事実を認識しながら、それにもかかわらず行為に出たからであり、行為者にそのような事実(違法性の意識を直接的に喚起しうる事実)が認識されていたというためには、認識の内容が構成要件に該当する事実というばかりでなく、具体的に違法な事実(違法性阻却事由を具備しない事実)である必要がある。さらに、③構成要件該当事実も違法性阻却事由にあたる事実も、ともに違法性に関する事実であるし、ある事情が構成要件要素になるか違法性阻却事由となるかの区別はしばしば相対的・流動的であり(たとえば、被害者の同意の場合がそうであろう)、構成要件要素に関する錯誤ならただちに故意は阻却されるが、違法性阻却事由にあたる事実なら違法性の錯誤にすぎないというように決定的な違いを認めるのは妥当でないとすることも可能であろう。

　このような通説の考え方にしたがえば、**ケース1**については、傷害罪の故意責任は否定される。ただし、よく注意すれば、それが芝居の練習であることに気づきえたというのであれば、事実を誤認したことに過失があるから、

第 21 章●違法性阻却事由の錯誤　255

過失傷害罪(209 条または 211 条後段)の成立が認められることになる。

■違法だが責任はない

　通説によれば、誤想防衛などの違法性に関する事実の錯誤においては、故意が阻却されるのであるが、学説の多くは、構成要件該当事実の錯誤の場合と異なり、**構成要件的故意**は否定されず、責任の段階ではじめて**責任要素としての故意**(責任故意)が阻却されるとする(学説の多くが、構成要件的故意とならんで責任要素としての故意の観念を認める〔＝ **2 つの故意を認める**〕理由は、違法性阻却事由の錯誤のケースのように、構成要件的故意が認められても故意犯の成立を否定しなければならない場合があるからなのである。構成要件的故意は肯定されるが、責任要素としての故意が阻却されるとしてはじめて、誤想防衛などの違法性阻却事由の錯誤の場合に、故意犯の成立を否定することができる。ただし、後述のように、平野、中山、内藤、松原らは「構成要件的故意」の観念を認めず、逆に、中はすでに構成要件的故意が阻却されると主張する)。構成要件該当事実の錯誤(たとえば、人を熊だと思って殺した場合)においては、すでに構成要件該当事実の認識がないのであるから、構成要件的故意が阻却され、したがって、すでに故意犯の違法性が否定される(→第 20 章 1)。これに対し、違法性阻却事由の錯誤である誤想防衛においては、構成要件該当事実の認識はあるから、構成要件的故意は否定されないのである。

　ケース 1 の事例でこれをみれば、甲は A に傷害を与えるであろうことは承知のうえで行為している。したがって、違法性阻却事由の錯誤においては、故意犯の構成要件該当性は認められ、また違法性も阻却されず、**ただ故意の責任が否定される**にすぎないことになる。たしかに、誤想防衛がすでに違法な行為でもないとすれば、正当防衛の要件にあたる事実がないのに違法性が否定されるということになり、**正当防衛と誤想防衛の法的効果の上での区別がなくなってしまう**(誤想防衛行為に対し正当防衛で対抗することもできないという事態も生じうる)。違法性阻却事由の錯誤は「違法だが、(故意の)責任がない」とする通説の体系的な取り扱いには理由のあるところである。

　●**故意の違法性が否定されるとする見解**──これに対し、行為無価値論の立場から、刑法

は「一般市民に規範を教え、規範に関する誤解をただすために存在する」と考えるときには（→第11章2）、異なった結論が出てくる。法は、一般市民に対し、正当防衛行為に出るときには36条1項の要件の範囲内でこれを行うことを求めているのであるから、正当防衛も行為規範の一部に含まれる。すなわち、規範とは、たとえば「正当防衛などの正当な理由のない状況で人を殺害するな」という内容のものなのである。そうであるとすれば、誤想防衛の場合のように、行為を正当化する事情を認識したとき、規範にあたる事実面の錯誤があることから、故意による（重い）規範違反性は否定され、故意の（可罰的）違法性は認められないことになる。このように考えるのがドイツの有力な見解でもある。

■体系構成上の問題点

　上記の学説の問題点は、違法性阻却事由の錯誤において、誤信について過失があったとき（いいかえれば、注意すれば錯誤を避けられたとき）過失犯の成立を認めなければならないが、**いかなる意味において過失犯の成立を認めることができるか**が明らかでないところにある。誤想防衛においては、構成要件的故意は認められ、故意犯の構成要件該当性は肯定されるのであるが、故意犯の構成要件に該当する行為（すなわち、過失犯の構成要件には該当しない行為）について、なぜ過失犯の成立を認めることができるかが問題となる。いいかえれば、故意犯の構成要件に該当して違法な行為につき、錯誤のために故意の責任を問うことができないとき、無罪となるのではなく過失犯の成立が認められるとすることを理論的にどのように説明するのかが問題とならざるをえないのである。

　これに対しては、「構成要件的故意の中には、つねに構成要件的過失が含まれ」ており、いわば「大は小をかねる」関係があることから、軽い範囲内で過失犯の成立を認めることができるという回答が示されている（大塚・総論453頁以下、団藤・総論309頁）。

　●**異なった理論構成**──上のような体系構成上の問題点は、①故意を構成要件要素として位置づけ、誤想防衛の場合に構成要件的故意が肯定されるとすること、および、②誤想防衛の場合について、故意犯の責任を否定することの2つを同時に認めようとするところから生じてくる。したがって、㈠構成要件的故意の観念を否定し、構成要件と違法性の段階では故意犯と過失犯とを区別せず、故意は純然たる責任の要素にすぎないとすること（内藤（中）・157頁以下、平野Ⅰ・96頁以下、159頁以下、松原・227頁以下など）、㈡故意を構成要件要素として位置づけ、しかし誤想防衛の場合にはすでに構成要件的故意が否定されると考えること（井田・総論170頁、248頁以下、381頁以下、中・57頁以下、92頁以

下、104頁）、(ﾊ)誤想防衛などの違法性阻却事由に関する事実の錯誤は違法性の錯誤であり、故意を阻却しないと考えること(とくに、次に述べる厳格責任説)のいずれかをとれば、難点は生じないことになる。

■厳格責任説

　通説に対する反対説は、いわゆる**厳格責任説**(すなわち、徹底した責任説)の立場から、違法性阻却事由の錯誤を違法性の錯誤としている(伊東・総論279頁以下、大谷・総論338頁以下、川端・393頁以下、427頁以下、西原(下)・465頁以下、福田・202頁以下、212頁以下など)。厳格責任説によれば、故意は責任要素ではなく**純然たる違法要素**、したがって違法類型としての構成要件要素であり、故意犯と過失犯とは構成要件段階でのみ区別される(責任説については、第20章1も参照)。責任の段階では、違法行為への意思決定を非難できるかどうかのみが問題となり、過失犯にも共通の責任要素として(責任能力や期待可能性のほかに)**違法性の意識の可能性**のみが要件とされ、**故意という心理的な事実は責任要素から完全に排除**される(その意味で、心理的責任論から規範的責任論への転換が徹底される)。

　この見解によると、誤想防衛など違法性阻却事由に関する錯誤においては、構成要件的故意が肯定され、故意犯としての違法性が認められる以上、錯誤はもはや故意の成否とは無関係で、責任の段階の判断で、その錯誤が回避不可能であったとされるかぎりで、違法性の意識の可能性が否定されることにより、責任が阻却されるにすぎないことになる。**ケース1**の場合、厳格責任説によれば、傷害の故意をもって他人の身体を傷害している以上、故意の傷害罪(204条)の構成要件該当性および違法性は肯定され、過失犯成立の余地はない。錯誤が回避可能であったとすれば故意の傷害罪が成立し、もし回避不可能であったときには、違法性の意識の可能性がなく責任を問いえないことから犯罪は成立しないとされることになる。

　このように、厳格責任説は、**体系的な首尾一貫性**という点ではすぐれた見解であるが、錯誤論との関係で**構成要件と違法性阻却事由との間に決定的な違いを認める**ことにおいて、通説とはっきりと対立するのである。

3 誤想防衛の諸類型

■誤想防衛の３つの態様

誤想防衛とは、行為者の認識した事実としては、正当防衛の要件がみたされているときである。したがって、正当防衛の要件のうちで、どの部分について錯誤があるかにより、いくつかの類型に分類できることになる。

━ケース２（誤想防衛か過剰防衛か）

　甲は、Ａに棒で殴りかかられ、自分の身体を防衛するため、その場にあった棒のような物をとっさに手にとり、これでＡに反撃したが、甲が手にとった棒の先には鋭利なくぎが付いており、これがＡの頭に刺さり、Ａは死亡するに至った。甲には、くぎが付いていることについての認識はなかった。甲はどのような刑事責任を負うか。

　誤想防衛の類型には３つのものがある。すなわち、①急迫・不正の侵害が存在しないのに、それがあると誤認した場合と、②急迫・不正の侵害は現実に存在したが、これに対抗して相当な防衛行為をするつもりで客観的には不相当な行為をした場合、③急迫・不正の侵害の存在を誤認したうえで、さらに、相当な防衛行為をするつもりで客観的には意図した程度を超える行為をした場合(すなわち、①と②とが１つの事例で競合した場合)である。

　これらのいずれも、**主観面における行為者の認識事実が正当防衛**であるかぎりで(**表１の主観面**に関し、正当防衛と誤想防衛とを比較したとき、３類型ともまったく同じである)、すべて誤想防衛の類型に属するもので、主観的な認識内容は正当防衛そのものであり、通説によれば故意犯は成立しない。**ケース２**の事例では、正当防衛の要件としての「急迫・不正の侵害」の事実は客観的に存在しているが、防衛行為に関して錯誤がみられる。これは②の**類型の誤想防衛**であり、通説によれば責任要素としての故意が阻却される(せいぜい過失傷害罪〔209 条または 211 条後段〕の成否が問題となる)。

第 21 章●違法性阻却事由の錯誤　259

表1　正当防衛・誤想防衛の客観面と主観面

〔客観面＝そのような事実が存在しているか〕

	構成要件該当事実	急迫・不正の侵害	必要・相当な防衛行為
正当防衛	○	○	○
誤想防衛①	○	×	△（誤想した侵害の事実を前提とすれば必要・相当な防衛行為）
誤想防衛②	○	○	×（過剰な防衛行為）
誤想防衛③	○	×	×（誤想した侵害の事実を前提としても過剰な防衛行為）

〔主観面＝そのような事実を認識しているか〕

	構成要件該当事実	急迫・不正の侵害	必要・相当な防衛行為
正当防衛	○（ふつうの場合。ただし、過失犯についても正当防衛は考えられる）	○（認識のない場合は偶然防衛と呼ばれる）	○
誤想防衛	○	○	○

　最高裁の判例の中には、老父が棒のようなものを手にして打ちかかってきたのに対し、自己の身体を防衛するため、その場にあった斧を斧とは気づかず何か棒のようなものとのみ思い、これを手にして老父に反撃を加えたが、興奮のため防衛の程度を超え、その斧の峯と刃で老父の頭部を数回殴りつけて同人をその場に昏倒させ、死亡させたという事案について、**誤想防衛ではなく過剰防衛**であるとし、故意は阻却されない（傷害致死罪が成立する）としたものがある（最判昭24・4・5刑集 3巻4号 421頁）。②の類型の誤想防衛にあたるかどうかが問題となるが、**行為者が防衛の程度を超える事実を認識**していた（したがって、行為者が主観的に認識していた事実は正当防衛ではなかった）というのであるから、故意は阻却されることはなく、誤想防衛（②の類型）にあたらないとした結論は妥当であったということになる。

260

●②の類型の誤想防衛にあたる事例──大阪高判平 14・9・4 判タ 1114 号 293 頁(鈴木左斗志・百選Ⅰ(7 版)58 頁)は、被告人が、相手方グループから攻撃を加えられている実兄を助け出そうとして、暴行の故意をもって相手方グループに向けて普通乗用自動車を急後退させて彼らを追い払おうとした際、誤って実兄に車両を衝突させて死亡させたというケースについて、それは誤想防衛の一種であり、故意責任を認めることはできないとした。この事例では、急迫不正の侵害は現に存在していることから、①(および③)の類型の誤想防衛ではないが、防衛行為が方向を誤り攻撃者以外の者に結果を生じさせたのであるから、②の類型の誤想防衛にあたる一事例であるといえよう。いずれにしても、**主観面における行為者の認識事実は正当防衛**であったのだから、誤想防衛の一種として故意を否定した裁判所の判断は正しい。

4 誤想過剰防衛

■誤想過剰防衛とは────────────────────

─────────────ケース 3 (かん違い騎士道事件)

　空手の有段者である甲は、AがBに暴行を加えているものと思いこみ、Bを助けに入ったところ、Aがボクシングのファイティングポーズのような姿勢をとったため、自分にも殴りかかってくるものと誤信し、とっさに空手の技である回し蹴りをして、左足をAの顔面付近に当てて転倒させ、頭蓋骨骨折等により死亡させた。

　ケース 3 における甲は、急迫不正の侵害の事実があるものと誤信し、かつ誤信した侵害に対し相当性を逸脱した反撃行為を行っており、それは**誤想過剰防衛**にあたる。誤想過剰防衛は、認識事実が過剰防衛の場合であり(すなわち、過剰な事実を認識したうえで行為に出ている点で、誤想防衛の③の類型とは異なる)、違法な事実を認識しつつ行為しているのであるから(**表 2 を参照**)もはや故意は阻却されない。いいかえれば、**表 2 の主観面の比較から明らかなように、認識事実はふつうの過剰防衛**と同じであり、ふつうの過剰防衛が故意犯であるように、故意犯の刑事責任を問われる。**ケース 3** の事実について、最高裁も、傷害の故意を否定せず、傷害致死罪の成立を認めている(最決昭 62・3・26 刑集 41 巻 2 号 182 頁〔酒井安行・百選Ⅰ(7 版)60 頁〕)。

第21章●違法性阻却事由の錯誤　261

表2　過剰防衛・誤想過剰防衛の客観面と主観面

〔客観面＝そのような事実が存在しているか〕

	構成要件該当事実	急迫・不正の侵害	必要・相当な防衛行為
過剰防衛	○	○	×（過剰な防衛行為）
誤想過剰防衛	○	×	×（誤想した侵害の事実に対するものとしても過剰な防衛行為）

〔主観面＝そのような事実を認識しているか〕

	構成要件該当事実	急迫・不正の侵害	必要・相当な防衛行為
誤想防衛	○	○	○
過剰防衛	○	○	●過剰な事実の認識
誤想過剰防衛	○	○	●過剰な事実の認識

　誤想過剰防衛においては故意が阻却されないとしても、**36条2項による刑の減免**を認めうるかどうかは問題となる。この点をめぐっては、**過剰防衛における刑の減免の根拠**をめぐる見解の対立と関係して学説が分かれている（学説につき詳しくは、内藤（中）・376頁以下を参照）。過剰防衛については、通説たる**責任減少説**のほか、不正な攻撃者の法益については保護の必要性が減少するとする**違法減少説**、さらに、違法減少と責任減少の両方を考慮する**違法・責任減少説**が主張されている。責任減少説によれば、誤想過剰防衛も、主観面においては過剰防衛と同一である以上（**表2**を参照）、36条2項の**適用**が認められる。しかし、違法減少説によれば、急迫不正の侵害が存在せず違法減少がないので（**表2**から明らかなように、客観面〔違法面〕ではふつうの過剰防衛と異なる）、36条2項による刑の減免を認めることはできないことになる。違法・責任減少説によれば、責任減少を理由として同項を**準用**しうる余地が認められることになる。

　最高裁は、**ケース3**の事例につき、誤想過剰防衛として36条2項により刑の減軽を認めた原判決を正当とした（前掲最決昭62・3・26）。最高裁が違

法減少説をとらないことは明らかである。しかし、過剰防衛における違法減少と責任減少の関係についてどのように考えるのかははっきりしない。

●**過剰防衛における違法減少と責任減少**── 36条2項は、同条1項に関係づけられた規定であり、そこでは「急迫不正の侵害」の事実の存在が前提とされている以上、違法性の減弱という側面が考慮されていることを否定できないであろう。他方、もっぱら(あるいは主として)責任減少を理由に刑の減免を認めるべきケースも存在するであろう。しかも、36条2項は刑の**任意的減免**を認めているのにすぎないのであるから、その適用についてそれほど厳格に解する必要もない。過剰防衛については、**違法・責任減少説**(すなわち、違法性か責任か、どちらか片方の減少しかない場合でも刑の減免を認めるとする説)が支持されるべきである。そうであるとすれば、誤想過剰防衛の場合には、違法減少が肯定できないとしても、大幅な責任減少があったときには、刑の減免の余地を認めてよい。

ちなみに、このような考え方を前提にすると、防衛行為者が侵害との関係で過剰な手段をとった場合に問題となる「質的過剰」と、侵害者の攻撃が終了してからさらに法益侵害行為を継続した場合に問題となる「量的過剰」のいずれの場合にも過剰防衛を認めてよいであろう(→第16章3)。

5 まとめ

　違法性阻却事由の錯誤の問題は、錯誤論の片すみに位置する周辺的な問題^{マージナル}にすぎないものではない。ここでは、構成要件と違法性阻却事由の関係、結果無価値論と行為無価値論、故意の体系的地位、故意責任の本質、事実の錯誤と違法性の錯誤の区別など犯罪論の根本問題が同時に問われている。それだからこそ、「誤想防衛」という言葉が犯罪論の体系的根本問題の代名詞のように用いられ、多くの刑法学者の関心を集め、しばしば研究書のテーマとして取り上げられている(たとえば、川端博『正当化事情の錯誤』〔1988年〕、佐久間修『刑法における事実の錯誤』〔1987年〕、中義勝『誤想防衛論』〔1971年〕、福田平『違法性の錯誤』〔1960年〕などはこのテーマに関する代表的な研究書である)。しかも、誤想防衛や誤想過剰防衛は、現実にしばしば起こる現象であり、実務的にも重要なテーマである。

〔井田　良〕

第22章 実行の着手

1 犯罪の実現段階と刑法

■犯罪の実現段階と処罰の拡張

　犯罪も、一般的な日常的行為と同じように、何らかの動機にもとづいて一定の目的を設定し、その実現に向けた準備をしたうえで、その意思を実行に移して結果を実現するという経過をたどる。個々の犯罪類型を規定する構成要件は、「人を殺した」(199条)、「人を脅迫した」(222条)、「他人の財物を窃取した」(235条)とするように、いずれも、結果実現に向けられた行為(**実行行為**)から犯罪結果が実現した場合を想定したものになっている。犯罪結果が実現した場合を、犯罪が「既に遂げられた」という意味で、**既遂(犯)**という。刑法の犯罪構成要件は、本来的に、既遂犯処罰を予定して作られたものである。

　しかし、心臓を狙った弾丸が外れ、腕を傷つけるにとどまった場合のように、既遂になるかどうかは偶然的な事情によって大きく左右される。しかし、犯罪を実現させるだけの実質(危険性)を備えた行為が実行されたにもかかわらず、たまたま結果が発生しなかった場合に、何の法的追及も受けないというのは、社会的に不合理である。ここから、刑法は、一定の犯罪類型について、実行行為を開始したにもかかわらず既遂に至らなかった場合の処罰を認めている(43条)。実行行為が犯罪を「未だ遂げていない」という意味で、これを**未遂(犯)**という。未遂犯は、既遂犯に対して例外的な処罰拡張類型であるが、主要犯罪の多くで未遂が処罰される。さらに、刑法は、きわめて例外的な処罰拡張類型として、未遂段階にすら至っていない準備行為を処罰する

ことがある。こうした可罰的な準備行為を**予備(罪)・陰謀(罪)**という。

このように、刑法は、犯罪実現の最終段階である既遂の処罰を基本として、その処罰範囲を、未遂、予備・陰謀の段階へと拡張している。未遂犯の構成要件および予備罪・陰謀罪の構成要件を、既遂犯の構成要件(基本構成要件)に対して、拡張的構成要件(修正された構成要件)という(私戦予備罪・陰謀罪だけは、基本構成要件の存在しない独立の構成要件である)。したがって、予備・陰謀、未遂、既遂は、順次、後者が前者を論理的に吸収する罪数関係(包括一罪としての共罰的行為)にある(→第31章2)。ただ、こうした処罰範囲の拡張も予備・陰謀の段階までであり、犯罪の決意それ自体が刑法の対象とされることはない。「何人も、内心のゆえに処罰されることはない」のである。

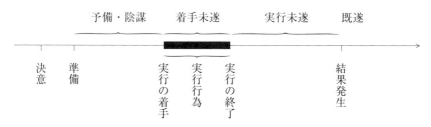

■予備罪・陰謀罪────────────────────────────

┌─────────────────────ケース1(犯罪の準備行為の処罰)─┐
│　甲は、Aを殺害するためにホームセンターで出刃包丁を購入したが、A宅に │
│向かう途中で挙動不審のため警察官に職務質問され、殺害計画が未然に発覚し │
│た。甲の出刃包丁購入行為は、刑法上どのように扱われるか。　　　　　　　 │
└─────────────────────────────────────┘

殺害目的にもとづく凶器の購入という行為は、そのまま放置すれば殺害という結果(実害)を実現する危険なもので、不問に付すことは妥当でない。犯罪準備行為の処罰根拠は、未遂犯の処罰根拠と同様、法益侵害をもたらす具体的な危険性に求められる(平野Ⅱ・339頁)。ただ、多くの場合、準備行為に内在する法益侵害(既遂)の危険性は、未遂犯に比べても、相対的に希薄で現実性にも乏しい。そのため、刑法は、犯罪準備行為を原則として処罰する

第22章●実行の着手　265

ことなく、一定の重大犯罪に限って、特に構成要件を設けて処罰するという態度で臨んでいる。こうした可罰的な犯罪準備行為は、その態様に応じて、予備と陰謀に区別される。どの範囲の予備と陰謀を処罰するかは、最終的に、立法政策に委ねられる。

●**予備と陰謀**──予備とは、謀議以外の方法による準備行為で、陰謀とは、2人以上の者が犯罪実行を相談して合意に達することをいう。わが国の刑法典には、予備罪として、内乱予備(78条)、外患誘致・外患援助予備(88条)、私戦予備(93条)、放火予備(113条)、通貨偽造等準備(153条)、支払用カード電磁的記録不正作出準備(163条の4)、殺人予備(201条)、身代金目的略取等予備(228条の3)、強盗予備(237条)があり、陰謀罪として、内乱陰謀(78条)、外患誘致・外患援助陰謀(88条)、私戦陰謀(93条)がある。なお、特別刑法には、予備・陰謀以前の共謀行為等を処罰する場合がある(国家110条1項17号等。さらに、組織犯罪処罰法6条の2〔テロ等準備罪〕)。

　もっとも、**ケース1**からも明らかなように、出刃包丁を購入する行為が犯罪準備行為(殺人予備)なのか日常的な生活行動の一環(調理用)なのかは、客観的事情によって区別することは不可能である。そのため、刑法は、予備罪・陰謀罪をすべて目的犯(身分犯でもある)として構成している。予備罪・陰謀罪は、特定の犯罪実現を「目的」とする場合に限って成立する犯罪類型である。また、予備行為は、誰の犯罪実現のための準備行為なのかという観点から、**自己予備行為**(真正予備行為)と**他人予備行為**(不真正予備行為)に区別される。殺人予備罪のように、文言上、自分自身の犯罪を実現するための準備行為に限られる類型は、他人に犯罪を実現させる目的で準備行為をした場合には成立しない(むしろ、幇助犯成立の可能性がある)。他方、内乱予備罪や外患予備罪などは、文言上、自己予備行為とともに他人予備行為も含むものと解される。**ケース1**の甲は、みずからの殺人を実現する目的でその準備行為をしたものとして、殺人予備罪が成立する。

■未遂犯、「実行の着手」の意義

　わが国の刑法は、未遂犯が処罰されうることを総則で一般的に規定したうえで、どのような犯罪類型において未遂犯が処罰されるかについては、各則に個別の未遂構成要件を設ける方法を採っている(43条、44条参照)。未遂犯処罰は、既遂犯処罰に比べて例外的なものではあるが、実際には、未遂構成

要件の数は非常に多く、原則化している感さえある。その理由は、それ自体として犯罪を実現するに充分な性質(危険性)をもつ行為でありながら、何らかの事情で犯罪の実現に至らなかった点に、未遂犯処罰の根拠が求められるからである(→第23章1)。この点に、きわめて例外的にしか処罰されない予備罪・陰謀罪との決定的な違いがある。未遂犯は、「犯罪の実行に着手してこれを遂げなかった」場合に認められるから(43条)、犯罪の実行に着手すること(**実行の着手**)と犯罪が完成されなかったこと(**犯罪の不完成**)がその成立要件である。前者が積極的要件であり、後者が消極的要件である。

　未遂犯は、未遂段階にとどまった事情の違いから、**障害未遂**と**中止未遂**に区別される。障害未遂は、行為者としては既遂を目ざしていたにもかかわらず、何らかの事情で未遂に「とどまらざるをえなかった」場合で、その刑を任意的に減軽すること(任意的減軽)ができる(43条本文)。不適切な行為や思わぬ邪魔が入った場合などに見られ、一般に「未遂」と言うときは、障害未遂を意味する。中止未遂(中止犯)は(→第24章)、行為者が犯罪実現意思を放棄して、自己の意思によって犯罪実現を「阻止した」場合であり、その刑を必ず減軽または免除(必要的減免)しなければならない(43条ただし書)。なお、実行行為には多少なりとも時間的間隔が認められるため、実行行為のどの段階で未遂になったのかという観点から、**着手未遂**と**実行未遂**に区別される。着手未遂(未終了未遂)は、実行行為には着手したものの、実行行為が終了していない段階で未遂にとどまった場合である。実行未遂(終了未遂)は、実行行為はすでに終了しているものの、何らかの事情で結果が発生しなかった場合である。ただ、この区別は形態的なものにすぎず、法的効果としては何ら異なるところがない(43条1項本文)。他方、中止未遂の成否という点では、実行の放棄だけで中止できる前者と結果発生の積極的阻止を要求される後者とで、実際上大きな違いがある。

　　●**未遂犯の処分の特例**——43条が障害未遂に刑の任意的減軽を認めるのに対し、盗犯等防止法の常習特殊強窃盗罪(2条)、常習累犯強窃盗罪(3条)、常習強盗傷人・常習強盗強制性交等罪(4条)には、既遂犯と未遂犯に同じ法定刑が規定されている。このため、「特別の規定」を持つ法令である盗犯等防止法には、未遂犯の減軽規定は適用されない(8条参照)。そこでは、行為者の常習性という人格的要素が、類型的に可罰的責任を重くする

第22章●実行の着手　267

ものと考えられているのである(団藤・総論360頁参照)。

　実行の着手とは、実行行為の一部を開始することをいう。実行の着手に至っていない行為は、犯罪の準備行為の段階にしかなく、きわめて例外的に予備罪・陰謀罪が処罰される犯罪類型のほかは、刑法上特に問題とはされない。他方、実行の着手が認められる場合の多くは、未遂犯としての処罰が規定されている。このため、実行の着手は、法的効果が大きく異なる予備罪・陰謀罪と未遂犯とを区別する要件として重要な意味をもつ。また、実行の着手は、その具体的な判断基準を何に求めるかという点や、その判断に応じて事後強盗罪の成否(ケース3)や結果的加重犯の成否(ケース4)が左右される点でも、重要な論点をもたらす。これに対して、犯罪の不完成は、構成要件に規定されている結果が発生していないことであり、その判断はそれほど困難でない。ただ、「犯罪」の不完成は、行為者の犯罪計画全体ではなく、個々の構成要件ごとに判断すべき点に注意が必要である。被害者を殺害したうえで保険金を騙し取ろうという保険金詐欺の目的で人を殺害し、保険金を入手する前に計画が発覚した場合には、保険金目的殺人という犯罪計画全体の未遂となるのではなく、殺人罪の既遂と詐欺未遂罪(250条)が成立し、罪数問題として処理される。

●予備罪・陰謀罪の中止――みずからの意思で犯罪実現を阻止した場合に優遇される中止犯は、犯罪の実行の着手を前提とする(43条本文)。そのため、実行に着手していない予備・陰謀行為には、中止という事態は考えられない(最大判昭29・1・20刑集8巻1号41頁参照)。しかし、実行の着手がなければ(結果発生の危険性が特に高くなければ)中止犯として優遇されないのは、実質的に不合理である。そこで、学説の多くは、43条本文を類推解釈(準用)して、予備罪・陰謀罪の「実行行為」を想定し、中止犯を認める。

2　「実行の着手」の認定

■「実行の着手」に関する学説――――――――――――――――――■

■――――――――――――――――ケース2(早すぎた結果惹起)■
　(1)　妻子に家出されて自暴自棄になった甲は、焼身自殺をしようと自宅の和

室や廊下に大量のガソリンを撒布した。放火する前に、タバコを吸って気を落ち着かせようと思ってライターに点火したところ、火がガソリンの蒸気に引火して爆発し、家屋が全焼した。

(2) 乙は、自動車内でAにクロロホルムを嗅がせて失神させたうえ、自動車ごと海中に転落させて溺死させようとした。しかし、Aは、クロロホルムを吸引したことによって死亡してしまった。

　ケース2のように、行為者が「予定していた実行行為」よりも前の行為から予定通りの結果が発生した場合を、「**早すぎた結果惹起**」または「**早すぎた結果の発生**」と呼ぶ。こうした事案では、実際に結果を発生させた行為（ライターの点火とクロロホルムの吸引）が、予定していた結果（放火と殺人）との関係で、実行の着手前（予備段階）のものと評価されれば（可罰的な予備を前提として）予備罪が成立し、発生した結果との関係では過失犯が成立するにとどまる（平野I・134頁、福田・98頁）。したがって、早すぎた結果惹起の事案では、実行の着手の認定こそが重要なものとなる。

　実行の着手の判断については、**未遂犯の処罰根拠**との関連で、**主観説**と**客観説**のふたつのアプローチがある。主観説は、未遂犯の処罰根拠を行為者の犯罪実現意思や性格の危険性に求め、行為者の犯意（犯罪実現意思）が外部的行為に現れた時点に実行の着手を認める（牧野・254頁）。それによれば、**ケース2(1)**では、ガソリンを撒布し始めた時点はもちろん、ガソリンの購入時点（客観的には、明らかに犯罪の準備行為の段階）ですでに犯意は外部的に表出していることから、ガソリン購入時点に放火罪の実行の着手が認められる。しかし、このような結論は、実行の着手の有無で予備罪・陰謀罪と未遂犯とを明確に区別する刑法の態度と調和しない。現在、主観説は克服され、行為の客観的側面を重視して未遂犯の成否（実行の着手の有無）を判断する方向（客観説）で一致が見られる。

　ただ、客観説も、行為の形式的な客観面に着目するか実質的な客観面に着目するかで見解が分かれる。前者からは、「構成要件に属する行為」が行われた時点に着手を認める**形式的客観説**が主張され、後者からは、「法益侵害の危険性」を基準として着手を判断する**実質的客観説**が主張される。さらに、

実質的客観説は、法益侵害の現実的危険性を含む行為の開始を着手と見る**実質的行為説**(大塚・総論171頁)、法益侵害の危険性が具体的程度(一定程度)以上に達した時点に着手を認める**結果説**(平野Ⅱ・313頁)、行為者の犯罪計画全体から見て法益侵害の切迫した危険が生じた時点に着手を認める**折衷説**(西原(上)・325頁)に分かれる(詳細は、大コンメ4巻(3版)75頁以下参照〔野村稔〕)。

　故意のない「不注意な」ライターの点火は放火行為そのものではないから(過失犯の実行行為ではありうる)、形式的客観説によれば、**ケース2**(1)では放火罪の実行の着手は否定され、放火予備罪と重失火罪(117条の2)が成立するにとどまる。他方、家屋を全焼させる意図で大量のガソリンを屋内に撒布する行為は、法益侵害の現実的危険性を含む行為の開始または法益侵害の切迫した危険の発生と評価しうるから(横浜地判昭58・7・20判時1108号138頁)、実質的行為説と折衷説によれば、ガソリン撒布行為を実行の着手と見ることができ、現住建造物等放火罪(108条)の成立を認めうる(結果説からは、判断の分かれる限界事例と言えようか)。

■判例における形式的客観説

　判例は、これまで一般に、形式的客観説に従うものと理解されてきた。たとえば、放火罪について、一連の大審院判例は、構成要件に属する行為である「火を放て」(旧規定の文言)を目的物の燒燬(燒損)に向けた点火行為の意味に解釈し、導火材料への点火の有無で実行の着手を判断していた。このことは、伝火用材料への点火という「放火の手段が家屋に伝火しうべきものたるは物理上明白にして……着手ありたる」とする判示(大判大3・10・2刑録20輯1789頁)や、「間接に導火材料の燃焼作用を借りてその目的とせる住宅燒燬を企てかかる材料に点火してその燃焼作用の継続しうべき状態におきたる以上は、すなわち犯罪の着手ありたる」とする判示(大判昭7・4・30刑集11巻558頁)に明示されている。

　しかし、「構成要件に属する行為」を要求する**厳格な形式的客観説**は、実行の着手の認定時点が一般に遅くなることを理由に批判されることになった。

そこで、判例は、それまでの形式的客観説の内容を拡張し、「構成要件に属する行為またはそれに近接・密接する行為」が行われた時点に着手を認めるようになった。たとえば、屋内で財物を物色中に発見された一連の住居侵入窃盗の事案で、「他人の財物に対する事実上の支配を犯すにつき密接なる行為をなしたるとき」に実行の着手を認め（大判昭 9・10・19 刑集 13 巻 1473 頁）、「窃盗犯人が窃盗現場で窃盗の目的物を物色捜索すれば、それは窃盗に着手した」と判示し（大判昭 21・11・27 刑集 25 巻 55 頁）、「被告人等は、窃盗の目的で他人の屋内に侵入し、財物を物色したというのであるから、このとき既に、窃盗の着手があった」としている（最判昭 23・4・17 刑集 2 巻 4 号 399 頁）。このような**拡張された形式的客観説**は、学説にも受け入れられるものになった（団藤・総論 355 頁、植松・315 頁）。ただ、この立場によっても、**ケース 2**(1)に放火罪の実行の着手を認めることには疑問がある。

■実質的客観説の採用

拡張された形式的客観説は、構成要件の文言から確定できる「構成要件に属する行為」から離れたため、「近接・密接する行為」の判断において統一的で画一的な基準を示せないものになった。近接・密接する行為の認定は、結局、実質的観点から判断せざるをえなくなったのである。事実、最高裁は、その後、スリ行為に窃盗罪の成否が争われた事案で、「各個の事件につき具体的に如何なる方法行為によって、犯罪を遂行するかを広く観察し、行為が結果発生のおそれある客観的状態に到ったかどうかを考慮し」て着手の有無を決すべきであるとの判断に至っている（最決昭 29・5・6 刑集 8 巻 5 号 634 頁。なお、青柳文雄・昭和 29 年度最判解 94 頁）。

この点との関係では、**ケース 2**(2)類似の事案に対する最高裁の判断が特に重要である。最高裁は、「第 1 行為は第 2 行為を確実かつ容易に行うために必要不可欠なものであったといえること、第 1 行為に成功した場合、それ以降の殺害計画を遂行する上で障害となるような特段の事情が存しなかったと認められることや、第 1 行為と第 2 行為との間の時間的場所的近接性などに照らすと、第 1 行為は第 2 行為に密接な行為であり、実行犯 3 名が第 1 行為

を開始した時点で既に殺人に至る客観的な危険性が明らかに認められるから、その時点において殺人罪の実行の着手があった」としている（最決平16・3・22刑集58巻3号187頁〔クロロホルム事件〕）。こうした判断は、最高裁としてはじめてのものであり、犯罪計画全体を視野に入れる実質的客観説（折衷説）に拠ったものと見ることができる（安田拓人・平成16年度重判157頁、古川伸彦・百選Ⅰ（7版）131頁）。さらに、最高裁は、嘘を言って現金を一旦移動させた後に交付を指示しようとの計画のもとで、現金を移動させたにとどまる事案で、犯行計画全体を考慮して結果発生の危険性を判断し、「本件嘘を一連のものとして被害者に対して述べた段階において、被害者に現金の交付を求める文言を述べていないとしても、詐欺罪の実行の着手があったと認められる」として、詐欺未遂罪の成立を認めている（最判平30・3・22刑集72巻1号82頁）。これによって、実質的客観説（とりわけ折衷説）が正面から採用されたことになる（山口厚裁判官の補足意見は、クロロホルム事件決定を引用して、結果発生の具体的危険が認められる以上は実行行為以前の危険な行為がなされただけでも未遂罪が成立するとしている）。

　第1行為に実行行為性を認定できる**ケース2**(2)では、その後の展開は因果関係の錯誤（→139頁）として処理されれば足り、乙には殺人罪が成立する。

■―――――――――――――――**ケース3（事後強盗の際に生じた死）**■

　甲は、金を盗もうと考えて、深夜、電気商会を営むA方に侵入した。懐中電灯で店内を照らしたところ、電気器具類が積んであるのに気づいたが、なるべく現金を盗りたいと思い、レジスターのあるタバコ売場の方へ行きかけた。その時、運悪く帰宅したAが甲を発見して大騒ぎになった。甲は、捕まっては困ると思い、持っていたナイフでAを刺して何も盗らずに逃走したが、Aは出血多量により死亡した。

　ケース3は、窃盗罪の実行の着手が認められるかどうかでA殺害の評価が大きく異なる事案である。一般的には、財物のある場所に向けて単に「行きかける」行為は、構成要件に属する行為またはそれに近接・密接する行為と評価するのは困難であるし、財物窃取の危険性もそれほど高くなく、切迫し

ているとも言いがたい(佐藤拓磨・百選Ⅰ(6版)127頁)。このことは、デパート内での万引きを考えればただちに明らかである。このため、学説のなかには、**ケース3**について窃盗の着手を否定する立場もある(曽根・総論215頁)。それによれば、A殺害の部分は、傷害致死罪または殺人罪として評価されるにとどまる。

　しかし、一般の住居ではなく、商品やレジスターのある店舗内へ深夜に侵入している**ケース3**では、現金が保管されている(はずの)レジスターの方に行きかけた以上、場所的・時間的近接性、占有侵害への容易な移行という点で、経験則上、財物窃取の切迫した高い危険性があると評価することができる(奥村正雄・百選Ⅰ(4版)129頁参照。松澤伸・百選Ⅰ(7版)127頁は、当然に窃盗の着手を肯定できるとする)。最高裁も**ケース3**に窃盗の着手を認めるが(最決昭40・3・9刑集19巻2号69頁)、原判決の結論を「相当」とする以上の理由を示してはいない。最高裁の結論は、拡張された形式的客観説によるものとも説明されるが(大沼邦弘「実行の着手」判例刑法研究4巻43頁)、実質的判断の必要性を認めた昭和29年決定を確認するものであり、実質的客観説を前提とするものと言えよう(八木国之・百選Ⅰ(2版)143頁、松村格・同(5版)127頁)。窃盗罪の実行の着手が認められる**ケース3**の甲は、窃盗未遂犯として事後強盗罪(238条)の「窃盗」に該当し、「強盗として」論じられるため(大判昭7・12・12刑集11巻1839頁参照)、強盗致死(殺人)罪(240条後段)で処断される。また、**ケース3**では、なるべく現金を盗りたいという行為者の主観から、レジスターのあるタバコ売場へ行きかけた行為が問題とされたが、財物である電気器具類への接近行為自体を問題にすれば、窃盗罪の実行の着手を認めることはさらに容易である。

ケース4（基本犯の未遂から生じた傷害）

　甲は、女性を強制性交しようと考えてダンプカーで徘徊走行中に1人歩きのA女を見つけて停車し、背後から抱きすくめて助手席に引きずり込んだ。甲は、A女をダンプカーに乗せて約5キロメートル離れた工事現場に連れて行き、そこでA女を強制性交した。A女は、ダンプカーに引きずり込まれた際、全治約10日間の傷害を負った。

第22章●実行の着手　273

　ケース4は、ダンプカーに引きずり込む行為に強制性交罪(177条)の実行の着手が認められるかどうかでA女の傷害の評価が異なる事案である。強制性交罪の実行の着手が認められれば、強制性交未遂罪(180条)を基本犯とする強制性交致傷罪(181条)が成立し、否定されれば、逮捕・監禁致傷罪(221条)が成立するにとどまる。最高裁は、**ケース4**において、事実関係を詳細に認定したうえで、「かかる事実関係のもとにおいては、被告人が同女をダンプカーの運転席に引きずり込もうとした段階においてすでに強姦に至る客観的な危険性が明らかに認められる」として実行の着手を認めた(最決昭45・7・28刑集24巻7号585頁)。本決定は、「強姦に至る客観的な危険性」に言及している点、姦淫行為と場所的・時間的に近接していない暴行に着手を認めている点で、一般に、実質的客観説に従ったものと解されている(墨谷葵・百選Ⅰ(2版)145頁、松原芳博・同(5版)129頁)。

　高速度で移動し続けるような、脱出が不可能に近い閉鎖空間へ引きずり込むことは、きわめて容易かつ自然に婦女の抵抗抑圧に移行する。この意味で、ダンプカーへの引きずり込み行為に強制性交罪の実行の着手を認める結論は、実質的な観点から支持しうる。また、そのような性質の行為は、強制性交罪の暴行に近接・密接する行為と評価することができる。**ケース4**は、拡張された形式的客観説からも同様の結論となる事案であった。ダンプカーへの引きずり込み(強制性交未遂)によってA女に傷害を与えた甲には、強制性交未遂罪を基本犯とする強制性交致傷罪が成立する(反対、関哲夫・百選Ⅰ(6版)129頁)。

❸ まとめ

　実行の着手の認定について、判例は、形式的基準の重視から実質的基準の重視へと立場を転換したと言ってよい。もっとも、判例の立場を拡張された形式的客観説と見るか実質的客観説と見るかは、いわば言葉の問題であって、さほど重要なものではない。拡張された形式的客観説も、実質的な考察を抜きにして「近接・密接な行為」を認定することは困難だからである。いずれ

にしても、実質的基準によれば、財物に直接手を触れない限りは窃盗の着手が認められないとするような、硬直的な解釈は回避されることになった。しかし、その一方で、同種の事案においてすら、画一的・統一的な判断は保障されなくなったことも事実である。たとえば、**ケース2**(1)において、横浜地裁は「被告人はガソリンを撒布することによって放火について企図したところの大半を終えたものといってよく、この段階において法益の侵害即ち本件家屋の焼燬を惹起する切迫した危険が生じるに至ったものと認められるから、右行為により放火罪の実行の着手があった」としているが(前掲横浜地判昭58・7・20。実行の着手を否定した判例として、千葉地判平16・5・25判夕1188号347頁)、結果発生の危険性は媒介物への点火があってはじめて飛躍的に高まることを強調すれば、いずれの立場からも、**ケース2**で実行の着手を否定することは可能である(塩見淳・百選Ⅰ(4版)127頁。他方、伊藤渉・同(5版)125頁、山口・各論383頁は、実行の着手を肯定する)。また、早すぎた結果惹起の事例や事後強盗罪、結果的加重犯との関連で、実行の着手時期の認定が波及する問題は多く、状況はさらに錯綜したものとなっている。

　実行の着手の認定は、結局のところ、結果発生についてどの程度の具体的な危険を要求し、どのような事情のもとで危険が認定できるか、という実質的判断による以外にはない。その意味では、学説による一般的基準の提示もさることながら、個々の具体的事案での判例の集積こそが重要である(従来の判例の動向については、大コンメ4巻(3版)100頁以下〔野村稔〕)。

［丸山雅夫］

第23章　不能犯

1　未遂処罰の根拠

■既遂と未遂

　人が何かを行おうとするとき、最終目的を達成できることもあれば、途中で挫折することもある。犯罪行為もまた、人間が行うことであるから、完全に実現されることもあれば、完成に至らないこともある。前者が**既遂**、後者が**未遂**の場合である。刑法 43 条および 44 条から明らかなように、刑法は既遂の処罰を原則としながら、一定の場合には未遂をも処罰の対象とし（もっとも主要な犯罪についてはほとんど未遂が処罰されている）、ただし刑の減軽の可能性を認めている。未遂が処罰されるかどうかはそれぞれの犯罪について個別に定められており（たとえば、203 条など参照）、明記されていないかぎり未遂は処罰の対象にならない（たとえば、横領罪〔252 条以下〕や毀棄・隠匿罪〔258 条以下〕の未遂は犯罪ではない）。未遂が処罰の対象とされるとき、これを**未遂犯**（または**未遂罪**）という。

　未遂犯は、犯罪事実の実現に関し故意がありながら、結果的にはその完成に至らなかった場合である（過失犯や結果的加重犯についても、理論的には、未遂を考えることは不可能ではないが、実際上その限界〔たとえば、過失致死の未遂となるか、それとも過失傷害の未遂にすぎないか〕を明らかにすることは困難であり、現行法においても処罰の対象とされていない）。刑法が未遂を広く罰していることは、被害者の保護（被害者に生じた損害の補填）とは異なったところに刑法の存在理由があることを示すものである（民法上の損害賠償責任は、実害を発生させないかぎり問われることはない）。

276

━━━━━━━━━━━━━━━━━━ ケース1（殺人未遂罪の成否）■

　甲は、ふだんから口げんかの絶えなかった妻Aと激しい口論となり、ついに殺意を抱くに至った。甲は、新興宗教の信者である友人乙に相談したところ、乙から特殊な薬物の提供を受けた。それは、科学的には人体に無害であるが、教祖が呪いをかけたものであり、甲が強い怨みの気持ちでAに摂取させれば、死に至らせることができるというのであった。甲はこの薬物を食事に混ぜてAに与えたが、何ら効果はなかった。甲の行為は殺人未遂罪（刑法203条、199条）を構成するか。

■犯罪の主観面と客観面━━━━━━━━━━━━━━━━━━━━━━━━━━━━■

　不能犯（不能未遂）とは、行為者が、犯罪を完成させる危険性をもたない行為によって犯罪を実現しようとする場合のことで、未遂犯として処罰する根拠を欠き、犯罪にはならないものをいう（ただし、殺人との関係では不能犯であるとしても、傷害罪として可罰的であるということはありうる）。**ケース1**の甲の行為についていえば、それが殺人未遂罪を構成するか、それとも不能犯として不可罰であるかが問題となる。

　甲にはAを殺害しようとする強い気持ちはあったが、結果的にはそれに対応する客観的事実は実現されなかった。**主観面**に注目すれば、処罰に値する行為とも考えられるし、行為が結果を発生させる危険性をもたずに実害も生じなかったという**客観面**を重視すれば、あえて処罰に値しないといえるかもしれない。ここで答えをどちらかに決めようと思えば、**未遂が処罰される根拠**はどこにあるのか、より厳密には、未遂行為が刑法上の違法行為とされる理由はどこにあるのかについて考えてみなければならない。そして、それを明らかにするためには、なぜある行為が違法とされ処罰の対象とされるのかという、**犯罪の本質**をめぐる議論（より具体的には、**違法性の実質**に関する議論〔→第5章〕）にまでさかのぼることが必要となる。

　　●客観主義と主観主義──犯罪の本質をめぐっては根本的な見解の対立がある。客観主義の犯罪理論によれば、犯罪の客観面が重要であり、どのような「悪い行為」が行われたか、

第 23 章●不能犯　277

とりわけ、いかなる実害が生じたかが決定的である。行為が実害を生じさせたからこそ、これに対し(もちろん、そのことについて行為者を非難できる限度で)刑罰を科すことが必要になる(**応報刑論**)。これに対し、主観主義の犯罪理論にとっては、行為者が将来ふたたび犯罪をくり返す「悪い性格」をもつことが本質的である。その前提にあるのは、刑罰は、再犯を防止する目的(特別予防目的)を達成するための手段だとする考え方(**目的刑論**)である。犯罪行為は、犯人の性格の 徴 表、いいかえれば、外から犯人の性格の危険性を認識するための手がかりと考えられることになる。

　主観主義の立場によれば、殺人行為といえるかどうかは、平気で人の生命を奪おうとすることができる「危険な性格」がそこに現れているかどうかで決まる。行為者の危険な性格を示す犯罪的意思が外部に現われ出れば、ただちに(結果の発生・不発生のいかんにかかわらず、また結果が発生する危険があったかどうかにかかわらず等しく)処罰されるべきことになる。このような見解(いわゆる**主観説**)によれば、不能犯として不可罰とされるべき事例は考えにくいし、**ケース1**の甲の行為も殺人未遂罪とされるはずである(主観主義の立場からも、甲の意思は「殺意」と呼べない非現実的な意思でしかない、として不可罰とする結論を出すことも可能ではあるが、甲の「悪い性格」は十分現れているし、次の機会には現実的な殺害手段に訴えるおそれもあるのだから、理論的には首尾一貫しないであろう)。現在では、主観主義理論は、その基本的な考え方が妥当でなく、実際的にも処罰の範囲を広げすぎ、その歯止めがなくなるおそれがあるという理由で、ほとんど支持者を失うに至っている。

■結果か行為か

　通説的な客観主義からは、**ケース1**の甲の行為はまったく危険性をもたないので、不能犯の典型例とされる(したがって、殺人未遂罪は成立しないし、また、薬物の準備行為について殺人予備罪〔201条〕を認めることもできず、不可罰となる)。注意すべきことは、客観主義の陣営の中で、犯罪の客観面といっても何を重視するかをめぐり見解の対立が見られることである。1つの考え方は、行為が外部的に実害を生じさせたこと、すなわち、法益を侵害した(か、または危険にさらした)という結果発生の側面を重視する(それは、応報刑論に立脚する、古典的な客観主義の立場といえよう)。生じた結果が否定的な評価を受けるという意味で結果無価値が認められることが違法性判断にあたり

本質的に重要だとする。このような見解を**結果無価値論**（法益侵害説）という。
これに対し、別の考え方は、結果の側面を無視するものではないが、行為無
価値、すなわち行為そのものの法違反性・反規範性をも重視する。これを**行
為無価値論**（規範違反説）と呼ぶ。結果無価値論か、それとも行為無価値論か
という**違法性の実質**をめぐる考え方の違いは、刑法のいろいろな論点の解決
に影響するが（→第5章）、**見解の相違がもっともはっきり現れる**のは、未遂
犯の処罰をめぐってである。

> ●犯罪論のエンジンとブレーキ──現在の犯罪論体系においては、違法性と有責性という
> 2つの評価を区別し、違法評価が下されたことを前提にして責任の有無を検討するという
> 論理的順序が踏まれる。違法性の判断においては、処罰対象の確定が行われる（何を何ゆ
> えに処罰するかが明らかにされる）。これに対し、責任とは、**その違法行為につきその行
> 為者の意思決定**（動機づけの制御）を非難しうることをいう。責任判断は、違法性判断と切
> り離されて独立に存在するものではない。責任は、違法性判断とは異なり、処罰を根拠づ
> けるものではなく単に限定するものにすぎない。
>
> 　違法判断とは、処罰対象の確定の判断（したがって、何を何ゆえに処罰するかを明らか
> にすること）にほかならないが、比喩的に言えば、それは犯罪論のエンジン部分である。
> 責任は、処罰を単に限定するものにすぎないから、それはブレーキにほかならない。乗用
> 車を購入しようと考える人はエンジンの性能に注目するであろう。ブレーキの利き具合を
> 選択の基準にする人はない。犯罪論についてもまったく同じである。違法の内容をどう考
> えるかは、犯罪論の理論構成にあたりもっとも決定的な意味をもつ問題である。違法性の
> 実質についての態度決定は、犯罪論全体の色彩を決めるといってよい。それは、処罰根拠
> の問題であり、犯罪の本質の問題である。

────────────────────────ケース2（空（から）ピストル事件）

　甲は、警察官Aから拳銃を奪い、通行人Bを標的にして拳銃の引き金を引い
たが、たまたまAが実弾を装填することを忘れていたため、甲はBを殺害する
ことができなかった。甲の行為は殺人未遂罪となるか。

　ケース2の事例では、結果無価値論を徹底するとき、客観的にみて法益侵
害のさし迫った危険は発生していないことから、殺人未遂罪として処罰する
理由はなく、不能犯とされる。これに対し、行為無価値論によれば、「人を
殺す行為をするな」という行為規範（行動準則）に違反する行為（規範違反行
為）は認められ、そこから規範の効力が動揺させられるという結果が発生す
るため、不能犯とならず、殺人未遂罪が成立する（福岡高判昭28・11・10判特
26号58頁は、警察官Aに逮捕されそうになったため、Aを殺して逃走しようと思

い、Aが携行していた拳銃を奪って、Aのわき腹にその銃口を当て引き金を引いたが、たまたま実弾が装填されていなかったという事案につき、殺人未遂罪の成立を認めた）。

●**現行刑法の未遂処罰規定**――現行刑法の1つ前の刑法が、いわゆる**旧刑法**（明治13年〔1880年〕布告、同15年施行）である。客観主義の立場を基調とした旧刑法においては、未遂は、刑の必要的減軽事由であった（客観主義の立場からは、結果が発生しなかった以上、刑を必ず減軽しなければならない）。現行刑法典（明治40年〔1907年〕公布、同41年施行）は、当時のヨーロッパで強く主張されていた目的刑論および主観主義の理論の影響を受けてできたものであるが、未遂は**任意的減軽事由**へと改められた（43条本文）。もっとも、**44条**は各本条に規定のないかぎり未遂を処罰しない（もし主観主義を徹底すれば、未遂はすべて既遂と同じように処罰すべきことになるはずである）のであるから、現行法は主観主義の立場のみを考慮したものとはいえない。

2 結果無価値論と行為無価値論

■**見解の相違点**━━━━━━━━━━━━━━━━━━━━━━━━━━━━━━━■

　結果無価値論によると、**法益侵害**（または**犯罪事実の実現**）の**現実的・客観的な危険**が惹起されたところに未遂を処罰する理由がある。「結果無価値」というときの「結果」には、人が死亡するに至った場合のような法益侵害の結果（侵害結果）ばかりでなく、法益が現実的な危険にさらされたという「危険結果」が含まれるのである。実行の着手（→第22章）は、法益侵害の現実的危険が生じた時点で肯定される（実質的客観説）。また、現実的・客観的危険を生じさせない行為は、不能犯として未遂処罰の対象から外される（客観的危険説）。

　これに対して、**行為の規範違反性**を重視する行為無価値論の立場からは、実行の着手は、構成要件に該当する規範違反行為の開始時点においてこれを認める（形式的客観説）か、または犯罪実現のために本質的に重要な行為が行われた時点において認められる（実質的客観説）。未遂犯と不能犯の限界については、一般人・通常人が「危ない」と感じるような行為であれば、規範違反行為であり、たとえ科学的には結果発生の可能性をもたなくても未遂犯とされる（具体的危険説）。不能犯の認められる範囲は、結果無価値論と比べて

より狭められる。

	処罰根拠	実行の着手	不能犯
結果無価値論	結果無価値	実質的客観説	客観的危険説
行為無価値論	行為無価値およ び結果無価値	形式的客観説また は実質的客観説	具体的危険説

■事前判断と事後判断

　主観主義によれば、処罰の根拠はその行為者が危険である（犯罪をくりかえ
すおそれがある）ところにあるが、客観主義の立場からは、未遂が処罰に値す
るのはその行為が危険であった（犯罪を完成させるおそれがあった）ところに求
められる。結果無価値論と行為無価値論とは、どちらも客観主義の陣営に属
するから、両説とも「行為の危険」を処罰の理由とするものであるが、同じ
「危険」という概念を使いながら、その理解の仕方が異なる。

ケース3（死体に対する殺人？）

　甲は、Aを殺害することを決意し、深夜、Aが就寝中の寝室に侵入し、ベッ
ドに横になっているAの胸の付近にナイフを突き立てた。ところが、後で明ら
かになったところによると、Aはすでにその数時間前に心臓病で死亡していた
のであった。甲の行為は、生命侵害の危険をもつ行為として殺人未遂であろう
か。それとも不能犯であろうか。

　ケース3の事例で、甲の行為が生命侵害の危険をもつ行為であったかどう
かは、どのような事情を基礎において危険性を判断するかによって異なる。
すなわち、危険かどうかの判断にあたり、被害者Aがすでに死亡していたと
いう事実を考慮するかどうかが結論の分かれ目となる（この点に関する学説の
詳細については、後述3参照）。Aが死亡していたことは、行為の時点では知
られていなかった。たまたまケース3の場面に遭遇した第三者がいたとすれ
ば、甲の行為はきわめて危険な行為であると感じたことであろう。行為時の
判断、いわゆる**事前判断**によるとき、その行為は生命侵害の危険をもつ行為

といえるのである。これに対して、Aはすでに死亡していたという、事後に
はじめて明らかとされた事情までを考慮に入れて行為を評価するとき(いわ
ば「神の目」で甲の行為を見たとき)、少なくとも生命侵害との関連でいえば、
その行為は危険とはいえない。**事後判断**によるとき、危険な事態(＝危険結
果)はそこには発生しなかったということができる。この点をめぐる見解の
相違は、未遂犯と不能犯の区別に関する学説の対立(後述3を参照)の基礎に
あるものである。

■刑法の存在理由との関係━━━━━━━━━━━━━━━━━━━━■

　1つの考え方によれば、刑法は、法益侵害行為(または法益を危険にさらす
行為)を禁止する規範(行為規範)を一般市民に守らせることにより法益を保護
するために存在する。ルールとしての規範を守らせるために刑法は存在する
のであり、規範に対する違反があったかどうかが違法判断にとって決定的で
ある。これが**行為無価値論**であり、そこでは**事前判断**による危険の有無が基
準とされる。事後になってはじめて明らかになったような事情まで考慮すべ
きではないことになる。

　これに対し、行為の時点で規範を守らせることは刑法の任務ではない、と
する考え方が**結果無価値論**である。法の立場から望ましくない客観的事態が
生じたことを確認するところに違法判断の意味がある(それは古典的な応報刑
論に忠実な考え方といえよう)のであり、**事後判断**による危険の有無が基準と
されなければならない。結果無価値論にとっても刑法の任務は法益保護であ
るが、だからこそ法益侵害または危険という望ましくない事態が生じたこと
の事後的な確認が違法判断の中核とならなければならないのである。

❸　未遂犯と不能犯の区別

■行為の危険はどのように判断されるか━━━━━━━━━━━━━━■

　未遂犯となるか(可罰的)、それとも不能犯にすぎないか(不可罰)を区別す

る基準をめぐっては、主観説、抽象的危険説、具体的危険説、客観的危険説が対立している。主観主義を前提とする**主観説**によれば、行為者が犯意を実現しようとしさえすれば、ただちに未遂犯として処罰に値することになる。このような見解がもはや支持されていないことは前述したとおりである（前述1を参照）。他の3説は、いずれも行為の危険を基準とする見解であるが、行為無価値論からは、抽象的危険説または具体的危険説がとられることになり、結果無価値論の立場からは客観的危険説が採用されることになる。

　はたして**行為の危険**はどのように判断されるのであろうか。たとえば、10メートル離れた場所に立っている人をめがけてピストルを撃つ行為は、その人の生命との関係で危険な行為であろう。しかし、われわれは弾丸が命中する可能性があると思うから危険だと判断するのである。もし何らかの事情で弾丸は確実に命中しないことを知っていたとすれば（たとえば、その拳銃は壊れていて、弾丸は絶対に5メートルしかとばないものであった）、われわれは危険性を感じることはない。これに対し、高性能の拳銃から発砲された弾丸が、被害者Aの頭のわずか5センチ離れたところを通りすぎたため、Aは助かったというとき、われわれは行為が危険であったと判断する。ただ、よく考えてみると、弾丸がはずれたのは、最初から銃口が何ミリか標的からそれていたからにほかならない。行為が未遂に終わったということは、結果を発生させるにあたり障害となった何らかの事情（この事例でいえば、銃口が最初から何ミリかはずれていたという事情）が現実に存在したからなのであり、客観的な事情をすべてもれなく考慮に入れるとき、結果が発生しなかった以上、行為は危険ではなかったともいえる。弾丸が5センチそれた場合も、5メートルしか弾丸がとばない拳銃を撃った場合と同じであって、危険ではなかったとさえいえるのである。

　もし、5メートルしか弾丸がとばない拳銃を撃つ行為は危険ではないが、高性能の拳銃を発砲する行為は（たとえ弾丸がはずれても）危険であるという結論を出すとすれば、「5メートルしかとばない拳銃であった」という行為者が知らなかった事情は考慮に入れ、しかし「銃口が最初から数ミリ標的からそれていた」という事情は考慮せずに、結果発生の可能性があるかどうか

を判断するからである。このように、危険判断にとり本質的に重要な問題は、**いかなる事情を考慮し、いかなる事情を捨象して結果発生の可能性を判断するか**というところにある。

> ●**方法の不能、客体の不能、主体の不能**——不能犯が問題となる場合としては、どのような要素が欠けているために構成要件の実現に至らないのかにより、方法の不能、客体の不能、主体の不能などに区別されるのが一般である。方法の不能は、**ケース1**や**ケース2**の事例などで問題となり、客体の不能は、**ケース3**の事例や、財布を自宅に置き忘れてきた人のポケットから財布をすりとろうとした事例などで問題となる。主体の不能の事例は考えにくいが、背任罪(247条)において「他人のためにその事務を処理する者」にあたらない者が、それにあたる事実を誤認して背信行為を行おうとした場合などに問題となりうるであろう。

■3つの学説

　いかなる事情を基礎に行為の危険性の有無を判断するかをめぐり、学説は抽象的危険説、具体的危険説、客観的危険説に分かれる。**抽象的危険説**は、かりに行為者の認識した事情が真実であったとすれば、結果を発生させる可能性があったかどうかを基準とする(木村・356頁以下など)。行為者の認識事情をそのまま(そしてそれのみを)危険判断の基礎におくことから主観的危険説と呼ばれることもある。たとえば、殺人の目的で他人に砂糖を食べさせた者が、その白い砂糖を「青酸カリ」と思い込んでいたときは殺人未遂であるが、**ケース1**のように、行為者が、それが科学的には無害な薬品(たとえば、砂糖や塩)であることを知っていた場合には不能犯となる(行為者の主観的な法則的知識は考慮されない。この点につき、後述4を参照)。その基準は比較的明確であるが、抽象的危険説はわが国ではほとんど支持されていない(ただし、ドイツの通説である)。行為無価値論を前提としても、規範は**ふつうの人が危険性を感じるような行為のみ**を禁止していると考えるべきだからである。上の事例で、たとえ行為者がその薬品を青酸カリであると信じ込んでいたとしたも、一般人・通常人なら容易に砂糖だと見破れる場合(ふつうの人なら危険を感じない場合)まで処罰の対象とする必要はない。

　客観的危険説は、事後判断の立場である点に特色があり、本人や一般人・通常人がどう認識したかにかかわりなく、客観的事態を前提として危険性を

判断する。古い客観的危険説は、絶対的不能（「およそ」不能であった場合）と相対的不能（「たまたま」不能であった場合）とを区別し、前者は不能犯、後者は未遂犯とした。しかし、その区別の基準は不明確だとして批判されてきた。たとえば、弾丸の装填されていないピストルを撃って人を殺そうとする行為は、「およそ」弾丸の入っていないピストルで殺そうとしたという意味では絶対的不能ともいえ、ピストルで殺すことはできるが「たまたま」弾丸が入っていなかったにすぎないと考えれば相対的不能ともいえる。飲ませた毒が致死量不足であったという場合、「およそ」致死量不足の毒で殺そうとしたという点では絶対的不能のようでもあり、「たまたま」致死量に足らなかったにすぎないと考えれば相対的不能ともいえるのである。

　そこで、最近では、絶対的・相対的不能という基準によらず、結果無価値論の立場を前提に、事後判断を基本とし客観的事態にもとづき法益侵害の事実的可能性があったかどうかで決める（新しい）客観的危険説が有力となっている（浅田・393頁以下、佐伯仁志・348頁以下、曽根・原論484頁以下、高橋・408頁以下、内藤（下）Ⅱ・1266頁、中山Ⅰ・194頁以下、西田・総論328頁以下、松原・332頁以下、村井敏邦「不能犯」展開Ⅱ・176頁以下、山口・総論288頁以下などを参照）。判断基準の詳細については必ずしも統一的な見解は出されていないが、事後判断の立場から客観的事態を前提にして法益侵害の事実的可能性がまったくない行為、**ケース1**はもちろん、**ケース2**や**ケース3**における甲の行為については不能犯とされるのが一般である（客観的危険説とその批判については、井田・総論454頁以下を参照）。

　具体的危険説は、行為の時点で一般人・通常人が認識したであろう事情を基礎として危険性の有無を判断する。ただし、一般人が知ることのできない特殊な事態（たとえば、誰かがその砂糖びんのなかに毒薬を混入したという事実）を行為者が特に知っていた場合は（それが**真実であるかぎりで**）判断の基礎とする。抽象的危険説と異なるのは、抽象的危険説が、行為者の認識した事実をそのまま判断の基礎に置くのに対し、具体的危険説は、①それが真実に合致している場合か、それとも、②一般人もそのように認識したであろうというときにのみ、それを判断の基礎に置くところである。そのかぎりで、具体的

危険説は、**抽象的危険説をより客観化**しようとするものといえよう（具体的危険説をとるのは、伊東・総論 314 頁以下、大塚・総論 265 頁以下、大谷・総論 374 頁以下、川端・505 頁以下、団藤・総論 165 頁以下、中・195 頁以下、西原（上）・347 頁以下、野村稔『未遂犯の研究』〔1984 年〕331 頁以下、平野Ⅱ・322 頁以下、福田・242 頁以下など）。具体的危険説によれば、**ケース 1** は不能犯となるが、**ケース 2** の「拳銃に弾丸が装填されていなかった」という事実およびおよび**ケース 3** の「被害者Aがすでに死亡していた」という事実は一般人の立場からは認識不可能であったと考えられる（もちろん行為者も知らなかった）ので、行為の危険性が肯定されることになる（広島高判昭 36・7・10 高刑集 14 巻 5 号 310 頁〔和田俊憲・百選Ⅰ（7 版）136 頁〕は、殺害の意図をもって死体に対し攻撃を加えたという客体の不能の事案について、具体的危険説の立場から殺人未遂罪の成立を認めた）。

> **●具体的危険説か客観的危険説か**——刑法は、法益侵害行為（または法益を危険にさらす行為）を禁止する規範（行為規範）を一般市民に守らせることにより法益を保護するために存在するという基本的見解をとるかぎり、行為時における一般人の認識可能性を基準とする具体的危険説が妥当だということになる（詳しくは、井田・総論 451 頁以下を参照）。この立場からは、客観的危険説は、**ケース 2** や**ケース 3** の解決に示されるように、行為者やその場におかれた一般人にとりまったく偶然的な事情の差異により、未遂犯か不能犯かを区別することになる点で不当とされる。弾丸の入っていない拳銃で撃たれようとする瞬間に「死にそうな思い」をすることは、弾丸が近くを通りすぎて「死にそうな思い」をすることと同じく、殺人未遂の被害と十分いいうるのである。なお、判例が、判断基礎の問題につき、どのような見解をとっているかはっきりしない。具体的危険説に近い立場であるといわれることも多く、明らかに具体的危険説を採用した高裁判例もある（前掲福岡高判昭 28・11・10、前掲広島高判昭 36・7・10 および詐欺の事案に関する福岡高判平成 29・5・31 判タ 1442 号 65 頁〔この事件の上告審決定である最決平 29・12・11 刑集 71 巻 10 号 535 頁は、不能犯の論点については態度を示さなかった〕を参照）。しかし、むしろ物理的な結果発生の可能性を重視した判例も多い。

4 危険判断の標準

■誰の法則的知識によるか————————————————————————■

　危険判断の基礎事情の問題とならんで重要なのは、危険判断にあたり**適用されるべき法則的知識**の問題である。行為の危険性の判断は、その行為から

結果が発生する可能性があるかどうかの判断である。その判断にあたっては、一定の法則的知識の適用が不可欠である。自然科学の知識が不十分であった古い時代には、呪いをかければ人は死ぬと信じられていたかも知れない。しかし、現在の一般常識によれば、呪いをかける行為を原因として死亡という結果が発生するという法則的関係は存在しない。**ケース1**の事例における甲の行為が不能犯とされるべきであるのは、たとえ世の中には「呪い殺すことができる」とまじめに信じている人がいるとしても、刑法はそのような人の非科学的信仰を基準として採用すべきではないからである。

　もっとも、現在でも、ふつうの人の法則的知識と、最先端の科学者による法則的知識とは一致しないであろう。そればかりか、科学者の間でさえ、一定の因果法則の存在をめぐり見解が分かれることはしばしばある。そこで、危険判断にあたり、いったい誰の法則的知識を基準とすべきかが問題となる。

◾──────────────────────────**ケース4（ガス自殺事件）**◾

　甲は、将来を悲観し、2人の娘AとBを道づれに室内で自殺しようと企てた。2人を寝かしつけた後、ガスの元栓が開放状態になっているガスコンロのゴムホースを引き抜き、玄関ドアおよび部屋の出入り口のガラス戸の隙間をガムテープで目張りするなどして締め切り、都市ガスを充満させた。しかし、たまたま訪問してきた友人に発見され、目的を遂げなかった。甲に、AとBに対する殺人未遂罪が成立するか。なお、都市ガスは天然ガスであって、これによる中毒死の可能性はなかった。

◾ただの一般人か、科学的一般人か────────────────────◾

　判例のなかには、硫黄により被害者を殺そうとした行為を、結果発生の可能性が絶対にないという理由で殺人の不能犯としたもの（大判大6・9・10刑録23輯999頁）、注射器で被害者の腕の静脈内に空気を注射して殺そうとした行為につき、空気の量が致死量以下でも、身体的条件等の事情のいかんによっては死亡結果発生の危険があるという医学的知見を基準として未遂犯となるとしたもの（最判昭37・3・23刑集16巻3号305頁〔清水一成・百選Ⅰ（7

版)134頁〕)がある。判例は、法則的知識の問題については、ふつうの人がもっている法則的知識ではなく、科学的知識を基準にしているのかもしれない。ただ、科学的知識をもった一般人(科学的一般人)を基準にしたとしても、**ケース4**の事例については、中毒死の可能性はないが、窒息死の可能性や、引火によるガス爆発による死亡の可能性はあることから、未遂犯の成立が認められることになる。

　これに対し、ふつうの一般人の判断によるべきとする見解も学説では有力である(たとえば、大塚・総論271頁、大谷・総論376頁以下、福田・243頁以下など)。ふつうの人なら危険感を抱くという理由で危険性が肯定されることになる。**ケース4**の事例でも、ふつうの人はガスによる中毒死の可能性があると考えるであろうから、未遂犯が肯定されることになる(**ケース4**の事案に関する岐阜地判昭62・10・15判タ654号261頁〔伊藤渉・百選Ⅰ(7版)138頁〕は、窒息死の可能性や、引火によるガス爆発による死亡の可能性という科学的危険性と、一般人からみた危険性の両方を理由として未遂犯の成立を肯定した)。

　この点をめぐる見解の相違は、具体的危険説か客観的危険説かの対立とはレベルの異なる問題である。たしかに、具体的危険説の立場からは、法規範の向けられている一般人・通常人の知識を基準とする見解に至るのが自然であり、客観的危険説であれば科学的知識を基礎におく方が論理的であろう。しかし、具体的危険説をとるとしても、刑法はふつうの人のもつ非科学的知識を基準とすべきではなく科学的知識を前提とすべきであり(この点では人々の啓発をはかるべきである)、将来、科学的知識が普及すれば無罪となるような行為を処罰すべきではない(さもなければ「魔女狩り」につながるおそれがある)と考えることも不可能ではない(し、むしろそのように考える方が妥当であるように思われる)。

5 まとめ

　不能犯の問題においては、**未遂犯処罰の根拠**を何に求めるかが問われている。現在の通説によれば、**行為**が結果発生ないし犯罪実現の**危険性**をもつと

ころに、その行為が未遂犯として処罰されるべき理由がある。その場合の**危険の概念とその判断方法**がここでの中心問題である。危険性の判断をめぐっては、2つの問題を区別しなければならない。すなわち、①どのような事情が判断の基礎に置かれるべきかの問題と、②結果発生の可能性を判断するにあたり適用されるべき法則的知識は一般人のそれか、それとも科学的知識かの問題である。そのいずれの問題においても、刑法の存在理由とその役割に関する根本的な考え方の違いが決定的な意味をもつ。学説の選択にあたっては、根本問題に関する態度決定を先行させるべきである。そのつどの具体的ケースの解決が「常識」や「法感情」に合致するかどうかといったレベルの考慮で結論を出すべきではない。

［井田　良］

第24章　中止犯

1　刑の(必要的)減免の根拠

■中止犯とは

中止犯(中止未遂)とは、未遂犯の一場合であり、犯罪の実行に着手したが、「自己の意思により」犯罪を完成させることを「中止した」ときのことをいう(43条ただし書)。中止犯については、刑が免除されるか、または少なくとも減軽(68条以下を参照)される。通常の未遂犯については刑を減軽することができるにすぎないが(刑の任意的減軽事由)、中止未遂については刑が必ず減軽されるか免除される(**刑の必要的減免事由**)。

■ケース1(障害未遂と中止未遂)

甲は事業に失敗して破産したが、それを債権者Aのせいだと逆恨みし、ついにAの殺害を決意するに至った。甲は、Aを自宅に訪ね、Aに向けて拳銃をかまえ引き金に指をかけた。次のそれぞれの場合で、甲の刑事責任はどのように異なるか。

(1)　甲が拳銃の引き金に指をかけたところで、現場に駆けつけた警察官に制止され逮捕された場合。

(2)　甲が拳銃の引き金に指をかけたところで、Aが「命だけは助けてくれ」と懸命に頭を下げる姿をみて、にわかにAに対する憎悪の気持ちをなくし、拳銃を捨ててその場を立ち去った場合。

刑法43条が適用される(広義の)未遂のなかには、通常の未遂の場合である**障害未遂**と、同条ただし書の適用を受ける**中止未遂**とがある。**ケース1**の事例で、(1)は殺人の障害未遂であり、(2)は中止未遂の場合である。なお、中

止犯は刑の必要的減免事由であるが、ある罪の中止犯の成立が認められるとき、中止以前に生じた事実が別の犯罪の既遂構成要件に該当することがある。たとえば、殺人が中止されたとき、すでに傷害の既遂にあたる事実が発生してしまっている場合などがそれである。このような場合でも、中止犯の規定をいかすため、傷害の既遂として処罰すべきではない（平野Ⅱ・414頁を参照）。**ケース1**の(2)においても、すでに甲は殺人予備罪(201条)にあたる行為を行っているが、(かりに殺人未遂については、中止犯として刑が免除され、またはそもそも不起訴になったとしても)殺人予備罪の罪責は問われないことになる。

■政策説

中止未遂が寛大に取り扱われる根拠(中止未遂の法的性格)をめぐっては、政策説と法律説とが対立してきた。**政策説**が主張するように、中止犯の規定の基礎に、刑事政策的考慮、すなわち「恩典」としての寛大な取扱いを認め、行為者(および将来犯罪を実行するかもしれない一般市民)に対し中止を奨励することにより法益を侵害から守ろうとする考え方があることは否定できないであろう。褒賞(ほうび)を与えることによって犯人を刑事政策的に望ましい行動に導こうとする規定はほかにもかなり存在する(たとえば、自首〔42条〕、偽証・虚偽告訴の場合の自白〔170条、173条〕、身の代金目的の拐取罪等における解放減軽〔228条の2〕、身の代金目的の拐取罪における実行の着手前の自白〔228条の3ただし書〕などを参照)。

しかしながら、政策説だけでは中止犯を説明するのに十分でないとされている。その理由としては、①ふつうの人は中止犯の規定について知らないであろうから政策的効果をあまり期待することはできない、また、②ドイツ刑法などでは中止未遂が未遂としては「犯罪不成立」(無罪)であるが、日本の刑法は刑の減軽・免除しか認めていないので(刑の免除の判決も有罪判決の一種である〔刑事訴訟法334条を参照〕)、その意味でも政策的効果はきわめて少ない、さらに、③政策説は、刑を免除するか、それとも減軽にとどめるか、刑をどの程度に減軽するかの実質的基準を示すことはできない(団藤・総論361頁以下を参照)ということが指摘されている。

●**刑罰目的説**──ドイツの判例・通説は、刑罰目的説と呼ばれる見解をとっている。それは、一般予防および特別予防といういずれの刑罰目的からみても処罰の必要性がなくなるところに中止犯不可罰(前述のように、ドイツでは、中止犯は未遂犯としては犯罪にならない)の根拠を求めるものである。刑罰の一般予防目的は、規範違反行為を処罰することにより刑法規範の効力を維持・確保することによって実現されるが、規範違反行為の直後に、行為者自身が規範に合致する行動に出たとき、規範保護のための処罰の必要性は消滅する。また、特別予防についてみても、犯行の途中で「引き返した」行為者については、再犯防止のために処罰する必要はない。このように考える刑罰目的説は、刑罰目的というきわめて抽象的なもので説明しようとするところに問題はあるが、中止行為に先行して未遂行為が存在するにもかかわらず、その罪責を問わないことの理由を明らかにしているといえよう。

■法律説──責任減少説と違法減少説──────────────■

　法律説は、中止未遂が寛大に扱われる根拠を、犯罪成立要件(すなわち、違法性または有責性)に関連づけて説明しようとする。そのうち**責任減少説**(浅田・402頁以下、香川・306頁以下、曽根・原論493頁以下、団藤・総論362頁、内藤(下)Ⅱ・1284頁以下、中山Ⅰ・201頁以下、西田・総論336頁以下、前田・総論123頁以下、山中・800頁以下など)は、中止未遂の場合、ふつうの障害未遂と比べて行為者に対する非難が減少すると考える。責任減少説に対しては、いくつかの難点があることが指摘されている。すなわち、この見解を徹底すれば、真剣な中止行為が行われるかぎり、たとえ結果が発生した場合でも、非難は減少するはずであるから、刑の減免を認めない理由はない。ところが、中止犯が未遂犯の一種として規定されている現行43条の解釈としては、既遂となった場合に中止犯を認めることはできないという問題がある。また、中止犯の要件として悔悟(かいご)にもとづく中止行為を要求するなら別であるが、学説の多くは、「ほめられるべき」動機にもとづく中止行為であることを要求しない(一般に、他の機会を待つのが得策だと考えて中止した場合や、被害者から現金を受け取って強制性交を中止した場合などにも中止犯になるとされている)。そうであるとすれば、少なくとも刑の減免の主たる理由は責任減少にはないということになる。

　違法減少説(大谷・総論382頁以下、斎藤・225頁以下、西原(上)・331頁以下、平野Ⅱ・332頁以下、福田・234頁以下など)は、自ら生じさせた法益に対する

危険を、自ら消滅させたときには違法性の減少が認められるとする見解である(法益に対する危険を生じさせたが、事後にその危険を自ら消滅させたことである程度「帳消し」になると考えるものといってもよい)。違法減少説にとっての1つの問題は、**中止未遂の効果の一身専属性**をどのように説明するかである。中止の効果が一身専属的で、中止行為を行った本人に対してのみ及び、それ以外の共犯者には及ばないことについて異論はないが、もし違法性が減少するのであれば、それは関与者全員に作用しなければならないのではないかという疑問が生じるのである(**違法評価の連帯性**→第27章1、第30章1)。この疑問に対しては、行為無価値論の立場を前提とするかぎり、中止行為者の行為の規範違反性の評価(それはもともとそれぞれの行為者ごとの評価である)が中止行為によってある程度「帳消し」になる(すなわち、「一定の法益を侵害するな」という規範に違反した者が、侵害されようとしている法益を保全する行為をしたときには、当該の規範の動揺をしずめることになるから、その者の行為にかぎり、規範違反性の評価が軽くなる)と考えることが可能であろう。

●**違法減少説と結果無価値論**——結果無価値論の立場からは、違法減少説と中止未遂の効果の一身専属性とを矛盾なく調和させることは困難である。違法評価が客観的な結果不法の評価に尽きるとするならば、中止行為者についてだけ違法評価が減少し、それが関与者に影響しないということはありえないからである。それだからこそ、結果無価値論からは責任減少説がとられることになる。また、中止犯の要件についても、行為無価値論を前提とする違法減少説からは、主観的に結果防止に向けられた行為から結果防止の効果が生じたことが必要とされることになるが、結果無価値論を基礎とする違法減少説によれば、**中止意思は中止行為の要件とならず**、行為者が何ら意図せずに偶然に結果防止の効果を生じさせた場合にも(偶然防衛が正当防衛となるように〔→第5章2〕)違法減少が肯定され、中止犯が認められることになってしまうという問題が生じる。このように、結果無価値論の立場からは、違法減少説を主張することは難しいのである。

違法減少説にはもう1つの難点がある。中止犯は、ただ法益侵害を中止すれば認められるというのではなく、「自己の意思による」任意の中止の場合についてのみ肯定される(後述2を参照)。任意性があるかどうかは、違法性ではなく、責任の問題である。中止犯における任意性の要件は、違法性の減少ということでは説明できない(この点につき、井田・総論464頁以下を参照)。

■中止犯における理論と政策────────────────■

さらに、違法性減少説と責任減少説のどちらの立場によるにせよ、法律説による説明には限界があることに注意しなければならない。**ケース1**についてみると、(1)は殺人の障害未遂の場合であり、(2)は殺人の中止未遂の場合である。しかし、いずれも、拳銃で狙いをつけ他人の生命に危険を生じさせる行為をしたというところまではまったく同一であり、それ以後の中止行為の有無の点でちがうだけである。すでに行われた違法・有責な未遂行為についての評価が、事後の中止行為の有無により、**さかのぼって変化**することは、犯罪理論としては説明が困難である。むしろ理論的に説明できないことが政策的に認められているのが中止犯だとするのがもっとも正確な言い方だとさえいえよう。学説のほとんどが、政策的理由と法律説の説明とを併用した根拠づけをしているのは、政策説にも法律説にもそれなりの説得力はあるが、しかしそのいずれにも欠点があるからである。

2 中止行為の任意性

■「自己の意思により」────────────────■

中止犯の成立が認められるためには、犯罪の実行に着手した行為者が、「自己の意思により犯罪を中止し」、結果が発生しなかったことが必要である。このうち、「自己の意思により」といえるかどうかが中止行為の任意性の問題であり、「犯罪を中止した」かどうかが中止行為の問題である。**任意性**の問題と**中止行為**の問題は、43条の規定においては、まず任意性があげられ、次に中止行為が登場するという順序になっているが、任意性の検討にあたっては中止行為があることが前提であり、およそ中止行為がなければ、それが任意に行われたかどうかを検討することは無意味であるから、判断の順序は、**中止行為→任意性**でなければならない(しかも、前述のように、中止行為は違法減少の要件であり、任意性は責任減少の要件なのである)。以下では、条文に

出てくる順番に、まず任意性から説明するが、論理的には中止行為の検討（→本章3）が先行することに注意していただきたい。

―――――――――――――ケース2（中止行為の任意性）

甲は、殺意をもってAの腹部を果物ナイフで一回刺したところ、傷口から血が出るのを見て驚愕すると同時に「大変なことをした」と思い、それ以上実行せずにそのまま現場を立ち去った。Aは、加療約2週間を要する傷害を受けるにとどまった。甲の刑事責任を明らかにせよ。

外部からの影響を受けず心の中から生じた動機にしたがって止めたときに任意の中止であるとする見解を**純主観説**と呼ぶことができる（ただし、外部的影響を受けなくても、急な腹痛に襲われたなどの**生理的障害**によりそれ以上は実行できなかった場合ならもちろん障害未遂である）。しかし、内部的動機で何らかの外部的事情の影響を受けないものは実際上ありえないのであり、もし**ケース1**の(2)について、助けを哀願する被害者の姿（これは外部的事情である）を見たことで中止に至っていることから任意性を否定するとすれば結論的にも不当である。そこで、外部的事情の影響を受けて中止した場合のなかでも、中止未遂が認められる場合と、障害未遂にすぎない場合とを区別できなければならない。そこで、この点をめぐって学説が対立している。

　客観説は、一般の経験上、意思に対して強制的影響を与える事情があったために中止に至ったかどうかによって区別する（川端・498頁以下、西原（上）・334頁以下、前田・総論124頁以下など）。しかし、「自己の意思により」中止したのかどうかの問題なのであるから、外部的刺激が行為者の動機に与えた影響がどのようなものであったのかを度外視し、一般的にどのような影響をもつかにより任意性の有無を決するわけにはいかない。**ケース2**の事例のように、流血を見て行為者が実行を中止した場合、流血を見たという事情が「一般の経験上、意思に対して強制的影響を与える事情」かどうかだけで結論を出すとすれば不当であるし、そもそも一般的に決めることはできないであろう（行為者が流血を見て被害者に同情し後悔して止めた場合と、流血を見て驚愕し身がすくんで中止した場合とでは区別する必要がある）。そこで、

外部的刺激が行為者の動機に与えた影響を具体的に検討したとき、それが中止を強制するような物理的障害に相当する程度のものか、またはそこから生理的障害が生じて中止に至った場合であれば障害未遂であり、そうでない場合（規範意識がはたらきうる心理状態で中止行為が行われた場合）には、外部的影響にもかかわらず自発的意思にもとづいて中止したといえるので任意性が認められると考えるべきことになる（その際、本人が主観的に「できる」と思ったか「できない」と感じたかは重要ではない）。このような見解を**主観説**（または**折衷説**）と呼ぶ（大塚・総論258頁以下、大谷・総論384頁以下、曽根・原論508頁以下、団藤・総論363頁以下、内藤（下）Ⅱ・1289頁以下、福田・236頁以下など）。その基準は、「やろうと思えばやれる」場合が任意の中止であり、「やろうと思ってもやれない」場合が障害未遂であるとする（いわゆる「フランクの公式」）のと同一に帰する。

> **●限定的主観説**──限定的主観説は、広義の後悔（悔悟、慙愧、同情、恐怖感など）ないし犯罪を価値的に否定する動機にもとづく場合が任意の中止であるとするが、少数説にとどまっている（佐伯・322頁以下、西田・総論343頁以下、中・211頁以下、中山Ⅰ・204頁以下など。なお、山中・822頁以下も参照）。この見解に対する批判の要点は、①それは法的評価と倫理的評価とを混同するものである、②中止犯を単なる刑の必要的減免事由としているにすぎない日本の刑法のもとで、条文上の根拠もなく「広義の後悔」を要件として成立範囲を制限する理由はない、③実際上も中止犯の認められる範囲が狭くなりすぎる、というものである。ただし、限定的主観説によれば、**ケース2**では、行為者が「大変なことをした」と思って中止したのであるから、広義の後悔による中止であり、任意性が肯定されることになろう。

■具体例の検討

　主観説によると、流血を見て中止した場合については、恐怖・驚愕の程度が強く、行為者の動機に与えた影響がいちじるしいものであるかぎり（たとえば、身がすくんでそれ以上実行できなかった場合）任意性は否定される。しかし、**ケース2**では、動機に対する影響はそれほど強いものではなく、物理的障害に相当するとか、生理的障害を引き起こしたとはいえないので、任意性は肯定されると解される。

> **●中止行為の前提としての危険**──ただし、**ケース2**においては、任意性を検討する前に、「中止行為」の要件を検討しなければならない（後述3を参照）。しかも、中止行為の前提

として、**結果発生の危険が高まっており、その阻止の可能性があると考えられる事態**が存在することが必要である（それがなければ、中止による恩典を認める前提が欠ける）。そのような事態の有する危険性は、客観的な事情にもとづく場合もあれば、行為者が主観的に結果発生意思を抱くことによって生じることもある。たとえば、人を殺そうとしてピストルを構えるとき、行為者の故意ゆえに危険な事態が生じるが、まさにこの時点において危険実現を阻止するための中止行為が要求され、この場合であればピストルを撃つのを止めるという単純な不作為により中止行為の要件が充足されるのである。逆に、行為者が1つの弾丸しか装填されていないピストルを発砲し、弾丸が当たらなかったという場合には、そこにおいてさらに殺害行為が行われる危険事態が存在しない以上、中止行為は問題とならないことになる。このように考えるとすれば、行為者の事前の犯罪計画に照らして行為を続行する可能性が存在しないとき、そこにおいては危険事態が否定されることから、中止行為そのものが欠如することになる。たとえば、特定の政治家を暗殺しようとして実行に着手したが、人違いだったので止めた場合や、特定の機密書類を盗もうとして窃盗の実行に着手したが、すでに周知の情報しか記載されていなかったので盗らなかったという場合（山中・813頁以下）、中止行為の前提となる危険事態が否定される。

　そのほかの**具体例**で見ると、女性に対し強制性交を行おうとしたところ、被害者が助けてほしいと言い多額の現金を差し出したので、それを受け取り実行を中止して立ち去った場合や、迷信家の犯人が黒猫を見て不吉な予感にとらわれて急に怖くなりそれ以上継続しなかったという場合でも、外部的事情が内部的動機に与えた影響は物理的障害に相当するものとはいえないので任意性を肯定してよい。これに対し、足音を聞いて誰かが来たと思って中止した場合には、物理的障害に相当する事情があったといえるので中止犯は認められないし、ある女性に対し強制性交を行おうとして背後から抱きついたところ、まったくの別人で実行する気がなくなったという場合には、生理的障害があったことになるから任意性は否定されるべきである。

●**任意性に関する判例**——最高裁の判例は、**中止犯を否定**する場合にしばしば**客観説**の基準を用いてきた。たとえば、強姦（強制性交等）の実行に着手した犯人が被害者の流血をみて驚愕し犯行を中止したという事案について「その驚愕の原因となった諸般の事情を考慮するときは、それが被告人の強姦の遂行に 障礙となるべき客観性ある事情である」から中止犯にならないとした（最判昭24・7・9刑集3巻8号1174頁）。また、殺人の実行に着手したが、被害者が頭部から血を流しているのを見て驚愕し犯行を中止したという事案について、「犯罪の完成を妨害するに足る性質の障がいに基くものと認むべきであ」るとして任意性を否定した（最決昭32・9・10刑集11巻9号2202頁）。下級審判例で**中止犯が肯定**された事例は、いずれも悔悟、憐愍、哀れみなどの心情が認められる場合である（つまり、**限定的主観説**からもっともよく説明できる）。なお、**ケース2**と同じように、流血を見て驚愕すると同時に大変なことをしたと思って中止した事案で、中止行為が反省、悔悟の情などから任意の意思にもとづいて行われたとして中止犯の成立が認められているが（福岡高判昭61・3・6高刑集39巻1号1頁〔野澤充・百選Ⅰ（7版）140頁〕）、被害者

の頸部を果物ナイフで1回突き刺したものの、被害者の口から多量の血が吐き出されるのをみて、驚愕すると同時に大変なことをしたと思い、ただちにタオルを頸部に当てて止血に努め、消防署に電話して救急車の派遣と警察への通報を依頼し、救急車の到着後は被害者を救急車に運び込むのを手伝ったりしたという事例であった。

3 中止行為

■着手中止と実行中止────────────────────■

　ケース2の事例については、実は、任意性の問題以前に、中止行為があったかどうか（「中止した」といえるかどうか）が検討されなければならない（任意性が責任減少の要件であるのに対し、中止行為はその前提となる違法減少の要件なのである）。未遂犯は着手未遂と実行未遂（＝終了未遂）とに区別できるが（→第22章1）、前者の場合の中止未遂を**着手中止**、後者の場合の中止未遂を**実行中止**という。前者については、実行行為を継続することをただやめればよいが（不作為）、後者については結果の発生を積極的に防止するための作為を必要とする。**ケース1**の(2)が着手中止の事例であることは明らかである。**ケース2**では、かりに着手未遂であるとすれば、ただ さらなる実行をやめるという不作為のみで中止行為が認められるが（したがって、任意性が肯定されれば中止犯となる）、しかし、実行未遂であるとすれば、結果発生の防止行為としての中止行為がないので、（任意性を検討するまでもなく）中止犯は否定される。着手未遂と実行未遂の区別の問題は、**実行行為の終了時期**がいつかの問題と関連づけて議論されてきた。

■──────────ケース3（着手未遂か実行未遂か）■

　ケース2で、もし甲がことさらに一突きでAを殺すつもりで胸のあたりを刺そうとし、しかし狙いがはずれ、腹部に軽い傷を負わせることしかできなかったが、傷口から血が出るのをみて、驚愕すると同時に「大変なことをした」と思い、それ以上実行せずにそのまま現場を立ち去った場合であっても、殺人の中止犯となるか。

■客観説・主観説・折衷説──────────────────■

　実行行為の終了時期をめぐり、学説においては、客観的に結果発生の可能
性ある行為が行われたかどうかで決める客観説、行為者の意思ないし計画を
標準とする主観説、客観的事情と主観面とをあわせ考慮する折衷説とが対立
している。学説の検討にあたっては、**実行開始の時点**を基準とするか、それ
とも**中止行為が問題となる時点**を基準とするかを区別する必要がある。たと
えば、被害者の頭部を狙って拳銃を撃つ行為は、実行開始の時点を基準にす
れば、客観的にきわめて危険な行為であるが、客観説のように、その行為が
行われさえすれば、すでに実行行為は終了したと考えるべきでない。その弾
丸がはずれて、もう一発撃つことができるという状況で撃つのを中止したと
きであれば、中止犯を認めてよいであろう。その意味で客観説は妥当ではな
い。しかし、中止行為が問題となる時点で、客観的に因果関係を遮断しなけ
れば結果が発生してしまう状況があるとき、たとえば、弾丸が発射されてこ
れが被害者に命中し、病院に連れていって手当てをしなければ死亡するであ
ろうという状況があるとき、行為者の主観的な意思や事前の計画のいかんに
かかわらず実行行為は終了し、あとは実行中止のみが問題となると考えるべ
きである。その意味では客観説は正しい。

　同様に、主観説は、実行開始の時点で、行為者が一発の弾丸だけで殺そう
と意図していたという理由で、その弾丸が発射されさえすれば実行行為は終
了したと考えるのだとすれば妥当でない。その弾丸がはずれ、さらにもう一
発撃つことができるという状況で撃つのを止めたとき、中止犯を認めてよい
からである。しかし、中止行為が問題となる時点で、行為者がすでに結果発
生のために十分な行為をしたと信じているとき、すでに実行行為は終了した
としてよい。弾丸が発射されたものの被害者に命中しなかったが、しかし行
為者としては命中したと信じ、病院に連れていき手当てをしなければ死亡す
るであろうと思っているとき、これを着手未遂とすべきではない（ただ犯行
の継続をやめさえすれば中止犯になるというのはおかしい）。その意味では主観
説は正当である。

このようにして、結論的には、**折衷説**（大塚・総論261頁、大谷・総論388頁、西原（上）・338頁、福田・239頁以下などを参照）をとるべきであるが、実行開始の時点ではなく、**中止行為が問題となる時点**において、①客観的になお実行行為を継続する必要があり、かつ②継続が可能な状態にあって、③行為者がそのことを認識している場合は、実行行為はまだ終了しているとはいえず、**単純な不作為による着手中止**を認めてよいのである。逆に、①実行行為によって現に結果が発生しつつあり、実行行為をそれ以上継続する必要がない場合、または、②行為者がそれ以上何もしてなくても結果が発生すると思っている場合、または、③実行行為が客観的に継続不可能である（たとえば、弾丸がもう入っていない場合）か、継続可能であっても行為者がそのことを認識していない場合（弾丸が入っているのに行為者はもう入っていないと思っている場合）には、いずれも実行行為は終了したと解すべきことになる。要するに、**単純な不作為により法益侵害が回避**されうるため、それで中止行為と認めることが妥当な場合には着手中止であり、**積極的な作為を要求すべき場合が実行中止**と考えることができる。

　このようにみてくると、中止行為の存否の判断においては、実行開始の時点ではなく、中止行為が問題となる時点において、現に生じている結果発生（ないし既遂到達）の危険を消滅させる行為（作為・不作為）が行われたかどうかを端的に問題とすべきなのであって、「実行行為の終了時期はいつか」という多義的かつ曖昧な問い方をすべきではないであろう（平野龍一「中止犯」日本刑法学会編『刑事法講座第2巻』〔1952年〕409頁は、「この問題は従来着手未遂と実行未遂の区別としてあまりに概念的に論じられたきらいがある……中止行為といえるか否かという点から検討すれば足りるのであって、両者の区別自体は重要ではない」とした。現在の学説においては、このような考え方が共有されているといえよう）。

　以上のような考え方によれば、行為者が、実行開始時に1回の行為で既遂に至らせるつもりであったのかどうかは決定的な意味をもたないことになる。したがって、**ケース2**のみならず、**ケース3**についても、中止行為が問題となる時点では、客観的にみて、そのまま放置すれば結果が発生する事態が生

じていたものではなく、また行為者としても、それ以上何もしなくても結果が発生すると思っていたのではないから、実行行為は終了していない。単純な不作為によって結果は回避できるので、任意性が肯定できる以上、中止犯が認められる（なお、着手未遂の事例につき中止犯の成立を認めた、東京高判昭62・7・16判時1247号140頁〔城下裕二・百選Ⅰ（7版)142頁〕を参照）。

■中止行為の「真摯性」

中止行為は、着手中止については実行行為そのものをただやめるという不作為で足りるが、実行中止については結果の発生を防止するための作為を必要とする。この**結果防止行為**は、結果の発生を防止するについての「真摯な努力」を示す行為でなければならないとするのが判例・通説である（詳しくは、金澤真理・百選Ⅰ（7版)144頁以下を参照）。**真摯性**とは誤解をまねきやすい表現であるが（曽根・原論505頁は「積極的な努力」と呼ぶ）、中止行為を行うにあたって他人の手を借りるとき、他人まかせであってはならず（それは結果発生の阻止を保証できる行為ではない）、自ら結果不発生の確度の高い行為を行うことを要求する趣旨であれば、それは妥当なものといえよう（これに対し、倫理性を要求する見地から、犯跡の隠ぺい等の事実を考慮して「真摯性」を否定するようなことは問題であろう）。たとえば、被害者を病院に運び込み、傷害に至った経過を医師に説明した上で、治療させたというのであれば中止行為として十分である。ただ救急車を呼ぶために電話しただけとか、人を呼んで逃げただけでは、被害者が救助される確実性が低く、中止行為として十分でない。判例は、他人の助力を借りるときは、犯人自身が防止行為を行ったときと同視するに足りる程度の努力を払うことを必要とするとしている（大判昭12・6・25刑集16巻998頁）。

4 結果の不発生

■結果の不発生と「因果関係」の要否━━━━━━━━━━━━━━■

　中止犯は未遂犯の一態様として規定されているのであるから、**結果の不発生**もその要件となる。そうであるとすれば、ただ最終的に結果が発生しなかったというだけでは足りず、中止行為によって結果の発生が防止されたという関係、すなわち中止行為と結果の不発生との間に(法的)因果関係がなければ、中止犯を認めることができないはずである。中止行為と関係なく、他の原因(たとえば、他人の行為)によって結果が防止されたとか、そもそも結果の発生がはじめから不可能であった場合(たとえば、空の金庫に向けて窃盗行為が行われる場合や、男性犯人がある男性を女性とかん違いして膣性交を強制しようとした場合など)には(任意の中止行為の有無にかかわらず)中止犯ではないとするのが論理的である。

　しかし、そのように考えると、結果発生の可能性があった場合と、それが最初から不可能であった場合とで不均衡となることがある。たとえば、金庫をこじあける途中で気が変わって中止したときに、金庫の中に財物が入っていたときは中止犯となるが、空であったときは中止犯とならないことになる。また、被害者に致死量の毒をのませた場合であれば、結果発生を防止するかぎり、中止犯となりうるが、のませた毒が最初から致死量に達していなかった場合には、たとえ結果防止のための積極的な努力を払ったとしても中止犯となりえないことになってしまう。そこで、学説においては、**因果関係を不要とする見解が多数**である(大塚・総論262頁以下、曽根・原論506頁、団藤・総論365頁以下、中・215頁、平野Ⅱ・337頁、福田・239頁、前田・総論130頁、山中・818頁以下など)。とはいえ、結果の不発生を中止犯の不可欠の要件とし、かつたとえ中止行為を行っても効を奏さず結果が発生するかぎり中止犯とならないとしながら、中止行為と結果不発生の間の因果関係を不要とすることは理論的な説明が困難であるとの批判がある(大谷・総論389頁以下は、

刑法改正が実現するまで中止犯規定の「準用」を認めるべきだとする)。

●**立法による解決**——改正刑法草案 24 条 2 項は、「行為者が結果の発生を防止するに足りる努力をしたときは、結果の発生しなかったことが他の事情による場合であっても」中止犯と同じ法的効果を認めることにより、この問題の立法による解決をはかっている。

5 まとめ

　中止犯の問題においては、犯罪論のさまざまな論点が登場し、あたかも「犯罪論の縮図」のような印象を与える。ここでは刑罰理論や犯罪処罰の根拠についてもあわせて考えなければならない。純粋に理屈を貫くだけではだめで、結論の妥当性も考慮することが必要であり、そのことにより問題はさらに難しくなっている。もっとも議論が錯綜しているのは、**刑の必要的減免の根拠**をめぐってである。政策説にも法律説にも難点があり、それぞれの主張をただ併用しても説得力のある理論にはならない。読者が中止犯論全体に関し明確なイメージを抱けないとすれば、それは刑法 43 条ただし書が立法論として不徹底なことにもよるが、何より学説が筋の通った理論を構築できていないことに責任があるといえよう。

［井田　良］

第25章 正犯と共犯

1 実行行為と正犯行為

■実行行為とは何か

　実行行為の概念は、犯罪の成否を検討する際にきわめて重要な機能を果たすものであるが、実行行為とは何かを理解することは容易でない。それは「構成要件に該当する行為」のことであるといわれる(たとえば、団藤・総論139頁)。しかし、この簡単な定義からは想像できないような多彩な意味内容が、実行行為の概念には込められている(前田・総論83頁を参照)。

実行行為の4つの側面

　まず、実行行為(構成要件該当行為)は、違法判断の対象(したがって、処罰の対象)の中核部分である。実行行為とそれが引き起こした結果とをあわせた事実(たとえば、殺人の実行行為および殺害の結果)に対し、違法評価が下される。そして、実行行為に出たその意思決定に向けて刑法的非難が可能であるとき、有責な行為とされ、非難に見合った刑罰が正当化されることになる(問責の対象としての実行行為)。また、実行行為が開始されれば、未遂としての処罰が可能になる。刑法43条の規定する「実行に着手し」た時点とは、実行行為が開始された時点であるとするのが伝統的理解である(→第22章1)。

■実行行為と危険性

ある行為について、その行為は「実行行為といえない」とか「実行行為性がない」といわれることがある。そこでは、とくに結果犯について、**結果を実現する危険性**をもつ行為でなければ、構成要件該当行為ではないことが前提とされている(たとえば、大谷・総論122頁、林・総論111頁以下、前田・総論83頁などを参照)。殺意をもって行為に出ても、それが人を死亡させる一定の危険性をもった行為でなければ、殺人の実行行為にあたらない。およそ無害な薬物を使って人を殺そうとする行為のように、結果発生の危険性をまったくもたない行為は**不能犯**と呼ばれ、未遂犯としても処罰されない(→第23章)。多少の危険性をもった行為でも、それが社会生活上無視できる程度のものであれば、実行行為性を欠き(万が一、奇跡的に結果が発生したとしても)構成要件に該当しない。たとえば、飛行機が墜落することを願って、ある人に飛行機旅行をすることをすすめ、たまたま偶然に飛行機が墜落したとしても、殺人既遂罪にも殺人未遂罪にもならない。

> ●**結果犯と挙動犯(単純行為犯)**——犯罪は、実行行為に加えて結果の発生が構成要件要素となっているかどうかにより**結果犯**(殺人罪、傷害罪、器物損壊罪など)と**挙動犯**(または**単純行為犯**。暴行罪、住居侵入罪、偽証罪など)とに分類される(→第7章3)。この区別は、**侵害犯**と**危険犯**の区別と完全に重なるものではない。侵害犯とは法益侵害の発生が犯罪成立の要件とされるものであり、危険犯とは危険があれば足りるものである。たしかに結果犯の多くは侵害犯であるが、結果犯であるが危険犯である犯罪(放火罪〔108条以下〕)や、挙動犯であるが侵害犯である犯罪(住居侵入罪〔130条〕)もある。

■正犯行為としての実行行為

実行行為の概念は、正犯行為の意味で使用されることがある。刑法は、犯罪成立の態様として、(重く評価される)正犯と、(より軽く評価される)共犯とを区別しているが、刑法60条以下の規定によれば、「実行」したかどうかが正犯性の(形式的)基準である。60条は「2人以上共同して犯罪を実行した者」を共同**正犯**とし、61条1項は「人を教唆して犯罪を実行させた者」を共犯としての教唆犯としている。ここから、**正犯**とは実行行為を行った者のことであり、**共犯**とは実行行為以外の行為によって犯罪に関与した者として理解

することができる。教唆行為(61条)および幇助行為(62条)は実行行為ではな
く、したがって、その意味では**構成要件に該当しない行為**である（たとえば、
殺人教唆の行為は、殺人の実行行為ではなく、199条から導かれる殺人罪の〔基本
的〕構成要件に該当するものではない）。

　教唆行為や幇助行為も、結果を発生させる一定程度の危険性をもった行為
であり、（正犯行為が既遂に至れば）結果との間に法的因果関係が認められる行
為である。しかし、それらは各処罰規定の構成要件に該当する行為とはされ
ない。たとえ危険性をもった行為でも、そのまま結果へとつながらず、**結果
を実現するためには他人のさらなる意思決定が必要となる行為**は実行行為に
あたらないのである。失恋して悲嘆に暮れている人に自殺をすすめ、毒薬を
与えてついに自殺に至らせたとき、その行為は他人を死亡させる危険をもっ
た行為であるが、殺人罪(199条)の実行行為ではない（自殺教唆罪という独立
の犯罪〔202条前段〕を構成する）。

> **━━━━━━━━━━ケース1（正犯性＝実行行為性はあるか）■**
>
> 　Aは、内臓の疾患のため通院して治療を受けており、医師からきびしい食事
> 制限を指示されていた。甲は、Aの病状を悪化させようと考え、高価な牛肉な
> どAが食べることを強く禁止されている食品を頻繁にAに贈った。Aは誘惑に
> かてず、甲から贈られた食物に手を出し、やがて病気が重くなり入院するに至
> った。甲は、傷害罪(204条)の刑事責任を負うか。

　傷害罪の構成要件該当性を肯定するためには、①傷害の実行行為、②傷害
の結果、③行為と結果との間の因果関係の存在が要求される。**ケース1**につ
いてみると、②と③の要件は充足されるとしても、甲の行為が傷害罪の実行
行為にあたるかどうかが問題となる。たしかに、その行為は傷害結果を発生
させる危険性をそなえていた。しかし、傷害の実行行為（構成要件該当行為）
といいうるためには、構成要件実現の（一定程度の）危険性をもち、さらに**正
犯性**をそなえること（すなわち、**他人の新たな意思行為の介在という正犯性を排
除する事情がないこと**）を要する。Aは、みずからの意思で、病気が悪化する
かも知れないことを承知のうえ、贈られた肉などを口にしたのであり、結果

が発生するかどうかは、Aの自由な意思にまかせられていた。甲の行為は、Aの**自傷行為をそそのかす**ものにすぎず、傷害罪の実行行為とはいえない(刑法は、他人の自殺に関与する行為にかぎってこれを自殺関与罪という独立の犯罪〔202条前段〕としており、自傷行為の教唆・幇助は処罰の対象としていないのである)。

●実行行為と「実行の着手」──ここで、問責の対象たる実行行為と、未遂処罰の開始の基準となる実行行為との関係についても、触れることとする。問責の対象たる実行行為の時点と、未遂処罰の開始の基準となる実行の着手の時点とは、同じでなければならない必然性はない。非難の対象たる意思決定が行われても、一定の事態が生じなければ処罰に値しないと考えられることもあるからである。それは、実行行為があっても一定の結果が発生しないかぎり処罰に値しないとされる犯罪もあること(44条参照)や、後述2のように、教唆・幇助の行為が行われても、正犯者が実行に出ないかぎり可罰性は生じないとされていること(共犯の実行従属性)と理屈は同じである。

2 正犯と共犯の区別

■正犯の種類、共犯の種類────────────────────■

刑法は、**正犯と共犯とを区別**している。正犯とは、犯罪の実現について第一次的な刑事責任を負担すべきものであり、共犯とは正犯を通してその犯罪実現に加わったことによって第二次的な罪責を問われるべきものということができる(大塚・総論281頁)。正犯には、**単独正犯**と**共同正犯**とがある。広義で共犯と呼ばれるのは、共同正犯(60条)、教唆犯(61条)、幇助犯(62条)の3つであるが、共同正犯は本質的には正犯であるから、狭義で共犯というときは、教唆犯と幇助犯(従犯)のみをさす。

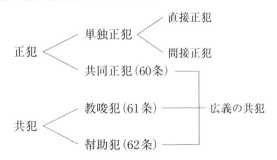

第 25 章●正犯と共犯　307

■正犯の概念

　ここでは、正犯のうちの単独正犯に注目することにしよう。前に述べたように、正犯行為といえるためには、構成要件実現の危険性をもつばかりでなく、さらに正犯性をそなえることが必要である。それでは、**正犯性を肯定するための実質的基準**とはいかなるものであろうか。正犯性の基準については、**構成要件実現ないし結果発生の危険性**に注目する見解が多い（大塚・総論 160 頁、川端・541 頁、福田・252 頁、262 頁など）。すなわち、正犯行為は、格別の障害なく必然的に結果を実現させるという意味で、教唆・幇助行為と比べてより危険な行為であるとするのである。これに対し、構成要件実現のプロセスを行為者が「支配」している場合に正犯とする**行為支配説**もある（ドイツの通説であるが、団藤・総論 155 頁、372 頁以下もこれに近い）。

━━━━ケース 2（救助を中止したハイカー）

　ハイキング中の甲と乙は、見知らぬ子ども A が湖に落ちて溺れかけているところに遭遇した。付近に誰も人がいなかったので、乙は救助のため、あわてて水の中にとび込もうとしたが、甲が「面倒なことに関わりあいたくない。先を急ごう」と強く言ったため、乙はこのままでは A は死ぬであろうと思いながらも救助を中止し、A は溺死した。甲と乙は、殺人罪の刑事責任を負うか。

　まず、救助を中止した乙が、不作為により殺人罪の構成要件を実現したかどうかが問題となる。不作為による殺人罪（不真正不作為犯）の構成要件該当性が認められるためには、その者が死亡結果の発生しないよう保証する立場（保証者的地位）にあったことが必要であるが（→第 8 章）、乙は A を救うべき法的地位になかったのであり、殺人罪の実行行為性は認められない。それでは、乙に救助を中止させた甲は、（作為による）殺人の正犯となるであろうか。甲は、救助の中止を強くすすめたにすぎず、結果の発生・不発生は、乙の自由な意思にまかせられていた。甲の行為は、途中で障害にあわずに結果につながる危険性をもたないし、また、甲は結果に至る因果過程を支配していたともいえない。かりに甲に殺意が認められたとしても、甲は殺人の正犯にな

らない(これに対し、甲が、救助に出た乙を強制して救助を中止させたり、その救助行為を物理的に妨害したりした場合には、正犯性が認められよう)。

■危険性か支配性か

正犯性の基準として、**危険性**と**支配性**のどちらが妥当であるかが問題となる。正犯行為も教唆・幇助行為も、結果発生の危険性をもつ行為である。行為が一定程度の危険性を有し、かつ結果との間に法的因果関係(それは危険実現の関係にほかならない)があることが前提とされた上で、その行為者が正犯であるかどうかが問題とされる。**ケース1**の甲の行為も、**ケース2**の甲の行為も、少なからず結果発生の危険を含む行為にほかならない。そうであるとすると、ここでまた危険概念を用いて正犯かどうかを区別することは困難であろう。危険性の大小で区別しようとしても、後に述べるように、教唆犯と同じ程度の危険性しかもたない行為でも、正犯行為と考えられるべき場合がある(後述3を参照)。正犯性の基準としては、犯罪実現について主たる役割(主犯者としての役割)を演じた者を正犯とする行為支配説の基準の方が(なお不明確ではあるものの、危険性の基準より)すぐれている。もちろん、構成要件実現の過程を支配するといっても、「因果の過程を思うままに左右する」ところまで必要とされず、**結果を第一次的に帰せられるべきものとされる程度に支配的・主導的役割を演じればそれで正犯とすることが可能だと考えるべき**であり、またそう考えるのが行為支配説なのである。

■共犯の概念

それでは、**ケース2**の甲は、殺人の教唆犯にならないであろうか。共犯の概念を考えるにあたり重要なことは**共犯の従属性**の原則である(→第27章)。すなわち、教唆犯と幇助犯が成立するためには、正犯の犯罪行為が存在し、これが現に実行されたことを必要とする(未遂犯が処罰される犯罪については、正犯者が実行に着手すれば、教唆者・幇助者に、未遂に対する教唆犯・幇助犯の罪責が生じる)。以前は、**共犯独立性説**も有力に主張された。この学説は、共犯も他人の行為のために処罰されるのではなく、自分が行った行為を根拠に

第 25 章●正犯と共犯　309

処罰されるのであるから、正犯行為の実行を待つ理由はなく、正犯とは独立に処罰されなければならないと主張する。未遂が処罰される犯罪については、教唆行為または幇助行為を行っただけで 43 条が適用され、**教唆の未遂**または**幇助の未遂**として処罰されるべきことになる（たとえば、他人に窃盗するようそそのかせば、相手がうんと言っただけで〔あるいはイヤだと言っても〕、窃盗教唆の未遂として処罰されることになる）。しかし、現在では、共犯独立性説は支持者を失っている。判例・通説が支持する**共犯従属性説**によれば、正犯が実行に着手するに至らなかったときの教唆行為や幇助行為は処罰されない。**ケース 2** についてみると、乙の行為は何ら犯罪行為にあたらない（いかなる構成要件にも該当しない）のであるから、従属すべき正犯行為が存在せず、甲は殺人教唆罪として処罰されることはないということになる（→第 27 章 1）。

> **●なぜ共犯独立性説はとれないか**——刑法 43 条にいう「犯罪の実行」とは、**刑法各則に規定**されたそれぞれの犯罪の実行である。総則規定である 61 条および 62 条は、それ自体、独立の犯罪を規定したものではなく、これに 43 条を適用することはできない。また、正犯行為の未遂が処罰されるなら教唆・幇助の未遂も処罰されるという形で、正犯行為と共犯行為とを同一に扱うことは、**正犯行為と共犯行為との間の法益侵害への距離の違い**を無視するものである。ふつうの犯罪の教唆未遂や幇助未遂まで処罰するとすれば、処罰範囲を広げすぎることになる。

■正犯と共犯の関係

　正犯と共犯の区別の問題は、犯罪の成立が認められる場合に、正犯として処罰するのか、それとも共犯として処罰するのかという**処罰範囲の分配**の問題といってよい。共犯としては処罰されない場合（64 条を参照）や、逆に共犯としてのみ可罰的である場合（65 条 1 項を参照）が存在するが、正犯と共犯の区別に関する見解の相違によって、およそ犯罪として処罰される範囲が大きく異なるということではない。正犯の範囲を広く考えればそれに応じて共犯の範囲は狭まり、正犯を狭く考えれば共犯の範囲が拡張されるという関係がある。正犯と共犯の区別の問題は、**実行行為性（正犯性）**をどこまで広く（または狭く）認めるか（正犯の範囲）、そして**共犯の従属性**をどのくらい厳格に（または緩やかに）考えるか（共犯の範囲）という 2 つの考慮のかね合いによって決まる。正犯と共犯の区別は、具体的には、**間接正犯と教唆犯の区別**の問題と

して議論される。

3 間接正犯

■間接正犯とは

　実行行為を行ったというためには、自ら手を下して構成要件該当行為のすべてを直接に行う必要はない。他人をなぐってケガをさせた者が傷害罪の正犯なら、他人を誘導し階段から転落させてケガをさせた者も同じである。みずから直接に手を下す場合のことを**直接正犯**といい、他人（第三者や被害者）を「道具」として利用することにより構成要件を実現する場合を**間接正犯**という。

　抽象的にいえば、間接正犯となるのは、結果を第一次的に帰属されるべき者という点で直接正犯と同価値的であり、構成要件的評価の上での相違が存在しない場合である。甲が自らAに毒薬を注射してこれを殺害した場合と、乙が医師の知らないうちに注射液のなかに毒を混ぜ、何も知らない医師をして患者Bに注射させることによってBを死亡させた場合とで、甲が殺人罪の正犯なら、乙も殺人罪の正犯であろう。

　より複雑な事例として、甲が屛風の後ろに人がいることを知りながら、乙に対しピストルで屛風を撃ち抜くようそそのかし（すなわち、器物損壊を教唆し）、事情を知らない乙の行為により結果として人の殺害を実現したという場合、通説によれば、甲は殺人罪の正犯である（団藤・総論 159 頁注(14)を参照）。この場合、甲の行為が結果を発生させる事実的可能性ないし結果にそのままつながっていく確率的蓋然性は、単に器物損壊を教唆したとき以上のものではありえず、行為の危険性を基準にするかぎり、甲の正犯性を理由づけることは困難であろう。しかし、行為支配説によれば、**結果を故意的に実現した者として、結果を第一次的に帰属されるべき主体（構成要件の実現について主導的役割を演じた者）は誰か**という点が決定的であり、直接行為者乙の不知を利用しつつ、殺害結果の実現の過程を「支配」したのはまさしく甲と

第 25 章 ● 正犯と共犯　311

いうことになるのである。

■間接正犯の成立する場合

　通説によれば、背後者の正犯性を肯定できる典型的な場合は、①直接行為者に是非弁別の能力（違法性の認識能力）が欠如し（→第19章１）、背後者により思うままに利用される関係にある場合（**是非弁別能力欠如型**の間接正犯。なお、12歳程度の者であれば、是非弁別の能力はあるとされるのが一般である）、②直接行為者が錯誤に陥っており、背後者がこれを一方的に利用できる関係にある場合（**錯誤利用型**の間接正犯）、③背後者が直接行為者の意思を制圧しその命令・指示に従わせうる関係にある場合（**意思制圧型**の間接正犯）である。また、④身分犯（たとえば、収賄罪）について、直接行為者に身分が欠けるとき、これを利用する背後の身分者も間接正犯とされる。公務員が、事情を知る非公務員を使って賄賂を収受させるような場合がこれにあたる（197条以下参照。この場合の非公務員を「身分のない故意ある道具」という）。以上のほかにも間接正犯が成立する事例はあるが（井田・総論489頁以下を参照）、いずれも直接行為者について犯罪要件の重要部分が欠落し、この者に（完全な）刑事責任を問いえない反面、背後者が支配的・主導的立場で構成要件を実現したと評価できる場合である。

　●**意思制圧型の間接正犯を認めた最高裁判例**——被告人は、当時12歳の養女を、日頃さからう素振りを見せるつど顔面にタバコの火を押しつけたりドライバーで顔をこすったりするなどの暴行を加えて自己の意のままに従わせていたが、この養女に窃盗を命じてこれを行わせた。最高裁は、「被告人が、自己の日頃の言動に畏怖し意思を抑圧されている同女を利用して右各窃盗を行ったと認められるのであるから……被告人については本件各窃盗の間接正犯が成立する」とした（最決昭58・9・21刑集37巻7号1070頁〔松生光正・百選Ⅰ（7版）150頁〕）。また、自動車事故を装った方法により被害者（女性）を自殺させて保険金を取得しようと企てた被告人が、暴行、脅迫を交え、被害者に対し、漁港の岸壁上から乗車した車ごと海中に飛び込むように執拗に命令し、自殺の決意を生じさせるには至らなかったものの、被告人の命令に応じて車ごと海中に飛び込む以外の行為を選択することができない精神状態に陥らせ、そのとおり実行させたが、被害者は水没前に車内から脱出して死亡を免れたという事案について、「被告人は、以上のような精神状態に陥っていた被害者に対して、本件当日、漁港の岸壁上から車ごと海中に転落するように命じ、被害者をして、自らを死亡させる現実的危険性の高い行為に及ばせたものであるから、被害者に命令して車ごと海に転落させた被告人の行為は、殺人罪の実行行為に当たるというべきである」とした（最決平16・1・20刑集58巻1号1頁〔園田寿・百選Ⅰ（7版）148頁〕）。

ここでは、殺人の正犯性を肯定できるか(それとも、単なる自殺教唆にすぎないか)の問題
が、**行為者の働きかけによる被害者の意思の制圧の有無**の問題として論じられ、この事案
では、飛び込みの実行にあたり被害者のある程度の自発的意思が働いていたとしても、被
告人は殺害目的で被害者をして命令に応じて車ごと海中に飛び込む以外の行為を選択する
ことができない精神状態に陥らせていたということから、意思制圧の関係を認めている。

■━━━━ケース3(現住建造物放火罪の成否━━━教唆犯か間接正犯か)■

甲は乙をそそのかし、空き家といつわって、現にAが住んでいる古い木造の
一軒家に放火させ、Aの家は全焼した。乙がその家を空き家だと信じていたと
き、甲と乙はいかなる刑事責任を負うか。

甲は、「現に人が住居に使用」する現住建造物であることを知りつつ、乙
をだまして放火行為をそそのかしており(108条)、乙はその家を非現住建造
物と信じていた(109条1項)。結果として実現された重い現住建造物放火罪
の事実との関係では、事態を正しく認識していたのは甲のみであり、乙は甲
により利用されていたのである。乙には非現住建造物放火罪が成立するが
(38条2項)、甲は**現住建造物放火罪の間接正犯**としての刑事責任を負うべき
であろう。他方、甲を現住建造物放火罪の共犯とすることは、共犯の概念か
ら見て困難である。現住建造物放火罪の正犯者がいないところで、その教唆
犯の成立を肯定することは、共犯の従属性の原則に反するからである。

■間接正犯否認論━━━━━━━━━━━━━━━━━━━━━━━━━━■

これに対し、通説的な間接正犯論の立場からも、甲は**現住建造物放火罪の
教唆犯**にすぎないとされることがある(大谷・総論144頁、西原(下)360頁)。
たしかに、障害にあわずに構成要件実現に至る危険性を基準とすれば、甲に
つき正犯性は認めにくいであろう。しかし、そうした考え方を徹底すると、
およそ意のままには利用できない他人の意思的行為を介在させる場合はすべ
て間接正犯ではなく、教唆犯とすべきことにならざるをえない。現に、学説
の一部では、**ケース3**のような限界的な事例にかぎらず、意のままに左右で
きない他人の行為を利用するときは間接正犯を否定して、教唆犯を認めるべ
きだとする主張も有力である(浅田・445頁以下、佐伯・341頁以下、355頁以下、

中・223 頁以下、231 頁以下、中山Ⅰ・212 頁以下、228 頁以下、山中・863 頁以下、865 頁以下など参照)。

たとえば、(1)医師甲が、殺意をもって有毒な薬物の入った注射器を看護師乙に渡してこれを患者Aに注射することを命じ、結局Aを死なせたが、乙は不適切な注射であることに気づきえたという事例や、(2)丙が、覚せい剤の常用者Bを殺害しようとして、覚せい剤といつわって有毒な薬剤を手渡し、知らずにみずから注射したBを死亡させたという事例でも、甲と丙は殺人の間接正犯ではなく、殺人罪の教唆犯として処罰されるべきだというのである。

しかし、正犯とは**発生結果を第一次的に帰せられるべき主犯者**であって、甲と丙には、この意味における正犯性を肯定することができる。正犯を自らの手で犯罪を直接に実現した場合のみに限定しなければならない理由はない。そればかりでなく、上のような場合に共犯として処罰しようとすると、共犯の概念は不自然なほど拡張されざるをえない。甲と丙が「人を教唆して殺人罪を実行させた」(61 条 1 項を参照)とすることは困難であろう(なお、第 27 章 1 も参照)。

4 まとめ

共犯論の諸問題は解決の困難なものが多く、共犯論は「絶望の章」といわれることもある。登場人物が一人であっても十分ややこしいのに、複数の者が犯罪の実行に関与すれば、問題がさらに複雑になるのは当然のことでもあろう。正犯と共犯の理論は**違法論の応用場面**であり、ここでは違法性の実質に関する見解の当否が試される。正犯概念に関して危険性を基準とする所説は、結果無価値論を背景とするものであるが、徹底すれば間接正犯否認論に至らざるをえない。他方、行為支配説は、行為無価値論を基礎におく学説であり、正犯性を緩やかに肯定できる長所をもつが、その基準の曖昧さ・不明確さになお難点があることは否定できない。

[井田　良]

314

第26章　共同正犯

1 共同で実現した犯罪の扱い

■共同正犯の意義と効果

　刑法の犯罪構成要件は、いずれも、一人の行為者が犯罪を実現する場合（**単独正犯**）を前提に規定されている。しかし、実際には、一人で実現できる犯罪に複数人が関与して犯罪を実現する場合（**任意的共犯**）も少なくない。これには、複数の者が対等に関与する形態のもの（**共同正犯**）と、単独正犯に従属する形で認められる従属的共犯（教唆犯と幇助犯）という形態がある（→328頁参照）。他方、例外的には、複数人が関与しないと犯罪そのものが成立しえない類型（**必要的共犯**）もある。

　　　●**任意的共犯と必要的共犯**──任意的共犯は、単独で実現できる犯罪を複数人で実現する場合で、共同正犯（60条）が典型である。他方、犯罪の構造との関係で、複数人が関与しなければ犯罪が成立しえない類型があり、必要的共犯と呼ぶ。必要的共犯には、騒乱罪（106条）のように、全員が同一方向で関与する場合（多衆犯ないし集団犯）のほか、贈賄罪（198条）と収賄罪（197条）のように、同一事実に向かい合う形でそれぞれ別個の犯罪が問題になるもの（対向犯）がある（丸山雅夫「必要的共犯」新争点114頁以下参照）。

■━━━━━━━━━━━━━ケース1（一部実行の全部責任）■

　A殺害を計画した甲と乙は、Aの飲むコーヒーにそれぞれ致死量の半分ずつの青酸カリを投入し、計画通りにAを毒殺した。

　ケース1の甲と乙の各行為は、個別に観察すれば、いずれもA殺害にとって不充分なものであり、致死量の半分ずつの青酸カリを投入した甲と乙には、それぞれ殺人未遂罪（203条）が成立するにすぎないことになる。しかし、甲

と乙は、同一の犯罪結果（A殺害）を共同で実現するという合意を形成して、互いに相手の行為を利用する一方で、自己の行為によって相手の行為の足りない部分を補充し合い、計画通りにAの殺害を遂げている。こうした事案において、甲と乙の罪責を別個に評価することは、実態にそぐわず不合理である。そこで、刑法は、合意にもとづく行為の分担という互いの協力（相互利用・補充）関係に着目して、複数人が共同で犯罪を実行した場合に共同者のすべてを正犯として扱う（共同正犯）。共同正犯は、各関与者が合意を前提として実行行為の一部を分担し合っている事実から、他の関与者が分担した部分についても罪責を負わされるのである（一部実行の全部責任）。ケース1はその典型例であり、甲と乙は殺人罪（199条）の共同正犯として処断される。

　このような関係は、甲と乙がA殺害の合意にもとづいてAに向けて発砲し、甲の弾丸だけが命中してAを死亡させた場合にも認められる。乙の行為が実際にはA殺害に役立たなかったとしても、合意にもとづいて成立した相互利用・補充関係が解消されるわけではないからである。この場合は、実質的には、単独正犯がAを射殺するに当たって、1発目はAの身体を外れ、2発目が心臓に命中した場合と同じである。

■共同正犯の成立要件

　複数の関与者が「共同して犯罪を実行した」（60条）と評価するには、すべての関与者間に、犯罪を共同で実行する意思（共同実行の意思〔実務上は「共謀」と言うことが多い〕）の存在を前提として、実行行為を分担し合うという事実（共同実行の事実）が必要である。「意思連絡にもとづく実行行為の分担」こそが、共同正犯の「構成要件行為」である。また、主観的要件として、単独正犯の故意に相当する、共同正犯としての認識が各関与者に必要とされる。

　共同実行の意思とは、共同者が互いに他の共同者の行為を利用し、補充し合って構成要件を実現しようとする意思の合致（合意）である。この合意が存在しない場合は、客観的には共同実行と見える状況が存在するとしても、同時犯として評価されるにとどまる。また、共同実行に向けた合意は、共同者全員の間に相互的な意思連絡（意思疎通）があってはじめて形成される。した

がって、共同実行の意思が一方的にのみ存在する**片面的共同正犯**という現象は、その名称のイメージにもかかわらず、「共同正犯」としては扱われない。

> ●**同時犯**——複数人が相互の意思連絡なしに、同一客体に対して同一犯罪を同時に実行する場合をいう。行為者間に何の関連性もない同時犯では、各関与者について個別に犯罪の成否を検討すれば足りる。ただ、207条は、暴行の同時犯から傷害が生じた場合で誰の暴行が傷害(重い傷害)の原因となったかを特定できない場合に、「共犯の例による〔共同正犯として扱う〕」としている(同時傷害の特例)。これは、傷害の原因行為の特定の困難さに着目して、「疑わしきは被告人の利益に」の原則の適用を否定し、挙証責任を転換する政策的規定である(一種の嫌疑罰)。判例は傷害致死(205条)事案にも207条の適用を認める(最判昭26・9・20刑集5巻10号1937頁)が、「傷害した場合において」の文理を超える類推解釈の疑いがある。

> ●**片面的共同正犯**——客観的には共同実行の事実が存在するが、共同実行の意思が一方(片面的)にだけ存在し、関与者間に意思連絡がない場合をいう。甲が強盗を実行する際に、甲の知らない間に乙が被害者の抵抗を抑圧していたため、甲の財物奪取が容易になったような場合である。後述の行為共同説は、関与者間の「犯罪」実行の意思連絡を重視しないため、片面的「共同正犯」を肯定しうる。他方、通説は、一部実行の全部責任の前提として関与者間の意思連絡を重視するため、その共同正犯性を否定する。

共同実行の事実とは、合意にもとづいて共同者各自が実行行為の一部を分担することで、互いに他の共同者の行為を利用・補充して構成要件を実現することである。合意にもとづいて「実行行為そのもの」を分担し合う場合が、刑法が本来的に予定する共同正犯であり、特に**実行共同正犯**と呼ぶことがある。しかし、最近では、60条の「共同して犯罪を実行した」という文言について、「全員が実行行為の一部を行うこと」までを要求すると考える必要はないとして、共同実行の事実の要件を緩やかに解する立場が有力になっている(前田・総論343頁)。それによれば、実行共同正犯を拡張する共謀共同

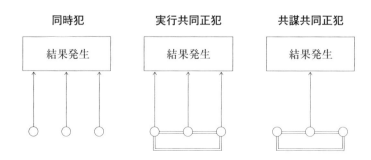

正犯(ケース2)に解釈上の根拠が与えられるし、実行行為の一部と評価できない見張りを分担した者を共同正犯で処断する(最判昭23・3・16刑集2巻3号220頁参照)ことも可能である(松村格・百選Ⅰ(4版)152頁以下、荒川雅行・同(5版)150頁以下)。

■犯罪共同説と行為共同説

　共同正犯において共同実行されるべき「犯罪」の意味について、従来から、**犯罪共同説**と**行為共同説**という異なる考え方が主張されている。この問題は、教唆犯や幇助犯をも含めた共犯一般の本質に関わるが、特に共同正犯をめぐる論点において表面化することが多い(橋本正博「犯罪共同説と行為共同説」新争点98頁以下参照)。

　犯罪共同説は、複数人が特定の犯罪に関与(共同または加功)して実現する場合に共犯の成立を認める。したがって、共同正犯では、特定の犯罪を実行するための意思連絡と、それにもとづく実行の分担が必要だとされる。犯罪実現を目ざした意思連絡が前提となるため、過失の共同正犯は否定される。犯罪共同説は、さらに、**かたい犯罪共同説**と**部分的犯罪共同説**に分かれる。かたい犯罪共同説は、同一の故意構成要件を充足する犯罪の共同(故意の共有)を必要とし、異なる構成要件間の共同正犯を一律に否定する(香川・343頁)。一方、部分的犯罪共同説は、複数人が異なる故意構成要件にあたる行為を共同する場合にも、構成要件が同質的で重なり合う限度で共同実行の事実が認められるとして、共同正犯を認める。それによれば、殺人罪と傷害致死罪(205条)や、強盗罪(236条)と窃盗罪(235条)のように、構成要件の部分的重なりを持つ犯罪類型の間にも共同正犯が肯定される(最決平17・7・4刑集59巻6号403頁〔シャクティ事件〕。塩見淳・平成17年度重判162頁)。

　これに対し、行為共同説(事実的共同説ともいう)は、特定の犯罪に関与する場合はもちろん、犯罪以外の行為(社会的現象としての前構成要件的行為)に共同で関与して各人が意図した犯罪を実現する場合にも、各人の意図に応じて共犯の成立が認められるとする(佐伯・332頁)。共同正犯においても、特定の犯罪についての意思連絡や実行行為分担までは必要でなく、その前提と

なる社会的行為の共同が認められれば足りるとされる。行為共同説によれば、異なる罪名間の共同正犯はもちろん、過失の共同正犯も認められる。また、何らかの社会的行為が共同されている場合は、その行為から発展していく犯罪についてまで、片面的「共同正犯」という現象を認める余地がある。

ただ、部分的犯罪共同説と行為共同説の具体的な結論の違いは、その名称から予想されるほど大きなものではない。また、過失犯について共同実行の意思の存在を否定するはずの部分的犯罪共同説も、一般に過失の共同正犯を認めている（→ケース4）。

	かたい犯罪共同説		部分的犯罪共同説		行為共同説	
	共同意思	実行分担	共同意思	実行分担	共同意思	実行分担
実行共同正犯	○	○	○	○	○	○
片面的共同正犯	×	×	×	×	(○)	(△)
承継的共同正犯	×	×	△	△	△	△
共謀共同正犯	○	×	○	×	○	×
過失犯の共同正犯	×	×	×	○	○	○
共同正犯の錯誤	(△)	(△)	△	△	○	○

2 共同正犯の成否が問題になりうる場合

■実行行為を分担しない共同現象─────────────────

──────────────────ケース2（共謀共同正犯）■

(1) 暴力革命をめざす軍事組織の委員長甲は、某警察署の巡査Aの襲撃計画を乙と謀議し、乙が具体的な実行を指導する計画を立てた。その後、乙の指導のもとに丙らがAを計画通りに襲撃して傷害を与え、失血死させた。謀議参加者の甲の罪責はどうなるか。

(2) 広域暴力団の幹部（若頭補佐）でA組組長の甲は、ボディーガード（スワット）を含む組員を引き連れて上京した際、スワットが実包の装填されたけん

第 26 章●共同正犯　319

銃を所持していた事実について、銃刀法違反(けん銃加重所持罪)の共謀共同正
犯として起訴された。

　60 条の共同正犯が、実行行為の現実的分担を不可欠の要件とする「実
行」共同正犯に限られるならば、実行行為を分担せず、現場にも居合わせな
かったケース 2 (1)の甲には、共同正犯は成立しえない。甲は、共謀を通じて
丙らを道具として利用した場合には傷害致死罪の間接正犯となり、そうでな
ければ傷害致死罪の教唆犯または幇助犯(61 条、62 条)として処断される。他
方、実行行為の分担は不可欠の要件でなく、謀議への参加だけでも「共同し
て犯罪を実行した」と評価できる場合があると考えれば、甲を傷害致死罪の
共同正犯として処断することもできる。

　かつての通説は、「実行行為を行う者が正犯である」という定義を前提と
して、60 条の文理解釈から、犯罪の共同実行とは実行行為の分担を意味す
ると解し、共謀に参加するだけで実行行為(の一部)を分担しない形の共同正
犯(共謀共同正犯)はありえないとしていた。他方、共謀共同正犯を認める大
審院は、厳密には実行行為の分担とは言えない見張りを共同正犯として処断
するとともに(大判明 28・12・19 刑録 1 輯 5 巻 89 頁)、謀議参加者に共謀共同
正犯の成立を認める範囲を知能的犯罪(共謀が重視される犯罪)から実力犯(共
謀が重要でない犯罪)へと拡張していった。こうした判例に理論的根拠を与え
たのが**共同意思主体説**であり、それにもとづく共謀共同正犯論は、後の裁判
実務を長く支配することになった(大連判昭 11・5・28 刑集 15 巻 715 頁等)。
これに対し、多くの学説は、共同意思主体という超個人的な犯罪主体(一種
の犯罪団体)を認める共同意思主体説を、責任主義(個人責任の原則)に反する
ものとして厳しく批判していた。

　　●共同意思主体説──草野豹一郎博士が提唱した考え方で、異心別体である人々が共同の
　　目的に向かって合一するという社会心理的活動に着目して共犯を説明する。それによれば、
　　共同正犯は、2 人以上の者が一定の犯罪を実現しようとする共同目的のもとに一体となっ
　　て共同意思主体を形成したうえで、その活動として、特定の者(だけ)が共同目的のもとに
　　犯罪を実行する現象であるとされる。その責任は、民法の組合理論の類推によって、共同
　　者全員に認められるとされる。こうした説明は、組合理論による責任の肯定という問題性
　　はあったにせよ、共犯現象の構造を明確にするもので、学説史的な意義は大きい。

こうしたなか、最高裁大法廷は、(1)類似の練馬事件において、共同意思主体説を捨て、間接正犯類似の共謀共同正犯論を採用するに至った(浅田和茂・百選Ⅰ(6版)152頁以下)。「共謀共同正犯が成立するには、二人以上の者が、特定の犯罪を行うため、共同意思の下に一体となって互に他人の行為を利用し、各自の意思を実行に移すことを内容とする謀議をなし、よって犯罪を実行した事実が認められなければならない。したがって右のような関係において共謀に参加した事実が認められる以上、直接実行行為に関与しない者でも、他人の行為をいわば自己の手段として犯罪を行ったという意味において、その間刑責の成立に差異を生ずると解すべき理由はない」と判示したのである(最大判昭33・5・28刑集12巻8号1718頁)。本判決を契機に、共謀共同正犯論に否定的であった学説も大きく転換し、現在では肯定論が通説となっている(小暮得雄・百選Ⅰ(4版)151頁。詳細は、丸山雅夫「共謀共同正犯」南山法学33巻3・4合併号〔2010年〕59頁以下)。その背景には、この種の事案について、他の関与者を完全に道具として利用(間接正犯)してはいないが、正犯より軽く扱う(教唆犯や幇助犯)のでは足りない場合があるという認識が存在する(照沼亮介「共謀共同正犯」新争点101頁)。共謀共同正犯をめぐる今日の問題は、理論的根拠ということより、何を要件として、どの範囲で成立を認めるかというものになっている(町野朔・百選Ⅰ(6版)154頁以下、高橋則夫・百選Ⅰ(7版)153頁)。指導的な地位にあって具体的な計画立案に主導的な役割を果たしていた(1)の甲には、傷害致死罪の(共謀)共同正犯が成立する。

●共謀共同正犯肯定論の2つのアプローチ——練馬事件大法廷判決は、単独正犯の延長上で共同正犯をとらえるアプローチを前提として、「実行行為を行う者が正犯である」との概念規定から、間接「正犯」類似の実質が認められる事案に「共謀」共同正犯を肯定する。練馬事件判決以降、こうしたアプローチが一般的となり、間接正犯類似説(藤木・総論285頁)、優越支配共同正犯説(大塚・総論306頁以下)、行為支配説(団藤・総論372頁以下)などが主張されている。もうひとつのアプローチは、共同正犯の構造(関与者間の相互利用・補充関係)に着目して、共謀にもとづいてそうした関係が認められる以上は、関与者の一部が実行行為を分担しなくても、共同正犯の実質に欠けるところはないとする(西田典之「共謀共同正犯論」刑雑31巻3号〔1991年〕304頁、井田・構造358頁、山口・総論340頁)。

共謀共同正犯を実行共同正犯と同視できるならば、犯罪実行の合意(共謀)は、関与者全員の事前相談で形成される場合はもちろん、暗黙のうちの形成

や順次連絡によって形成される場合もありうる(大判昭7・10・11刑集11巻1452頁)。また、関与者間の立場や関係によっては、行為の時点(犯行現場)で瞬時かつ暗黙のうちに形成されることも否定されない。

　最高裁は、**ケース2**(2)類似のスワット事件において、①甲の組織内での地位とスワットとの関係(スワットを指揮命令する権限とスワットによる警護を受ける立場)、②本件以前の警護態勢と本件警護との共通性、③他の暴力団組長の殺害事件を契機とした厳重な警護の必要性、④現行犯逮捕時の状況、⑤甲とスワットの認識の具体的内容(スワットのけん銃所持に対する甲の確定的認識と受け入れ・容認、甲の認識・容認に対するスワットの承知)、といった詳細な間接事実の認定にもとづいて、「実質的には、正に甲がスワットらに本件けん銃等を所持させていたと評しうる」と判示した(最決平15・5・1刑集57巻5号507頁)。

　スワット事件決定については、数多くの評釈や論説が書かれているが、その多くは最高裁の結論を支持するものである(大久保隆志・平成15年度重判160頁以下)。もっとも、本決定は具体的な事実関係を前提とする事例判例にすぎず、同様の暴力団事件に一般化されるものではない。(2)類似の事件について、スワット事件決定を引用する原判決を「正当として是認できる」とした最高裁決定があるが(最決平17・11・29裁判集刑288号543頁)、具体的な事実関係からは共謀共同正犯が否定されるべきものであったと思われる(西原春夫「憂慮すべき最近の共謀共同正犯実務」刑ジャ3号〔2006年〕54頁以下参照)。(2)のような甲については、具体的な事実関係に応じて、共謀共同正犯の成否が大きく左右されることになる(井田良・百選Ⅰ(7版)155頁)。

■行為の途中から介入する共同現象

ケース3(承継的共同正犯)

　(1)　甲は、乙がAに暴行を加えて傷害した後に、乙と共謀したうえでAに暴行し、重度の傷害を負わせた。

　(2)　甲は、乙が強盗目的でAに暴行を加えて抵抗を抑圧した後に、乙と共謀して犯行に加わり、Aから財物を奪取した。

ある者が実行行為の一部を終了した後に、他の者が残余の実行行為に関与する場合、その犯罪全体の扱いが問題となり、**承継的共犯**の成否として争われる。これは、幇助犯の形態でも問題になるが（大判昭 13・11・18 刑集 17 巻 839 頁）、特に**ケース 3** のような**承継的共同正犯**において、後行者に先行部分を含めた共同正犯が成立するかが問題になる。その中心的な論点は、共謀成立前の先行者乙の行為は後行者甲との共謀にもとづくものでなく、後行者による因果の設定も認められない点の扱いにある。犯罪全体を承継する形の共同正犯（承継的共同正犯）を認めるには、共謀も因果的寄与もなかった先行行為部分を後行者が引き継ぐ根拠が必要である。この点について、判例の多くは、共謀と相互利用・補充関係の拡張にもとづいて、先行者が実行した行為と実現した結果を後行者が「認識・認容したうえで、それを積極的に利用し、残余の実行行為を分担する」点にその根拠を求めている（只木誠・百選 I（6 版）171 頁以下）。しかし、いかに積極的な利用意思があるにしても、先行者の行為を後行者が「分担していた」とまで評価することはできない。このため、学説には、承継的共同正犯を全面的に否定する立場や、片面的形態での成立が認められる従犯に限って承継的共犯を求める立場が多い（上嶌一高「承継的共犯」新争点 110 頁以下）。

ケース 3(1)類似の事案について、最高裁は、「被告人は、共謀加担前に乙らが既に生じさせていた傷害結果については、被告人の共謀及びそれに基づく行為がこれと因果関係を有することはないから、傷害罪の共同正犯として責任を負うことはなく、共謀加担後の傷害を引き起こすに足りる暴行によってＡらの傷害の発生に寄与したことについてのみ、傷害罪の共同正犯としての責任を負うと解するのが相当である」として、事後的な積極的利用意思・関係による根拠づけを明示的に否定した（最決平 24・11・6 刑集 66 巻 11 号 1281 頁。照沼亮介・平成 25 年度重判 165 頁）。本判決は、共同正犯の成立を認める結論を維持してはいるが、それは、本件における傷害全体について（甲が乙による先行暴行・傷害を引き継ぐ形）の共同正犯を認めるものでなく、甲には共謀による介入以後の傷害罪を認めたうえで、乙には自分が分担実行しなかった甲の後行傷害行為に対する共謀共同正犯の成立を認め、重なり合う

限度での暴行行為と傷害行為（乙には甲による傷害を含めたすべての傷害と甲には介入後に行った傷害）の間で共同正犯を認める趣旨であろう。それは、異なる構成要件間の重なり合いの限度で共同正犯を認める最高裁の立場（**ケース5**）とも整合的である。

　むしろ困難な問題は、甲と乙の与えた傷害が特定できる場合でなく、(1)においてAが死亡し、その原因となった暴行・傷害が甲と乙のどちらの行為によるかが不明な場合に生じる。こうした事案に全体としての承継的共同正犯を認めれば、一部実行全部責任の原則それ自体から、致死原因となった行為を特定するまでもなく、甲と乙は傷害致死罪の共同正犯として処断される。承継的共同正犯を認めるメリットは、このような事案にこそ顕著なものがある（前田雅英「承継的共同正犯」警察学論集66巻1号〔2013年〕139頁、小林憲太郎・百選I（7版）167頁）。しかし、後行者の積極的利用意思の重視が許されないのであれば、致死事案については、同時傷害の特例（207条）を傷害致死事案に適用する（最判昭26・9・20刑集5巻10号1937頁、最決平28・3・24刑集70巻3号1頁）以外にはないように思われる。この点については、共同正犯を擬制する同時傷害の特例は共同正犯の事案には適用できないとする批判もあり（堀内捷三・百選I（6版）169頁）、本書もそのような立場である。他方、実務の傾向としては、全体としての承継的共同正犯が認められない以上、致死原因となった暴行・傷害が特定できない限りで207条の適用を認める余地がある。

　ケース3(2)では、甲と乙が財物奪取に関与した場合には、乙の強盗罪と甲の窃盗罪との間に窃盗罪の限度で共同正犯が認められる。共謀にもとづく財物奪取に甲だけが関与する場合は、甲には共謀形成以後の財物奪取について窃盗罪が成立し、乙には、自己の実現したAの抵抗抑圧状態を前提として甲による財物奪取部分についての共謀共同正犯の形で、全体として強盗罪が成立する。そのうえで、乙の全体としての強盗罪と甲の介入以後の共謀と財物奪取行為に対する甲の窃盗罪の間で、構成要件的に重なり合う窃盗罪の共同正犯が認められる。この結論は、(1)に関する前掲最決平24・11・6と整合的である（さらに詐欺罪の事案につき、最決平29・12・11刑集71巻10号535頁

参照)。

■不注意の共同現象

─────ケース4（過失の共同正犯）

　工事現場の炊事担当者である甲と乙は、事務所内の床に置いた素焼きコンロを使って食事の用意をした後、特段の消火措置をとることなく、コンロをそのままにして帰宅した。その後、コンロの過熱から火災が発生し、事務所が全焼してしまった。

　ケース4では、甲と乙の関係について、失火罪の共同正犯となるのか、単なる過失の競合（過失同時犯）にすぎないかが問題となる。同一の故意構成要件の共同を必要とする「かたい犯罪共同説」によれば、過失犯に共同正犯の成立はありえない。また、部分的犯罪共同説では、過失犯の実行行為である注意義務違反の共同を認める余地はあるにしても、過失犯を共同実行する意思連絡は認められない（松本一郎・百選Ⅰ（4版）161頁）。他方、行為共同説によれば、コンロを使って食事を用意するという社会的行為（前構成要件的行為）について、共同意思と共同実行を認めることができる。

　この問題について、大審院は、「共犯に関する総則は過失犯に適用すべきものにあらざる」とする判例（大判明44・3・16刑録17輯380頁）をはじめとして、ほぼ一致して否定的な立場を採ってきた。その理由は必ずしも明らかではないが、大審院は、それを自明のことと考えていたのであろう。それは、明らかに犯罪共同説的なアプローチと言ってよい。その後、最高裁は、2人の被告人が共同経営する飲食店で法定の除外量以上のメタノールを含有する液体を検査せずに販売した事案において、過失犯を処罰していた有毒飲食物等取締令4条1項後段の共同正犯を認めるに至った（最判昭28・1・23刑集7巻1号30頁）。最高裁は、前構成要件的行為としての飲食物販売行為について共同実行の意思を問題にし、販売物について共通の検査義務を認めたうえで、互いにそれを怠った点に共同の過失（**注意義務違反の共同**）を肯定したのである（中義勝・百選Ⅰ（2版）164頁以下）。これは、行為共同説的なアプロ

ーチと言えよう。

ケース4では、炊事という共同作業の遂行における役割分担が確立されており、各自が分担行為を行うことで他の者の足りない部分を補充し合うという、故意の共同正犯における相互利用・補充関係に類似した関係が認められる(嶋矢貴之「過失犯の共同正犯」新争点108頁以下、内海朋子・百選Ⅰ(6版)165頁参照)。こうした関係から、甲と乙には、炊事後の火の扱いについて、互いに注意し合って始末する共通の義務が課せられている。炊事担当者として共通の業務に従事していた甲と乙には、業務上失火罪(117条の2)の共同正犯が成立する(名古屋高判昭31・10・22裁特3巻21号1007頁参照)。その後の下級審判例にも、「社会生活上危険かつ重大な結果の発生することが予想される場合においては、相互利用・補充による共同の注意義務を負う共同作業者が現に存在するところであり、しかもその共同作業者間において、その注意義務を怠った共同の行為があると認められる場合には、その共同作業者全員に対し、過失犯の共同正犯を認め〔てよい〕」とするものがある(東京地判平4・1・23判時1419号133頁。嶋矢貴之・百選Ⅰ(7版)162頁以下)。こうした結論は、行為共同説からだけでなく、部分的犯罪共同説の立場からも支持されている(大谷・総論415頁)。その背景には、日常生活の実態から見て妥当な結論という認識が存在する(他方、木村光江・百選Ⅰ(5版)159頁は、慎重な検討の必要性を強調する)。

■共同者間の不一致

―――――――――――――――――ケース5(錯誤)■

甲と乙は、日頃から反目していた巡査Aに暴行や傷害を加えようと計画し、派出所に押しかけてAに罵声・怒声を浴びせた。外に出てきたAを乙が殴打しているうち、次第に激昂してきた甲は、未必の殺意をもって小刀でAの下腹部を突き刺して失血死させた。

ケース5は、特定の犯罪の実現を共謀した関与者の一部が当初の共謀(合意内容)の範囲を超えて重い犯罪を実行したため、結果的に、関与者間の意

思連絡や行為分担に不一致が生じた事案である。「**共犯の錯誤**」をめぐる問題のひとつで、「**共犯の過剰**」と言われる。かたい犯罪共同説からは、甲と乙には、故意の共有が認められる傷害罪の限度で共同正犯が認められる。他方、行為共同説からは、甲の殺人罪と乙の傷害致死罪との間に共同正犯が認められる。また、部分的犯罪共同説は、構成要件が重なり合う傷害致死罪の限度で共同正犯の成立を認める。

　従来の判例は、この種の問題について、甲と乙の間に共同正犯を認めたうえで、軽い罪の認識しかなかった者に 38 条 2 項の適用を認め、結局は各自の認識していた犯罪の範囲で処断するという立場を採っていた(最判昭 23・5・1 刑集 2 巻 5 号 435 頁)。こうした結論は、部分的犯罪共同説的なアプローチのようにも思われるが、その内容は必ずしも明確でなかった。それは、故意のない者を含めた関与者全員に犯罪全体の共同正犯の成立を認めたうえで、軽い犯罪の認識しかない者に 38 条 2 項を適用して軽い罪の科刑にとどめたと解しうる一方で、関与者各自が認識した限度で共同正犯を認める形で 38 条 2 項を適用したものと解することもできたからである(豊田兼彦・百選Ⅰ(7 版)182 頁以下)。

　その後、最高裁は、**ケース 5** 類似の事案で、部分的犯罪共同説の立場へと傾斜した。「殺人罪と傷害致死罪とは、殺意の有無という主観的な面に差異があるだけで、その余の犯罪構成要件要素はいずれも同一であるから……殺人罪の共同正犯と傷害致死罪の共同正犯の構成要件が重なり合う限度で軽い傷害致死罪の共同正犯が成立するものと解すべきである。……もし犯罪としては重い殺人罪の共同正犯が成立し刑のみを暴行罪ないし傷害罪の結果的加重犯である傷害致死罪の共同正犯の刑で処断するにとどめるとするならば、それは誤りといわなければならない」としたのである(最決昭 54・4・13 刑集 33 巻 3 号 179 頁)。さらに、シャクティ事件(前掲平 17・7・4)において、最高裁は、部分的犯罪共同説の立場を明示した(山口厚「不作為による殺人罪」法教 302 号〔2005 年〕104 頁)。もっとも、構成要件に「抽象的な重なり合い」が認められれば、ただちに共同正犯が成立するわけでもない。構成要件の同質性を前提にしたうえで、法益の同質性や実行行為の類似性といった

点を考慮した構成要件の「具体的な重なり合い」が重視されなければならない(奈良俊夫・百選Ⅰ(4版)181頁)。こうした観点からは、**ケース5**の殺人罪と傷害致死罪との間だけでなく、強盗罪と窃盗罪との間にも構成要件の重なり合いを認めることができる(最判昭25・7・11刑集4巻7号1261頁参照)。

3 まとめ

　本章の検討から明らかなのは、判例は、具体的な事案の内容を重視したうえで共同正犯の成否を個別的に考察しているということである。その意味では、結論の妥当性こそが重視されていると言えよう。そのような方向性ないし結論は、多くの学説の支持するところでもある。その結果、**ケース5**の錯誤事例を別にして、部分的犯罪共同説と行為共同説の違いは(荒川雅行・百選Ⅰ(6版)185頁参照)、図式的にイメージされるほどに大きなものではなくなっている。

　他方、具体的な結論の妥当性だけで共同正犯の成否のすべてが解決されるというわけでもない。たとえば、間接正犯(直接的な行為者を完全に支配する正犯)と教唆犯・幇助犯(従属的な関与形態)との中間的な形態とも言える共謀共同正犯においては、そのような形態の共同正犯を認めることが実質的な観点から適切なものであるとされ、その成立そのものをめぐる争いはなくなったにしても、個々の具体的事案においてその成立範囲をいかに明確にし、さらに限定していくかは、依然として重要な問題として残されたままである(小暮得雄・百選Ⅰ(4版)151頁参照)。

[丸山雅夫]

第27章　共犯の従属性—共犯の処罰根拠

1 共犯の従属性

■いわゆる実行従属性

　教唆犯(61条)および幇助犯(62条)が成立するためには、正犯の行為が現に実行されたことを必要とする。たとえば、甲が乙に対しAを殺害することを教唆したとき、乙が殺人の実行行為に出ないかぎり、甲には何の犯罪も成立しない(ただし、乙が殺害の準備行為を行ったことにより乙に殺人予備罪〔201条〕が成立するとき、甲にはその教唆犯が成立すると考えるのが学説の多数である)。殺人罪のように未遂犯が処罰される犯罪でも、少なくとも正犯者が実行に着手しなければ、教唆者・幇助者に殺人未遂の教唆・幇助の罪責は生じない。このような考え方(**実行従属性の原則**を肯定する見解)が現在の判例・通説の立場であり、これを**共犯従属性説**と呼ぶ。

　以前の学説においては、甲が教唆行為または幇助行為を行っただけで、たとえ乙が何らの行動も起こさなかったとしても(乙が甲の要請を言下に拒否した場合でさえも)、甲は**教唆の未遂**または**幇助の未遂**として処罰されるべきであるとする**共犯独立性説**も(とくに、主観主義犯罪理論の立場〔→第23章1〕から)有力に主張されたが、現在では、実行従属性の原則を否定する共犯独立性説は支持者を失っている(その理由については、第25章2を参照)。判例・通説によれば、**教唆未遂および幇助未遂は不可罰**ということになる。

　　●**独立教唆犯**——共犯の実行従属性は、刑法61条および62条、そして43条の**解釈**として認められる原則であることに注意する必要がある。したがって、刑法典の犯罪については、実行従属性が原則とされるが、**刑法8条**に明記されているように、**特別刑法**については「特別の規定」があるかぎり、刑法総則のルールの例外が認められる。たとえば、破壊

第 27 章●共犯の従属性—共犯の処罰根拠　329

活動防止法 38 条以下は、一定の刑法典の犯罪を教唆する行為そのものを(教唆された者が実行に出るかどうかとは無関係に)処罰の対象とする特別の規定を含んでいる。このように正犯の実行のいかんと無関係に処罰される教唆犯のことを**独立教唆犯**と呼ぶ。

■いわゆる要素従属性

　共犯が成立するためには正犯の実行行為が存在しなければならないというとき、その正犯の行為は、犯罪要素(すなわち、構成要件該当性→違法性→有責性の犯罪成立要件)のどこまでを具備する必要があるのであろうか。これが**要素従属性**の問題である。

―――――――――――――ケース 1 (正当防衛行為への関与)■

　乙は、深夜、人気のない路上で、覆面をした男 A から「金を出せ」といわれて襟もとをつかまれ、ナイフで脅された。偶然に通りかかった甲は、そのナイフがゴム製の玩具であることを見抜き、乙に向けて「そのナイフはおもちゃだ、これでやっつけてしまえ」といって、木の棒を投げて渡した。乙は抵抗の意を決し、スキを見て A を殴り付けて気絶させた。甲には犯罪が成立するか。

　ケース 1 では、乙の行為は傷害罪(204 条)の構成要件に該当するとしても、正当防衛(36 条 1 項)として違法性が阻却される。それでは、甲についてはどうか。たしかに、甲は傷害行為をそそのかしているし、甲の行為自体は 36 条 1 項にダイレクトにあてはまる正当防衛行為とはいいにくい。しかし、甲の行為を、傷害の教唆行為として違法と考えることはできない。正犯者が利益葛藤の状況(すなわち、違法性阻却事由が問題となる状況)に直面し、かつ法的に正しいとされる解決を選択したとき、他人がそれに協力する行為が違法とされるのはおかしいからである。したがって、甲については、教唆犯の成立要件が欠ける(教唆罪の構成要件に該当しない)と考えなければならない。そこで、通説は、共犯が成立するためには、正犯行為が違法行為であること、すなわち**構成要件に該当して違法性阻却事由を具備しない行為**(すなわち、正当化されない法益侵害行為)であることを要求する。このような見解を**制限従属性説**という。

かつては、正犯者の行為が構成要件に該当し違法であるばかりでなく有責な行為でもなければ(いいかえれば、犯罪の要件をすべて具備しなければ)、それに対する教唆犯・幇助犯は成立しないとする**極端従属性説**もあった(たしかに、61条には「犯罪」とあるから、犯罪の要件をすべてそなえるべきだと解するのが文理に忠実な解釈である)。しかし、現在の通説(制限従属性説)は、正犯者の行為が有責な行為であることまでは必要でなく、構成要件に該当する違法な行為であれば足りると考える。理論的にいえば、違法評価は(原則として)関与者の全体に**連帯的に作用**する性質のものであるが、責任があるかどうかは行為者ごとに**個別的**に考えられるべき問題であるから、制限従属性説が妥当だということになる。**ケース1**においても、乙の行為が正当化される行為である以上、それに関与した甲の行為も適法でなければならない(そこから、従属すべき違法な正犯行為が存在しないので、甲については教唆犯の成立要件に欠ける〔教唆罪の構成要件に該当しない〕と考えるべきこととなるのである)。これに対し、丙が、責任無能力者(たとえば、精神障害者)のBをそそのかして、ある構成要件に該当する違法行為を行わせたというケースであれば、もし丙の行為に正犯性を肯定できるなら間接正犯を認めうるが(→第25章3)、そうでない場合でも教唆犯が成立しうることになる(これに対し、極端従属性説によると、正犯者に責任がない以上、共犯の可能性は排除され、背後者を処罰するためには間接正犯を肯定せざるをえないことになる)。

> ●**最少従属性説**による解決──最少従属性説は、制限従属性説よりも、さらに共犯の従属性を緩和し、共犯の成立は、構成要件に該当する正犯行為が存在するかぎり(たとえそれが適法行為であっても)肯定されうるとする。この見解によると、**ケース1**では、甲の行為は教唆犯の構成要件には該当することになる。それでは、甲には傷害罪が成立してしまうことになるのであろうか。おそらくそうではなく、最少従属性説によれば、乙の構成要件該当行為が甲の行為に帰属され、甲の行為に乙の行為が「接ぎ木」されたものの全体が、違法評価を受けることになると考えられる。そして、甲の行為と乙の行為を接ぎ木した行為の全体については、36条1項を適用し、これを正当防衛とすることが可能である。こうして、最少従属性説によるときも、甲は傷害罪として処罰されることにはならないのである。

■要素従属性の緩和？

なお、従来の通説が主張する制限従属性説は、「正犯者が犯罪Xの構成要

件に該当しかつ違法な行為を行わないかぎり、共犯者についてＸ罪の教唆犯・幇助犯は成立しない」というものであった。しかし、学説においては、このような前提を疑い、要素従属性を大幅に緩和して（前述の最少従属性説よりもさらに緩和して）、正犯者の行為がＹ罪の構成要件に該当する違法行為にすぎない場合にも、Ｘ罪の教唆犯・幇助犯を成立させてよいし、さらに正犯者の行為がどの犯罪の構成要件にも該当しないものであったとしても、何らかの意味で違法行為といえるならば、共犯者の故意に対応した教唆犯・幇助犯を成立させてよいとする見解が有力に主張されている（第25章3の「間接正犯否認論」を参照）。

　この見解によると、とくに次の3つの事例において**従属性が緩和**される（浅田・422頁以下、443頁以下、佐伯・341頁以下、355頁以下、367頁以下、中・221頁以下、231頁以下、262頁、中山Ⅰ・212頁以下、228頁以下、295頁以下、山中・863頁以下、865頁以下などを参照）。まず、たとえば、①公務員が、事情を知る非公務員を使って贈賄者から賄賂を収受させる場合（いわゆる「故意ある道具」が問題となる場合〔→第25章3〕）には（非公務員の行為は収賄罪の構成要件に該当せず、収賄罪の従犯が成立するにすぎないが）公務員には収賄罪の教唆犯が成立する。また、②現住建造物等放火罪（108条）の故意ある者が、非現住建造物等放火罪（109条1項）の故意しかない者をそそのかして現住建造物等放火の結果を実現する場合（→第25章**ケース3**。すなわち、背後者が、故意のない者または別の犯罪の故意ある者を利用して意図を実現する場合）でも、そそのかした者には現住建造物等放火罪の教唆犯が成立する。さらに、③保護責任者の身分がない者が保護責任者を教唆して被害者を遺棄させる場合（→第30章**ケース1**。共犯と身分が問題となる場合）でも、単純遺棄罪の教唆犯が成立するとされるのである。これらいずれの場合においても、**正犯者にはＸ罪の構成要件該当性が認められないのに、共犯者にはＸ罪についての教唆犯が成立する**とされるのである。

　通説は、このような形での要素従属性の緩和（ないし否定）に反対する（ただし、③のケースでは、65条2項の適用により、単純遺棄罪の教唆犯の成立を認めるのが、現在の通説である〔→第30章〕）。その理由は、これにより共犯の概

念が不自然なほどに拡張されることになるからである(第25章3末尾の批判を参照。なお、①の場合についていえば、収賄罪の正犯が存在しないところにその教唆犯を認めることになってしまう。いわゆる「正犯のない共犯」を認めざるをえないのである)。共犯の概念(とくに、61条の「教唆」)も、言葉としての制約をもっている。それぞれが行う犯罪の構成要件的共通性を要求せず、ただ何らかの犯罪的意図をもって何らかの犯罪的結果を惹起させたことからただちに共犯の成立を認めるとすれば、それは罪刑法定主義に反するというべきであろう。要素従属性を維持すべきであるのは、共犯の行為類型としての限界を設けることにより、**共犯処罰の範囲の無制限な拡大に歯止め**をかけるべきだからである(それは行為態様ないし行為の類型性を考慮することによる限定であるから、**行為無価値的限定**といってもよい。結果無価値のみを一元的に考慮する見解によれば、上のような従属性の緩和はむしろ当然とされることとなるのである)。

2 共犯の処罰根拠

■「堕落説」と「惹起説」────────────────────────■

なぜある行為が違法とされ処罰の対象とされるのかという**処罰根拠**の問題は、「犯罪の本質」の問題として取り上げられ議論される(→第23章1)。かつては主観主義の犯罪理論も有力に主張されたが、現在では客観主義の犯罪理論が支配的であり、客観主義の陣営のなかでは、法益侵害という結果発生の側面(結果無価値)を強調する見解と、行為の規範違反性の側面(行為無価値)を重視する見解とが対立している。この対立が共犯論の場面であらわれると、共犯の処罰根拠をめぐる議論となる。そこでは、とりわけ、正犯とならんで共犯をも処罰する理由はどこにあるのか、共犯を処罰する根拠は、正犯を処罰する根拠と本質的に同じなのか、それとも異なるのかが問題とされる。

第 27 章●共犯の従属性─共犯の処罰根拠　333

━━━━━━━━━━━━━━━ケース 2（被害者による傷害教唆）■

　やくざの甲は、親分から不義理に対し「ケジメ」をつけるようにいわれた。
甲は、指をつめる程度ではケジメとして十分でないと考え、日本刀で腕を切り
落とすことを決意し、仲間の乙にこれを依頼した。乙は、一度はことわったが、
甲の決意が固いことからこれを引受け、日本刀を用いて、左腕を切断した。甲
は出血し意識を失ったが、乙がすぐに病院にかつぎ込んだため生命に別条はな
かった。乙が傷害罪（204 条）の刑事責任を負うとき、甲にはその教唆犯が成立
するか。

　ケース 2 は、**同意傷害**の事例である。同意傷害の扱いをめぐっては見解が
対立するが（→第 1 章 2）、判例・通説によればもちろん、甲の同意により乙
の傷害行為の違法性が阻却されるものではないし、個人の自己決定権を強調
する反対説でも、この事例におけるような、重大な傷害については、同意が
あっても傷害行為は正当化されない。乙に傷害罪が成立するとしたとき、問
題は、甲がその教唆犯の刑事責任を問われるかどうかである。
　1 つの考え方は、「甲は乙をそそのかして犯罪を実行させ、乙は処罰され
るというのに、甲だけは何の責任も問われないのでは不公平だ」とするもの
である。これによれば、**ケース 2** においては、乙の犯罪実行の原因をつくっ
た甲は、教唆犯として処罰されるべきことになる。この考え方は、共犯の処
罰根拠を、他人を犯罪に陥らせた（＝「堕落」させた）点に求めるものである
から、これを**堕落説**と呼ぶことができよう（一般には**責任共犯論**と呼ばれる）。
　しかし、現在の通説は、このような見解を否定する。共犯の処罰根拠は、
他人を犯罪者へと堕落させる（そのことによって社会の中に犯罪者を 1 人つくり
出す）ところに求められるべきではなく、正犯者を介して違法な結果を惹起
したことについての結果無価値性（および行為無価値性）に求められるべきで
あるとする。それは**惹起説（因果的共犯論）**と呼ばれ、この見解によれば、共
犯行為は、正犯行為と（違法な結果を惹起したという点で）**基本的な性格を共通**
にし、ただそれが正犯者を介在させた間接的な法益侵害行為である点で正犯
行為と区別される（これに対し、堕落説は、正犯者は法益を侵害したがゆえに、

334

共犯者は正犯者を堕落させたがゆえに処罰されると考えるのであるから、**正犯と共犯とでは犯罪の性格そのものが質的に異なる**とする立場である)。

ケース2について見ると、惹起説の立場からは、惹起された結果について甲が処罰されるべきかどうかが問題となる。この点につき、学説は一致して、甲は自分自身に生じた被害について刑事責任を問われてはならないとする。刑法204条は、甲の身体的法益を**甲以外の他人による侵害から保護**しようとするものだからである。被害者である甲自身は、自己の法益を違法に侵害することはできず、自己に生じた法益侵害を理由に処罰されてはならない。いいかえれば、**ケース2**の事例において、生じた結果は、甲にとっては違法な結果ではない以上、その結果惹起を理由に甲を処罰することはできない。甲の処罰は、堕落説(責任共犯論)によるときにのみ可能である。

■従属性による修正?

問題をややこしくしているのは、要素従属性の原則を形式的にあてはめるときは堕落説(責任共犯論)に近い結論が出てくることである。**ケース2**の事例で、乙は傷害罪の構成要件に該当する違法な行為を行っている。甲はこれを教唆しているのであるから、これに従属して傷害教唆罪に問われると考えることもできそうである。しかし、このように**共犯の要素従属性の原則を形式的に適用**してはならない。形式的に適用すると、共犯の処罰は正犯の犯罪に完全に依存することになり、結論的には、正犯者を「堕落させた」から処罰されるとする見解と同じことになってしまうのである。

ケース3(犯人自身による証拠偽造教唆)

甲は、業務上保管する多額の金銭をほしいままに費消したとして業務上横領罪(253条)で裁判所に起訴された。甲は、公判手続開始後、自己に有利な判決を得る目的で、友人乙に依頼し、事件の証拠書類となるべき内容虚偽の文書を作成させた。甲はどのような刑事責任を負うか。

乙の行為は、証拠隠滅等罪(104条)の構成要件にあたる行為(証拠偽造行為)であり、かつ違法である。問題は、それを依頼した甲が同罪の教唆犯となる

第 27 章●共犯の従属性─共犯の処罰根拠　335

かどうかである。注意すべきことは、証拠隠滅等罪は、104 条の規定の文言に明らかなように、**他人の刑事事件に関する証拠を客体とする犯罪**であり、犯人自身が自己の事件に関し証拠隠滅等の行為を行ってもそもそも構成要件に該当しないことである。殺人を犯した犯人自身が、犯行後、たとえば凶器として使用したナイフを隠したり捨てたりしても、それはやむをえないことであり、それを刑罰をもって禁止することは適当でないから、犯人は最初から構成要件から除かれているのである（通説によると、法としては、犯人自身が自分の事件について証拠隠滅を行わないように期待することはできず、犯人自身の証拠隠滅行為は**類型的に責任を問いえない行為**であるということから構成要件から外されている）。しかし、**ケース 3** の事例のように、犯人が第三者を教唆して自己の事件の証拠を隠滅等させた場合はどうであろうか。判例は、大審院時代から一貫して**教唆犯としての可罰性を肯定**しているが、学説は、教唆犯を認める説と、不可罰とする説とに分かれている。

　読者の中には、「他人を犯罪に引きずり込んだ」甲が処罰されずに、乙のみが処罰されるのは不公平だと考える人がいるかもしれない。しかし、そのような理由で甲を処罰するとすれば、まさにそれは堕落説（責任共犯論）の論理にほかならない。また、乙は構成要件に該当する違法な行為をしているのであるから、甲はこれに従属して処罰されるべきだと考えたくなるかもしれない。しかし、従属性の公式を形式的にあてはめてはならないのであった（**ケース 2** の事例でも、公式をそのまま適用すると、甲は傷害教唆罪に問われると考えることになってしまう）。ここでも、共犯の処罰根拠にさかのぼり、惹起説（因果的共犯論）の立場から、惹起された違法な結果につき、甲が処罰されるべきかどうかを問題としなければならない。

　証拠隠滅等罪の保護法益は、国の刑事司法作用の適正な実現である。証拠を隠滅したり、偽造・変造したりする行為は、刑事司法作用の適正な実現を妨げる（抽象的）危険をもつことから処罰の対象とされる。**ケース 3** の甲のように、犯人自身が自己の事件についてこれを行う場合でも、そのような危険性があることにまったく変わりはない。しかし、犯人自身については、その行為を処罰することは犯人の心情に照らして酷であることから、自らこれを

行う場合(正犯の場合)にははっきりと処罰範囲から除外されているのである。そうであるとすると、他人を介して行わせる場合(共犯の場合)にも同じように処罰されないと解すべきである。一般に、他人を介してある法益侵害を行わせること(共犯)は、自らその法益侵害を行うこと(正犯)より軽い違法行為である(解釈上そのことは、63条および64条から明らかである)。刑法がより重い態様での違法行為を禁止の対象としていない以上、より軽い違法行為についてはますます禁止の対象としていないと考えるべきであろう。いいかえれば、犯人自身が自分の事件について証拠隠滅を行うことはやむをえない行為として類型的に責任を問いえない行為(類型的に期待可能性がない行為)であるとすれば、より重い直接的な違法行為について責任を問いえない以上、**より軽い間接的な違法行為についてはますます責任を問いえない**はずだということになるのである。以上のことは、**正犯と共犯とでは処罰根拠が同じ**だとする惹起説の立場からの帰結である。もし、同じ法益侵害行為でも、自分だけで行う場合と異なり、他人を罪に陥れる場合には許すことはできないと考えるとすれば、それは堕落説の立場を前提とすることになる。

●共犯の従属性と処罰根拠論——ケース2とケース3の検討から明らかになったように、共犯が処罰されるべき理由は処罰根拠論によって明らかにされる(構成要件に該当する違法な正犯行為が実行されているからそれに従属して共犯が成立する、と考えてはならない)。しかし、処罰にあたっては従属性の原則が守られなければならない。共犯の従属性と処罰根拠との関係は、**共犯処罰の形式と実質**の関係である。要素従属性の原則を堅持し、たとえ共犯者にとり違法な結果が惹起されたとしても、**それに加えて**構成要件に該当する違法な正犯行為が前提として存在しないかぎり共犯の成立を認めない見解を**混合惹起説**と呼ぶことがある。それは理論的には、共犯行為の形式ないし類型性を重視する行為無価値論と親近性をもつ。

これに対し、結果無価値論の立場からは、要素従属性を緩和ないし否定しようとする見解がしばしば主張される。結果無価値のみを考慮するならば、共犯者にとり違法な結果が惹起されている以上、一定の形式(従属性の関係)がそなわっているかどうかとは無関係に、ただちに処罰されてよいということになるからである。このような見解を**純粋惹起説**と呼ぶことがある(山中・859頁以下を参照)。

| 共犯処罰の形式的限定 —— 要素従属性の原則 |
| 共犯処罰の実質的根拠 —— 惹起説(因果的共犯論) |

第27章●共犯の従属性—共犯の処罰根拠　337

❸　未遂の教唆

■未遂の教唆とは

　教唆犯とは、人を教唆して犯罪を実行させることをいう(61条1項)。その要件は、①(いまだ犯罪の実行を決意していない)他人をそそのかして一定の犯罪の実行を決意させること、および、②その結果、被教唆者がその犯罪を実行するに至ることである。未遂犯が処罰される犯罪については、被教唆者(つまり正犯者)が実行に着手する段階にまで至れば、教唆者には未遂犯について教唆の責任が問われることになる(たとえば、殺人未遂罪の教唆犯)。しかし、それは今ここで問題としようとする未遂の教唆の問題ではない。**未遂の教唆**とは、教唆者が、被教唆者の実行行為をはじめから未遂に終わらせる意思で教唆する場合のことである。

┌──
│　　　　　　　　　　　　　　　　**ケース4(未遂の教唆)**
│
│　甲は、ただ乙をおとしいれるつもりで、致死量にみたない量の薬物を乙に渡
│し、その薬物をのませてAを殺害するように依頼した。乙が殺意をもってAに
│その薬を飲ませたが、Aはひどい下痢をしただけで生命に別状はなかったとい
│うとき、甲はどのような刑事責任を負うか。
└──

　未遂の教唆の事例としては、このほか、甲が弾丸の入っていない拳銃を乙に渡し、その拳銃でAを殺害するように依頼し、乙が殺意をもってAに狙いをつけてその拳銃の引き金を引いた(もちろん弾丸は出なかった)場合や、甲がAのポケットに何も入っていないことを知りながら、乙に対しAのポケットから財布を盗むようにそそのかした場合などが考えられる。注意すべきことは、未遂の教唆が問題となる前提として、被教唆者(正犯者)について未遂犯が成立しなければならないことである(→**共犯の実行従属性の原則**〔→本章1〕)。これらの事例のなかには、乙の行為が不能犯とされ、その結果、いずれにせよ甲も不可罰とされる可能性のあるものが含まれているが(→第23

章)、ここでは問題をわかりやすくするため、被教唆者乙について未遂犯が成立する場合であることを前提としたい。

■教唆犯肯定説と不可罰説─────────────────────■

未遂の教唆の場合、教唆者には**違法な結果を実現させる意思**はないことから、故意が否定され、不可罰となるのではないかが問題とされる。そのことは通常の単独犯の場合と比較して考えるとわかりやすい。ふつうの単独犯については、行為者が最初から未遂に終わらせる意思で行為した場合、すなわち行為者に結果実現についての故意がなかった場合には、たとえ結果が発生したとしても、結果についての既遂犯にも、そしてまた未遂犯にも問うことはできない。未遂犯の成立のためには、**既遂結果を発生させる意思が不可欠**である(たとえば、殺害結果を発生させようとする故意がないかぎり、殺人未遂罪は絶対に成立しない)。

共犯従属性説の立場からは、正犯者乙は構成要件に該当する違法な行為を行っているのであるから、それに従属して共犯の成立を認めることも可能なようにもみえる。しかし、前述のように、従属性の原則を形式的にあてはめてはならず、共犯の処罰根拠にさかのぼって考えなければならないのであった。**惹起説(因果的共犯論)の基本思想**は、正犯と共犯とは(直接的な法益侵害か、間接的な法益侵害かの違いがあるだけで)犯罪として同じだとするところにある(これに対し、共犯の構成要件は「修正された構成要件」であるという理由で、**正犯とは異なり結果実現意思を必要としない**とする大塚・総論 310 頁以下、大谷・総論 435 頁以下、団藤・総論 407 頁、川端・585 頁、588 頁以下、前田・総論 377 頁以下は、もはや惹起説の枠組みをこえるものである)。そうであるとすれば、正犯であれ、共犯であれ、**法益侵害意思は故意犯の本質的要素**なのであり、はじめから結果実現について故意のない行為を故意犯として処罰する(すなわち、ありえた結果惹起について故意犯としての刑事責任を問う)ことができないのは当然である(斎藤・284 頁以下、佐伯仁志・384 頁以下、曽根・原論 596 頁以下、高橋・491 頁以下、内藤(下)Ⅱ・1388 頁以下、中山Ⅰ・227 頁以下、西田・総論 363 頁、林・総論 421 頁、福田・284 頁以下、山口・総論 334 頁以下、

第 27 章●共犯の従属性─共犯の処罰根拠　339

山中・953 頁以下などを参照）。とりわけ、法益を危険にさらす意思もない心理状態は、犯罪の故意とはいえない（たとえば、弾丸の入っていない拳銃を撃たせる場合や、金庫が空と知って窃盗をそそのかす場合などでは、法益侵害の危険性の認識もない）。若干問題となるのは、ケース 4 のように、法益への一定の危険性は意識されている場合である。しかし、かりに A 死亡の可能性が甲の脳裏をかすめたとしても、「甲には A が死亡することについての未必の故意まではないが、認識ある過失はあるので、故意犯で処罰すべきである」というのはおかしな論理であろう。甲には傷害罪の教唆犯を認めればそれで足りる。

> ●意外にも結果が発生した場合──ケース 4 で、もともと A の健康状態が悪かったため、毒は致死量にみたなかったが、A が死亡したとしよう。未遂の教唆についての不可罰説によるとき、結果発生についてはせいぜい過失の刑事責任を認めうるにすぎない。甲については、傷害致死罪の教唆の罪責が問題となる（ちなみに、乙には殺人既遂罪が成立しうるが、これは共犯の要素従属性の原則に反しない。殺人罪が成立するとき、そこには傷害致死罪が含まれているからである）。これに対し、未遂の教唆の可罰性を肯定する見解によるときでも、発生結果については故意が及んでいない以上、未遂罪の教唆犯の成立が認められるにすぎないとされている。

4 まとめ

　「X 罪の構成要件に該当する違法な正犯行為が実行されたときにのみ、X 罪の共犯は成立する」という従属性の原則は、共犯行為の類型性の要求であり、それは**形式的な処罰範囲の限定**の問題である。かりに法益を侵害する行為でも条文の要求する行為態様をそなえなければ犯罪は成立しないのと理屈は同じである。たとえば、他人の業務を妨害する行為でも、「虚偽の風説を流布することや偽計を用いること」または「威力を用いること」を手段としないかぎり業務妨害罪（233 条および 234 条）は成立しない。しかし逆に、一定の行為態様を形式的にそなえても、条文の予定する違法な結果を生じさせない行為は処罰の対象とならない。従属性の関係が存在するからといってただちに共犯の成立を認めることはできず、**共犯者にとり違法な結果が惹起されたかどうか**という処罰根拠の検討が必要なのである。このようにして、共犯

の処罰範囲は、従属性の原則および処罰根拠論により、**二重に限定**されることになる。**正犯にとり**違法な結果が生じ、かつ**共犯にとっても**違法な結果が生じなければならない（このように考えるのが**混合惹起説**である）。

　未遂の教唆の可罰性についてどのように考えるかは、共犯の処罰根拠に関する惹起説（因果的共犯論）をとる場合の試金石である。ここで可罰性を肯定するとすれば、それは惹起説の否定であり、もはや惹起説の「修正」の限度をこえたものといわなければならない。

〔井田　良〕

第28章 従犯(幇助犯)

1 正犯を手助けする犯罪者

■従犯の意義

　刑法の構成要件は、いずれも、ひとりの行為者の実行行為によって犯罪が実現された場合(単独正犯の既遂)を前提に規定されている。しかし、刑法は、既遂犯処罰を原則としながら、未遂や予備・陰謀へと処罰範囲を段階的に拡張している(→第22章1)。また、単独正犯の処罰を原則としながら、複数の関与者がある場合に、犯罪の実現を共同した者(共同正犯)、さらには犯罪をそそのかした者(**教唆犯**)と手助けした者(**従犯**)へと処罰範囲を拡張している(→第27章)。処罰拡張類型としての従犯は、「正犯を幇助した者」、すなわち実行行為によって犯罪を実現する者を手助けした者をいう(62条1項)。条文の文言は「従犯」であるが、「**幇助犯**」と言われることが多い。

　従犯には、正犯の刑を必要的に減軽した刑が科される(63条)。従犯は、正犯の刑を科される教唆犯(61条1項)よりも当罰性が低いと考えられているからである。もっとも、従犯の処断刑は、正犯に適用されるべき法定刑を減軽したうえで、それをもとに形成されるから(大判昭8・7・1刑集12巻1029頁参照)、正犯に法律上の減軽事由があったり正犯が酌量減軽される場合(66条)には、従犯の宣告刑が正犯より重くなることもある。また、従犯は、教唆犯と同様、構成要件該当性・違法性の段階までしか正犯に従属しないため(制限従属形式)、正犯に責任阻却事由がある場合にも従犯は成立しうる。なお、拘留または科料だけが法定刑とされている犯罪の幇助者は、その処罰を明示する特別の規定がない限りは処罰されない(64条)。侮辱罪(231条)の幇

助者は、こうした特別規定がないため処罰されないが、軽犯罪法1条に列挙する行為を幇助した者は、同法3条の特別規定を根拠として処罰される。

■**従犯の処罰根拠**────────────────────────────■

　従犯の処罰根拠は、すでに犯罪を決意している者(正犯)の実行行為を手助けすることによって、その犯罪実現(法益の侵害・危険)に間接的に寄与(**因果関係を促進**)する点(**促進関係**)に求められる(**因果的共犯論**)。教唆犯の処罰根拠も正犯の犯罪実現への寄与に求められるが、教唆犯の場合は、犯罪を決意していない者に犯罪を新たに決意させ、実行行為に駆り立てる点で、従犯よりも当罰性が高いものとされているのである。正犯に対する教唆犯と従犯の関係は、次のようになる。

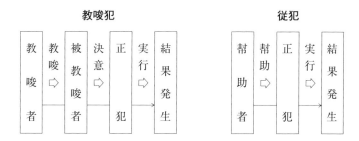

●**従属的共犯の処罰根拠**──教唆犯・幇助犯の処罰根拠については、責任共犯論と因果的共犯論(違法共犯論)が対立している(西田典之「共犯の処罰根拠と従属性」新争点94頁以下参照)。前者は、共犯者が教唆・幇助によって正犯を有責な行為に誘い込んで可罰的な状態に陥れたことを処罰根拠とする。後者は、共犯が正犯に関与して違法な事態を惹起させた点に処罰根拠を求める。自分自身の実行行為によって犯罪を実現する正犯に対して、共犯は、正犯の実行行為を通じて犯罪実現に寄与する現象である。したがって、従属的共犯も、共同正犯と同様、違法の共働現象として理解すべきものである。

●**共同正犯と幇助犯との区別**──複数人が同一犯罪に関与する場合、共同正犯と幇助犯の区別が問題になる。条件説で因果関係を判断するドイツでは、主観説の立場から両者が区別される。他方、客観説を前提とするわが国では、実行行為の分担の有無で両者は区別され、それは「実行行為を行う者が正犯である」という定義にも合致する。しかし、共謀共同正犯肯定論のように、犯罪の共働現象を総合的・実質的に考察するならば(→第26章2参照)、「実行行為の一部を分担する幇助犯」という概念も認められる(福岡地判昭59・8・30判時1152号182頁)。その具体的な判断に当たっては、関与者の主観をも考慮したうえで、関与形態の実質を総合的に考察する必要がある(甲斐克則・百選Ⅰ(6版)161

第 28 章●従犯（幇助犯） 343

頁、植村立郎・同（7版）159頁）。

●**条件説と従犯**──従犯の幇助行為（ピストルの貸与）が正犯の犯罪実現（射殺）に寄与した場合、幇助行為と正犯の実行行為（射撃）は、いずれも結果（被害者の死）との間に条件関係が肯定される。また、条件関係は、結果発生に寄与したすべての条件（ピストルの貸与と射撃）を同価値と見るものである（等価説）。したがって、条件関係と刑法上の因果関係を同視する条件説に立つドイツでは、幇助行為と実行行為を客観的には区別できず、関与者の主観（正犯の意思か幇助の意思か）に従って区別せざるをえない（主観説）。

　幇助行為は正犯の犯罪実現を促進するものであるから、幇助行為と犯罪実現の間には、間接的な寄与という意味での関連性（**幇助の因果関係**）が要求される。幇助の因果関係については、客観的な意味での因果関係までは不要であり、主観的な因果関係があれば足りるとする立場もあるが（野村・420頁）、幇助行為と正犯の実行行為との間の客観的因果関係を要求する立場が有力である（平野Ⅱ・381頁など）。幇助の客観的因果関係を不要とする立場は、従犯を抽象的危険犯と見るもので、従犯が正犯に従属すること（→第27章1）を否定し、従犯の成否を独立に扱う立場（共犯独立性説）につながり、妥当でない（共犯独立性説はすでに克服されている）。「正犯を幇助した」とは、幇助行為を通じて正犯の犯罪実現に客観的に寄与したという意味に解さなければならない。問題は、幇助の因果関係の内容（正犯行為との関連の程度）にこそある。

■**促進関係**───────────────────────────────────■

───────────────────────── **ケース1（幇助の因果性）**■

　甲は、闇賭博を計画していた乙に対し、自己所有の別荘を賭場用に提供することを申し出た。乙は、交通の便の悪い甲の別荘の使用をためらったが、他に適当な場所がなかったため、甲の別荘に客を集めて賭博をさせた。甲の行為は、どのように評価されるか。

　正犯の犯罪実現を手助けする従犯の寄与には、幇助行為によって実行行為が容易になる（促進した）程度から、幇助行為が実行行為にとって必須である（実行行為を決定づける）程度まで、大きな幅がある。**ケース1**の甲には、前者の意味での寄与は認められるが、後者の意味での寄与は否定される。

幇助行為が実行行為を決定づけるような形態の寄与は、漠然とした犯罪の決意を持ちながら具体的な実行までは決意していない者に具体的な犯罪を決意させる場合が典型であり、教唆行為として評価すべき場合が多い。このような寄与を幇助行為に要求することは、教唆犯と従犯との区別をあいまいにするだけでなく、当罰性のより高い教唆犯の成立範囲を不当に狭めることにもなりかねない。従犯としての寄与は、すでに具体的な犯罪の実行を決意している正犯に対するものであるから、そのような正犯の実行行為を促進する程度のものであれば足りる（大判大6・5・25刑録23輯519頁参照）。**促進関係**こそが幇助の因果関係であり、幇助行為がなかったら正犯の実行行為もありえなかったという、正犯行為と結果との間に要求される因果関係までは必要でない。**ケース1**の甲は、乙が賭博場を開帳して客に賭博をさせる行為を促進するものであり、賭博場開帳罪（186条2項）の従犯が成立する。このような促進関係は、意思連絡（共謀）の存在を前提とする共同実行の場合（共同正犯）と異なり、正犯との間に相互的な意思連絡がない場合にも認められる。正犯との意思連絡は、従犯の成立要件ではないのである。

大審院も、**ケース1**類似の事案で、「いわゆる犯罪の幇助行為ありとするには犯罪あることを知りて犯人に犯罪遂行の便宜を与えこれを容易ならしめたるのみをもって足り、その遂行に必要不可欠なる助力を与うることを必要とせず。しかして賭場開帳をなすにつきて房屋を供することはその遂行上開帳者に開帳の便宜を与うるものなることは疑なきをもって、いやしくも賭場開帳の情を知りて居宅を賃貸しその行為を容易ならしめたる事実ある以上は賭場開帳罪の幇助として処断せらるべきは当然」と判示している（大判大2・7・9刑録19輯771頁）。また、「従犯は……他人の犯罪を容易ならしむるもの」とする最高裁判例にも（最判昭24・10・1刑集3巻10号1629頁）、この趣旨が明示されている。判例のなかには、強盗犯人に犯行用の鳥打帽子と足袋を与えた事案に、「促進関係の証明がない」として強盗罪（236条）の幇助を否定したものがあるが（大判大4・8・25刑録21輯1249頁）、一般には促進関係を肯定できる事案であった。

第28章●従犯（幇助犯）　345

2 さまざまな形態の手助け

■幇助行為の無限定性──────────────────────────■

　幇助とは、正犯を「手助けすること」である。従犯として評価される幇助
は、実行行為以外の行為（幇助行為）によって正犯を手助けし、正犯の犯罪実
現を促進する場合に認められる。実行行為そのものを分担する手助けは、従
犯ではなく、共同正犯である。幇助行為は、犯行用の凶器の貸与のように
（大判昭12・8・31刑集16巻1355頁）、有形的方法（物質的方法）による場合
（**有形的幇助**または**物質的幇助**）が通常であるが、犯行手段・方法の具体的指示
（大判大12・3・30刑集2巻277頁）、さらには無形的方法によること（**無形的
幇助**または**精神的幇助**）もできる（大判昭7・6・14刑集11巻797頁）。幇助行
為の形態には、正犯の犯罪実現を促進するということ以外に何の限定もない。
幇助行為かどうかは、結局のところ、促進関係が認められるか否かで実質的
に判断するほかない。なお、幇助の時期との関係で、従犯は、凶器の貸与や
犯行方法の指示のように、正犯の実行行為に先行して予備的形態で行われる
もの（**予備的従犯**）と、見張りのように、実行行為に随伴して行われるもの（**随
伴的従犯**）に区別される。他方、承継的従犯や事後従犯は否定される。

●**承継的従犯**──承継的従犯とは、正犯が実行行為の一部を終了した後に幇助行為を行い、
その後の正犯行為を手助けする場合をいう。承継的共同正犯と同様、正犯がすでに実行し
ていた部分を含めて犯罪全体の従犯の成否が問題になる。判例は、夫が強盗殺人の目的で
被害者を殺害した後に灯火をかざして夫の財物奪取行為を手助けした妻に、強盗殺人罪
（240条後段）の（承継的）従犯を認めている（大判昭13・11・18刑集17巻839頁）。しかし、
自己の関与していない部分（殺人）を客観的に承継することは不可能であり、関与した時点
以後の犯罪（強盗罪）の従犯として評価すべきである。

●**事後従犯**──事後従犯とは、正犯の実行行為が終了した後に、正犯の犯罪を幇助する意
思で関与する場合をいい、殺人犯を逃がしたり盗品の処分に手を貸す場合である。しかし、
正犯の犯罪が実現した以上、その「実行」を手助けすることはできない。事後従犯と言わ
れる現象は、犯人蔵匿罪（103条）や盗品に関する罪（256条）などの独立犯罪の正犯となる
場合を除いて、「正犯を幇助した」ことが要求される「従犯」としては処罰できない。

346

————————————ケース 2（幇助の形態）■

　以下のそれぞれにおける甲は、従犯として評価できるか。
　(1)　甲は、暴力団員の友人乙が自宅で花札賭博を開帳することを聞きつけ、乙に内緒で近所の商店主らを多数勧誘して、客として賭博に参加させた。
　(2)　町会議員選挙の選挙長として選挙の取締りに当たっていた甲は、乙が身体障害者のAに付き添って投票場に入り、正当な理由がないのにAの依頼によって投票を代行したのを目撃しながら、制止せずに見逃した。
　(3)　甲は、乙から頼まれ、乙はじめ不特定多数の者が観ることを知りながら、男女の性交場面を撮影した映画フィルム 10 巻を乙に貸与した。その後、乙はそれを丙に又貸しして、丙がそれを上映し、Aほか 10 数名に観賞させた。
　(4)　甲はファイル共有ソフトを開発してウェブサイトで公開し、不特定多数の者に提供したところ、2 名の者が悪用して著作権違反行為を行った。

■片面的幇助————————————————————————————————■

　ケース 2 (1)は、片面的形態による手助けに幇助犯(**片面的幇助**)が認められるかという問題である。共同正犯では、「一部実行の全部責任」の原則から、共同実行の意思連絡(共謀)を前提とする実行行為の分担が要求されるため、片面的共同正犯は当然に否定される。しかし、幇助者と正犯との間に相互的な意思連絡までは必要とされない従犯においては、一方的な幇助行為によって正犯の犯罪実現に寄与することが可能であり、片面的幇助を認めることができる(安達光治・百選Ⅰ（6 版)177 頁参照)。

　判例も、(1)について、「共同正犯の成立にはその主観的要件として共犯者間に意思の連絡すなわち共犯者が相互に共同犯罪の認識あることを必要とすれども、従犯成立の主観的要件としては従犯者において正犯の行為を認識しこれを幇助するの意思あるをもって足り、従犯者と正犯者との間に相互的の意思連絡あることを必要とせ〔ざ〕るをもって、正犯者が従犯の幇助行為を認識するの必要なきものとす。……本件被告が正犯乙の賭博開帳行為を認識しこれを幇助するがために賭者を誘引し賭博をなさしめたる事実明白なるをもって、被告甲の従犯としての主観的および客観的要件において何らの不備

あることなし」としている(大判大 14・1・22 刑集 3 巻 921 頁)。乙のために秘密裏に賭客を勧誘した甲の一方的な行為は、その事実を乙が全く知らなかったとしても、乙の賭博を促進するものであり、幇助行為として評価できる(なお、東京地判昭 63・7・27 判時 1300 号 153 頁参照)。

■不作為による幇助

　ケース 2 (2)では、不作為による片面的幇助が認められるかが問題になる。上述のように片面的幇助は肯定しうるから、不作為形態の幇助犯(**不作為の幇助**)が特に問題となる。教唆については、不作為で犯罪を決意させること(不作為のそそのかし)は不可能であり、不作為の教唆犯は認められない。他方、幇助では、正犯の実行行為を見過ごすことによって正犯の犯罪遂行を促進し、犯罪実現に寄与することは可能であり、不作為の幇助犯も肯定できる(札幌高判平 12・3・16 判時 1711 号 170 頁。大塚裕史・百選 I(6 版)172 頁以下)。

　(2)に関する判例も、「犯罪の実行につき相互間に意思の連絡又は共同の認識あることを必要とするものにあらず」として片面的従犯の成立を前提にしたうえで、「不作為による幇助犯は他人の犯罪行為を認識しながら法律上の義務に違背し自己の不作為によりてその実行を容易ならしむるにより成立〔する〕……被告人は乙の判示投票干渉を現認しながら法律上の義務に違背しこれを制止せず、よって右乙の干渉行為の遂行を容易ならしめた」としている(大判昭 3・3・9 刑集 7 巻 172 頁)。甲は、町会議員選挙の選挙長(選挙の取締担当者)として、選挙干渉などの違法行為を取り締まる義務(法令にもとづく作為義務)を負っていた(作為義務が否定された事案として、東京高判平 11・1・29 判時 1683 号 153 頁)。また、甲が乙の行為を見逃すことで、乙は選挙干渉を妨げられなかった(結果発生が促進された)。甲には、片面的形態での選挙干渉に対する不作為の従犯が成立する。

■間接幇助

　ケース 2 (3)は、間接的な形態による幇助(**間接幇助**)がありうるかという問題である。この点について、従来の判例は、幇助者と正犯の間に仲介者がい

る場合に、そうした事実を示す表現として「間接幇助」を使いながらも、それはあくまでも正犯を「直接的に幇助する」形態のひとつにすぎないとして、間接幇助という概念を用いることなしに広く従犯の成立を認めていた(大判大14・2・20刑集4巻73頁等)。こうした立場によれば、甲は、乙のわいせつ物公然陳列罪(175条1項)の(直接的な)従犯とされる。

他方、最高裁は、(3)の事案について、「被告人が、乙またはその得意先の者において不特定の多数人に観覧せしめるであろうことを知りながら、本件の猥せつ映画フィルムを右乙に貸与し、乙からその得意先である丙に右フィルムが貸与され、丙においてこれを映写し10数名の者に観覧させて公然陳列するに至ったという本件事案につき、被告人は正犯たる丙の犯行を間接に幇助したもの」と判示した(最決昭44・7・17刑集23巻8号1061頁)。最高裁は、幇助者を幇助することによって正犯の犯罪実現に間接的に寄与する形態の従犯を、正面から「間接幇助」としたのである。しかし、間接形態の手助けを従犯として扱うことはできない。間接的な従属的共犯として、**間接教唆**(61条2項)と**幇助犯の教唆**(62条2項)だけを認める刑法のもとで、条文に規定されていない「幇助の幇助」を「間接従犯」として処罰することは、罪刑法定主義(類推解釈の禁止)に違反するものだからである(平山幹子・百選 I(7版)171頁)。もっとも、乙と同様、丙の実行行為を直接的に幇助したものと評価できる(3)の甲については、間接幇助と言うまでもなく、従犯として処断することができる(生田勝義・百選 I(6版)175頁)。

■中立的行為と幇助

従犯の処罰根拠が正犯行為の促進にあることから、社会的には価値中立的(さらには有益)な行為であっても、それが悪用されることで犯罪実現に寄与することがありうる。**ケース2**(4)は、この点にかかわる。(4)で提供されたファイル共有ソフト(Winny)は、個々のコンピュータが中央サーバを介さずに対等な立場で全体としてネットワークを構成する技術を応用した送受信用プログラムの機能を有するため、ゲームソフト等の情報をインターネット利用者に自動公衆送信しうる状態にする「著作物の公衆送信権」(著作23条1

項)の侵害に悪用された。著作権法違反の従犯として起訴された甲は、一審で有罪とされたものの、控訴審では無罪とされた。控訴審は、幇助犯が成立するのは、「ソフトを違法行為の用途のみに又はこれを主要な用途として使用させるようにインターネット上で勧めてソフトを提供する場合」であるとし、ソフトの提供行為はそれに当たらないとしたのである。

　最高裁は、適法な利用と違法な利用の区別が利用者自身の判断に委ねられるソフトの提供行為に幇助犯が成立するには、「一般的可能性を超える具体的な侵害利用状況が必要であり、また、そのことを提供者においても認識、認容していることを要する」とし、甲は「著作権法違反罪の幇助犯の故意を欠く」として無罪の結論を維持した(最決平23・12・19刑集65巻9号1380頁〔ウィニー事件〕)。最高裁は、一審の結論が幇助犯の無限定性を過度に強調する点と、控訴審が教唆犯に匹敵するような働きかけまでをも要求する点の、いずれも支持しなかったのである。幇助犯の特性を正犯による犯罪実現の促進に求める以上、最高裁の考え方は支持できる。ただ、「一般的可能性を超える具体的な侵害利用状況」の内容は必ずしも明らかでない(塩見淳・百選Ⅰ(7版)177頁)一方、故意を否定する以外にも甲の無罪を導く根拠はありうる(林幹人・平成24年度重判153頁以下)。

❸　正犯との不一致

■従犯における錯誤(過剰)━━━━━━━━━━━━━━━━━━━━━━━━━━━━■

　わが国の刑法は、過失による幇助を処罰する特別規定を持たず、**故意による幇助行為だけを処罰する**(38条1項ただし書参照)。幇助の故意は、正犯の実行行為を認識したうえで、正犯の犯罪実現を自己の行為によって促進することの認識を有する場合に認められる。ただ、幇助者の認識した事実と正犯の実現した事実の間に不一致がある場合も多く、**錯誤**の扱いが問題となる。

350

―――――――――――――――――――――――ケース 3（錯誤の扱い）■

　Aを射殺して宝石類を奪う計画を乙から聞かされた甲は、乙を手助けするため、殺害予定場所のビル地下室で、拳銃の音が外に漏れないよう、入口周辺の隙間をガムテープで目張りをし、換気口に毛布を詰めるなどした。その後、乙は計画を変更し、自分の自動車内でAを射殺して宝石を奪った。乙を手助けしようとした甲の行為は、どのように評価されるか。

　ケース 3 は、幇助者の認識した事実と正犯の実現した事実が、全体としては同じでありながら（拳銃による射殺）、実行行為の具体的態様や内容（地下室での射殺と自動車内での射殺）が一致していなかった場合である。共同正犯では、共同実行の意思連絡にもとづいて具体的な実行行為が分担されるから、この種の不一致事案に共同正犯は成立しない。しかし、行為の方法や形態に限定のない幇助については、この種の事案にただちに従犯が否定されるわけでもない。ケース 3 の地下室での防音行為は、自動車内での射殺の有形的幇助とは評価できないが、乙を勇気づけたり殺害意思を強固にしたような促進的事情が認められる限りで、甲には強盗殺人罪の精神的従犯が成立する。

　ケース 3 の原判決は、目張り等の行為が現実の強盗殺人の実行行為に役立たなかったとしながら、「被害者の生命等の侵害を現実化する危険性を高めたもの」と評価して、端的に有形的従犯の成立を認めた（東京地判平元・3・27 判時 1310 号 39 頁）。他方、控訴審は、「乙の現実の強盗殺人の実行行為との関係では全く役に立たなかった」甲の行為に有形的従犯の成立を否定したうえで、「被告人の地下室における目張り等の行為が乙の現実の強盗殺人の実行行為を幇助したといい得るには、被告人の目張り等の行為が、それ自体、乙を精神的に力づけ、その強盗殺人の意図を維持ないし強化することに役立ったことを要する」として、精神的幇助の成立可能性に言及しながら、心理的な促進関係を認める証拠がないとして精神的幇助の成立も否定した（東京高判平 2・2・21 判タ 733 号 232 頁）。

　本判決は、下級審のものではあるが、精神的幇助を否定した事例判決としての意義があり、その結論も支持しうる（西田典之・平成 2 年度重判 153 頁、

林幹人・百選Ⅰ（7版）175頁）。また、本判決は、①正犯の実行行為に役立つ（促進する）ところに幇助の因果関係を見る点、②物質的方法による幇助が否定される場合にも、精神的方法での幇助はありうるとする点、③精神的幇助の否定にあたって、幇助の事実を正犯が認識していることを要求して、片面的形態による精神的幇助はありえないとした点が、特に注目される（大谷實・百選Ⅰ（4版）175頁参照）。これらの点は、③を別にして、いずれも、これまでの判例・学説からは当然に導かれる結論であった（奥村正雄・百選Ⅰ（5版）173頁）。

幇助者の認識事実と正犯の実現事実が全く一致しない**ケース3**に対し、傷害（致死）と殺人のように、両事実の間に構成要件的な重なり合いが認められる場合は、共同正犯における錯誤（過剰）の場合と同様（→第26章**ケース4**）、構成要件が重なり合う限度で従犯の成立が認められる（最判昭25・10・10刑集4巻10号1965頁参照）。

4 まとめ

従犯（幇助犯）は、犯罪に複数人が関与する点では、共同正犯と同様、広義の共犯のひとつである。また、それは、実行行為以外の行為で正犯の犯罪実現に関与するという点では、教唆犯と同様、従属的共犯のひとつである。しかし、片面的従犯が認められたり、精神的幇助や不作為の幇助が認められるように、従犯の成立範囲は、共同正犯や教唆犯に比べて一般にゆるやかである。その理由は、従犯の処罰根拠が、幇助行為によって正犯の実行行為（犯罪実現）を促進するという事実（促進関係）に求められる点にある。正犯の実行行為を認識したうえで正犯の犯罪実現を促進したと評価される以上、「正犯を幇助した」行為には、何らの限定も加えられないのである。こうした意味での**幇助行為の無限定性**にこそ、従犯の特徴を見ることができる。ただ、ウィニー事件に見られるように、その無限定性のゆえにこそ、従犯の成立範囲は厳格に判断されるべきことが要請される。

［丸山雅夫］

352

第29章　共犯の関連問題

1　共犯の関連問題の二面性

■共犯の意義と関連問題─────────────────■

　刑法は、**単独正犯**による犯罪実現を基本として作られている。すなわち、①ひとりの者が実行行為を行った場合を想定して犯罪構成要件を規定し、②違法性阻却事由や未遂といった場面でも、ひとりの行為者を前提として要件や効果を規定している。そのため、複数人が犯罪に関与する共犯においては、刑法がひとりの行為者を前提にしていることとの関係で、共犯に特有の論点が生じてくる。ただ、一般に共犯に関連する問題とは言っても、そこには二種類の異なったものが存在している。

　ひとつは、①との関係で、共犯の成否そのものに関わる論点であり、共犯固有の問題と言うことができる。そこでは、**不作為と共犯**(**不作為犯に対する共犯**と**不作為による共犯の成否**)、**共犯関係の解消**(**共犯からの離脱**)といった問題が論じられる。また、すでに言及した、片面的共犯や過失犯における共犯の成否、共犯の錯誤といった問題も、このタイプのものである。もうひとつは、②との関係で、複数の関与者の存在が、単独正犯を前提とする個々の具体的な問題の解決に影響を与える形で表面化する論点である。これは、必ずしも共犯固有の問題ではないが、単独正犯を前提とする現象が共犯に関連して生じることで、問題が複雑化する。この関係では、**共犯と違法性阻却事由**の関係や**中止未遂**の効果といった問題が論じられる。

　なお、共犯の関連問題として特に重要な「共犯と身分」は、教科書でも独立した大きな論点として扱われ、刑法も特に条文を設けて対応しているから

第 29 章 ● 共犯の関連問題　353

(65 条)、本書でも独立の章で扱う(→第 30 章)。

2　共犯に固有の問題

■不作為(犯)と共犯

　不作為(犯)をめぐる共犯の問題は、かつては、独自の論点として論じられることはほとんどなかった。しかし、戦後のドイツで、**目的的行為論**(→第7章3)の影響のもとに、作為と不作為は行為としての存在構造が異なることを理由として、作為(犯)を前提に展開された共犯理論を不作為(犯)にそのまま適用することはできないとの考え方が主張されるようになった。こうした事情を背景として、わが国においても、この問題が独自に論じられるようになっている。この問題は、(真正または不真正)不作為犯に対する共犯の成否と不作為による共犯の成否という、ふたつのものに区別される(山中敬一「不作為犯と共犯」新争点 120 頁以下参照)。

> ━━━━━━━━━━━━ケース 1 (不作為犯の共同正犯)■
>
> 　A の母親甲と父親乙は、共謀して、2 歳の実子 A に食物を与えず、餓死させた。甲と乙には不作為による殺人罪(199 条)の共同正犯が認められるか。
> 　乙が甲の愛人で、A の父親でなかった場合はどうか。

　関与者に実行行為の分担が要求される共同正犯では、各人が作為と不作為で実行行為を分担し合うことは考えにくい(共謀共同正犯でも、共謀という作為が存在する)。問題は、**ケース 1** のような、不作為による共同正犯(**不作為と不作為の共同**)の成否である。この点について、ヴェルツェルなどは、主観的目的的行為論の立場から(→ 79 頁)、作為犯と構造が異なる不作為犯には共同実行の意思連絡も事実もありえないとし、不作為犯の共同正犯を端的に否定する。しかし、両親が共謀して子どもを餓死させた**ケース 1** のように、それぞれ作為義務を有する複数人が意思連絡にもとづいて、法的に要求される作為に出なかった場合は、**作為義務違反の共同**(**不作為の共同実行**)がある

ものと評価でき、不作為による共同正犯が認められる。また、共同意思にもとづいて不作為を相互に利用・補充し合うことは、共同者全員に作為義務がある場合だけでなく（大塚・総論301頁は、その場合に限定する）、作為義務のある者とない者との間にも認められる。身分（作為義務）のある者とない者との間に、不作為の共同（65条1項）が認められるからである（平野Ⅱ・396頁参照）。**ケース1**では、Aが甲と乙の実子の場合だけでなく、Aの母親甲とその愛人乙が意思連絡にもとづいてAを餓死させた場合も、乙に作為義務が認められる限りで（親子関係に準じる同居等）、不作為による殺人罪の共同正犯が成立しうる（大塚裕史・百選Ⅰ（6版）172頁）。

　他方、不作為犯に対する従属的共犯については、作為義務のある者に、犯罪意思（実子を餓死させる決意）を惹起させることや精神的激励（餓死させようとする正犯意思の維持・継続・強化）によって結果発生を促進することは当然に可能である。教唆者・幇助者自身の作為義務の存否とは関係なく、不作為犯に対する教唆犯・従犯の成立を肯定できる。不作為犯に対する教唆犯・従犯の成否は、作為犯に対する教唆犯・従犯の場合と基本的に異ならない。これに対し、不作為による従属的共犯については事情が異なる。まず、不作為によって他人に犯罪意思を惹起させることはできないから、**不作為による教唆はありえない**。他方、正犯の犯罪実現を阻止する義務のある者が、その義務に反して正犯の実行行為を阻止しなかった場合は、阻止しないという不作為で正犯の犯罪実現が促進された以上（札幌高判平12・3・16判時1711号170頁）、不作為の従犯が認められる（→第28章**ケース2**）。

■共犯関係の解消

ケース2（共犯関係からの離脱）

　甲と乙は、Aに共同で暴行を加える意思連絡のもとにAを乙方に連行し、約1時間にわたり竹刀や木刀でAに暴行を加えた。その後、甲は、「おれ帰る」と乙に告げて乙方を立ち去ったが、乙はその後も執拗に暴行を続け、Aを死亡させた。甲と乙の罪責はどのように評価されるか。

共犯関係が成立した後に、その共犯関係を解消することはできるだろうか。この問題は、一般に**共犯関係の解消**（共犯関係からの離脱）と呼ばれる。一旦共犯関係が成立した以上はそれを解消することができないと考えれば、**ケース2**では、前半の暴行だけを共同実行した甲にも、乙の実現したＡの死について傷害致死罪(205条)の共同正犯が成立する。しかし、犯罪が完成以前であれば、一般に、共同正犯関係が解消されうると考えられている。それは、共同者の一部が離脱すること(事実的行為)によって、離脱前の全体の共同行為と離脱後の残余者による行為・結果との因果関係が切断され、もはや共犯としての刑事責任を負わず(平野Ⅱ・385頁参照)、因果関係が切断されれば、関与者全体に対する離脱者の影響力は将来に向かって消滅し、離脱者については、残余者による行為や結果を帰責する根拠がなくなるからである。ただ、離脱が認められても、離脱前に与えた影響力までは撤回できないため、離脱前の行為の罪責は離脱者が負担しなければならない。共同正犯関係が解消される場合にも、予備罪・陰謀罪の成立はありうるし、従属的共犯の成立もありうる(原田國男・平成元年度最判解187頁、佐伯仁志・390頁)。**ケース2**の甲に離脱が認められれば、甲には、離脱前に共同実行した部分に暴行罪または傷害罪(208条、204条)が成立するにとどまる。

では、そのような因果関係の切断(影響力の消滅)は、どのような場合に認められるだろうか。この点については、**ケース2**に関する最高裁決定(最決平元・6・26刑集43巻6号567頁)に依拠して、実行行為の着手前の離脱(**着手前の離脱**または**共謀関係からの離脱**)と着手後の離脱で要件が異なるとされ(島岡まな・百選Ⅰ(7版)192頁以下)、一般に承認されてきた(他方、町野朔「惹起説の整備・点検」内藤古稀140頁以下は、いずれの場合においても心理的影響力の消滅だけで足りるとする)。

着手前の離脱では、共謀の存在だけが共同関係を基礎づけているから、共謀関係から離脱する意思が他の者に了承されれば、共同実行に向けた当初の共謀が消滅し、共謀にもとづく物理的・心理的影響力が切断され、共同関係が解消される(松江地判昭51・11・2判時845号127頁。西村秀二・百選Ⅰ(6版)193頁)。離脱後の行為と結果は、残余者の新たな意思によるものと評価

されるからである（東京高判昭25・9・14高刑集3巻3号407頁参照）。離脱の意思は、その内容が確認される限り、黙示的なものでも足りる（福岡高判昭28・1・12高刑集6巻1号1頁参照）。他方、着手後の離脱では、離脱者の離脱意思が他の者に了承されるだけでは足りない。離脱後の行為・結果との因果関係を切断するには、当初の共謀の存在を消滅させるだけでなく、共謀にもとづく行為と結果（すでに進行していた因果経過）を消滅させなければならないからである。それは、共謀の消滅の要件を別にして、事実上、共同正犯に中止未遂が成立する事案と重なることが多い。もっとも、実行の着手後に離脱前の行為の因果的影響力を切断するのは困難であり、**ケース2**の最高裁も、「被告人が帰った時点では、乙においてなお制裁を加えるおそれが消滅していなかったのに、被告人において格別これを防止する措置を講ずることなく、成り行きに任せて現場を去ったに過ぎないのであるから、乙との間の当初の共犯関係が右の時点で解消したということはできず、その後の乙の暴行も右の共謀に基づくものと認めるのが相当である」と判示している。「おれ帰る」とだけ告げて立ち去った甲は、乙が立ち去りに同意していたとしても、当初の共謀にもとづく行為（暴行）と結果（致死）に対する影響力を消滅させていない（大谷實編『判例講義・刑法Ⅰ総論』〔2001年〕154頁〔十河太朗〕は、離脱の意思表示であることも否定する）。甲には、当初の共謀にもとづく暴行から乙が実現したAの死について、「一部実行の全部責任」の原則により、傷害致死罪の共同正犯が成立する（振津隆行・平成元年度重判154頁）。

　実行の着手の前後で解消の要件を区別する従来の方向に対し、最近、最高裁は、実行着手前の解消が問題になる事案で、解消の要件は実行の着手の前後を問わずに統一的であるべきことを明示するに至った。その事案は、住居侵入・強盗の共謀者のうち戸外に残った者が、他の者が住居に侵入した直後に電話で離脱の意思を表明して立ち去った後、残余者が強盗行為に出て被害者を負傷させたというものである。最高裁は、「被告人が離脱したのは強盗行為に着手する前であ〔った〕」としながら、「格別それ以後の犯行を防止する措置を講ずることなく……離脱したにすぎず……その後の共犯者らの強盗も当初の共謀に基づいて行われたものと認めるのが相当」とした（最決平

第 29 章 ● 共犯の関連問題　357

21・6・30 刑集 63 巻 5 号 475 頁）。これによれば、解消の有無は、実行の着
手の前後ではなく、具体的な事案の内容（犯罪計画全体）から決せられること
になる。この事案は、牽連犯関係にある住居侵入・強盗事案という特殊性は
あったものの、その判示内容は、平成元年決定の実質とも整合的である（葛
原力三・平成 21 年度重判 180 頁）。

　共同正犯の解消についての考え方は、原則として、従属的共犯の解消の場
合にもあてはまるが、前者に比べて要件は緩やかになる。教唆犯については、
着手前の離脱では、教唆者が離脱の意思を表明して正犯が了承すれば、当初
の教唆の効果は消滅し、正犯による実行行為と結果は離脱した教唆者には負
わされない。また、着手後の離脱でも、教唆者が離脱の意思を表明して正犯
が了承すれば、教唆行為の因果的影響力にもとづく正犯の実行行為は一旦放
棄されたことになり、その後の行為と結果は正犯自身の新たな決意によるも
のと評価され、教唆犯には負わされない。同様のことは、従犯にも妥当する。
相互の意思連絡を媒介とする「一部実行の全部責任」という関係が要求され
ない従属的共犯では、正犯を翻意させること（主観的な影響力の切断）だけで、
共犯関係からの離脱が認められ、同時に中止犯となりうるのである。

3　共犯に関連する問題

■違法性阻却事由と共犯

ケース 3（共同正犯と正当防衛）

　Aに侮辱された甲は、乙に謝礼金を支払ってAへの仕返しを依頼し、「闘争
になったらナイフを使え」などと指示して、乙にナイフを持たせて一緒にAの
働くパブに向かった。パブの出入口付近で甲の指示を待っていた乙は、突然出
てきたAに甲と間違えられ、手拳による殴打などの暴行を加えられた。身の危
険を感じた乙は、自分の身を守るため、ナイフでAの胸などを突き刺して失血
死させた。甲と乙の罪責は、どのように評価されるか。

自分自身のトラブルの仕返しのために甲が乙を説得してナイフを持たせて一緒にパブに向かっていることから、甲と乙には最終的にナイフを使ってAに危害を加える意思（未必の殺意）の連絡が認められ、甲の主導的役割を考えれば、乙だけが実行行為を担当する殺人罪の共謀共同正犯が成立しうる。また、乙の行為は、Aからの急迫不正の侵害に対して自己を防衛するためのものであるため正当防衛の要件（36条1項）を満たすが、手拳による殴打等の暴行に対するナイフでの刺殺は防衛の程度を超えており、過剰防衛（36条2項）として評価される。こうした事情から、**ケース3**では、実行担当者の乙に認められる過剰防衛の効果が、過剰防衛の要件を欠く甲の罪責を左右するかが問題となる。

広義の共犯とされる共同正犯は、単独でも実行しうる犯罪を複数人が共同で実現する場合（任意的共犯）である。共同正犯における「一部実行の全部責任」の原則が、違法性や責任の連帯までをも意味するのであれば、共同者の一部に過剰防衛が成立する場合には、他の共同者にも過剰防衛の効果が連帯して及ぶことになる。しかし、共同正犯は、複数人の関与という現象面に着目して共犯に分類されているが、本質的には正犯であり、従属的共犯のような従属性の問題は生じない。また、実行行為を行う者が正犯であることから、その正犯性は構成要件との関係で基礎づけられる。「一部実行の全部責任」の原則は、構成要件該当性の段階で機能するもので、違法性や責任の連帯には及ばない（井田・総論513頁。他方、葛原力三・百選Ⅰ（4版）176頁以下は、連帯性を認める）。正当防衛（過剰防衛）の成否は、個々の共同者について個別的に判断すれば足りる（今井猛嘉・百選Ⅰ（6版）180頁以下）。**ケース2**の甲と乙には、乙を実行担当者とする殺人罪の共謀共同正犯が成立し、実際に正当防衛状況に直面していた乙の行為だけが過剰防衛としての扱いを受ける。

もっとも、乙に対するAの暴行が甲に対する急迫不正の侵害でもある場合は、乙の防衛行為は、乙自身のための防衛行為であると同時に甲（他人）のための防衛行為でもある。そうした場合は、甲と乙に殺人罪の共同正犯を認めたうえで、その全体が過剰防衛として評価される。しかし、Aの暴行は、当初から大がかりな闘争を予想していた甲にとっては急迫性が欠けるし（最決

昭52・7・21刑集31巻4号747頁。今井猛嘉・百選Ⅰ（7版）48頁以下参照）、そもそも甲に向けられてもいない。甲と乙の全体を過剰防衛として扱うことはできない。最高裁も、**ケース3**類似の事案で、「共同正犯が成立する場合における過剰防衛の成否は、共同正犯者の各人につきそれぞれその要件を満たすかどうかを検討して決するべきであって、共同正犯者の一人について過剰防衛が成立したとしても、その結果当然に他の共同正犯者についても過剰防衛が成立することになるものではない……甲は、Aの攻撃を予期し、その機会を利用して乙をして包丁でAに反撃を加えさせようとしていたもので、積極的な加害の意思で侵害に臨んだものであるから、Aの乙に対する暴行は、積極的な加害の意思がなかった乙にとっては急迫不正の侵害であるとしても、甲にとっては急迫性を欠く」と判示している（最決平4・6・5刑集46巻4号245頁〔フィリピンパブ事件〕）。本決定は、理由づけが必ずしも明らかではないが、この種の問題に関する最高裁のはじめての判断として注目されるし、結論も妥当である（橋本正博・平成4年度重判167頁、松原芳博・百選Ⅰ（7版）179頁参照）。

■中止未遂と共犯

ケース4（共同正犯の中止）

　強盗を共謀した甲と乙は、A宅に押し入ってAの妻Bに包丁を向けて金を要求した。Bが「家にはこれしかありません。これで勘弁して下さい」と言って2万円を差し出したところ、甲は、「俺も金に困って押し入ったが、お前の家も金がないなら自分はそんな金はとらん」と言い、乙に「帰ろう」と告げて外に出た。数分後に出てきた乙は、「お前は仏心があってだめだ。金は俺がもらってきた」と言って2万円を見せた。現金の奪取に関与しなかった甲は、どのように評価されるか。

　中止未遂（中止犯）は、自己の自発的な意思にもとづいて犯罪を未遂段階にとどめた（結果発生を回避した）場合で、刑が必要的に免除または減軽される（43条ただし書）。単独正犯で、実行行為の終了以前（着手未遂）に以後の行為

を放棄したとき（不作為中止）、または実行行為の終了後（実行未遂）に結果発生を積極的に阻止したときに（作為中止）、それぞれ中止未遂が認められる（→第24章3）。他方、共同実行の意思連絡にもとづいて実行行為を分担する共同正犯では、一部の者がその分担行為を自発的に放棄しても、他の共同者の分担行為を放置しておけば、そこから結果が発生してしまう。中止未遂は、未遂の一形態であるから、実行に着手しながら既遂に至らなかった場合にしか問題になりえない（43条本文）。このため、単独正犯であれば中止が認められる場合でも、他の共同者の行為から犯罪が既遂に達すれば、中止未遂を問題にする余地はない。

　では、共同正犯に中止未遂が認められるのは、どのような場合だろうか。実行未遂の事案では、単独正犯の場合と同様、共同正犯全体として自発的に結果発生を積極的に阻止しなければならない。この場合、複数人が関与するという共同正犯の特殊性は表面化することがない。他方、着手未遂の事案では事情が異なる。共同正犯は共同者が意思連絡にもとづいて実行行為を分担し合うものであるから、共同正犯全体としての実行行為を放棄するためには、一部の者が自己の分担行為を放棄するだけでは足りず、他の共同者の分担行為をすべて阻止したうえで結果発生をも阻止する必要がある。判例も、**ケース4**類似の事案で、「被告人において、その共謀者たる一審相被告人乙が判示のごとく右金員を強取することを阻止せず放任した以上、所論のように、被告人のみを中止犯として論ずることはできない」としている（最判昭24・12・17刑集3巻12号2028頁）。**ケース4**の甲は、犯行継続を途中で放棄し、現金の奪取には関与していないが、単に自分の行為を放棄しただけで乙の行為を放棄させたり阻止していないため、当初の共謀にもとづいて乙が実現した強盗罪（236条）について、共同正犯の罪責を免れられない（曲田統・百選I（7版）197頁）。もっとも、共犯の中止では、共犯関係からの離脱と異なり、犯意の放棄を他の関与者に承諾してもらうまでの必要はない。他の関与者の承諾がなくても、自己の中止意思によって共同正犯全体としての結果発生を阻止することが可能だからである。

　共同正犯に中止未遂が認められる場合、中止の効果は、自己の意思によっ

て犯罪を未遂段階にとどめた者にしか及ばない。共同者全員が中止の意図で未遂にとどめた場合は、全員に中止の効果が及ぶ。また、中止の意図をもつ共同者のひとりが他の関与者を説得したうえで、全員が自発的に実行を放棄した場合や結果発生を阻止した場合にも、共同者全員に中止の効果が及ぶ。他方、共同者の一部の者だけが、結果発生を阻止したり他の共同者の行為を阻止して未遂にとどめた場合は、中止の効果は中止行為を行った者にしか及ばず、他の共同者は障害未遂として処断される（大判大2・11・18刑録19輯1212頁参照）。

　共犯の中止は、共同正犯の場合と同様、教唆犯・従犯にも認められる。教唆者・幇助者が自発的に、正犯の実行行為を途中で放棄させたり結果発生を阻止した場合、中止未遂が認められるのである。前者が着手未遂の中止で、後者が実行未遂の中止である。正犯にとっての障害未遂が教唆者・幇助者の中止行為によるときは、教唆者・幇助者にだけ中止未遂が認められる。他方、正犯自身が自発的に中止した場合は、中止行為をしていない教唆者・幇助者に中止の効果は及ばず、未遂犯に対する従属的共犯が成立する。

> ●**未遂犯の共犯**──共犯従属性説によれば、未遂犯にも、共犯（共同正犯、教唆犯、従犯）の成立がある。未遂犯の共同正犯は、共同者の実行行為が行われながらも、何らかの障害で結果が発生しなかった場合をいう。未遂犯の従属的共犯は、教唆行為にもとづいて行われた正犯行為が未遂にとどまった場合や、正犯に対する幇助行為が行われたが正犯が未遂にとどまった場合で、それぞれの未遂罪に教唆犯・従犯が成立する。他方、共犯独立性説によれば、教唆行為・幇助行為が行われた時点で、正犯の実行と関わりなく、教唆犯・従犯の未遂がただちに認められる。

4　まとめ

　最後に、共犯関係の解消と共犯の中止との関連（異同）について若干の言及をしておこう。そもそも、共犯関係の解消という考え方は、**ケース4**の事案を契機として、共犯の中止に関する議論から出発したものである（大塚仁「共同正犯関係からの離脱」同『刑法論集(2)』〔1976年〕31頁以下）。そのため、共犯の解消だけでなく、共犯の中止を共犯に固有の論点とする立場もあるし（伊東研祐・百選Ⅰ（2版)187頁）、共犯の解消という考え方を否定する立場も

ある(団藤・総論430頁、内田・総論335頁)。しかし、共犯の解消が共犯特有の現象であるのに対して、共犯の中止は、共犯形態が中止未遂の成否を左右する場合である。したがって、前者には共犯論からのアプローチが有用であり、後者には(中止)未遂論からのアプローチが有用である。

　ただ、実行着手後に共犯関係から離脱するための要件は、事実上、共犯の実行中止の要件と重なることが多い(西田ほか編1・701頁〔和田俊憲〕)。いずれも、離脱者または中止者に対して、結果発生の阻止が要求されるからである。このため、学説には、両者を、適用場面が異なるだけで本質的には同じ現象として論じる立場もある。そのこととの関係で、共犯関係の解消にも、他の関与者の実行行為を中止するための離脱者の真摯な努力を重視して、真摯な努力が認められる場合を共犯関係からの離脱として扱う見解が主張されている(大塚・総論348頁)。しかし、共犯関係の解消には他の関与者による行為・結果に対する自己の関与の因果的影響力を消滅させるだけで足り、それに向けた真摯な努力は必要ない。他方、いかに真摯な努力があっても、自己の関与の因果的影響力を消滅させない限りは、共犯関係は解消されない。共犯の中止と共犯関係からの離脱は、実際に重なり合う場面があるにしても、構造的に異なったものなのである(長井圓・百選I(4版)190頁以下参照)。

[丸山雅夫]

第30章 共犯と身分

1 身分犯の共犯

■身分犯とは

　犯罪は、ふつう誰でもが犯しうるものであって、とくに主体が限定されないのが通例である。しかし、犯罪の中には、行為者が一定の身分、地位または属性をもつことを構成要件の内容とするものがある。これを**身分犯**という。たとえば、秘密漏示罪(134条)は、「医師」らに犯罪の主体が限定された身分犯である。身分のない者が秘密を漏らして被害者を傷つけたとしても、これを本罪で処罰することはできない(→第4章1)。

　それでは、甲が、友人の医師乙をそそのかして乙が診察した患者Aに関する秘密(一般に知られていない事実で、本人が知られたくないと思う事実)を乙に漏示させた場合はどうであろうか。乙は秘密漏示罪の正犯として処罰されるが、甲はその教唆犯になるであろうか。自ら秘密を漏らしたとしても処罰されない以上、他人にそれをそそのかすだけで処罰されるのはおかしいと考えることもできる。しかし、ここで**刑法65条1項**を参照すると、まさにこのような場合の非身分者(身分のない者)である甲は教唆犯としては処罰されるべきことが規定されているのである。

■2種類の身分犯

――――――――――――――――――――――ケース1(不真正身分犯の共犯)

　乙は、夫Aの父親であるBが病気のため寝たきりとなり、自力では日常生活

が不可能となったため、つきっきりでBの世話をしている。乙の愛人である甲が、乙をそそのかしてBを遺棄させたとき、甲にいかなる刑事責任が生じるか。

　ケース1の事例で、乙がBを遺棄すれば（たとえば、見知らぬ場所まで連れて行ってそこに置き去りにすれば）、乙には保護責任者遺棄罪（218条）が成立する。この罪は、自分では日常生活に必要な動作ができない者を保護する責任のある者（**保護責任者**）に主体を限定した身分犯である。ただし、保護責任者遺棄罪は、秘密漏示罪とは違った種類の身分犯である。なぜなら、**ケース1**の甲は、かりに自分でBを遺棄したとすれば、単純遺棄罪（217条）の罪責を問われていたはずだからである。その点で、非身分者が自ら実行したときにはまったく罪とならない秘密漏示罪の場合とは異なる。ここで、**65条2項**を見ると、まさに**ケース1**のような場合に適用される規定であることがわかる。「身分のない者には通常の刑を科する」とあるから、甲には、保護責任者遺棄罪ではなく単純遺棄罪の刑が科せられることになる。

　このように、身分犯には、行為者に身分がなければ何らの罪も構成しないもの（秘密漏示罪のほか、たとえば収賄罪〔197条以下〕など）と、身分の有無によってただ法定刑が加重または減軽されているにすぎないもの（保護責任者遺棄罪のほか、たとえば、業務者であることによって刑が加重される業務上横領罪〔253条〕、「妊娠中の女子」については刑が減軽される自己堕胎罪〔212条〕など）とがある。前者を**真正身分犯**（または構成的身分犯）、後者を**不真正身分犯**（または加減的身分犯）という。65条がこのような2種類の身分犯の区別を前提とした規定であることは明らかである。

　　●**真正身分犯の共犯**──ケース1の事例では、65条2項が適用され、教唆した甲には、重い保護責任者遺棄罪ではなく、単純遺棄罪の刑が科せられる。乙が（より）重く処罰される根拠が、被害者との一身的な関係にもとづく義務違反に求められるとすれば、被害者との間にそのような特別の関係がない甲については、（より）軽い刑が科されればそれで足りるということになる。このことは十分納得できるところであろう。
　　これに対し、**真正身分犯**である秘密漏示罪において、自ら実行するとまったく処罰されない者が、65条1項の適用により、共犯としては処罰されることは、必ずしも自明の事柄ではない。刑法は、秘密という法益を侵害することは誰にでも可能であるが、医師らは、とくに秘密に接する機会が多く、医師らの秘密侵害を禁止すればとりあえず秘密の保護ははかられること、人々が医師等の業務者に対する信頼を失っては困ること、主体を限定し

第 30 章●共犯と身分　365

ないと、あまりに処罰の範囲が広く無限定になるおそれがあることなどを考慮したのであろう。そうであるとすると、刑法は、**医師らによる秘密侵害にのみ刑法上の違法性を認めた**ということになる。非身分者が医師に秘密を漏洩させたとき、その者は身分者たる医師を通じて刑法上違法な事態を引き起こしたことになる。すなわち、非身分者の秘密漏示行為それ自体は刑法上の違法行為（可罰的違法行為）ではないとしても、非身分者が身分者に秘密漏示行為を行わせたときは、教唆行為により刑法上違法な事態（身分者にとってのみならず、非身分者にとっても違法な事態）を惹起したことになるから、共犯の処罰根拠にかんがみて（→第 27 章 2 ）、共犯としては処罰されてよいと考えられるのである。

■65 条 1 項と 2 項の関係

65 条の 1 項と 2 項とは、**矛盾した内容**をもつように見える。なぜなら、1 項では、身分のない者も、身分のある者のように扱われることが規定されているのであるが、これに対し、2 項では、身分のない者については身分のある者とは同じ扱いをしないことが規定されているからである。難しくいえば、1 項では身分が共犯者間で**連帯的・従属的に作用**することが規定され、逆に、2 項では身分は**個別的に作用**するとされているのである。矛盾した内容をもつように見える、この 65 条の解釈をめぐっては、学説がするどく対立している。

━━━━━━ケース 2 （業務上横領の教唆）

乙は、A 市役所の出納課の職員であったが、派手好みの性格のため金遣いが荒く借金がかさんでいた。乙は、債務の弁済のための金策に窮し、親友の非公務員甲に相談したところ、乙が職務上保管している金銭をうまくごまかして借金の返済にあてるようすすめられた。甲は、使い込みが発覚しないようにするための巧みな方法も、乙に教示した。乙が横領を実行に移したとき、甲はどのような刑事責任を負うか。

■共犯従属性説の徹底

第 1 説は、共犯従属性説を徹底させ、身分の連帯的・従属的作用を規定した 1 項に、より重要な意味を与える（大塚・総論 329 頁以下、団藤・総論 418 頁以下、福田・291 頁以下など）。一般的な理解とは異なり、1 項は、真正身分

犯のみならず、**不真正身分犯にも適用**される規定とされる（不真正身分犯もま
た、「犯人の身分によって構成すべき犯罪」にほかならないから）。この１項によ
り、たとえ非身分者でも、身分者の犯罪を教唆・幇助したときは、それに従
属して身分犯の共犯となる。これに対し、２項は、不真正身分犯につき、ど
の条文の刑を適用するかの問題を規定したものにすぎない。１項の適用によ
り（重い）身分犯の犯罪が成立するが、２項により、刑を科す上では（軽い）本
来の刑により処断されるのである。１項に「共犯とする」とあり、２項には
「通常の刑を科する」とあることが、この見解の文理上の根拠である（「罪名
と科刑の分離」については、第12章２も参照）。要するに、不真正身分犯の場
合には、非身分者についても犯罪は身分者に従属して**成立**するが、身分がな
いことにかんがみて**量刑の問題**としては刑を軽く決めるべきだとする（そこ
で、真正身分犯についても、立法論としては刑を減軽すべきだとされる〔ちなみ
に、改正刑法草案（→第４章１）の 31 条１項は刑の任意的減軽を認める〕。大塚・
総論 336 頁注⒀は、現行法の解釈論上は 66 条を用いるべきだとしている）。

　第１説によると、**ケース１**の事例では、甲には、保護責任者遺棄罪の教唆
犯が成立するが、刑は 218 条の「３月以上５年以下の懲役」ではなく、単純
遺棄罪（217 条）の「１年以下の懲役」となる。**ケース２**の事例では、正犯者
乙には業務上横領罪（253 条）が成立する。甲の刑事責任を考える上では、業
務上横領罪が真正身分犯か、それとも不真正身分犯かが問題となる。業務上
横領罪は、その物を「業務上占有する者」を主体とする犯罪である。すなわ
ち、（業務上の）占有者という身分がなければ成立しないという意味では真正
身分犯であり、たんなる占有者と比べて業務上の占有者は刑が加重されてい
るということでは不真正身分犯なのである。甲は、業務上の占有者という身
分をもたないが、この点では１項が適用され、正犯に従属して業務上横領罪
の教唆犯となる。しかし、業務者でないという点で２項にいう「通常の刑」、
すなわち単純横領罪（252 条１項）の「５年以下の懲役」で処断される（大塚・
総論 336 頁、団藤・総論 423 頁。なお、福田・297 頁注⑵も参照）。

　　●**横領罪と身分犯**──ケース２の事例を検討する前提として、単純横領罪（252 条）、業務
上横領罪（253 条）、占有離脱物横領罪（遺失物等横領罪〔254 条〕）という３つの罪の関係に

ついて知る必要がある。少数説ながら、３つの犯罪は共通の性格をもった同一罪質の犯罪であり、占有離脱物横領罪が基本類型で、単純横領罪が加重類型、業務上横領罪がさらにその加重類型だとする見解もある。しかし、通説は、単純横領罪が基本類型であり、業務上横領罪がその加重類型であって、占有離脱物横領罪は本来の横領罪に含まれない異質の犯罪であるとする。すなわち、信頼して預けているのにこれを自分のものにしてしまう（委託信任関係に反して他人の物を領得する）という点に横領罪の特色があり、そのような性格をもつ単純横領罪と業務上横領罪とをあわせて**委託物横領罪**と呼び、これらと、そのような性格をもたない占有離脱物横領罪とを区別するのである。

　この**第１説**は、共犯従属性説を徹底する立場から１項と２項の矛盾の解消を試み、非身分者が不当に重く扱われる危険は、量刑の場面における考慮により回避しようとするものであって、すぐれた見解である。しかし、これに対しては、不真正身分犯につき、なぜ重い身分犯の犯罪が成立しながら、刑は軽い通常の犯罪のそれによることになるのか（たとえば、業務上横領罪が成立するというのなら、刑もそれによるべきではないか）を理論的に説明できない（犯罪の成立の問題と科刑の問題が分離されてしまう）という強い批判がある。

■違法身分と責任身分

　第２説は、１項の身分は行為の違法性に影響する違法身分であり、２項の身分は責任に影響する責任身分であるからこそ、１項の身分は連帯的に作用し、２項の身分は個別的に作用すると主張する（佐伯仁志・413 頁以下、内藤（下）Ⅱ・1403 頁以下、西田典之『新版・共犯と身分』〔2003 年〕、同『共犯理論の展開』〔2010 年〕323 頁以下、同・総論 433 頁以下、林・総論 430 頁以下、平野Ⅱ・366 頁以下、松原・423 頁以下、山口・総論 343 頁以下など）。通説である**制限従属性説**（→第 27 章 1）によれば、甲が乙の行う適法行為に協力したとき、協力した甲の行為も適法であり（たとえば、強盗犯人に対抗して正当防衛を行う人を手助けする行為はやはり適法な行為である）、逆に、乙の違法行為に協力した場合、協力者甲の行為も違法である（違法評価の連帯性）。これに対し、責任があるかないかは、その個人がノーマルな精神状態・心理状態にあるかどうかの問題であるから、その人ごとに個別に判断されるべき問題である（責任評価の個別性）。甲が乙の犯罪に協力したとき、乙の身分が行為の違法性に影響する要素であれば、身分があることによって肯定された乙の行為の違法

性は甲の行為をも違法とするし、逆に、乙のもつ身分が責任に影響する要素であれば、それは乙についてのみ意味をもつものにすぎない。65条はこの趣旨を定めた規定であり、**第1説**と異なり、1項も2項も**共犯の成立**に関するものと解釈する。

ケース1の事例についてみると、218条の保護責任者という身分は、第2説にとっては責任を重くする要素にすぎないことから2項の責任身分であり、したがって、乙については保護責任者遺棄罪が成立するとしても、乙の身分は甲には何ら影響せず、甲については単純遺棄罪の教唆犯が成立するにすぎないことになる。ケース2については、物の占有者たる身分は違法身分であり、業務者であることは責任身分であるとされ、物を占有していない甲も、「占有者」という乙の身分の影響を受け、横領罪の共犯にはなるが（1項）、しかし、「業務者」という乙の身分は甲には影響しないことから、甲には単純横領罪の教唆犯が成立するにとどまる（2項）ことになる。

この見解はきわめて論理的である。しかし、まず、違法身分と責任身分の区別が、真正身分犯と不真正身分犯の区別に必ずしも一致しないという問題がある。たとえば、同じ「公務員」を主体とする犯罪でも、収賄罪（197条以下）は真正身分犯であるが、職権濫用罪（193条以下）は不真正身分犯である。また、「営利の目的」をもって行われる拐取罪（225条）は真正身分犯であるが、未成年者を客体とする場合にかぎっては、未成年者拐取罪（224条）が存在することから不真正身分犯なのである。さらに、保護責任者遺棄罪（218条）は、単純遺棄罪（217条）の場合でも処罰される「遺棄」行為との関係では不真正身分犯であるが、「生存に必要な保護をしない」という不保護との関係では真正身分犯である（また、厳密にいうと、処罰される「遺棄」の範囲も、217条よりも218条の方がより広い）。このように同じ身分が、あるときには構成的に、あるときには加減的にはたらくということは、違法身分か責任身分かということでは説明できないであろう。

しかも、**第2説**は、結果無価値論の立場から主張されている見解であって、行為無価値論とは相いれないという問題がある。たとえば、保護責任者遺棄罪における「保護責任者」や、業務横領罪の「業務者」という身分は、行為

第 30 章●共犯と身分　369

無価値論の立場からは違法性に影響する身分と解されるものだからである（この第2説を基本にしつつも、以上のような2つの問題にかんがみて、これを修正する見解として、井田・総論569頁以下を参照）。

■通説・判例の立場

　第3説は、現在の通説および判例の見解であり、65条1項は真正身分犯のみに関する規定であるとし、2項は不真正身分犯にもっぱら適用される規定だとする。また、犯罪の成立と刑の分離を認めること（第1説）には反対して、1項と2項ともに犯罪の成立に関する規定だとする（大谷・総論453頁以下、川端・612頁以下、中・261頁、前田・総論338頁以下などを参照）。この見解は、2つの身分犯の区別に応じて65条の1項と2項をそれぞれ適用するものであり、適用上は明快である。**ケース1**については、乙については保護責任者遺棄罪が成立し、65条2項の適用により、甲には単純遺棄罪の教唆犯が成立する。**ケース2**については、乙には業務上横領罪が成立し、甲については、占有者という身分をもたない点では65条1項が適用され、また、業務者でない点では65条2項が適用されて、結論としては単純横領罪の教唆犯が成立する（この点について、大谷・総論459頁を参照）。

　●**第1説をとる判例**──判例は、他人の物の業務上の占有者と、業務者でも占有者でもない者とが横領罪を共同して実行した場合については、従来から、非占有者につき、1項の適用を認めて業務上横領罪の共犯とし、その上で2項の適用により「通常の刑」としての単純横領罪の刑を科すという解釈をとってきた（最高裁の判例として、とくに最判昭32・11・19刑集11巻12号3073頁〔内田幸隆・百選Ⅰ（7版）186頁〕を参照）。犯罪の成立としては業務上横領罪の共犯であるが、刑としては単純横領罪のそれを科すというのであるから、そのかぎりでは**第1説**をとるものといってよい。たしかに、業務上の占有者の横領に、業務者でも占有者でもない者が関与したケースについては、**65条の1項と2項の両方を適用**することが妥当である。かりに業務上の占有者甲の横領行為に、共同の占有者であるが業務者ではない乙と、業務者でも占有者でもない丙が関与したケースにおいて、乙が65条2項の適用により単純横領罪の共犯となり、丙が1項の適用により業務上横領の共犯としてより重く処罰されるとすれば、明らかにバランスを失する。丙については、ひとまず1項により業務上横領の共犯とした上で、2項により刑を単純横領のそれとすることが妥当な結論を導くように見えるのである。

　また、判例は、刑法の背任罪（247条）の加重特別類型である**特別背任罪**（以前の商法486条1項、現在の会社法960条1項）との関係でも、第1説による法適用を認めている。すなわち、およそ「他人のためにその事務を処理する者」という身分をもたない者が、事務処理者たる取締役等による特別背任行為に関与したとき、刑法65条1項により特別背任

罪の共犯(たとえば、共同正犯)が成立するとし、あわせて65条2項も適用して、刑は刑法上の背任罪のそれによるとする。

しかし、**第3説**の問題点は、1項で真正身分犯については身分の連帯的作用を認め、2項で不真正身分犯については身分を個別的に作用させるという、**65条の取り扱いの実質的根拠**を明らかにしていないところにある。とりわけ、同じ種類の身分であるのに、ある犯罪については1項の身分であり、別の犯罪では2項の身分とされることが珍しくないが、どうして異なった取り扱いがなされてよいのかが疑問となる。前に述べたところをくり返せば、同じ「公務員」を主体とする犯罪でも、収賄罪は真正身分犯であるが、職権濫用罪(たとえば、194条の罪)は不真正身分犯である。また、「営利の目的」をもって行われる拐取罪は真正身分犯であるが、未成年者を客体とする場合にかぎっては、未成年者拐取罪が存在することから不真正身分犯である。さらに、保護責任者遺棄罪は、単純遺棄罪の場合でも処罰される「遺棄」行為との関係では不真正身分犯であるが、「生存に必要な保護をしない」という不保護との関係では真正身分犯である(しかも、不真正不作為犯の場合に問題となる「保証者」という「身分」は〔→第8章1〕、保護責任者のそれと同質的であるが、その身分がなければ犯罪にならないという意味で構成的にはたらく)。このように、同一の身分が、ある犯罪では構成的にはたらき、別の犯罪では加減的にはたらくというとき、それぞれ1項と2項の適用により別個の扱いを認めるとすれば、そのような区別の実質的根拠が明らかにされる必要があろう。

2 身分とは何か

■判例と学説

判例と学説は、「身分」の概念を(その日常的な意味をこえて)広く理解している。判例によれば、身分とは「男女の性別、内外国人の別、親族の関係、公務員たるの資格のような関係のみに限らず、総て一定の犯罪行為に関する犯人の人的関係である特殊の地位又は状態」を指し(最判昭27・9・19刑集

第 30 章 ● 共犯と身分　371

6 巻 8 号 1083 頁)、犯罪の主観的要素である「目的」(たとえば、「営利の目的」)を心に抱いていることも身分に含まれる(麻薬輸入罪〔当時の麻薬取締法 64 条 2 項〕における「営利の目的」に関する最判昭 42・3・7 刑集 21 巻 2 号 417 頁〔照沼亮介・百選 I (7 版) 184 頁〕、大麻輸入罪〔大麻取締法 24 条 2 項〕における「営利の目的」に関する東京高判平 10・3・25 判時 1672 号 157 頁を参照)。

　学説の中には、目的のような「一時的な心理状態」は、行為者の地位または状態を意味する身分とは性格が異なるとする反対の見解もある(大塚・総論 329 頁注(2)、高橋・495 頁、林・総論 433 頁、福田・292 頁注(1)、山中・1005 頁以下などを参照)。しかし、甲が一定の目的をもって行為し、他の関与者乙が(自らその目的をもたないが)これを知っているというとき、65 条(とくに 1 項)の適用を認めるべきである(65 条を適用しないと、乙は不可罰となるおそれがある)。ここから、目的を身分に含める判例の見解を支持するのが通説である(たとえば、大谷・総論 451 頁以下、団藤・総論 419 頁、内藤(下)II・1414 頁以下、西田・総論 441 頁以下、山口・総論 348 頁以下など)。たとえば、甲が A 女(成人)を誘拐し、乙がこれを幇助したとしよう。甲は A をダンサーとして働かせて稼ぎの大部分を取得する目的であり、乙は甲がそのような目的をもっていることは知っていたが、自ら金銭を得る目的はなかったとする。乙について営利目的誘拐罪(225 条)の幇助犯の成立を認めるのが妥当であろうが、みずからその目的をもたない共犯者に同罪が成立することの条文上の根拠は、65 条 1 項にしか求められないのである。

■事後強盗罪は身分犯か

━━ケース 3 (事後強盗罪と共犯)

　甲は、A 宅に侵入し高価な宝石類を盗み出して表に出て来たところ、A が物音に気付き大声を上げたのであわててその場を走り去った。付近を通りかかった正義感あふれる柔道家の B は「待て」と叫びながら、甲を追いかけはじめた。走り疲れた甲は、たまたま向こうからやって来た遊び仲間の乙に、「泥棒に入ったら見つかり強そうな奴に追われている。分け前をやるから手を貸してくれ」といって助けを求め、合意した甲と乙は、B を迎え撃って B に対し激しい

暴行を加えた。甲と乙はどのような刑事責任を負うか。

　事後強盗罪(238条)が「窃盗犯人」に犯罪主体を限定した身分犯であるのか、かりに身分犯であるとしたとき、真正身分犯であるのか、それとも不真正身分犯であるのかをめぐっては、見解の一致を見ない。この点をどのように理解するかは、**ケース3**のように、事後強盗罪の犯人が暴行・脅迫を行う段階において、別の者がはじめて関与した場合の共犯の成否の問題との関係で議論されている。

　その解決をめぐっては、下級審の裁判例が分かれ、学説が対立する(本田稔・百選Ⅰ(7版)188頁以下を参照)。すなわち、①事後強盗罪は65条1項にいう真正身分犯であるとする見解、②窃盗犯人でない者が暴行・脅迫を行うと暴行罪(208条)・脅迫罪(222条)が成立するのであるから、事後強盗罪は65条2項にいう不真正身分犯であるとする見解、③事後強盗罪は身分犯ではないとする見解がある。

　●**事後強盗罪**──事後強盗罪は、昏酔強盗罪(239条)とともに、「強盗として論じられる」**準強盗罪**である。法定刑について236条に準ずるほか、本罪にあたる場合、240条や241条の適用上も(判例・通説によれば、237条との関係でも)強盗として扱われる。ふつうの強盗罪では、財物奪取の手段として暴行または脅迫が行われるのであるが、財物の取得が先行し、事後に暴行・脅迫が行われる場合が事後強盗罪である。暴行・脅迫は、「窃盗の機会」に行われることを要する。窃盗の機会というためには、場所的・時間的に窃盗行為に接着した範囲内であることが必要であるが、多少の場所的・時間的離隔があっても、犯人が現場から追跡を受けているなどの事情があって、「現場の継続的延長」と見うる場合はこれに含めることができる。

　事後強盗罪は、先行する窃盗行為を行った者(窃盗の未遂に終わった者を含む)のみが実行行為たる暴行・脅迫を行いうる犯罪であるから、実行行為の主体が限定されていると理解して何らさしつかえなく、本罪を65条の意味における身分犯と解することを妨げる理由は見出しえない。強盗致死傷罪(240条)を「強盗犯人」を主体とする身分犯として捉えうるのと同様に、事後強盗罪を身分犯として捉えることは可能であろう(たとえば、甲が乙に対して最初から事後強盗行為を教唆した場合、甲の罪責を考えるにあたっては、65条

第30章●共犯と身分　373

の適用を問題としてよいのである）。

　ただし、窃盗行為終了後に第三者が関与した場合には、事後強盗罪の罪質、とりわけ、同罪における窃盗行為の位置づけが問題となる。事後強盗罪の本質的な違法内容が、窃盗実行後の一定の状況を前提とした暴行・脅迫（すなわち、財物の取り戻しを困難としたり逮捕を免れるための暴行・脅迫）から生じるとするなら、事後の関与者が窃盗に関与していない点は、共犯の成立を認めるにあたっての決定的な障害にはならない。

　それでは、事後強盗罪は65条1項の身分犯であるのか、それとも2項の身分犯であるのか。この点については、それは**1項の身分犯**にあたると考えるべきであろう。非身分者も、身分者を通じて、事後強盗の本質的な違法内容（法益侵害内容）のすべてを実現しうると解されることから、身分の連帯的・従属的作用を認めてよいと思われる。他方、それを同条2項の身分犯（不真正身分犯）とするのは、実際的結論において不当である。甲が乙に対して最初から事後強盗行為を教唆した場合、65条2項を適用して暴行罪または脅迫罪のみの教唆犯とすることはできない。甲はまさに強盗を教唆しこれを惹起しているからである（同様のことは、240条の罪についてもいえる。たとえば、甲が乙に強盗殺人を教唆し、乙がそれを実行したとき、甲は単なる殺人罪の教唆犯にすぎないとするのは何といっても不当であろう）。

3　65条1項・2項の解釈

■65条1項

　判例・通説は、65条1項は**真正身分犯のみ**についての規定であり、「共犯」には教唆犯・幇助犯のほか**共同正犯も含まれる**とする。したがって、身分者と非身分者とが真正身分犯（たとえば、収賄罪、横領罪、背任罪、秘密漏示罪、偽証罪など）の実行行為を共同した場合、65条1項により共同正犯が成立することになる。これに対し、前述の**第1説**は、真正身分犯については、非身分者は共同正犯にはなりえないとする（大塚・総論332頁以下、団藤・総

論 420 頁以下、福田・293 頁以下）。真正身分犯については、身分のない者は
およそその犯罪の主体となりえない者であり、「共同して犯罪を実行」する
(60 条）ことはできないから、共同正犯とはなりえない（たとえば、収賄罪につ
いて、非公務員が「賄賂を収受」することはできない）というのである。

　しかし、この**第 1 説**は、身分犯の義務違反の側面を誇張するものである。
非身分者であっても、身分者を介して保護法益を侵害・危殆化することがで
きるから、そのような行為を共同して行うかぎり、共同正犯を認めるのが妥
当であろう（また、もし共同正犯が成立しないとすると、身分者が非身分者〔こ
れは教唆犯または幇助犯とするほかはない〕をして実現させた事実については、
〔一部〕間接正犯とでもするほかはないことになってしまう）。また、**第 1 説**も、
不真正身分犯との関係では、身分のない者についても、身分犯の共同正犯が
成立することを認めるのであるが、そのこととの関係でもアンバランスであ
るように思われる。むしろ真正身分犯と不真正身分犯とを同じように（統一
的に）扱おうとするのが**第 1 説**の基本思想であったはずなのである。

■65 条 2 項

　判例・通説は、65 条 2 項は不真正身分犯（保護責任者遺棄罪、業務上堕胎罪、
業務上横領罪、常習賭博罪など）の共犯の成立について定めた規定だとする。
非身分者が身分者の犯罪に関与したとき、非身分者には通常の犯罪（たとえ
ば、単純遺棄罪や単純横領罪）が成立する。とくに問題となるのは、ふつうと
は逆に、**身分者が非身分者の犯罪に加功した場合**の取扱いである。

■―――――ケース 4（身分者が非身分者の犯罪を幇助した場合）■

　麻雀賭博の常習者である甲は、常習者でない乙らが麻雀賭博をすることを知
りながらこれを幇助した。甲と乙はどのような刑事責任を負うか。

　乙らは単純賭博罪(185 条）となるが、甲はどのような刑事責任を負うであ
ろうか。前述の**第 1 説**によると、甲は単純賭博罪の幇助犯となる。共犯従属
性の原則によれば、共犯の罪名は正犯のそれに従属するから、正犯者乙に単

第30章●共犯と身分　375

純賭博罪が成立するなら、甲はその幇助犯となるのが当然である(→第27章
1)。しかも、65条2項は、正犯に身分があり、共犯にない場合のみを予想
しており、逆の場合にこれを適用できないとするのが文理に忠実な解釈とい
えるのである(大塚・総論334頁以下、団藤・総論423頁以下、福田・296頁以下、
山口・総論330頁以下、353頁以下を参照)。

　これに対し、判例(大連判大3・5・18刑録20輯932頁など)・通説は、甲
については常習賭博罪の幇助犯の成立を認めるべきだとする。甲が常習者で
ある以上、その身分に応じて加重処罰を認めることが実質的に妥当であるこ
と、また、65条2項を形式的に解釈するのは妥当でなく、むしろ、同項は
それぞれの身分に応じて個別的に犯罪が成立する趣旨を規定したものと理解
できることがその根拠である(たとえば、西田・総論445頁を参照)。

4 まとめ

　刑法65条は、その1項で身分の連帯的・従属的作用を定め、2項は身分
の個別的作用を規定している。これらを矛盾なく解釈しようとするとき、**行
為無価値論**の立場を基本においては**第1説**がとられることになり、**結果無価値
論**を前提とすれば**第2説**が支持されることになろう(これに対し、行為無価値
論の立場から、**第2説**を修正して採用しようとするのは、井田・総論569頁以下
である)。**第1説**は、行為無価値論を前提としつつ、65条を規定の文言に忠
実に解釈するものであり、かつ共犯従属性の原則を堅持する見解ということ
ができよう。逆に、結果無価値論の立場にとっては、規定の文言とか、共犯
従属性の原則といった形式的な処罰限定の枠組みはそれほどの重みをもたな
いことになるのである。この問題についても、**違法論をめぐる基本的対立**が
学説の態度決定の根本にあることに留意すべきである。

[井田　良]

第31章 犯罪の数(罪数)

1 犯罪にも数がある

■罪数の意義と判断基準━━━━━━━━━━━━━━━━━━━■

　刑法の犯罪構成要件は、いずれも、一個の犯罪が成立する場合を前提として規定されている。「人を殺した」(199条)という条文からイメージされるのは、一回の射撃で一人の被害者を射殺したという、きわめて単純な事案である。犯罪の本質やその成否を問題にする犯罪論も、一個の犯罪の成立を前提として展開される。しかし、現実社会においては、必ずしも一個の犯罪だけが問題になるわけではなく、行為の数や犯罪の数が問題になる場合も少なくない。犯罪論としても、行為者の惹起した事実(違法結果)について、一個の犯罪の成否を基本としながら、犯罪の数を問題にしなければならない場合がある。また、後述のように、わが国の刑法は数個の犯罪の成立が認められる場合にも、それらを一定程度まとめて取り扱う(処断する)ことを認めていることから、行為者をどのように処断(科刑)すべきかも問題になる。このように、刑法で犯罪の数(罪数)を論じる意味は、何よりも、**犯罪の成立の個数とその処断方法を確定する**ことにある。犯罪論のこうした場面を、**罪数論**という。さらに、国民は「同一の犯罪について、重ねて刑事上の責任を問はれない」こと(一事不再理)を保障されており(憲39条後段)、確定判決を経た事実で起訴された場合には免訴とされるから(刑訴337条1号)、**一事不再理効**の及ぶ範囲の確定も罪数論の重要な課題である(こうした観点から、鈴木・272頁は、罪数論を犯罪「関係」論と位置づけている)。

　わが国の刑法は、数個の犯罪が成立する場合の処断方法について、網羅的

ではないものの、いくつかの規定を置いている。他方、何を標準として犯罪の成立の数を決定するかについては、特に規定せずに解釈に委ねており、①行為者の犯罪意思の数を標準とする犯意標準説、②行為の数を標準とする行為標準説、③結果や侵害された法益の数を標準とする法益標準説、④構成要件に該当する数(回数)を標準とする構成要件標準説、⑤罪数の態様によって標準が異なるとする個別化説、が主張されている。現在、判例は④でほぼ確立されており、学説上も④が有力である(前田雅英「一罪と数罪」基本講座 4巻 274 頁以下参照)。ただ、具体的な罪数決定にあたっては、④を基礎としながらも、犯罪意思・行為・侵害法益の数なども重要な考慮要素となる。

■一罪と数罪

近代刑法が前提とする行為主義(客観主義)を一貫すれば、犯罪の成立と処断方法については、成立した犯罪の個数に応じて別個独立に処断するのが(**併科主義**)、最も素直なやり方である。それによれば、ひとりの犯罪者が数個の殺人で何百年といった、現実感に乏しい長さの自由刑を言い渡されることもありうる。しかし、わが国は、成立する犯罪の個数に応じて処断する単純一罪と単純数罪を両極としながら、一罪と数罪のそれぞれに中間的なカテゴリーを認めて、犯罪の成立とその処断方法に独特の考え方を採っている。犯罪の成立(個数)と処断方法(科刑)とが必ずしも直接的に連動していない点に、罪数概念やそれをめぐる議論が錯綜する原因がある(林幹人「罪数論」展開Ⅱ・268 頁以下参照)。

罪数の基本的形態は、成立・処断・一事不再理効の範囲のすべてにおいて、文字通りに一個の犯罪だけが問題になるもので、**本来的一罪**と呼ばれる。本来的一罪には、一個の行為に一個の犯罪が成立する**単純一罪**、数個の犯罪が成立するように見えながら論理的に一個の犯罪とされる**法条競合**、数個の犯罪が成立するように見えながら価値的評価から一個の犯罪とされる**包括(的)一罪**がある。本来的一罪の成否や成立範囲について、刑法は特に規定するところがなく、すべてを解釈に委ねている。これに対して、**科刑上一罪**は、「一罪」と呼ばれるものの、数個の犯罪が成立する場合に「一罪として処断

され」、一事不再理効との関係でも「一罪として扱われる」ものである。こ
れには**観念的競合**と**牽連犯**があり、54条1項がその要件と処断方法を規定
している。

　このような一罪に対し、数罪は、成立・処断・一事不再理効の範囲のいず
れとの関係でも数個の犯罪として扱われる場合で、犯罪の成立の個数に応じ
て処断(併科主義)する**単純数罪**と、成立する数罪を一定程度まとめて処断(併
合処分)する**併合罪**がある。

> ●**併合罪**——併合罪(「観念的」競合に対して「実在的」競合とも言う)は、確定裁判を経
> ていない数罪をいう(45条)。併合罪について、刑法は、同時に裁判することが可能であ
> ったという関係(**同時審判の可能性**)に着目して、成立する数罪の併合処分を認める。併合
> 罪は、成立する数罪の一部に死刑または無期懲役・禁錮を法定する犯罪がある場合は、他
> の犯罪の処断はそれに吸収され(吸収主義〔46条〕)、それぞれが有期自由刑を法定する数
> 罪の場合は、成立する犯罪のうち最も重い罪の法定刑に一定の加重を施して処断される
> (**加重主義**)。加重主義にもとづく処断刑の上限は、通常、最も重い刑の長期を1.5倍して
> 導かれるが(47条本文)、それぞれの長期の合計を超えられない(同ただし書)。

2　本来的一罪

■法条競合と包括(的)一罪━━━━━━━━━━━━━━━━━━━━━■

　法条競合とは、数個の犯罪が成立するように見えながら、「論理的に」一
個の犯罪だけが成立する場合を言い、単純一罪である。これには、①**特別関
係**、②**補充関係**、③**択一関係**がある。①は、殺人罪(199条)に対する尊属殺
人罪(旧200条)や承諾殺人罪(202条後段)のように、競合する法条が一般法と
特別法の関係にある場合で、特別法が一般法を排斥する。尊属殺人罪は加重
特別類型であり、承諾殺人罪は減軽特別類型である。②は、傷害罪(204条)
に対する暴行罪(208条)のように、競合する法条が基本法と補充法の関係に
ある場合で、基本法が適用されない場合に補充法が適用される。③は、背任
罪(247条)と横領罪(252条)のように、競合する法条が相互に排斥し合う場合
で、一方の適用が認められる限りは他方の適用がありえないとされる。

　包括一罪は、実際には数個の構成要件該当行為が存在するにもかかわらず、

第 31 章●犯罪の数(罪数) 379

「価値的な評価」によって全体が一回の構成要件的評価に包括される場合であり、科刑上一罪(成立上の数罪)に近い実質を持っている(平野Ⅱ・413 頁)。そのため、分類上は本来的一罪でありながら、数個の構成要件該当事実を量刑事情として考慮することが許される(井田・総論 587 頁)。包括一罪には、同一構成要件または同一条文内で問題になる**同質的包括一罪**と、異なった構成要件の間で問題になる**異質的包括一罪**がある。前者には、①**集合犯**、②**接続犯**、③**狭義の包括一罪**があり、後者として、④**共罰的行為**(**不可罰的行為**)がある(伊藤渉「包括一罪」新争点 122 頁以下)。

　①は、構成要件が同種行為の反復を予定する犯罪をいい、常習賭博罪(186条 1 項)のような常習的な反復行為(**常習犯**)、わいせつ物頒布罪(175 条)のような業としての反復行為(**職業犯**)、無資格医業の罪(医師法 17 条)のような営利目的にもとづく反復行為(**営業犯**)がある。②は、継続的な同一の犯意にもとづいて、場所的・時間的に近接した状況下で数個の同種行為が行われる場合である(**ケース 1**(1))。③は、収賄罪(197 条以下)のように、同一条文に規定する数行為の間に密接な関連がある場合をいう(**ケース 1**(2))。④は、重い構成要件該当行為が軽い構成要件該当行為を吸収するもので、殺人罪に対する殺人予備罪(201 条)のような**共罰的事前行為**と、窃盗罪(235 条)の犯人による窃取物に対する器物損壊罪(261 条)のような**共罰的事後行為**がある。また、現住建造物等放火によって住人を殺害した場合も、④に当たる(最決平 29・12・19 刑集 71 巻 10 号 606 頁)。包括一罪は、実質的な価値的評価によるものであるから、包括の根拠と範囲(限界)が特に問題となる。

■包括一罪の成否

■ケース 1（包括の根拠と範囲）■

次のそれぞれの甲にはどのような犯罪が成立し、どのように処断されるか。
　(1) 甲は、某日午後 9 時頃から午後 11 時頃にかけ、某電気店前にあったパソコン 15 台を、3 台ずつ 5 回に分けて自動車に積み込み、自宅に持ち帰った。
　(2) 甲は、Aが甲の悪口を言っているのに腹を立て、いきなりAを背後から羽交い締めにした後、近くの空倉庫に連れ込み鍵をかけて閉じ込めた。

(3) 甲は、約2か月間にわたって、難病の子どもたちの支援を装って同一場所で継続的な募金活動を行い、不特定多数の者からそれぞれ少額の現金をだまし取った。

ケース1の(1)(2)(3)で問題になる犯罪は継続犯ではないため、罪数の判断基準として構成要件標準説を徹底すれば、それぞれの行為に数個の犯罪の成立が認められ、併合罪として処断されるのが筋である。しかし、実務は、即成犯や状態犯が問題になる場合にも、一定の要件のもとに包括一罪としての扱いを認めてきた。

> **●即成犯、状態犯、継続犯**──即成犯(即時犯)とは、殺人罪のように、法益侵害・危険が発生することで構成要件該当事実が完成し、同時に終了する類型をいう。状態犯は、窃盗罪のように、法益侵害・危険が発生することで構成要件該当事実は完成するが、その後も法益侵害・危険の状態が続くものである。継続犯は、監禁罪のように、法益侵害・危険の継続が構成要件の内容となっているもので、その状態が継続する限り、構成要件該当行為が継続するものであり、単純一罪として評価される。

(1)では、状態犯である窃盗罪について、同種の反復行為の扱いが問題となる。最高裁は、約2時間にわたって同一倉庫から玄米9俵を3俵ずつ盗み出したという事案で、犯意の一個性、窃取行為の継続性、手段の同一性、被害者の同一性、被害物の同種性、犯行時間の短さを指摘したうえで、「常識上当然一個の行為と目すべき」と判示して、併合罪を認めた原判決を破棄している(最判昭24・7・23刑集3巻8号1373頁)。そこでの包括評価の根拠(基準)は、①構成要件の同一性、②被害法益の単一性、③具体的行為状況(時間の接着性、手段の同一性)、④犯意の一個性である。学説も、本判決の結論と論理を全面的に支持するとともに、①②③④のすべてを接続犯の必要的要件として明示するものが多い(渥美東洋・百選I(2版)191頁、須之内克彦・同(6版)203頁)。同質的包括一罪の規定化を提案した改正刑法準備草案71条も、同様の事情を包括評価の要件としていた。こうした立場によれば、①②③④のどれかが欠ける場合には包括評価が否定され、それぞれの行為による窃盗が併合罪として処断される。(1)の甲の窃盗行為については、①②③④のいずれもが充足されており、接続犯として包括的に評価してよい。

第 31 章●犯罪の数(罪数) 381

(2)では、それぞれ 220 条に規定されている逮捕と監禁が順次行われたことの評価が問題となる。最高裁は、(2)類似の事案について、「人を、逮捕し監禁したときは……逮捕罪と監禁罪との各別の二罪が成立し、牽連犯又は連続犯となるものではなく、これを包括的に観察して刑法 220 条 1 項の単純な一罪が成立する」としている(最大判昭 28・6・17 刑集 7 巻 6 号 1289 頁)。そこでは、異種行為の順次的実行という点で、同種行為の接続的実行が包括評価される接続犯と異なるにもかかわらず、同一条文内の順次的行為という密接な関連性が強調されているのである(狭義の包括一罪)。学説も、逮捕・監禁のほか、賄賂の申込・約束・供与(198 条)や盗品の運搬・保管・有償譲り受け・有償処分のあっせん(256 条 2 項)について、包括的評価のありうることを一般に認めている。(2)での異種行為は、それぞれが完全に独立したものでなく、単一の犯意にもとづいて、同一人に対する同一法益の侵害を実現するための発展的関係に立つもので、ひとつの法益侵害という価値的観点から全体を包括的に評価することができる。継続的な状況下で実行された逮捕と監禁は、両者を包括した 220 条の一罪として評価してよい。他方、両者の間に数日の時間的間隔があるなど、ひとつの自由侵害に向けた発展関係と評価できない場合は、逮捕罪と監禁罪との併合罪として処断することになる。

(3)では、同一場所における同種行為の連続的実行がある一方で、被害者や被害物が異なり(かつ不特定)、全体的な時間的接着性もないことから、接続犯や狭義の包括一罪における以上に包括評価の可否が問題になる。むしろ、その実態は、すでに廃止された連続犯(旧 55 条)に近いもののようにも思われる。その点を強調すれば、個々の募金行為ごとに詐欺罪(246 条 1 項)が成立し、併合罪として処断すべきだということになる。こうした事情のもとで、最高裁は、(3)類似の事案において、「不特定多数の通行人一般に対し、一括して、適宜の日、場所において、連日のように、同一内容の定型的な働き掛けを行って寄付を募るという態様のものであり、かつ、被告人の 1 個の意思、企図に基づき継続して行われた活動であった」ことを根拠として、包括評価を認めた(最決平 22・3・17 刑集 64 巻 2 号 111 頁)。この結論は、学説においても一般に支持されている(丸山雅夫・判評 643 号〔判時 2154 号、2012 年〕28

頁以下)。これによって、包括一罪の類型に、新たに**連続的包括一罪**が付け加えられることになった。こうした結論は、高速道路上の連続的速度違反行為が2か所の速度違反取締装置で捕捉された事案にも妥当しよう。

●**連続犯**——1947年の改正以前の刑法には、「連続したる数個の行為にして同一の罪名に触るるときは一罪として之を処断す」とする連続犯が、科刑上一罪のひとつとして規定されていた。しかし、その運用の拡張にともなって一事不再理効の範囲が拡大され、戦後の刑事訴訟法における捜査権の制限と調和しえなくなったことなどから、廃止されるに至った(中野次雄『逐条改正刑法の研究』〔1948年〕76頁以下参照)。

●**連続した速度違反行為と罪数**——連続的な速度違反の反復は、継続犯(単純一罪)ではないし、観念的競合を根拠づける行為の一個性も肯定できない(後掲最大判昭49・5・29参照)。こうした事案について、最高裁は、道路状況の違いや個々の地点の速度の違い等を強調して、併合罪で処断すべきだとした(最決平5・10・29刑集47巻8号98頁)。それは、速度違反を即成犯と解する立場であり、その背景には、既判力との抵触を回避するための訴訟法的考慮が強く働いている(土本武司・平成5年度重判174頁参照)。しかし、訴訟法的な困難を実体法上の罪数論で解決するのは適切でないし、共罰的行為の起訴についての判例変更があったことからも(最大判平15・4・23刑集57巻4号467頁)、包括一罪として評価すれば足りる。

3 科刑上一罪

■観念的競合と牽連犯

観念的競合(想像的競合とも言う)は、一個の行為が数個の罪名に触れる場合であり(54条1項前段)、**行為の一個性**に着目して一罪として処断される。一個の行為で数罪が成立する点を強調して、「一所為数法」とも呼ばれる。放火して死体を損壊した場合の放火罪(108条)と死体損壊罪(190条)との関係(大判大12・8・21刑集2巻681頁)や、強姦(強制性交)中に殺意をもって被害者を殺害した場合の殺人罪と強制性交等致死罪(181条)との関係(最判昭31・10・25刑集10巻10号1455頁)のように、一個の行為が異なる数個の罪名にあたる場合が典型である。さらに、飲料水に毒物を混入して数人を殺そうとした事案(大判大6・11・9刑録23輯1261頁)や、一個の行為で数名の公務員の職務行為を同時に妨害した事案(最大判昭26・5・16刑集5巻6号1157頁)のように、一個の行為で同一罪名に数回触れる場合も当然に含まれる。

第 31 章●犯罪の数(罪数)　383

　他方、牽連犯は、犯罪の手段と結果の関係にある数行為がそれぞれ別の罪名に触れる場合で(54 条 1 項後段)、数個の犯罪が相互に手段・結果という一個の行為に準ずる密接な関係にあること(**牽連性**)に着目して、一罪としての処断が認められる。住居侵入罪と強制性交等罪・殺人罪・強盗罪の関係(大判昭 7 ・5 ・12 刑集 11 巻 621 頁、最決昭 29・5 ・27 刑集 8 巻 5 号 741 頁、最判昭 23・12・24 刑集 2 巻 14 号 1916 頁)や、身代金目的誘拐罪と身代金要求罪の関係(最決昭 58・9 ・27 刑集 37 巻 7 号 1078 頁)が典型である。

　科刑上一罪は、**吸収主義**という考え方により、成立するそれぞれの犯罪の法定刑のうち最も重い刑罰で処断される。刑種はもちろん、刑期の上限・下限のいずれについても最も重い刑が適用される(最判昭 28・4 ・14 刑集 7 巻 4 号 850 頁参照)。科刑上一罪では、一罪としての処断をもたらす要件(行為の一個性と牽連性)の判断基準と範囲が問題となる。

> ●かすがい現象——かすがい現象とは、住居に侵入して住居内の 2 人を殺害した場合のように、本来は別個に併合罪で処断されるべき数罪(2 人に対する殺人罪)が、それらと科刑上一罪の関係に立つ犯罪(住居侵入罪)の介入によって、全体が科刑上一罪として扱われる現象をいう(前掲最決昭 29・5 ・27 参照)。これを認めると、①処断刑の不均衡が生じる(実体法)、②一事不再理効の範囲が拡張される(訴訟法)、という不都合が生じる。このため、かすがい現象を否定する学説も多いが(山火正則・百選 I (2 版)203 頁、亀井源太郎・同(7 版)212 頁以下)、実務における処断刑の形成方法・手順との関係で必ずしも説得的な解決策(かすがい外し)はなく、具体的な量刑場面で工夫する以外に方策がない。

■観念的競合の成否

ケース 2 (行為の一個性)

　甲は、1972 年の某日の夜間、飲酒後に自動車を運転して帰宅する途中、酒酔いのため前方注視が困難な状態に陥りながらも運転を継続し、通行人をはねて死亡させた。甲は、どのように処断されるだろうか。

　ケース 2 の甲に酒気帯び運転罪(道交法 65 条・117 条の 2 第 1 号〔以下、いずも当時の条文〕)と業務上過失致死罪(211 条前段)が成立することに異論はない。問題は、それらを一個の行為として評価できるかである。一個と評価できるのであれば観念的競合となり、数個と評価するのであれば併合罪となる。

観念的競合における行為の一個性について、判例は、長いこと、結論(観念的競合としての処断の可否)を述べるにとどまり、明確な基準を示してこなかった。他方、学説では、①自然的観察による立場、②社会的見解による立場、③構成要件を基準とする立場、が主張されていた(注釈(2)巻のⅡ・618頁以下〔高田卓爾〕参照)。

　その後、最高裁は、大法廷判決において、「〔観念的競合における〕一個の行為とは、法的評価をはなれ構成要件的観点を捨象した自然的観察のもとで、行為者の動態が社会的見解上一個のものとの評価をうける場合をいう」との立場から(最大判昭49・5・29刑集28巻4号114頁)、酒酔い運転罪と業務上過失致死罪との関係を観念的競合から併合罪に、無免許運転罪(道交法64条・118条1項1号)と酒酔い運転罪との関係を併合罪から観念的競合に、無免許運転罪と車検切れ車両運転罪(道路運送車両法58条・108条1号)との関係を併合罪から観念的競合に、それぞれ改めた(最大判昭49・5・29刑集28巻4号114頁、151頁、168頁)。最高裁は、違反行為や過失行為が完全に重なっている場合に限って、行為の一個性を肯定したのである(只木誠・百選Ⅰ(4版)206頁以下参照)。それによれば、一部の重なり合いしかない**ケース2**では、行為の一個性は否定され、併合罪としての処断が導かれる(内藤謙・昭和49年度重判144頁以下)。

　こうした自然的観察方法は、基準が客観的・明快で適用上も特段の困難がないことから、最高裁による有権的解釈として評価され(鈴木義男・百選Ⅰ(3版)207頁)、学説も支持している。最高裁は、その後、無免許運転罪と速度違反罪(道交法22条1項・118条1項2号)とを併合罪とし(最決昭49・11・28刑集28巻8号385頁)、信号無視の罪(道交法4条2項・119条1項1号)と業務上過失傷害罪(211条)とを観念的競合(最決昭49・10・14刑集28巻7号372頁)、轢き逃げの場合の救護義務違反と報告義務違反(道交法72条1項前段、後段)とを不作為による観念的競合としている(最大判昭51・9・22刑集30巻8号1640頁。三井誠・昭和51年度重判157頁以下)。しかし、構成要件を完全に捨象した自然的観察によって以上の結論のすべてを整合的に説明できるかは、疑問である(小松進・百選Ⅰ(3版)209頁、佐伯和也・同(7版)209頁)。

■牽連犯の成否

────────────────ケース3（牽連性）

　甲は、仇敵のＡを襲って倉庫に閉じ込め、倉庫内で殴打して負傷させた。甲にはどのような犯罪が成立し、どのように処断されるか。

　ケース3では、監禁罪と傷害罪との間に手段・結果の関係（牽連性）が認められるかが問題となる。牽連性を認める基準について、学説は、①客観的に見て一般に（類型的に）手段・結果の関係にあることとする客観説（通説）、②行為者が手段・結果として結びつける意思を持っていることとする主観説（牧野・513頁）、③犯罪の性質上一般に手段・結果の関係にあり、かつ行為者が手段・結果として結びつける意思を持っていることとする折衷説（西原（下）・429頁）、に分かれている。

　判例は、かつては客観説に立っていたが（最判昭24・7・12刑集3巻8号1237頁参照）、「数罪が牽連犯となるためには犯人が主観的にその一方を他方の手段又は結果の関係において実行したというだけでは足らず、その数罪間にその罪質上通例手段結果の関係が存在すべき」とする大法廷判決（最大判昭24・12・21刑集3巻12号2048頁）以後、折衷説の立場によっている（最大判昭44・6・18刑集23巻7号950頁。大野平吉・昭和44年度重判124頁以下）。もっとも、客観説と折衷説は、具体的結論において大きな差はない（判例の動向については、大コンメ4巻（3版）374頁以下〔中谷雄二郎〕）。判例の核心は、行為者の主観だけを基準として牽連性を肯定することはできないとする点にあり、牽連犯の成立範囲を客観的に限定しようとしたことにある。学説においても、主観説はすでに克服されている。ケース3の監禁罪と傷害罪との間には、客観説と折衷説のいずれからも手段と結果の関係は認められず、両罪は併合罪として処断される（最決昭43・9・17刑集22巻9号853頁参照）。

　牽連犯を限定しようとする理由は、牽連性の安易な肯定が科刑上一罪という例外的な処断の範囲を無限定にし（所一彦・百選Ⅰ（2版）195頁、宮野彬・同（3版）205頁）、一事不再理効の範囲が不当に広くなることと、この種の規定

386

が他国の立法にほとんど例を見ないものである点に求められる。そのため、
牽連犯については廃止論(立法論)も強く、改正刑法仮案(総則、1931 年)から
改正刑法草案(1974 年)まで、一貫して牽連犯規定を削除する方向での提案が
されてきている。

4 まとめ

犯罪の成立とその処断を考える場合、常識的には、一個の犯罪には一個の
刑罰が科されるべきであり、数個の犯罪にはその数に応じた刑罰が独立に科
されるべきであるとも思われる(この点で、併科主義は明快である)。しかし、
わが国の刑法は、成立上の罪数と処断上の罪数とを区別して、数罪が成立す
る場合でも、一定程度「まとめて処断する」という態度を採っている。しか
も、まとめて処断する実質的な根拠は、それぞれの類型で異なり、必ずしも
一様でない。これらの点に、罪数論が無用な混乱をきたす原因がある。しか
し、すでに見てきたように、「何を根拠として」、「どのようにまとめた処
断」がもたらされるかを見きわめれば、その範囲(限界)もおのずと決まって
くることになる(**表**参照)。

ただ、数罪をまとめて処断する根拠は、多くの場合に流動的である。たと
えば、学説・判例が認める包括一罪は、本来的一罪とされながら、「包括し
て扱うことが許されるか」という価値的・実質的な判断から結論が先取りさ

分 類		名 称	成立	処断	扱　　　　い
一罪	本来的一罪	単純一罪	一罪	一罪	各構成要件が予定する基本的形態
		法条競合	一罪	一罪	論理的包摂関係から適用法条を確定
		包括一罪	一罪	一罪	数個の行為を価値的に包括して評価
	科刑上一罪	観念的競合	数罪	一罪	行為の一個性に着目した吸収主義
		牽連犯	数罪	一罪	牽連性に着目した吸収主義
数罪		併合罪	数罪	数罪	同時審判の可能性に着目した加重主義
		単純数罪	数罪	数罪	独立の数罪を独立に処断(併科主義)

れていることが多い。他方、連続犯や牽連犯のように、まとめて処断すること自体に疑問や批判が提起され、すでに廃止されたもの(連続犯)や廃止が強く求められているもの(牽連犯)もある。これらについても、「まとめて処断することが妥当か」という実質的な価値判断が行われているのである。

　他方、従来は自明とされてきた併合罪加重の内容について、新潟女性監禁事件の控訴審判決(東京高判平14・12・10判時1812号152頁)と最高裁判決(最判平15・7・10刑集57巻7号903頁)を契機として、制限加重主義の意義が改めて問われている(只木誠・平成15年度重判162頁以下、丸山雅夫「併合罪における内在的制約」小暮古稀163頁以下)。また、実体法上は共罰的行為となるふたつの横領事実について、従来は先行行為を必ず起訴しなければならないとされていたものが(最判昭31・6・26刑集10巻6号874頁)、後行行為のみを起訴することができるという判例変更がなされた(最大判平15・4・23刑集57巻4号467頁。なお、杉本一敏・百選Ⅱ(7版)138頁以下、山口厚「罪数論」同『新判例から見た刑法〔第3版〕』〔2015年〕127頁以下)。これによって、公職選挙法違反事件における判例変更(最決昭59・1・27刑集38巻1号136頁が最判昭43・3・21刑集22巻3号95頁を変更した)と同様の結論が認められ、共罰的行為の起訴について、最高裁判例が統一された。これらにおいては、実体法上の罪数と手続法上の攻防対象をめぐる困難な問題性が如実に反映されている。

［丸山雅夫］

第32章 刑罰制度

1 わが国の刑罰制度はどうなっているか

■刑罰の意義と機能─────────────────────────

　害に対する無目的的な反動的制裁を脱却した近代刑法においては、**刑罰の本質や内容・目的**をめぐって、歴史的に、いわゆる旧派と新派との間に深刻な対立が見られた（丸山雅夫「学派の争い」基本講座1巻122頁以下参照）。しかし、現在では、次のような基本的な点で広い一致が見られる。

　刑罰とは、犯罪に対する法的効果として、国家が犯罪者の法益を剥奪する処分を言う。国家は、行為者が行った犯罪に対する**社会的非難**として、刑罰という害悪をもって報いるのである。ほとんどの法制度のもとでは、犯罪者を処罰する権利（**刑罰権**）は国家が独占し、私的制裁（**リンチ**）は禁じられている。また、刑罰は、非難としての法益の剥奪であることから、倫理的な色彩を有するだけでなく、行為者に対して苦痛を与えるものでもある。それゆえ、それは、厳格な法定手続によらなければ科すことができないし（憲31条）、残虐（反人道的）な刑罰を科すことも許されない（憲36条）。

　刑罰の機能は、①一般予防的機能と、②特別予防的機能に分けられる。①は、社会一般に対する機能で、刑罰法規に犯罪と刑罰とを予告しておくことによって、国民一般（犯罪者になる可能性をもつ者）に対して犯罪抑止を図るものである（→第2章）。②は、個々の具体的な犯罪者に対する機能で、犯罪者を処罰することによって、その者の再犯防止を図るものである。また、刑罰の直接的な目的ではないが、実際には、犯罪者を処罰することによって被害者や一般人の応報感情（被害者感情）が満足されることも否定できない。

■刑罰の種類

　刑罰は、剝奪の対象とされる犯罪者の利益の種類に応じて、一般に、①**生命刑**、②**身体刑**(体刑)、③**自由刑**、④**財産刑**、⑤**名誉刑**に分類される。①は、人の生命を奪う刑罰で、死刑がこれに当たる。②は、人の身体を侵害する刑罰で、手足の切断や入れ墨などである。③は、人の身体の自由を奪う刑罰で、追放、居住制限、拘禁などを内容とする。④は、人の財産を奪う刑罰で、罰金、科料、没収などである。⑤は、人の名誉を奪う刑罰で、公権の剝奪などを内容とする。わが国の現行刑法は、①としての**死刑**、③としての**懲役・禁錮・拘留**、④としての**罰金・科料・没収**の7種類の刑罰を認めている(9条)。②と⑤の刑罰は、古い時代やごく限られた地域に例が見られるが、現在では、一般に、人道的な観点から採用されていない。

　現行法上の刑罰は、さらに、**主刑**と**付加刑**に区別される(9条)。主刑は、それ自体を独立して科すことのできる刑罰で、重い順に、死刑・懲役・禁錮・罰金・拘留・科料の6種類がある。付加刑は、主刑の言渡しがある場合に、主刑に付加して科しうる刑罰で、没収だけが認められている。また、それ自体は刑罰でないが、罰金・科料および没収に代わる処分(**換刑処分**)として**労役場留置**と**追徴**がある(18条、19条の2)。さらに、刑罰を科されたことの付随的効果として、他法令上の**資格制限**を受けることがある。

> ●**資格制限**——わが国では、禁錮以上の刑に処せられた者について、①執行終了までは公務員になれない(国家38条2号、地公法16条2号)、選挙権・被選挙権を喪失する(公選法11条1項2号)、②執行終了後の一定期間は公認会計士等の職に就けない(公認会計士法4条3号など)、③刑の言渡しが効力を失うまでは裁判官等の法曹職に就けない(裁判所法46条1号)、などの資格制限が広範に認められている。

■主刑

　生命刑としての死刑は、各国での執行方法はさまざまであるが、わが国では、**刑事施設**内で**絞首**して執行する(11条1項)。世界的に見て、死刑は、かつては刑罰の中心として多用されたこともあるが、現在では例外的な存在となり、徐々に廃止ないしは減少の傾向にある。わが国の現行法も、19種類

の重大犯罪に限って死刑を法定し、改正刑法草案は、さらにその数を限定しようとした。ただ、死刑存廃論議をはじめ、死刑を選択する基準など、死刑をめぐっては厳しい対立が見られる。

●**死刑対象犯罪**——現在、死刑を法定する犯罪には、刑法犯として、内乱罪(77条1項)、外患誘致罪(81条)、外患援助罪(82条)、現住建造物等放火罪(108条)、激発物破裂罪(117条)、現住建造物等浸害罪(119条)、汽車転覆等致死罪(126条3項)、往来危険罪の結果的加重罪(127条)、水道毒物等混入致死罪(146条後段)、殺人罪(199条)、強盗致死罪(240条後段)、強盗・強制性交等致死罪(241条3項)の12種類があり、特別刑法犯として、爆発物使用罪(爆取罰則1条)、決闘致死罪(決闘に関する件3条)、航空機強取等致死罪(航空機の強取等の処罰に関する法律2条)、航空機墜落致死罪(航空の危険を生じさせる行為等の処罰に関する法律2条3項)、人質殺害罪(人質による強要行為等の処罰に関する法律4条)、組織的殺人罪(組織的な犯罪の処罰及び犯罪収益の規制等に関する法律3条)、海賊行為等致死罪(海賊行為の処罰及び海賊行為への対処に関する法律4条)の7種類がある。これらのうち、外患誘致罪だけは、死刑以外の刑罰を選択できない(**絶対的法定刑**)。なお、行為時18歳未満の者については、死刑を科すことが絶対的に禁じられる(少年51条、児童の権利条約37条)。

　自由刑の中心である懲役は、刑事施設に**拘置**したうえで、所定の作業(強制労働としての**刑務作業**)を課す(12条2項)。禁錮は、作業を課さずに刑事施設に拘置するが(13条2項)、請願により作業に就くことができる(刑事収容施設法93条)。いずれも無期と有期(1月以上20年以下)があり(12条1項、13条1項)、有期の場合は、30年まで加重することができるし、1月未満に減軽することもできる(14条2項)。いずれについても憲法との抵触が争われたことがあるが、判例上、合憲性が確認されている(最大判昭24・12・21刑集3巻12号2048頁、最大判昭33・9・10刑集12巻13号2897頁)。拘留は、1日以上30日未満で刑事施設に拘置する(16条)。侮辱罪(231条)などの軽微な犯罪の選択刑として、きわめて例外的に規定されている。

　なお、自由刑の区別(懲役と禁錮)を認めず、単一化すべきとの主張(**自由刑単一化論**)がある。懲役・禁錮・拘留を自由刑とするわが国では、伝統的に、破廉恥罪には懲役刑を法定し、非破廉恥罪に禁錮刑を法定するという態度を採ってきた。しかし、刑罰として労働を強制することは前近代的な苦役の思想や労働の蔑視につながるとして批判され、ヨーロッパを中心に、懲役刑と禁錮刑の区別を廃止し、自由刑を単一化する動きが主流になっている(オランダ、イギリス、ドイツ、スイスなど)。わが国でも、戦後の刑法改正作業に

おける重要な論点となっていた。現在、少年法適用年齢の引下げとともに、法制審議会で自由刑の単一化に向けた議論が精力的になされており、近い将来に実現する見通しになっている。単一化を認める場合は、懲役刑と禁錮刑のいずれかに単一化することになるが、自由の剥奪以外の内容を含まない主張（禁錮刑への単一化）が有力である。

> ●わが国における**無期の扱い**——無期とは、一般に「終身」をイメージさせるから、無期懲役や無期禁錮に処せられた者は、再び社会に戻ることはないと思われがちである。しかし、わが国では、無期についても仮釈放のあることが認められており（28条）、無期受刑者が仮釈放によって社会に戻ってくることもある。

　財産刑の中心である罰金は、1万円以上であるが、1万円未満に減軽することもできる（15条）。上限については、総則による一般的規定はないが、各本条においてその限界が明示されている。罰金は、戦後の経済事情の急激な変動との関係で、かなりの期間にわたって、個々の刑罰法規に規定された罰金額を罰金等臨時措置法（昭23法251）によって修正する形で運用されてきた。しかし、1991年に、個々の条文を読めばただちに罰金額がわかるように改正された。科料は、拘留と同じく、主にごく軽微な犯罪に科せられる刑罰で、1000円以上1万円未満である（17条）。なお、罰金・科料を完納できない場合には、換刑処分としての労役場留置が認められる（18条）。

区　分		種類	内容（執行方法）	換刑処分
主　刑	生命刑	死刑	刑事施設内で絞首	なし
	自由刑	懲役 禁錮 拘留	刑事施設に拘置・所定作業（無期、1月以上20年以下） 刑事施設に拘置（無期、1月以上20年以下） 刑事施設に拘置（1日以上30日未満）	なし なし なし
	財産刑	罰金 科料	1万円以上 1000円以上1万円未満	労役場留置 労役場留置
付加刑	財産刑	没収	犯罪行為に関連する物の剥奪	追徴

■**付加刑**───

　付加刑である没収は、犯罪行為と関係のある一定の物について、所有権そ

の他一切の物権を失わせて国庫に帰属させる処分である。財産刑の一種であるが、対象物の社会的危険性の除去、犯人の不当な利益の剥奪という点で、保安処分的な実質も有する。没収の対象は、①犯罪行為を組成した物（組成物件）、②犯罪行為に供した物または供しようとした物（供用物件）、③犯罪行為から生じた物（生成物件）、犯罪行為から得た物（取得物件）、犯罪行為の報酬として得た物（報酬物件）、④生成物件・取得物件・報酬物件の対価として得た物（対価物件）であり（19条1項）、原則として物それ自体である。加工等によって物の同一性が失われた場合は、没収不能となり、追徴が問題となる。没収は、その物が犯人以外の者に属さない場合に限られるが、例外的に、第三者からの没収（**第三者没収**）も認められ（19条2項）、無差別没収を認める特別法も多い（酒税法56条2項など）。

　追徴は、没収すべき物が没収できない場合（消費、紛失、破壊、同一性の喪失等）に、その価額分を剥奪する処分で（19条の2）、一種の換刑処分である。追徴価額の算定は、行為時の金額による（最大判昭43・9・25刑集22巻9号871頁。大野平吉・昭和43年度重判130頁以下）。

　没収・追徴は任意的なものを原則とするが、例外的に必要的な没収・追徴もあり（197条の5）、特別法には必要的没収・追徴を規定するものが多い。なお、1991年に制定されたいわゆる麻薬特例法（平3法94）は、薬物犯罪の取得財産・報酬財産・資金等提供罪の資金を「不法収益」とし、その果実や対価等を「不法収益に由来する財産」として、それらの必要的没収・追徴を広く認めている（詳細は、町野朔・林幹人編『現代社会における没収・追徴』〔1996年〕参照）。また、いわゆる組織犯罪処罰法（平11法136）も同様の態度を採っている。

2 死刑をめぐる問題

――――――――――――――――――ケース1（究極の刑罰としての死刑）■

甲は、約半年の間に、窃取した拳銃を使用して、殺人、強盗殺人をはじめと

する連続射殺事件を起こし、4人の生命を奪った。
　(1)　死刑制度は憲法に反するか。
　(2)　死刑を選択する基準は何か。

■死刑と憲法

　生命を剥奪する刑罰としての死刑については、それを免れるための最後の手段として、死刑の違憲性を理由とする上告が多く、類例がないほどに最高裁(特に大法廷)判例が多い。

　死刑が憲法36条(残虐な刑罰の禁止)に反するという主張に対して、大法廷は、「生命は尊貴である。一人の生命は、全地球よりも重い」としながら、「死刑は……まさに窮極の刑罰であり、また冷厳な刑罰ではあるが、刑罰としての死刑そのものが、一般に直ちに同条にいわゆる残虐な刑罰に該当するとは考えられない。ただ死刑といえども、他の刑罰の場合におけると同様に、その執行の方法等がその時代と環境とにおいて人道上の見地から一般に残虐性を有するものと認められる場合には、勿論これを残虐な刑罰といわねばなら〔ない〕」と判示したうえで、火あぶり、はりつけ、さらし首、釜ゆでのような残虐な執行方法を採る場合には違憲になることもありうるとした(最大判昭23・3・12刑集2巻3号191頁)。また、絞首という執行方法の残虐性については、「現在各国において採用している死刑執行方法は、絞殺、斬殺、銃殺、電気殺、瓦斯殺等であるが、これらの比較考量において一長一短の批判があるけれども、現在わが国の採用している絞首方法が他の方法に比して特に人道上残虐であるとする理由は認められない」としている(最大判昭30・4・6刑集9巻4号663頁)。

　　●**最高裁の一貫した態度**──死刑については、憲法36条以外にも、憲法9条(戦争の放棄)、13条(個人の尊重)、25条(国民の生存権)、31条(法定手続の保障)との関係で違憲性が主張されたことがある。しかし、最高裁は、いずれの主張に対しても、一貫して、死刑の合憲性判断を維持している(最判昭24・8・18刑集3巻9号1478頁、最大判昭26・4・18刑集5巻5号923頁、最判昭33・4・10刑集12巻5号839頁、最大判昭36・7・19刑集15巻7号1106頁)。

394

法定手続を保障する憲法31条は、「何人も、法律の定める手続によらなければ、その生命……を奪はれ……ない」と規定している。この規定の文理解釈からする限り、わが国の憲法は生命刑の存在を当然に認めており、31条との関係で死刑制度の違憲性を主張することは事実上不可能である。最高裁の一貫した態度の背景には、こうした事情がうかがわれる。そのため、解釈論として死刑の違憲性を主張することは、きわめて困難である。死刑が妥当でないという主張は、憲法の解釈論としてではなく、死刑制度それ自体をどう評価するかという、より根本的な問題として論ぜざるをえない状況にある（荘子邦雄・百選 I （2版)207頁)。

■死刑の選択基準

死刑という究極の刑罰は、どのような事情のもとで選択されるのだろうか。**ケース1**類似のいわゆる永山事件において、この点が問題になった。永山事件では、地裁の結論(死刑)と高裁の結論(無期懲役)が異なったため、最高裁がこの点について判断を示し、死刑適用の一般的基準を示したのである。

東京地裁の死刑判決は、殺人や強盗殺人で4人を射殺した事案に対する結論としては、それまでの判例の線に沿うものであった。他方、控訴審は、死刑判決に慎重な態度を示し、「ある被告事件につき死刑を選択する場合があるとすれば、その事件については如何なる裁判所がその衝にあっても死刑を選択したであろう程度の情状がある場合に限定せらるべきものと考える。立法論として、死刑の宣告には裁判官全員一致の意見によるべきものとすべき意見があるけれども、その精神は現行法の運用にあっても考慮に価するものと考える」として、被告人に有利な事情を考慮すると死刑判決を維持することは酷に過ぎるとし、死刑を無期懲役に変更した(東京高判昭56・8・21判時1019号20頁)。これに対し、検察官は、判例違反と量刑不当を理由として上告した。検察官の主張は、控訴審判決の考え方は死刑の適用を事実上不可能にするものであり、運用面での死刑廃止論に等しいとする批判を根底にしている。最高裁は、量刑不当による職権破棄にあたって死刑の選択基準を示し、「死刑制度を存置する現行法制の下では、犯行の罪質、動機、態様ことに殺

害の手段方法の執拗性・残虐性、結果の重大性ことに殺害された被害者の数、遺族の被害感情、社会的影響、犯人の年齢、前科、犯行後の情状等各般の情状を併せ考察したとき、その罪責が誠に重大であって、罪刑の均衡の見地からも一般予防の見地からも極刑がやむをえないと認められる場合には、死刑の選択も許される」と判示した(最判昭58・7・8刑集37巻6号609頁〔永山事件〕)。

現行刑法は、刑罰のすべてに関して、一般的な**量刑基準**を規定していない。従来の判例にも死刑選択に統一的基準を示すものはなく、先例の積み重ねによって、事実上の選択基準が形成されていたにとどまる。本判決は、それを一般的な形で判示した点に意義がある。そこで提示された具体的基準(いわゆる**永山基準**)も、従来は漠然と考えられていた基準を明確化したもので、一般に適切ないしは妥当なものと評価されている(改正刑法草案48条参照)。さらに、本判決は、死刑制度を存置する現状のもとで、無期懲役を死刑に変更した結論も妥当だとされている。4人を射殺した被告人を無期懲役とする控訴審判決は、死刑の存在を前提としながら、事実上その適用を認めないことと同じであり、論理的に無理があると言わざるをえない(松尾浩也・百選Ⅰ(2版)211頁、墨谷葵・昭和58年度重判154頁、稲田輝明・昭和58年度最判解156頁)。その後の最高裁判例には、永山基準を維持しながら、死刑を無期懲役に変更したものがある(最判平8・9・20刑集50巻8号571頁。平川宗信・平成8年度重判149頁以下)一方で、無期懲役を死刑に変更したものも見られる(最判平11・12・10刑集53巻9号1160頁)。

その後、いわゆる「光市母子殺害事件」で、最高裁は、事実上の判例変更を行い(平川宗信・平成18年度重判161頁以下)、永山基準を緩和する方向を示した。そうした方向性は、当初は例外的なものであると思われていたが(丸山雅夫「少年犯罪と少年法をめぐる動向」ジュリ1414号〔2011年〕128頁)、その後の「石巻事件」で定着することになった(丸山雅夫「少年犯罪と死刑」長井古稀713頁以下)。他方、最高裁も、殺害被害者が1人の事案においては、死刑適用を否定する態度をとり(最判平27・2・3刑集69巻1号1頁、同99頁)、一定の歯止めをかけている。

396

●**光市母子殺害事件**── 18 歳 1 か月の少年による強姦殺人(母親)と殺人(乳児)の事案で、死刑適用可能年齢(18 歳)をわずかに超えていたにすぎない少年について、死刑適用の是非が争われた。地裁と高裁が無期懲役で処断したのに対し、最高裁は、犯行当時の年齢は「犯行の罪質、動機、態様、結果の重大性及び遺族の被害感情等と対比・総合して判断する上で考慮すべき一事情にとどまる」としたうえで、「特に酌量すべき事情がない限り、死刑の選択をするほかない」として、控訴審判決を破棄し、事件を高裁に差し戻した(最判平 18・6・20 判時 1941 号 38 頁)。その後、差戻控訴審で死刑判決が下され、最高裁もそれを維持した(最判平 24・2・20 判時 2167 号 118 頁)。

●**石巻事件**── 18 歳 7 か月の少年による殺傷事件(2 名死亡、1 名重傷)で、裁判員裁判による少年に対する最初の死刑確定事件。最高裁は、光市母子殺害事件と同様の観点(死刑適用を特に例外視しない)から、第一審の死刑判決を維持した(最判平 28・6・16 裁判集刑 320 号 99 頁)。

3 没収をめぐる問題

```
━━━━━━━━━━━━━━━ケース 2(没収の問題性)■

  甲は、乙に事情を隠して乙所有の漁船 2 隻(約 2600 万円相当)を借り受け、
約 2 か月間にわたって花咲蟹等の密漁を行い、北海道海面漁業調整規則違反
の罪で懲役 1 年 2 月を言い渡された。
 (1) 乙所有の漁船を甲から没収するには、どのような手続によるべきか。
 (2) 軽微な犯罪において、財産的価値の高い物件の没収は許されるか。
```

■**第三者没収と憲法**━━━━━━━━━━━━━━━━━━━━━━━━━━

　没収は、犯人(共犯者を含む)に属する物について科すのが原則とされている(19 条 2 項本文)。しかし、特別法には、第三者没収を認めるものが多く、必要的第三者没収すら稀ではない。このため、犯人以外の者の所有権侵害になる第三者没収については、従来、財産権の保障や憲法の適正手続条項(29 条 1 項、31 条)との適合性が大きな問題とされていた(竜岡資久・昭和 35 年度最判解 382 頁以下参照)。

　当初、最高裁は、犯人の占有する第三者所有物の没収を違憲とする犯人の主張に対し、「訴訟において、他人の権利に容喙干渉し、これが救済を求め

るが如きは、本来許されない筋合のものと解するを相当とするが故に、本件没収の如き事項についても、他人の所有権を対象として基本的人権の侵害がありとし、憲法上無効である旨論議抗争することは許されない」とした(最大判昭35・10・19刑集14巻12号1574頁、1611頁)。たしかに、犯人との関係では、第三者に所有権があることを根拠に没収の違憲性を争うことは、身勝手な主張として排斥すべきものである。しかし、何の落ち度もなく所有権を剝奪される第三者との関係では、事後的な救済措置(刑訴497条)があるにしても、大法廷判決のような論法は決して説得的ではない。その後、最高裁は、第三者保護という観点から従来の立場を改め、「第三者の所有物を没収する場合において、その没収に関して当該所有者に対し、何ら告知、弁解、防禦の機会を与えることなく、その所有権を奪うことは、著しく不合理であって、憲法の容認しないところである」として、没収にも適正手続条項の適用があることを認めたうえで、「このことは、右第三者に、事後においていかなる権利救済の方法が認められるかということとは、別個の問題である」と判示した(最大判昭37・11・28刑集16巻11号1577頁、1593頁)。これにより、犯人自身にも、昭和35年判決で否定された上訴の適格性が認められることになった(田宮裕・百選Ⅰ(2版)217頁)。

この大法廷判決をうけて、翌年には、「刑事事件における第三者所有物の没収手続に関する応急措置法」(昭38法138)が制定された。これによって、第三者没収は憲法との調和を達成したのである。**ケース2**(1)で乙所有の漁船を没収するには、本法の手続にもとづいて、乙に告知・弁解・防御の機会を与えたうえでなければならない。

■没収における罪刑の均衡─────────────────■

近代刑法の原理である罪刑法定主義は、犯罪の重さと刑罰の重さとの釣り合い(罪刑の均衡)を要求する(→第2章1)。その要請は、付加刑としての没収についても当てはまるのだろうか。これが、**ケース2**(2)の論点であり、**没収の相当性**という形で争われる。これまで、没収の相当性に関する判例としては、無免許運転に使用した自動車(犯罪組成物件)の没収の可否が争われた

事案に関するものがあった。それらにおいては、相当性の有無の判断にあたって、事案が悪質であるか、再犯のおそれが顕著であるか、が特に重視されていた(没収の肯定判例として、東京高判昭 51・4・27 東高刑時報 27 巻 4 号 54 頁、否定判例として、福岡高判昭 50・10・2 月報 7 巻 9 = 10 号 847 頁)。他方、対象物件の価額は、副次的に考慮されていたにすぎない。こうした判例は、没収を刑罰としてではなく、保安処分的なものとして考えているように思われる。

　最高裁も、**ケース 2**(2)類似の事案において、保安処分的な観点から、高額な物件であるにもかかわらず、密漁に使用した漁船の没収を認めた(最決平 2・6・28 刑集 44 巻 4 号 396 頁)。最高裁は、きわめて悪質な密漁であったことと再犯の可能性が高いことを重視したのである(藤本哲也・平成 2 年度重判 155 頁参照)。また、そこでの対象物件の価額は、それ自体としては高額であるが、2 か月にわたる密漁の水揚げ分に匹敵するもので、不相当に高額とは言えないという事情もあった。したがって、最高裁の結論が、1 回や 2 回程度の単発的で軽微な密漁事案にそのまま妥当するかは疑問である。再犯のおそれといった保安処分的な観点だけから軽微犯罪に供した高額な物件を没収することは、付加「刑」としての没収と犯罪との均衡を考慮しないもので、罪刑法定主義に抵触する疑いがある。しかも、1991 年には薬物の取締りに関する一連の法律が改正され、薬物の運搬に供した艦船・航空機・車両の任意的没収が認められることになった(覚せい剤取締法 41 条の 8 第 2 項など)。こうした事情のもとで、問題は、より一層深刻なものとなっている。

4 まとめ

　以上、わが国の刑罰制度について、現行法のあり方を中心に概観してきた。しかし、より根本的には、現行の刑罰制度の是非それ自体を問題にすることも可能である。特に、死刑制度をめぐる論争に、それは顕著に現れる。現在まで、わが国の一般的な法感情は死刑廃止を実現するまでには至っていない。それは、2018 年のオウム真理教の幹部信者に対する大量の死刑執行が特に

問題視されなかったことからも明らかである。しかし、死刑廃止は世界的に大きな潮流であり、廃止に踏み切った国も多い。わが国においても、刑事法研究者が廃止をアピールする状況も見られたところである（佐伯千仭ほか『死刑廃止を求める』〔1994 年〕）。もちろん、こうした動きには、批判的な見方もあろう。他方、死刑の存在を前提とするわが国の判例についても、永山基準の部分的強調にもとづいて、「2 人を殺しただけでは死刑にならない」といった世間の印象が形成され、被害者遺族や関係者に大きな裁判不信をもたらしてきたようにも思われる。さらに、いわゆる裁判員法の制定（平 16 法 63）による裁判員裁判のもとで、死刑は、新たな局面を迎えている。こうした状況のなか、将来的に世界各国の刑罰制度から姿を消すことが一般に予想される死刑について、いたずらにタブー視することなく、自由で活発な議論こそが重要であり、必要ですらある。

付加刑としての没収に関しても、マネー・ロンダリング罪の創設や広範囲にわたる収益没収など、これまでわが国に馴染みのなかった内容の麻薬特例法が制定されたことで、大きな一石が投じられることになった。こうした状況は、暴力団犯罪や組織犯罪などにおいても同様であり、いわゆる組織犯罪処罰法の立法が推進された。これらの立法とともに、没収・追徴についても、今後に多くの課題が生じている。

また、刑罰そのものではないが、危険な触法行為者に対する保安処分制度の問題も重要な課題である。保安処分制度はヨーロッパを中心に多くの国（ドイツやスイスなど）で導入されているが、わが国では、改正刑法草案における提案（97 条以下）以降、議論そのものがタブー視される傾向があったように思われる。いわゆる心神喪失者等医療観察法が制定されたのも、比較的最近（2003 年）の出来事に属する。人権侵害の可能性といった問題は否定できないにしても、犯罪からの社会防衛といった点で、このまま議論を避け続けていられる状況ではなくなっていると言わなければならない。

[丸山雅夫]

事 項 索 引

あ 行

あてはめ	37
あてはめの錯誤	113, 245
安楽死	216
意思責任の原則	29
異質的包括一罪	379
遺失物等横領罪	141
委託物横領罪	367
一故意犯説	137
一事不再理効	376
一部実行の全部責任	97, 314
一連一体性	199
一般人	284
一般予防	388
違法減少説(中止犯)	291
違法推定機能	177
違法性	49, 71, 176, 242, 278
——の質	179
——の量	179
違法性阻却事由	111, 177, 186, 203, 240, 251, 329
——と共犯	357
——の錯誤	251
違法性に関する事実の錯誤	252
違法性の意識	132
——の可能性	242, 244
——不要説	245
違法性の錯誤	131, 240, 252, 257
違法性の錯誤と事実の錯誤の区別	249
違法・責任推定機能	177
違法の相対性	179, 183
違法判断	278
違法身分	367
違法論	71
意味の認識	114, 147
瘖啞者	229
因果関係	90, 94, 112, 301

——の錯誤	139, 140
——の証明	90
——の断絶	96
——の中断	96
因果的共犯論	333, 342
陰謀	264
ヴェルツェル	51
疑わしきは被告人の利益に	98
営業犯	379
営利の目的	370
営利目的誘拐罪	371
応報刑論	11, 245, 277
横領罪	366
大阪南港事件	104

か 行

概括的故意	119
解釈	37
改正刑法草案	40, 85, 366
蓋然性説	121
害の均衡	188, 209
回避可能性	153
回避義務	153
拡張解釈	38, 41, 42
拡張的構成要件	264
確定的故意	118
科刑上一罪	382
加減的身分犯	364
過失運転致傷罪	207
過失責任説	33
過失説	164
過失相殺	160
過失の共同正犯	324
過失犯	19, 120, 152, 256
過失不要説	164
過剰避難	209
過剰防衛	196, 258, 261
かすがい現象	383

可罰的違法性論 …………………………179	客観的相当因果関係説 …………………101
可罰的刑法違反の認識 …………………244	旧過失論 ……………………………………154
科料 …………………………………………389	旧刑法 ………………………………148, 279
監禁致死罪 …………………………………107	吸収主義 ……………………………………383
換刑処分 ……………………………………389	急迫な侵害 …………………………………192
慣習刑法の禁止 ……………………………15	狭義の包括一罪 …………………………379
慣習法 …………………………………………15	教唆の未遂 …………………………309, 328
間接証拠 ……………………………………125	教唆犯 ………………306, 328, 337, 341
間接正犯 ……………………………310, 330	共同意思主体説 …………………………319
間接正犯否認論 ……………………312, 331	共同実行 ……………………………………315
間接正犯類似説 …………………………235	共同正犯 …………… 97, 306, 315, 373
間接幇助 ……………………………………347	——の中止 ………………………………359
鑑定 …………………………………………231	共罰的行為(不可罰的行為) …………379
監督過失 ……………………………………161	共犯 …………………………………148, 304
観念的競合 …………………………………382	——と身分 ……………………331, 363
官報 ……………………………………………61	——の過剰 ………………………………326
毀棄罪 ………………………………………150	——の従属性 …………………308, 328, 336
危険運転致死傷罪 ………………………167	——の処罰根拠 ………………332, 365
危険現実化説 …………………………95, 109	共犯関係からの離脱 ……………………354
危険性(行為の) …………………304, 308	共犯関係の解消 …………………………355
危険性説 ……………………………………166	共犯従属性説 ………309, 328, 338, 365, 367
危険の現実化 ……………………………108	共犯独立性説 …………………………308, 328
危険犯 …………………………………80, 304	共謀共同正犯 …………………………125, 318
危険判断 ……………………………………283	業務上横領罪 ……………………………366
——の標準 ……………………………285	業務上過失 …………………………………153
旗国主義 ………………………………………65	強要緊急避難 ……………………………210
記述的構成要件要素 ……………………115	極端従属性説 ……………………………330
既遂(犯) …………………………263, 275	挙証責任 ………………………………………98
偽造 …………………………………………114	——の転換 ……………………………33
起訴裁量主義 ………………………………28	挙動犯 …………………………………80, 304
期待可能性 …………………210, 246, 336	緊急行為 ……………………………186, 203
規範違反説 ………………………………50, 278	緊急避難 ……………………………186, 203
規範的構成要件要素 ……………………115	禁錮 …………………………………………389
規範的責任論 ……………………………257	偶然防衛 ………………………………………58
器物損壊罪 …………………150, 188, 249	具体的危険説 ………………………279, 284
客体の錯誤 …………………135, 138, 140	具体的危険犯 ……………………55, 80, 112
客体の不能 ………………………………283	具体的事実の錯誤 ………………………135
客観主義 …………………144, 276, 332	具体的符合説 ……………………………136
客観説(中止犯) …………………………294	具体的法定符合説 ………………………136
客観的危険説 ………………………279, 283	熊撃ち事件 …………………………………87
客観的帰属の理論 ………………………105	熊本水俣病事件 ……………………………46
客観的処罰条件 ……………………111, 130	黒い雪事件 ………………………………249

事項索引　403

傾向犯……………………………………52
形式的違法性………………………………49
形式的違法論……………………………177
形式的客観説…………………………268, 279
刑事未成年………………………………231
継続犯……………………………………380
刑の免除…………………………………128
刑罰………………………………………388
刑罰権発動の人的障害……………………65
刑罰法規適正の原則………………………17
刑法的違法行為…………………………244
刑法の解釈…………………………………37
刑法の謙抑性………………………………2
結果責任……………………………………26
結果的加重犯………………………30, 102, 164
　　──の未遂…………………………173
結果犯……………………………80, 112, 304
結果無価値一元論…………………………54
結果無価値論……………5, 50, 95, 117, 278,
　　　　　　　　　　　　292, 336, 368, 375
結合犯……………………………………165
原因において違法な行為………………213
原因において自由な行為………………234
厳格故意説………………………………133
厳格責任……………………………………27
厳格責任説………………………………257
厳格な構成要件的符合説………………142
現在の危難………………………………207
限時法………………………………………63
現住建造物等放火罪………………84, 331
限定責任能力……………………………229
限定的主観説(中止犯)…………………295
権利濫用説………………………………195
牽連犯……………………………………383
故意…………111, 127, 242, 252, 256, 338
　　──の個数…………………………136
　　──の体系的地位…………………117
故意ある結果的加重犯…………………173
故意ある道具……………………………331
故意犯………………………………19, 152
故意犯処罰の原則…………………39, 111
故意論……………………………………139

行為…………………………………………78
行為概念……………………………………78
行為規範………115, 133, 241, 249, 278, 281
行為共同説………………………………317
行為支配説…………………………307, 308, 310
行為の危険…………………………280, 282
行為無価値……………………………………6
行為無価値一元論…………………………54
行為無価値論…………50, 95, 117, 255,
　　　　　　　　　　　278, 292, 368, 375
攻撃の意思………………………………194
合憲的限定解釈……………………………24
構成的身分犯……………………………364
構成要件………………71, 86, 111, 139
　　──の重なり合い……………146, 147
　　──の実質的な重なり合い……145, 146,
　　　　　　　　　　　　　　　　148, 150
構成要件該当行為………………………303
構成要件該当事実の錯誤………………133
構成要件該当性……………………………71
構成要件的過失…………………………256
構成要件的故意…………………………255
構成要件的符合説………………………142
構成要件要素………………………………72
構成要件論…………………………………71
公然陳列……………………………………43
公然わいせつ罪……………………………3
行動準則…………………133, 241, 249, 278
強盗致死傷罪……………………………372
拘留………………………………………389
国外犯………………………………………65
国際司法共助………………………………69
国際捜査共助………………………………70
国内犯………………………………………65
個人責任の原則……………………………29
誤想過剰防衛……………………………260
誤想避難…………………………………252
誤想防衛……………………198, 251, 258
混合惹起説…………………………336, 340
混合的方法………………………………230
昏酔強盗罪………………………………372

さ 行

罪刑の均衡……………………………17, 397
罪刑の専断………………………………13
罪刑法定主義………… 14, 40, 83, 145, 244
　──の現代的内容…………………17
　──の古典的内容…………………14
罪質符合説……………………………147
最少従属性説…………………………330
罪数論…………………………………376
サイバーポルノ………………………44
裁判規範………………………………115
罪名と科刑の分離…………………144, 366
作為犯…………………………………82
錯誤………………………………127, 252
殺人予備罪……………………………290
差別的な刑罰…………………………17
残虐な刑罰……………………………17
三分体系………………………………71
死因…………………………………87, 104
資格制限………………………………389
時間的適用範囲………………………60
自救行為…………………………187, 203
死刑……………………………………389
　──の選択基準……………………394
死刑廃止………………………………399
自己決定………………………………222
自己決定権…………………………6, 333
事後強盗罪……………………………371
事後従犯………………………………345
事後判断………………………………280
事後法…………………………………15
　──の禁止………………………15, 60
時際刑法………………………………60
自殺………………………………8, 214
自殺関与罪……………………………7
事実上の引き受け…………………89, 91
事実の錯誤………131, 140, 240, 249, 257
事実の認定……………………………37
自招危難………………………………211
自招侵害………………………………195
自然的行為論…………………………78

視線の往復……………………………37
事前判断………………………………280
失火罪…………………………………84
実現意思説…………………………121, 123
実行共同正犯…………………………316
実行行為…………………………112, 266, 303
　──の終了時期……………………297
実行行為性…………………………305, 309
実行従属性…………………………140, 337
実行従属性の原則……………………328
実行中止………………………………297
実行の着手………………………268, 306
実行未遂………………………………266, 297
執行猶予………………………………28
実質的違法性…………………………49
実質的違法論…………………………178
実質的客観説……………………270, 279
実体的デュー・プロセスの理論……17
質的過剰…………………………199, 262
自動車運転過失致死傷罪……………168
死ぬ権利………………………………220
支配性…………………………………308
社会的行為論…………………………78
社会的相当性説………………………178
惹起説…………………………………333
重過失…………………………………153
自由刑単一化論………………………390
集合犯…………………………………379
自由心証主義…………………………233
修正された構成要件…………………338
従属的共犯の処罰根拠………………342
従犯…………………………………306, 341
　──における錯誤…………………349
終末期医療……………………………223
終了未遂………………………………297
主観主義…………………………144, 276, 332
主観説(中止犯)………………………295
主観的違法要素………………………52
主観的正当化要素……………………57
主観的責任の原則……………………29
縮小解釈………………………………38
主刑…………………………………389

事項索引　405

主体の不能 …………………………283
準強盗罪 …………………………372
純主観説(中止犯) …………………294
純粋惹起説 ………………………336
傷害 ………………………………42
傷害概念 …………………………170
障害未遂 ……………………266, 289
情況証拠 …………………………125
消極的責任主義 …………………27
承継的共同正犯 …………………321
承継的従犯 ………………………345
条件関係 ……………………90, 95
　　──の公式 …………………96, 97
条件説 …………………99, 102, 343
条件つき故意 ……………………125
証拠隠滅等罪 ……………………334
常習犯 ……………………………379
状態犯 ……………………………380
条例 ………………………………21
職業犯 ……………………………379
植物状態患者 ……………………220
処罰阻却事由 ………………111, 130
侵害自招類型 ……………………195
侵害の急迫性 ……………………192
侵害の継続性 ……………………201
侵害の予期 ………………………193
侵害犯 ………………………80, 304
侵害予期類型 ……………………192
人格的行為論 ……………………78
新過失論 …………………………154
真摯性(中止行為の) ……………300
心情刑法 …………………………55
心神耗弱者 ………………………229
心神喪失者 ………………………229
真正不作為犯 ……………………82
真正身分犯 …………………73, 364
親族相盗例 ………………………128
人的違法論 ………………………95
信頼の原則 ………………………160
心理学的方法 ……………………230
心理的責任論 ……………………257
数故意犯説 ………………………137

制御能力 ……………………228, 246
制限従属性説 ………………329, 367
政策説(中止犯に関する) …………290
正当化事情の錯誤 ………………252
正当行為 …………………………215
正当防衛 ………88, 186, 197, 203, 252, 329
　　──と第三者 ………………198
正当防衛状況 ………………191, 195
正犯 ………………………………304
正犯行為 …………………………303
正犯性 ………………………305, 309
生物学的方法 ……………………230
成文法 ……………………………15
世界主義 …………………………70
責任 ………………………………26
責任共犯論 ………………………333
責任減少説(中止犯) ……………291
責任故意 …………………………255
責任主義 ……………………26, 245
責任説 …………………242, 246, 257
責任前提説 ………………………228
責任阻却事由 ………………177, 203
責任能力 ……………………228, 246
責任判断 …………………………278
責任身分 …………………………367
責任無能力 ………………………229
責任要素説 ………………………228
責任要素としての故意 …………255
責任論 ……………………………71
積極的加害意思 …………………193
積極的責任主義 …………………27
接続犯 ……………………………379
絶対的不定期刑 …………………17
絶対的不定刑 ……………………17
絶対的不能 ………………………284
絶対的法定刑 ……………………390
折衷説(中止犯) …………………295
折衷的相当因果関係説 …………100
窃盗罪 …………………141, 150, 241
窃盗の機会 ………………………372
先行行為 ……………………89, 91
専断的治療行為 …………………6

占有離脱物横領罪 …………………141	中止意思 …………………………292
相対的傷害概念 …………………171	中止行為 ……………293, 295, 297
相対的不能 …………………………284	中止犯 ………………………………289
相当因果関係説 ………………95, 99	中止未遂 ……………………266, 289
相当性(因果関係) ………………100	抽象的危険説 ……………………283
相当性(緊急避難) ………………211	抽象的危険犯 ……………55, 80, 112
相当の理由(違法性の錯誤) ……247	抽象的事実の錯誤 …………135, 140
贓物 …………………………………124	抽象的符合説 ……………………143
贓物故買罪 ………………………124	懲役 …………………………………389
促進関係 ……………………………342	挑発防衛 ……………………………195
属地主義 ……………………………65	直接正犯 ……………………………310
即成犯 ………………………………380	治療義務 ……………………………225
属人主義 ……………………………65	追及効 ………………………………63
損壊 …………………………………42	通貨及証券模造取締法 …………247
尊厳死 ………………………………220	釣り銭詐欺 …………………………83
尊厳死法 ……………………………221	適用 …………………………………37
	同意殺人罪 ……………………7, 10
た 行	同意傷害 …………………………8, 333
ターミナル・ケア …………………220	動機説 ………………………64, 123
第三者没収 …………………………396	同時傷害の特則 …………………34
胎児 …………………………………45	同時存在の原則 …………29, 233
胎児傷害 ……………………………45	同質的包括一罪 …………………379
胎児性致死傷 ………………………45	同時犯 ………………………………316
代罰規定 ……………………………30	道徳 …………………………………1
退避義務 ……………………………188	盗品等に関する罪 ………………124
退避義務肯定論 …………………188	動物 …………………………………42
対物防衛 ……………………………189	動物傷害罪 ………………………42
択一的競合 …………………………98	特定委任 ……………………………21
択一的故意 …………………………118	特別刑法 ……………………………19
打撃の錯誤 …………………………135	特別背任罪 ………………………369
多元説 ………………………………91	特別予防 ……………………277, 388
他行為可能性 ………………………228	独立教唆犯 ………………………329
堕胎罪 ………………………………46	
堕落説 ………………………………333	**な 行**
単純一罪 ……………………………377	二元論 ………………………………54
単純行為犯 ……………………80, 304	二重の故意 ………………………235
単純数罪 ……………………………378	二重の絞り論 ……………………184
単独正犯 ……………………306, 352	二分説(緊急避難) …………205, 213
知情 …………………………………124	任意性 ………………………292, 293
着手中止 ……………………………297	任意的共犯 ………………………314
着手未遂 ……………………266, 297	認識ある過失 ………120, 153, 339
注意義務違反 ………………………153	認識説 ………………………………121

事項索引　407

認識なき過失‥‥‥‥‥‥‥‥‥‥153	不作為犯の共同正犯‥‥‥‥‥‥‥353
認容‥‥‥‥‥‥‥‥‥‥‥‥‥‥122	不真正不作為犯‥‥‥‥‥‥‥82, 307
認容説‥‥‥‥‥‥‥‥118, 121, 122	不真正身分犯‥‥‥‥‥‥‥‥73, 364

は　行

白地刑罰法規‥‥‥‥‥‥‥‥‥‥63	物的違法論‥‥‥‥‥‥‥‥‥‥‥95
爆発物取締罰則‥‥‥‥‥‥‥82, 209	不能犯‥‥‥‥‥‥276, 279, 304, 337
場所的適用範囲‥‥‥‥‥‥‥‥‥65	不能未遂‥‥‥‥‥‥‥‥‥‥‥276
罰金‥‥‥‥‥‥‥‥‥‥‥‥‥389	部分的責任能力‥‥‥‥‥‥‥‥229
早すぎた結果惹起‥‥‥‥‥‥‥268	部分的犯罪共同説‥‥‥‥‥‥‥317
犯罪共同説‥‥‥‥‥‥‥‥‥‥317	フランクの公式‥‥‥‥‥‥‥‥295
犯罪地‥‥‥‥‥‥‥‥‥‥‥‥65	文書‥‥‥‥‥‥‥‥‥‥‥‥‥113
犯罪の客体‥‥‥‥‥‥‥‥‥‥75	文理解釈‥‥‥‥‥‥‥‥‥‥‥38
犯罪の主体‥‥‥‥‥‥‥‥‥‥73	併科主義‥‥‥‥‥‥‥‥‥‥‥377
犯罪の不完成‥‥‥‥‥‥‥‥‥266	併合罪‥‥‥‥‥‥‥‥‥‥‥‥378
犯罪の本質‥‥‥‥‥‥‥276, 332	弁識(弁別)能力‥‥‥‥‥‥228, 246
犯罪論体系‥‥‥‥‥‥‥‥72, 176	変造‥‥‥‥‥‥‥‥‥‥‥‥‥114
反対解釈‥‥‥‥‥‥‥‥‥‥‥38	片面的共同正犯‥‥‥‥‥‥‥‥316
判例‥‥‥‥‥‥‥‥‥‥‥‥‥48	片面的幇助‥‥‥‥‥‥‥‥‥‥346
被害者の承諾‥‥‥‥‥‥‥‥‥8	保安処分‥‥‥‥‥‥‥‥‥‥‥399
被害者の同意‥‥‥‥‥‥‥‥‥8	防衛行為‥‥‥‥‥‥‥‥‥‥‥197
被害者のない犯罪‥‥‥‥‥‥‥3	──の相当性‥‥‥‥‥‥‥88, 197
ひき逃げ‥‥‥‥‥‥‥‥‥‥‥89	──の必要性‥‥‥‥‥‥‥‥197
必要的共犯‥‥‥‥‥‥‥‥‥‥314	防衛の意思‥‥‥‥‥‥57, 194, 201
非難‥‥‥‥‥‥‥‥‥‥‥11, 245	防衛(防御)的緊急避難‥‥‥‥‥190
非難可能性‥‥‥‥‥‥‥‥‥‥26	法益‥‥‥‥‥‥2, 39, 76, 111, 214
避難行為‥‥‥‥‥‥‥‥‥‥‥208	──の均衡‥‥‥‥188, 189, 203, 209
──の相当性‥‥‥‥‥‥‥‥211	法益衡量説‥‥‥‥‥‥‥‥‥‥178
避難の意思‥‥‥‥‥‥‥‥‥‥208	法益侵害説‥‥‥‥‥‥‥‥50, 278
非犯罪化‥‥‥‥‥‥‥‥‥‥‥4	放火罪‥‥‥‥‥‥‥‥‥‥‥‥83
秘密漏示罪‥‥‥‥‥‥‥‥40, 363	包括(的)一罪‥‥‥‥‥‥‥‥‥378
非身分犯‥‥‥‥‥‥‥‥‥‥‥73	包括的委任‥‥‥‥‥‥‥‥‥‥21
百円札模造事件‥‥‥‥‥‥‥‥248	法条競合‥‥‥‥‥‥‥‥‥‥‥378
びょう打ち銃事件‥‥‥‥‥‥‥136	幇助行為‥‥‥‥‥‥‥‥‥‥‥343
表現犯‥‥‥‥‥‥‥‥‥‥‥‥52	幇助の因果関係‥‥‥‥‥‥‥‥343
不安感説‥‥‥‥‥‥‥‥‥‥‥155	幇助の未遂‥‥‥‥‥‥‥‥309, 328
不確定的故意‥‥‥‥‥‥‥‥‥118	幇助犯‥‥‥‥‥‥‥‥306, 328, 341
付加刑‥‥‥‥‥‥‥‥‥‥389, 391	法人の犯罪能力‥‥‥‥‥‥‥‥73
不作為‥‥‥‥‥‥‥‥‥‥‥‥82	法則の知識‥‥‥‥‥‥‥‥‥‥285
──による殺人罪‥‥‥‥88, 92, 307	法定的符合説‥‥‥‥‥‥‥136, 145
──の因果関係‥‥‥‥‥‥‥90	法的因果関係‥‥‥‥‥‥‥‥‥87
──の幇助‥‥‥‥‥‥‥‥‥347	法適用‥‥‥‥‥‥‥‥‥‥‥‥37
	法の不知‥‥‥‥‥‥‥‥‥‥‥245
	方法の錯誤‥‥‥‥‥‥‥135, 138, 140

方法の不能 …………………………283
法律主義 …………………………14
法律説 …………………………291
法律の錯誤 …………………131, 240
保護主義 …………………………66
保護責任者 …………………………364
保護責任者遺棄罪 …………………364
保護の客体 …………………………76
補充性 ………189, 203, 208, 209, 210
保証義務 …………………………89
保証者説 …………………………85
保証者的地位 …………………85, 89, 307
没収 …………………………389
本来的一罪 …………………………378

ま 行

麻薬及び向精神薬取締法 ……………114
麻薬所持罪 …………………………114
未遂(犯) ………………263, 275, 289
　――の教唆 …………………337, 340
　――の共犯 …………………………361
未遂罪 …………………………275
水俣病事件 …………………………45
ミニョネット号事件 …………………204
未必の故意 …………………118, 153
身分 …………………………363, 370
身分のない故意ある道具 ……………311
身分犯 …………………40, 73, 86, 363, 372
無過失責任説 …………………………32
無形的幇助 …………………………345
明確性の原則 …………………………17
名誉 …………………………76
免訴 …………………………61
目的 …………………………371
目的刑論 …………………………277
目的説 …………………………178
目的的行為論 …………………………78

目的犯 …………………………265
目的論的解釈 …………………39, 42
模造 …………………………247
物 …………………………42

や 行

薬物犯罪 …………………………114
やむを得ずにした行為 ………………197
有形的幇助 …………………………345
有責性 …………………………71, 278
許された危険 …………………………155
要素従属性 …………………………329
予見可能性 …………………………153
予見義務 …………………………153
予備 …………………………264
予備罪 …………………………126
予備罪・陰謀罪の中止 ………………267

ら 行

ラートブルフ …………………39, 206
リビング・ウィル …………………223
量刑基準 …………………………395
量的過剰 …………………199, 262
領得罪 …………………………150
両罰規定 …………………30, 32
倫理 …………………………1
類推解釈 …………………38, 41, 84
　――の禁止 …………………………15
類推適用 …………………15, 84
歴史的解釈 …………………………39
連続的包括一罪 …………………………382
連続犯 …………………………382
論理的・体系的解釈 …………………39

わ 行

わいせつ物 …………………………44

◉──著者紹介

井田　良(いだ・まこと)
1956年　東京都生まれ
現　在　中央大学大学院法務研究科教授
　　　　法学博士(ケルン大学)、名誉法学博士(ザールラント大学等)
主　著　『講義刑法学・各論』(有斐閣、2016年)
　　　　『基礎から学ぶ刑事法〔第6版〕』(有斐閣、2017年)
　　　　『講義刑法学・総論〔第2版〕』(有斐閣、2018年)
　　　　『入門刑法学・総論〔第2版〕』(有斐閣、2018年)
　　　　『入門刑法学・各論〔第2版〕』(有斐閣、2018年)

丸山雅夫(まるやま・まさお)
1951年　長野県生まれ
現　在　南山大学大学院法学研究科教授
　　　　法学博士(上智大学)
主　著　『結果的加重犯論』(成文堂、1990年)
　　　　『カナダの少年司法』(成文堂、2006年)
　　　　『ブリッジブック刑法の基礎知識』(共著、信山社、2011年)
　　　　『刑法の論点と解釈』(成文堂、2014年)
　　　　『少年法講義〔第3版〕』(成文堂、2016年)

ケーススタディ刑法〔第5版〕
1997年11月25日　第1版第1刷発行
2004年2月10日　第2版第1刷発行
2011年6月10日　第3版第1刷発行
2015年2月20日　第4版第1刷発行
2019年9月20日　第5版第1刷発行

著　者／井田　良・丸山雅夫
発行所／株式会社 日本評論社
　　　　〒170-8474　東京都豊島区南大塚 3-12-4
　　　　03(3987)8621〔販売〕　8631〔第一編集部〕　振替　00100-3-16
印刷／平文社　製本／難波製本　　装幀・銀山宏子
© IDA Makoto, MARUYAMA Masao, 2019 Printed in Japan
ISBN 978-4-535-52412-5

[JCOPY]〈㈳出版者著作権管理機構 委託出版物〉
本書の無断複写は著作権法上での例外を除き禁じられています。複写される場合は、そのつど
事前に、㈳出版者著作権管理機構(電話 03-5244-5088、FAX 03-5244-5089、e-mail: info@jcopy.
or.jp)の許諾を得てください。
また、本書を代行業者等の第三者に依頼してスキャニング等の行為によりデジタル化すること
は、個人の家庭内の利用であっても、一切認められておりません。